权威·前沿·原创

皮书系列为

“十二五”“十三五”国家重点图书出版规划项目

BLUE BOOK

金融科技蓝皮书

BLUE BOOK OF FINTECH

中国金融科技发展报告（2019）

ANNUAL REPORT ON CHINA'S FINTECH DEVELOPMENT (2019)

主　编／李　伟

社会科学文献出版社
SOCIAL SCIENCES ACADEMIC PRESS (CHINA)

图书在版编目(CIP)数据

中国金融科技发展报告.2019 / 李伟主编. --北京:社会科学文献出版社,2019.10(2019.12重印)
(金融科技蓝皮书)
ISBN 978-7-5201-5589-2

Ⅰ.①中… Ⅱ.①李… Ⅲ.①金融-科技发展-研究报告-中国-2019 Ⅳ.①F832

中国版本图书馆CIP数据核字(2019)第210638号

金融科技蓝皮书
中国金融科技发展报告(2019)

主 编/李 伟

出 版 人/谢寿光
组稿编辑/恽 薇
责任编辑/高 雁
文稿编辑/陈 荣

出 版/社会科学文献出版社·经济与管理分社(010)59367226
地址:北京市北三环中路甲29号院华龙大厦 邮编:100029
网址:www.ssap.com.cn
发 行/市场营销中心(010)59367081 59367083
印 装/天津千鹤文化传播有限公司

规 格/开 本:787mm×1092mm 1/16
印 张:30.5 字 数:460千字
版 次/2019年10月第1版 2019年12月第2次印刷
书 号/ISBN 978-7-5201-5589-2
定 价/138.00元

本书如有印装质量问题,请与读者服务中心(010-59367028)联系

版权所有 翻印必究

《中国金融科技发展报告（2019）》
编　委　会

主　　编　李　伟

副 主 编　杨　竑　张　野　李　丹　姜云兵

执行主编　朱烨东

编　　委　（按姓名拼音排序）

陈心颖　程　立　贺裴菲　李朝东　刘贵生
吕仲涛　牛新庄　戚跃民　史晨阳　王　泊
王素珍　谢锦生　徐光贤　杨　东　杨　涛
喻华丽　张　斌（上海票据交易所）
张　斌（平安银行）

执　　笔　（按姓名拼音排序）

蔡辉明　陈斌辉　陈广华　陈佩瑶　陈　煜
陈　远　陈治纲　程　胜　丁华明　丁林润
杜　宁　段　冰　付万琳　顾青山　顾小微
郭　琦　郭　庆　韩　瀚　韩　梅　韩竺吾
何　朔　侯　超　黄程林　黄汉波　姜晓芳
李长青　李明凯　李兴锋　李　真　林禹岐
刘炼箴　刘　琦　刘彦平　刘雨露　刘　源
刘　卓　马奇辰　苗竞琳　潘晨隐　彭涵洋

钱晓芬　任　政　邵冠军　邵阔义　沈剑平
沈　澍　沈伟伟　沈筱彦　史　黎　宋汉石
孙　乾　孙　增　唐　亮　田海荣　万高峰
王　磊　王恩贵　王连诚　王梦寒　王敏芝
王　帅　王帅强　王　松　王　瑜　王悦莹
王　韵　翁晓俊　吴盛博　习　辉　肖　京
徐　丹　徐静雯　徐　敏　徐信予　徐志忠
杨　冰　杨　继　杨　希　杨振新　易玥杞
曾海泉　张梦涵　张金淼　张宪铎　张一锋
张朝晖　郑建宾　郑清洋　周继恩　邹　华
朱　超

支持单位　中国金融学会金融科技专业委员会
金融信息化研究所
中国金融电子化公司
中国工商银行股份有限公司
中国银联股份有限公司
上海证券交易所
深圳证券交易所
中国光大银行股份有限公司
中国民生银行股份有限公司
平安银行股份有限公司
上海票据交易所股份有限公司
中国平安保险（集团）股份有限公司
浙江蚂蚁小微金融服务集团股份有限公司
清华大学金融科技研究院
阿里云计算有限公司
京东数字科技控股有限公司

第四范式（北京）技术有限公司
中国支付清算协会
中国社会科学院金融研究所
中国人民大学国发院金融科技与互联网安全研究中心
中钞信用卡产业发展有限公司
北京中科金财科技股份有限公司

主编简介

李　伟　电子科技大学工学学士，北京大学光华管理学院工商管理硕士，现任中国人民银行科技司司长、全国金融标准化技术委员会副主任委员、中国金融学会金融科技专业委员会主任委员。1995 年加入中国人民银行，曾任清算总中心副主任、石家庄中心支行副行长、跨境银行间支付清算（上海）有限责任公司（CIPS）执行董事等职务。长期从事金融科技应用与管理、支付清算研究与系统建设、金融标准化等工作，拥有 20 多年丰富的金融行业管理和实践经验。

摘　要

《中国金融科技发展报告》系社会科学文献出版社知名皮书系列著作，是金融科技领域极具行业影响力的专业著作之一。本报告由中国金融学会金融科技专业委员会（专委会）组织编写，旨在系统分析国内外金融科技应用情况，充分把握国内外金融科技领域从技术应用、业态创新到风险监管的发展动态和最新趋势，不断完善金融科技相关理论基础、实践案例与研究方法。

报告主要包括五个部分。一是总报告，概述了中国金融科技发展总体情况，从金融科技发展趋势入手，针对金融科技发展面临的挑战，提出金融科技发展基本策略以及发展建议。二是核心技术应用篇，围绕大数据、云计算、人工智能、区块链等新一代信息技术，从产业发展和金融应用着手，分析金融科技典型案例，展望未来发展前景。三是产业发展与业态创新篇，从传统金融行业拥抱科技情况入手，回顾银行业、证券业、保险业等金融科技发展历程，并围绕金融科技创新业态，详细介绍当前金融科技在不同金融细分领域的应用方向。四是风险与合规篇，深入分析金融科技背景下金融风险呈现的新特征，系统研究金融科技监管面临的挑战，探索金融科技创新管理机制和监管科技应用路径。五是市场发展与国际比较篇，采用比较研究方法，分析全球金融科技发展态势，系统阐述各国金融科技发展理论、政策与实践，汲取金融科技发展国际经验。

报告致力于为金融科技相关监管部门、自律组织等提供重要的决策参考，为从业人员和机构开展金融科技工作提供文献素材，为推动我国金融科技高质量发展提供有效支撑。

关键词： 金融科技　监管科技　云计算　人工智能　区块链

前　言

近年来，金融科技蓬勃兴起，以人工智能、大数据、云计算、物联网等为代表的新兴技术在金融发展中扮演着重要角色，成为推动金融供给侧结构性改革、促进金融服务实体经济的新引擎。

金融科技在国际上被定义为技术推动的金融创新，目前已成为全球共识。事实上，金融与科技一直相伴相依，金融的发展史也是一部科技应用史。回顾我国金融科技发展历程，信息技术在金融发展中发挥了重要作用，从“天地对接”的电子联行系统到自动化处理的金融基础设施，从突破时空限制的互联网银行到“能听会说”的智能金融平台，科技在金融领域一路走来，已深刻融入金融血脉，成为金融电子化、网络化、智能化演进的不竭动力。

习近平总书记强调，“适应和引领我国经济发展新常态，关键是要依靠科技创新转换发展动力”。金融科技作为依托科技创新推动金融高质量发展的新业态，迎来大有可为的历史机遇期。在此背景下，我国金融业紧抓金融科技发展契机，借助大数据、云计算、人工智能、区块链等金融科技手段简化供需双方的交易环节，降低资金融通的边际成本，开辟触达客户的全新途径，扩展金融服务的受众群体，逐渐将智能投顾、5G 网点、物联网金融等理念付诸实践，不断增强核心竞争力，为金融业转型升级持续赋能。

《中国金融科技发展报告（2019）》由中国金融学会金融科技专业委员会组织编写，是一份由金融机构、科技公司、行业组织等共同完成的综合性研究报告，汇聚了银行、证券、保险等领域最新的金融科技产业发展动态和创新应用成果，既分析大数据、云计算、人工智能、区块链等新一代信息技术应用前景，又囊括全球各国金融科技发展态势，内容翔实，分析深刻，使我们得以一窥当前金融科技发展基本情况，为研究金融科技提供了重要的素材和第一手资料。

2019 年 8 月 22 日，中国人民银行发布《金融科技发展规划（2019 ~ 2021 年）》，明确未来 3 年金融科技工作的指导思想、基本原则、发展目标、重点任务和保障措施，为今后一段时期金融科技工作指明了方向。希望《中国金融科技发展报告（2019）》的出版，能够为发展规划的落地实施提供助力，成为金融科技从业机构和人员的重要参考，对推动金融科技高质量发展有所裨益。

编委会

2019 年 8 月

目　录

Ⅰ　总报告

Ⅱ　核心技术应用篇

Ⅲ　产业发展与业态创新篇

Ⅳ　风险与合规篇

Ⅴ　市场发展与国际比较篇

Ⅵ　附录

皮书数据库阅读使用指南

总 报 告

General Report

B.1
中国金融科技发展回顾与前瞻

中国金融学会金融科技专业委员会

摘　要： 近年来，金融科技发展势头迅猛，以大数据、人工智能、云计算、物联网等为代表的新一代信息技术在金融业加速突破应用，全面渗透至诸多金融细分领域，正在改变金融生态格局。党的十九大描绘了决胜全面建成小康社会、开启全面建设社会主义现代化国家新征程、实现中华民族伟大复兴的宏伟蓝图，对建设网络强国、数字中国、智慧社会做出战略部署，金融科技正进入大有可为的历史机遇期，推动金融科技高质量发展已成为新时代的必然要求。

关键词： 金融科技　大数据　人工智能　云计算　物联网

一　金融科技发展趋势

（一）人工智能成为重要生产力

习近平总书记强调“人工智能是引领这一轮科技革命和产业变革的战略性技术，具有溢出带动性很强的‘头雁’效应”。依靠新一代人工智能的快速发展，金融机构借助机器学习、知识图谱、自然语言处理等手段重塑金融业务模式，打造智能金融产品，为金融插上智慧的翅膀。对客户而言，生物识别、触摸感知等信息交互技术的深入应用，使金融产品会听、会看、会说，让老百姓收获智能化金融服务体验。对机构而言，智能系统可模拟人脑逻辑思维实现信息收集、数据建模、判断推理等功能，提供更全面、科学的金融决策支撑。在此背景下，人工智能成为金融转型升级的重要生产力，智能投顾、智能客服、智能风控等创新层出不穷，极大地提升了金融服务质量和效率。

（二）数据成为关键生产要素

众所周知，金融是数据密集型行业。过去，数据只是金融业务运营过程中的副产品，大量数据躺在磁盘上，没有发挥明显作用。近年来，数据挖掘、分析、可视化等技术的应用与发展，使多维异构数据间的关联关系得以展现，也使数据中蕴藏的巨大价值不断激发。在金融领域，从产品设计到精准营销，从流程优化到风险防控，越来越多的金融产品和服务源于数据、依靠数据，数据这座资源“富矿”正成为金融变轨升级的关键生产要素。例如，金融机构基于海量数据挖掘技术，综合分析企业类型、财务状况、偿债能力等因素，优化信贷流程和客户评价模型，降低信贷业务成本，提升信贷服务效率，确保资金流向诚信经营、发展前景好的实体经济企业，纾解小微民营企业融资难、融资贵等问题。

（三）5G成为换挡升级驱动力

2019年6月，工信部向电信运营商发放5G牌照，标志着我国正式进入5G商用时代。5G具备高速率、低时延、大容量等特性，其峰值传输速度可达每秒10GB，比4G网络快数百倍，这不仅是量的提升，更是质的飞跃，对金融服务提质增效是巨大机遇。金融机构基于5G网络，结合虚拟现实（VR）、增强现实（AR）等手段，通过建设5G网点、VR银行等方式，可突破金融服务在交易介质、时间、空间等方面的限制，为用户提供具有高度沉浸感和强交互的金融场景；也能缩小现有金融服务盲区，使边远地区尤其是农村等传统金融服务难以触达的区域便捷获取金融服务，进一步提升普惠金融服务水平。近期，工商银行、中国银行、浦发银行等纷纷探索开立5G网点，是金融业探索5G应用的积极实践。我国5G产业具备竞争优势、处于领先地位，金融机构要加大5G技术与金融服务融合应用步伐。相信用不了多久，老百姓足不出户就可获得“身临其境”的沉浸式金融服务体验。

（四）物联网成为新增长极

物联网将网络延伸和扩展至任何物品，实现万物互联、物物相通，是现实世界数字化、网络化、信息化的新途径，这与金融服务实体经济的需求高度契合。对个人而言，物联网技术实现了物流、资金流、信息流“三流合一”，能够将金融账户和与老百姓日常生活息息相关的水、电、气、热力表等联结，实现远程查询和自动缴费，极大地提升了金融服务便捷性。对企业而言，金融机构借助传感器、电子围栏等物联网技术，构建资金、信息和实体合一的金融业态，能够实现动产的全程监管、全程感知，实时计量仓储货物、生产设备等资产价值，有效解决重复质押、虚假质押、动产转移等问题，降低动产质押风险，盘活动产资金，更好地服务实体经济。

二　金融科技发展面临的挑战

（一）金融科技人才结构失衡

人才是金融科技创新的最关键因素。然而，当前金融业科技人才结构失衡矛盾突出，已成为金融科技创新发展的瓶颈。一是科技人才总量较少、占比较低。据统计，大型互联网金融机构科技人才的占比普遍超过50%，有的甚至更高，而传统金融行业科技人员占比平均不足4%，特别是科技领军人才、尖子人才严重不足。二是科技人才素质有待提升。金融科技背景下的技术与业务深度融合、快速迭代升级，对人才的专业能力、学习能力提出了新的更高要求，传统金融机构科技人才技术能力较为单一，互联网金融机构科技人才风控意识相对薄弱，均难以跟上金融科技发展新趋势。三是科技人才流动频繁。传统金融业将科技部门定位于后台和支撑服务，薪酬水平、激励机制不如互联网企业，经验丰富的业务骨干往往成为被招揽的对象，而互联网金融机构精通新型技术和应用的高端人才也开始备受青睐，成为一些颇具实力的传统金融机构的招揽对象，科技人才流动的趋势正在加剧。

（二）互联网渠道服务能力不足

渠道是金融服务触达客户的关键点，对金融机构的发展至关重要。当前，金融服务渠道逐步向线上迁移，互联网渠道已成为客户获取金融服务的首要选择。然而，传统金融业互联网渠道发展水平整体滞后。一是金融服务意识不足。传统金融业普遍遵循“二八定律”，“重批发，轻零售”现象突出，过度追求为20%的高资产或对公客户提供服务，没有意识到互联网渠道对长尾客户的集聚作用，忽视长尾客户的规模效应，缺乏渠道转型升级的动力。二是技术支撑能力不足。传统金融业核心系统多数采用集中式架构，无法根据业务需求灵活调配计算资源，导致服务响应速度慢、系统支撑效率低，难以适应互联网渠道瞬时高并发、多频次、大流量的交易特征。三是产品服务供给不足。传统金融业主要依靠存贷息差赚取利润，业务种类单一，精准营销和普惠金融服务能力较弱，难以满足互联网渠道客户个性化、多样化、智能化的金融服务需求，用户体验不佳。

（三）数据资源应用水平参差不齐

数据是金融机构的重要战略资源，是构建机构核心竞争力的关键因素。然而，当前我国金融业对数据资源的应用还不平衡、不充分。一方面，数据资源不平衡。部分机构立足先行优势快速抢占流量入口，大量汇集用户身份数据、交易数据与行为数据，可能形成“数据寡头”，造成数据垄断。垄断红利不断累加发生优势质变，产生几何倍数的效益增长，机构间差距进一步拉大，强者愈强、弱者愈弱的“马太效应”进一步加剧。另一方面，数据应用不充分。大多数机构只是数据的囤积者，海量数据躺在数据仓库、数据集市没有发挥最大价值，对数据的应用停留在基础的复制式展现，没有采用有效的分析工具、合理的分析方法以及科学的分析模型，业务场景的数据挖掘能力欠缺，数据洞察力还有很大提升空间。

（四）科技创新试错容错机制不健全

为维护金融稳定，防范金融风险，多数国家均采取较为严格的金融管理模式，特别是对一些金融创新业务设立了监管墙，其实也就是一些监管的要求。而面对这些监管墙，传统金融机构往往在创新过程中因为怕碰壁、撞墙，知难而退，虽然规避了监管风险，但创新能力受到束缚，创新活力得不到释放，贻误商机，丢失市场。而部分互联网金融机构在创新过程中无视或者轻视监管墙，罔顾风险，破墙而出，翻墙而过，一些创新活动没有经过实践经验就炒作概念，揠苗助长，急于推广应用，其结果是有些“创新业务”野蛮生长，虽然快速抢占市场，但是暴露了较大的风险，付出了成长的代价，也面临着规范治理问题。有些所谓创新出发点就是错的，涉嫌非法金融活动，严重扰乱金融市场，损害消费者的权益，最终被取缔。

三　金融科技发展基本策略

（一）安全可控

在网络安全方面，深入贯彻《中华人民共和国网络安全法》，严格落实相关规章制度、标准规范，进一步健全网络安全技术防护体系。在风险防范方面，新技术的应用是一把双刃剑，在提升金融服务效率的同时也可能引发新的风险。要充分发挥信息技术在强化金融风控、促进金融监管方面的作用，筑牢金融安全防线，提高金融体系抵御风险能力。在技术路线方面，积极应用与金融机构自身需求相匹配、多元化的关键技术、核心技术，把创新主动权、发展主动权掌握在自己手中，从根本上提升金融领域信息技术安全可控水平。

（二）正本清源

从金融视角看，金融科技的本质归根结底是金融，服务实体经济是其宗旨和天职。只有坚持金融初心、需求引领，紧扣经济社会发展方向，关注实体经济痛点、难点，才能保障金融科技健康发展。绝不允许借金融科技之名行坑蒙拐骗之实，严重侵害人民群众利益，尤其是打着金融科技的幌子，进行非法集资、实施庞氏骗局等。从科技视角看，金融科技的内涵是合理运用信息技术加快金融业基础性、关键性改革。对待信息技术，既不能将其“神化”、盲目追新求变，也不能一味排斥，而要回归技术中立的本源，以开放包容的胸怀积极拥抱，以科学理性的态度审慎应用。

（三）普惠民生

金融科技发展须贯彻“以人民为中心”的理念，在多层次金融市场和服务体系中找准定位、精准发力，使创新成果更好地惠及民生。一方面，要提高金融服务的可得性。充分发挥移动互联网、大数据等技术优势，降低金融服务门槛，加大对长尾客群的服务力度，努力实现金融服务广覆盖。另一方面，要提高金融服务的满意度。探索金融惠民创新模式，借助移动金融、情境感知等手段提升公共服务便利化水平，将金融嵌入衣食住行、医疗教育等重要民生领域，确保公众可以享受兼顾安全与便捷的金融服务。

（四）综合治理

作为新兴业态，金融科技治理需要与时俱进，形成政府管理、行业自律等多主体、多层次的综合治理格局。在政府管理方面，按照“凡是金融业务都应该纳入持牌监管”的原则，完善监管制度法规与标准体系，加强监管科技应用，利用技术手段增强金融科技创新管理的专业性、针对性和有效性。在行业自律方面，搭建好政产学研用交流合作的桥梁，建立起具有市场约束力的自律惩戒机制，形成对行政监管的有机配合和有力支撑。

（五）合作共赢

发展金融科技应以互利共赢为基调，坚持多方参与的发展模式，鼓励多元化市场主体开放合作。一是加强机构合作，通过推动金融业数据共享、系统互通，促进不同市场主体的优势互补，融合不同市场要素的创新力量，形成布局合理、包容开放的发展格局。二是加强产用合作，强化金融科技企业与金融机构之间的技术资金交流，构建产用相互支撑的良性循环，为产业部门协同发展提供良好的生态环境。三是加强国际合作，把握“建设21世纪数字丝绸之路”等历史契机，以金融科技为突破口，增进金融领域数字经济、网络安全等方面国际交流合作，为构建人类命运共同体贡献力量。

四　金融科技高质量发展建议

（一）制定金融科技监管基本规则，完善金融科技治理体系

“没有规矩，不成方圆”。金融科技是近年来快速兴起的新事物，目前

仍处于发展初期，相应的监管规则、政策制度尚不完善。要在充分借鉴国际先进经验、系统梳理现有工作成果的基础上，加快开展金融科技监管规则顶层设计和体系建设工作，使金融科技活动有法可依、有规可循。在基础通用方面，针对不同金融机构、不同信息技术、不同金融业务的共性特点，明确金融科技应用需遵循的基础性、通用性、普适性要求，为金融科技守正创新划定边界和底线。在技术应用方面，坚持技术中性原则，针对各类技术的本质特征和风险特性，提炼业界最佳实践经验，明确其金融应用范围，提出专业性、针对性的管理要求。在安全可控方面，针对金融科技应用在信息保护、交易安全、业务连续性等方面的共性风险，构筑全方位的风险技防体系。

（二）加强金融科技创新产品安全管理，释放金融科技发展活力

金融科技创新产品数量众多、参差不齐、风险隐蔽性高，“一刀切”的监管方式可能导致市场主体创新能力受到束缚。为此，要平衡好安全与发展的关系，在守住不发生系统性金融风险底线的前提下，加强金融科技创新产品安全管理。事前，充分评估创新产品合规性，严防存在安全漏洞和风险隐患的产品“带病上线”，同时建立健全消费者权益保护、风险补偿、产品退出等机制，切实保障消费者资金和信息安全。事中，通过社会公示、行业备案、自声明、用户明示等形式，对外公开并接受监督，建立协会自律、社会监督、机构自治三位一体的管理机制。事后，运用大数据、人工智能等技术手段，加强风险监测和动态感知，及时定位产品运营过程中的隐患漏洞和共性问题。通过上述措施，既明确监管门槛，又给产品创新预留足够发展空间，避免真正有价值的创新被抑制。

（三）强化信息保护，维护金融消费者合法权益

数字经济时代，信息是重要的数字化资产。部分机构未经授权就擅自采集、存储、使用个人或企业信息，这涉及信息盗窃问题。近年来，我国加快推进信息保护制度建设，个人信息保护法已列入立法规划，2019 年 5 月 28

日，《数据安全管理办法》公开征求意见。中国人民银行也多次发文部署金融信息安全管理工作，正组织编制相关标准规范。从业机构要把信息保护作为金融科技应用的底线和红线。坚持“保障安全”，基于可信执行环境（TEE）、密码等技术加强数据传输和使用过程中的信息安全防护，严防数据泄露、篡改与不当使用。坚持“最小够用”，严控数据应用范围，仅向用户申请必要的数据授权，杜绝与需求无关的数据采集与使用。坚持“用而不存”，综合运用安全多方计算、标记化、同态加密等技术对数据进行安全处理，实现数据可用而不可随意留存。

（四）推进监管科技能力建设，护航金融安全稳定发展

监管科技旨在利用信息技术优化金融监管模式，提升金融监管效率，推动金融监管向形式化、数字化、程序化方向发展。在监管统一性方面，运用自然语言处理等技术转译监管规则，精准提取量化指标，建立规则中所涉主体间的关联关系模型，封装为具有可扩展性的监管 API，实现机器可读、可执行、可对接。在监管时效性方面，通过系统嵌入等方式，实现监管机构与金融机构间的实时数据交互，减少人工干预，及时识别、预警和阻断高风险交易。在监管穿透性方面，利用深度学习、机器学习等技术，对金融机构的业务流、信息流和资金流进行全方位分析，把各个业务链条关联起来，透过数据表象分析业务本质和潜在风险，触发最优风险处置和缓释措施，提升系统性、交叉性金融风险的防范化解能力。

核心技术应用篇

Core Technology Applications

B.2 大数据在金融业的应用探索

中国支付清算协会 等*

摘　要： 大数据是信息化发展的新阶段，随着信息技术和人类生产生活的交汇融合和互联网的快速普及，全球数据量呈现爆发式增长和海量聚集的特点，对经济发展、社会治理、国家管理、人民生活都产生了重大影响。大数据在政策、技术、产业、应用等多个层面都取得了显著进展。本报告集中梳理介绍大数据技术的基本原理和主要进展，探讨大数据在金融领域的主要应用模式，并对工商银行、中国银行、光大银行、票交所等的大数据应用进行系统分析，为其他行业提供借鉴。

关键词： 金融业　大数据　数据挖掘

* 参与单位：中国支付清算协会、中国工商银行、金融信息中心、中国银联、中国光大银行、上海票交所、平安集团、中国民生银行北京分行。

一　金融大数据技术发展、应用与展望

（一）大数据及其技术主要进展

最早提出“大数据”概念的是麦肯锡公司，麦肯锡称“数据已经渗透到当今每一个行业和业务职能领域，成为重要的生产因素。人们对于海量数据的挖掘和运用，预示着新一波生产率增长和消费者盈余浪潮的到来”。2012 年之后，随着信息技术和人类生活的交汇融合，全球数据量呈现爆发式增长和海量聚集的特点，“大数据”越来越多地被提及，用大数据来定义和描述信息爆炸时代产生的海量数据，并命名与之相关的技术发展与创新，成为共识。

（1）概述。麦肯锡全球研究院对大数据的定义是：一种规模大到在获取、存储、管理、分析方面大大超出了传统数据库软件工具能力范围的数据集合，具有海量的数据规模、快速的数据流转、多样的数据类型和价值密度低四大特征。大数据技术的意义不在于掌握了多么庞大的数据量，而在于对这些海量且含有定向意义的数据进行专业化处理后所具有的价值，其技术特点在于，对海量的数据进行分布式数据挖掘，但须依托云计算的虚拟化技术、分布式处理和分布式数据库等。

（2）主要技术进展。一是新一代信息技术融合应用聚焦大数据的处理与分析。海量、多样化的大数据处理需要以云计算为平台，进行存储和运算。通过对各类型来源数据的处理，将结果反馈出来并应用于大数据中，将创造出巨大的社会和经济价值。二是提高核心竞争力的关键因素是大数据应用。大数据是大量、高速、多变的信息，需要新型的处理方式形成更强的决策能力、洞察力与进行最佳化处理，各行各业的决策正在从“业务驱动”转变为“数据驱动”。大数据为企业获得更为深刻、全面的洞察能力提供了前所未有的空间与潜力。借助大数据及相关技术，针对不同行为特征的客户进行针对性营销，得以更聚焦客户，进行个性化精准营销。三是信息产业持续高速增长的新引擎是大数据。面向大数据市场的新技术、新产品、新服务、新业态已不断涌现。在硬件与集成设备领域，大数据将对芯片、存储产业产生重要影响，还将催生一体化数据存储处理服务器、内存计算等市场。在软件与服务领域，大数据将促进数据快速处理分析、数据挖掘技术和软件产品的发展。

（3）大数据技术发展特点。大数据需要特殊的技术，以有效地处理大量的容忍时间内的数据。其技术发展具有如下特点。一是技术形式以开源为主导，多种技术与架构并存。开源大数据技术应用已经全面覆盖数据的采集层、存储层、计算层和应用层。在数据采集与传输层有 Sqoop、Kafka；在存储层有 HDFS、MySQL、HBase、MongoDB 等；计算层有 Hadoop 和 Spark 等；在应用层有 Tableau、QlikView 等。二是技术产品趋于标准化、模块化。随着大数据产业的发展完善，产业的分工越来越细。产品间协作愈加复杂，采用标准化、模块化的产品模式应对商业上的挑战，已经是大势所趋。三是应用形态从独立交付产品转向云化架构服务。传统大数据项目部署模式一般以本地集群部署为主。而进行云化架构后，复杂的运维工作将和业务工作完成剥离，使业务人员更加关注核心应用需求。四是技术创新从通用技术升级转向行业属性适配。传统数据技术创新的主要对象为技术模块通用能力升级，如处理速度、管理范围、展现形式等。而在当前大数据通用能力的提升更多关注的是各行业的特殊属性能力需求，面向特定场景数据处理的专用大数据技术成为重要的发展考虑方向。

（二）大数据关键技术

大数据技术能够从各种各样的海量数据中迅速获取有价值信息，技术体系种类繁多，主要解决海量结构与半结构数据的采集、存储、处理、分析、可视化等问题。伴随着网络化的发展，海量的非结构数据大量涌现，常规处理方式已无法应对，因此数据处理和分析技术应运而生并不断发展创新。从 Hadoop 的出现将大数据技术的焦点聚集于数据分析之后，随着数据量的激增，对吞吐量的性能要求也随之提高，数据库逐步向分布式转型。从数据在

IT 系统中的生命周期来进行分析，其生态主要包括以下四部分内容：采集、存储与管理、查询与分析和可视化展现。

（1）数据采集。大数据生命周期的第一个环节是数据采集，通过 RFID 射频、传感器、社交网络、移动互联网等方式获得各种类型的结构化、半结构化以及非结构化的海量数据，主要包括以下三种。一是数据库采集。针对 MySQL、Oracle 等关系型数据库存储数据，主要有 Sqoop、Kettle 和 Talend 等数据库间的 ETL 工具，可实现关系型数据库和 HBase、HDFS 等 NoSQL 数据库之间的数据同步与集成。二是文件采集。文件的采集主要有 Flume、Fluentd 等，对实时文件进行采集和处理，Flume 和 Fluentd 均是一种分布式、可靠、可扩展和高可用的海量日志聚合系统，支持在系统中定制各类数据发送方，用于收集数据，并写入各种数据接收方（可定制）。三是网络数据采集。网络数据采集，主要借助网络爬虫或网站公开 API 的方式，从网站上获取数据信息。将这些从网络上、网页中抓取出来的非结构化数据、半结构化数据清洗为结构化数据，然后存储为统一的本地数据文件。

（2）数据存储与管理。大数据由结构化和非结构化数据组成，其中 10% 为结构化数据，90% 是文档、图片、音频、视频、社交网络等非结构化数据。传统关系型数据库（Oracle、SQLServer 等）难以支持横向扩展，难以面对海量数据开展有效处理。此外，为了满足没有严格的数据库事务且追求多样化、高效数据访问的场景，NoSQL 数据库兴起，Redis、MongoDB、HBase、Cassandra 等是各个领域的代表产品。Cassandra 是一个高性能、可扩展性的非关系型数据库，支持多个数据中心之间复制，提供了便利的范围查询、列表数据结构、分布式写操作等。

（3）数据查询与分析。在数据查询与分析技术中，SQL 语言不能直接对海量数据库中的非关系型数据库进行操作，为了适应 SQL 专业分析人员的操作习惯和简化大数据分析方法，SQL on Hadoop 技术孕育而生。金融领域常用和惯用的是 SQL on Hadoop 的解决方案，使用 Hive、Presto、HAWQ、Spark SQL 等技术与传统的大规模并行处理（Massively Parallel Processor，MPP）数据库展开激烈竞争，SQL on Hadoop 系统有效融合了 Hadoop 和 SQL

引擎，在存储层利用 HDFS 组织管理数据，在应用层为用户提供透明的查询接口和数据库视图，是目前解决结构化大数据存储与查询问题的重要研究思路和发展方向。

（4）数据可视化展现。在数据可视化展现领域，一般使用数据分析工具 Tableau、QlikView 通过简单的拖拽就可以实现适量数据的复杂展示，是目前最常用，也是最受欢迎的大数据可视化展示方式。

（三）大数据在金融领域的主要应用

金融领域大数据的应用主要以金融业务数据集为核心，面向银行业、证券业、保险业和互联网金融等细分行业，提供覆盖从数据采集、存储、分析挖掘到可视化展示全流程的解决方案。金融大数据通常用于实现资源配置效率提升、风险管控能力强化和业务能力创新等目标。

金融领域大数据的应用，按机构类型分为监管应用和机构运维服务应用两大类，其中机构运维服务又分为机构运营、服务、基础设施三类。从监管机构层面看，金融监管通过采集具有全面覆盖性和穿透性的全量数据，根据统计分析规则，运用数据分析和数据挖掘技术形成综合性监管分析报告，为监管方了解和掌握各类金融业务和机构的发展变化及存在的潜在风险，从而丰富和完善监管基础设施，还可针对一些不规范机构提出风险预警模型。从金融机构层面看，通过云计算等信息化手段对海量数据进行专业的挖掘和分析，相比传统金融模式，可以更好地判断资产价格走势、评估机构个人信用、分配资金流向、把控金融风险，为机构的运营、服务和营销渠道提供更精准的策略。

（四）大数据技术发展面临的问题与挑战

一是传统架构技术改造困难。移动互联网和电子支付业务的蓬勃发展带来了诸如海量小额交易、海量活跃用户和数据，以及高并发量的业务场景等问题。传统的数据技术架构难以满足行业海量用户的数据服务和存储处理需求。同时，原有数据系统经过长期的发展，其架构相对复杂，涉及系统平台和供应商数据，这也为大数据应用的技术改造带来了较大困难。二是大数据基础设施建设不足。大数据与实体经济深度融合需要基础设施和各类要素的坚实支撑。当前，大数据领域的关键软硬件技术仍存在短板，云计算、数据中心等基础设施尚不完善，数据资源面临流通不畅等问题，与融合发展相适应的人才较为缺乏，融合领域融资难、融资贵，制约着融合发展的深入推进。三是技术与业务的融合应用还处于初步阶段。大数据分析应用模型目前仍处于初步阶段，需要投入大量的时间和成本进行调研和试错才能投产应用，这在一定程度上制约了金融机构的积极性，同时，由于实际应用中反映出大数据分析还存在一定的误判率，在机器判断后仍需要人工进行总体核查，其使用效率和用户体验仍有待提升。四是机构数据管理水平有待提高。由于管理水平的差距，机构数据存在数据质量不高、数据获取方式单一、数据系统分散等问题。数据缺失、数据重复、数据错误和格式不统一现象严重，由于数据标准化程度低，且分散在各个系统中，现有的数据采集和分析工具难以对其价值进行挖掘，其应用需求的响应效率也存在不足，难以发挥大数据技术深度价值。五是行业标准与安全规范仍需完善。大数据融合带来的新模式新业态不断涌现，现有的标准体系、认证规则、市场准入标准、监管制度等难以适应新兴业态的发展，亟须针对新模式、新业态的发展需求，调整完善现有政策。

（五）金融大数据应用前景展望

随着金融行业数字化转型时代的全面到来，金融行业的商业模式也受到深远影响，需要有效打通线上线下，推动业务和技术的深度融合，形成真正以数据字化管理为依托的科学经营管理体系。金融行业应以开放和包容的态度拥抱技术，积极快速推进数字化应用，为业务发展开拓一片新天地。

1. 大数据应用呈现整合、共享与合作的发展趋势

数据源的融合。国家推动建设各类大数据服务交易平台。随着市场的逐步健全，数据交易的体量、维度、方式的发展与提升，金融机构将可以更便捷地获取电商、医疗、教育、交通出行等领域的图像、语音、文字等各类数

据，这使得金融数据结合其他领域数据更细粒度的客户信息成为可能。

技术的联合。大数据技术与其他技术，如人工智能、区块链、物联网、云计算、人脸识别、图像识别、自然语言处理、计算机视觉等的融合，让大数据应用由结构化数据扩展到了图片、语音、视频等非结构化数据，可以帮助金融机构获取更全面的数据，并充分挖掘数据的价值，从而助力企业提供更专业、高效的金融服务。如利用大数据与云计算技术，可以帮助企业有效整合、及时分析不同来源的数据；利用物联网技术，可以助力企业实时获取更细粒度、更多维度的海量数据；利用人工智能，可以深度挖掘大数据背后的现象与规律，使数据的价值得到人力所不能及的探索与利用。随着大数据的普及和创新技术的发展，大数据和其他技术的融合成为必然趋势，从而能够更好地发挥数据的价值。

数据应用的合作。科技型机构为金融机构带来领先的技术能力，利用技术驱动金融变革；传统金融机构则为科技型机构带来更多的落地场景、更强的合规与监管能力。两者的合作可更快地推进大数据金融场景应用的拓展。整体来看，应用层面的整合与共享，不仅能促进技术更快落地实施，同时也能推动技术本身的成熟。

2. 大数据监管将有效提升金融安全和数据监管水平

大数据技术在为金融行业带来巨大价值的同时，也带来了新的数据安全问题。随着金融监管的逐步趋严，数据监管问题也越来越受到重视，因为金融数据涉及客户个人隐私信息，数据泄露可能造成经济损失，带来严重后果。金融机构必须对数据非常敏感，同时也要更加重视数据保护。由于金融大数据的巨大体量与细颗粒度，数据在创造更大价值的同时，也更易被不法分子窃取造成更大损失，因此，金融领域大数据安全与监管十分重要。2018年被称为中国数据监管与合规元年，网络安全和数据保护成为法律和数据从业者关注的焦点。《网络安全法》对关键信息基础设施运营者的数据本地化存储及跨境传输的安全义务进行了原则性规定；中国银保监会同年发布的《银行业金融机构数据治理指引》引导银行业金融机构加强数据治理，提高数据质量，充分挖掘数据价值，加强数据监管监督；国家网信办发布《金融信息服务管理规定》，要求金融信息服务提供者应建立信息内容审核、信息数据保存、信息安全保障、个人信息保护、知识产权保护等服务规范，同时，《个人信息保护法》《数据安全法》两部重要法律也被列入立法规划，走上立法程序。随着系列数据相关法律法规的发布，中国的数据监管水平将不断提升。

3. 大数据应用水平将成为金融企业的核心竞争力

金融机构在大数据发展的长期影响下，已经建立了很多信息系统并积累了大量的数据信息，但是这些数据信息较为分散，不能实现集中分析。未来金融机构将越来越重视其数据资产，加大数据治理的投入与力度，结合大数据平台的建设，构建企业数据池，有效地管理企业数据。随着我国大数据的发展，金融行业对大数据的需求将越来越大，大数据应用技术也将在金融机构的发展中起着至关重要的作用，会为金融机构带来更为丰厚的回报，成为金融机构的核心竞争力。

二 工商银行大数据应用探索与案例

工商银行通过多年的大数据建设，经历了数据集市、数据仓库、大数据服务云、大数据服务生态体系的华丽转变，实现数据驱动业务模式的变革，支持大数据智能化应用，助力智慧银行建设。

（一）大数据在金融领域的主要应用场景

金融领域是信息密集型服务产业，现代金融企业通过大量投资 IT 资产提升信息化水平，同时拥有庞大的数据资源。因此，数据易用性好，数据密度大，技术和人才储备相对充裕，利用大数据可创造高价值。金融业的大数据应用投资逐年增加，已经成为除信息通信领域外大数据应用热情最高和投资最大的传统行业。

2002 年工商银行开启大数据建设历程，经历了 SAS 平台的数据集市时代、Teradata 平台的数据仓库时代，2016 年启动大数据服务云建设，形成了以可靠、高效、易扩展的大数据技术平台为基础，以“一湖两库”（数据湖、企业级数据仓库、集团信息库）为核心，以丰富多样的数据服务为输出能力的，集技术、数据、服务于一体的大数据服务生态体系，面向总分行的客户服务、客户营销、风险防控、监管报送、交易监控等多个业务领域提供数据服务。

1. 客户服务

工商银行依托大数据服务云的信息快速处理能力，将高时效个人余额提醒功能从主机下移到平台，处理时效缩短 200%，大幅提升了客户用户体验，同时成功为主机节省系统资源，推进核心主机解耦工作；基于大数据服务云，实现 5 年个人活期、贷记卡、准贷记卡三个业务品种明细数据在线数据访问，支持融 e 行从客户维度为客户提供明细查询、分析和多维度搜索等功能，为客户提供更好的客户体验和金融服务。

2. 客户营销

工商银行依托大数据服务云的实时数据获取优势和快速处理能力，实时捕捉各类客户交易行为，结合客户画像信息，为客户事件式营销、客户维系和挽留、客户风险监控等领域提供高速信息服务，及时应对瞬息万变的市场场景，结合客户特征信息，满足客户个性化需求，大幅提升银行经营决策和客户服务的时效性，加快推进银行大数据的创新和深入应用。

3. 风险监控

工商银行基于大数据服务云丰富、高效的基础数据，搭建企业级反欺诈管理平台、企业级业务运营风险监控平台，支持业务人员进行风险监控模型的在线挖掘分析、灵活定制及验证部署，实现了电信诈骗止付、黑名单检测、事中交易反欺诈监控、境内外电子银行事中监控、事后资金交易监控、业务运营风险监控等功能，实时抓取客户交易行为特征，快速应对客户异常资金流向、黑名单交易、反常交易、交叉逾期、异常还款等风险行为，及时通过交易拦截、交易止付、授信降额等手段进行干预，达到欺诈防范、犯罪分子交易分析、阻止电信诈骗等目的，最大限度保证工行资金安全。

4. 信贷管理

工商银行借助大数据云强大的存储能力和大数据分析能力，存储物联网平台各类影像和图片信息，方便信贷业务管理人员查看、评估和分析企业信贷客户的现场影像数据，为信贷业务风险评估提供依据，打造全新的智能信贷防控体系。

5. 交易监控

工商银行依托大数据服务云的信息快速处理能力，日均承接2.5亿笔交易报文，构建了交易监控系统分钟级别监控警告类指标以及诊断分析类统计指标，丰富了监控指标的种类和范围，很好地填补了现有监控体系的指标缺口。凭借多元化的监控指标和高时效的反馈速度，运维监控人员能第一时间进行系统故障问题的诊断和分析工作，及时排除和解决问题，确保工商银行整体 IT 系统稳定高效地运行。

6. 运营管理方面

工商银行融合强大的大数据检索能力，建立起全行客户会计档案视图，对海量的数据进行高效灵活的索引查询，从更高维度提升数据的交互分析能力，实现 1 年时间范围内十亿级档案数据快速检索，进而提供了全新体验的各类档案信息查询功能，例如个人结算账户影像查询、单位账户影像查询、智能网点协同交易查询、远程授权日志查询、重点指标趋势分析等。

7. 监管报送方面

工商银行借助大数据云平台实现全自动化监管报送，报送工作高效稳定，快速满足监管要求，报送周期从一个月缩短到一周，空值字段数量减少了约 10%。

（二）大数据在金融领域典型应用案例分析

1. 事中智能交易反欺诈识别

基于大数据服务云的准实时处理能力和全数据供给能力，实现交易事中毫秒级反欺诈识别和处理，拦截电子银行欺诈交易、拒绝信用卡欺诈交易，直接避免客户欺诈损失。

2. 基于客户关联关系的风险传导预测

收集行内外9大类客户关联关系，构建企业与企业、企业与重要关系人之间的关联网络，并通过历史数据训练构建信用风险传导预测模型。该模型可以预测哪些企业可能违约，以及各关系圈的风险传导概率。改变原先“单点”风险预测方法，实现基于关联网络的“一点出险、全面防控”。

3. 融安e信：综合性金融风险信息服务产品

通过与国家部委、第三方数据公司在风险信息方面的合作，建立了国内最大、最权威的国家级金融信息平台，信息涵盖全国所有工商注册企业。该产品面向行内，已与16条业务线对接（包括信用卡、贷款等），在业务运营的事前、事中环节发挥作用，累计预警风险交易408万笔，涉及金额162亿元；面向行外，已服务于国内外200余家金融同业、2万余家企业，践行普惠金融，助力诚信社会建设。

4. 反洗钱

工商银行智能反洗钱系统对海量金融交易进行监测，并将综合运用大数据、人工智能等技术，通过灵活的核查机制支持专家进行有效甄别，打造出“开放、共享”的新一代反洗钱智能平台，助力全行反洗钱工作迈上新台阶。已建成181个反洗钱监控指标、55个监测模型的反洗钱指标模型体系。模型投产后，可疑交易报警量下降61.52%，报警命中率提高67.90%，人工干预工作量下降50%。

5. 构建客户画像指标体系

基于大数据服务云整合全行各渠道客户信息、客户行为数据，利用数据挖掘技术提炼客户标签。全行累计创建个人客户标签100项（其中40项标签已对接个人客户画像）。客户画像中客户星点值、渠道偏好、客户行为偏好是客户经理最关注的三个客户标签，占标签使用量的30.45%、26.85%、16.17%。

6. 大数据可视化：慧眼

基于工行大数据服务云，推出了“定制灵活、展现直观、对接便利、权限可控”的大数据可视化产品——“慧眼”，提供可视化的数据分析探索功能，满足业务自定义可视化仪表盘和分析数据可视化的需要，帮助总分行直观地洞察数据蕴藏的信息，做出更明智的业务经营决策。

三　中国银联金融大数据应用探索与案例

（一）大数据在金融领域的主要应用场景

在“大众创业、万众创新”的时代，“大数据”“互联网＋金融”已成为未来最具潜力的行业，国家对“大数据”“互联网＋金融”以及受其驱动的巨大产业给予了高度的重视与支持。随着大数据技术的广泛普及和成熟发展，金融大数据的应用已经成为行业的焦点，大数据的应用分析能力已逐步成为金融机构未来发展的核心竞争力。

银联已实际投入使用的大数据应用场景主要包括经营管理和风险管控两个方面。

1. 经营管理

大数据技术可以突破产业各方制定经营发展决策缺乏依据的局限性，为产业各方制定经营决策提供有力的支撑；推动决策方式从“业务驱动”向“数据驱动”转型、决策过程从“被动式”向“预判式”演变。

银联利用大数据分析技术完善经营方法，由以经验为中心变为以事实为中心。利用大数据技术，可以实现以数据为基础，从静态现象分析、预测，逐步优化为基于各类特定场景的动态化决策，及时准确地对瞬息万变的市场做出正确的反应。

2. 运用风险管控

以往，运用风险管控方法往往基于静态数据且涉及较多的专业人员，导致工作效率低、前瞻性差等。银联利用大数据技术对商户消费数据进行分析和挖掘，进行智能风险管控，其风险管理和防控能力不断提高。

（二）大数据在金融领域典型应用案例分析

1. 银行智能决策平台

银行类金融机构每日产生海量的交易数据，这些数据涉及不同的用户、商户、地区、时间段、交易类型等维度，以传统的技术手段很难或不能全面地分析企业自身的发展情况以及与同业的差距。为满足银行基于数据驱动的经营分析、客户管理等业务需求，中国银联结合自身业务数据与外部公开数据，运用“大数据＋专业建模＋应用场景”的模式，打造以决策为导向的大数据自动化实时处理与可视化分析平台，为银行提供从发卡到用卡的全卡片生命周期服务方案。

通过对行业交易状况的分析，结合银行自身情况和营销动向，全面掌握银行业交易情况、客群情况，做到知己、知行业、知客户。银行智能决策平台可为商业银行提供四类 BI 分析服务。

（1）同业对标：根据合作银行的行业需求，从整体、行业、客群、地区等方面与行业整体水平进行多维度对比分析。

（2）客群分析：从客户规模分布、地区规模分布、交易指标特征、同业对标分析的视角，分析得出客群的分类信息，方便进行管理决策。

（3）营销权益分析：追踪银行各类营销活动，展示同期活动时点分布，助力把握市场动态，制定有效的营销周期。

（4）自助分析：支持灵活操作数据，拖拽分析；支持客户自主上传数据；客户定制报表可保存。

2. 连锁商户选址预测

基于银联自身业务数据，建立选址预测模型，针对大型连锁商户预测新建门店一年内的整体销售额，同时给出影响销售预测额的主要因素。该模型可以同时应用于金融机构的网点、ATM 机具选址等领域。

大数据选址主要考虑如下六个方面。（1）POI 分析，能反映人流聚集的地方，如商场、学校、医院、银行、地铁站、体育场所等；（2）人流分析，包括月、周、全日 24 小时稳定人口和流动人口数量；（3）用户类型分析，包括消费水平、收入水平、家庭结构等；（4）消费行为分析，包括商圈成熟度、业态分布等；（5）行业趋势分析；（6）交通数据分析，包括选址地点的可达性等。模型算法采用多元线性回归和随机森林回归相结合的方法。

经过实际验证，选址模型对商户销售额的预测取得了较为理想的结果。

（1）预测结果准确：大部分的门店销售额预测误差都能控制在20%以内。

（2）大幅提升效率：在原有模式下，商户选址需要大量的人工参与，每个潜在选址点都需先进行人工线下问卷、调研、信息汇总，再判断选址地点，不仅效率低，而且由于调研样本的偏差，结果也存在不稳定性。利用大数据选址模型，每个潜在选址点的决策时间由一个月缩短为一天，大大提高了新店选址的效率。

3. 境外客户需求洞察

随着出境游从跟团游向自由行转变、游客消费从购物向体验转变，银联根据境外用户的受理、营销、产品等业务需要及时洞察旅游趋势动态和消费习惯转变，但现有的用户调研手段存在时效性差、数据维度少等局限性。

银联从信息技术和业务解决方案公司采购公开发布的、与出境用卡相关的评论信息数据，并从公开采购的数据中提取出每条评论中的关键内容，如提及的市场、商户、支付机构、发卡行等，利用自然语言处理技术和文本挖掘模型提取关键信息，从受理、营销、产品、汇率四个方面，统计评论分布、判断用户的正负面情感、查看正负面评论随时间变化的趋势、查看用户主要提及了哪些词语等，实现了收集用户群体用卡反馈的功能。利用大数据，通过外部信息洞察客户需求，不仅能为管理决策提供支持，而且能减少企业成本。

4. 营销欺诈商户侦测

银联在进行营销推广活动的过程中发现，部分实体商户会通过虚假交易、自卖自买、连续刷单等恶意行为套取银联营销活动的优惠补贴。这种商户参与套利的行为扰乱了市场秩序，严重影响产品的推广效果，并且损害了产业各方的利益。

针对此问题，银联将大数据技术应用到营销欺诈场景中，依托海量的商户行为数据，结合具体营销活动场景建模，形成基于时间序列分析的欺诈商户侦测模型，对欺诈商户进行识别与侦测。该模型采用基于集成学习的梯度提升树分类及回归算法，对多特征的问题进行监督学习，并通过在多个弱分类器上进行多次迭代，不断提高分类器的精度，最终实现对样本特征的分类及回归分析。该模型可以准实时地监控商户行为，并对其是否为欺诈商户进行多维度的综合判断，输出可疑的欺诈商户列表及其异常交易证据。

该模型已在营销活动中得到应用，方便了活动主办方及时对疑似欺诈商户进行核实反馈，取得了良好的效果。

四　光大银行大数据应用探索与案例

光大银行自2006年起即开始建设全行级的企业级基础数据平台，并分别搭建了零售客户分析、电子银行分析、信用卡决策、信用风险等数据集市，探索数据在各个业务领域的应用之路。2012 年开展了大数据体系规划，涵盖大数据治理领域、大数据资产管理领域、数据服务领域，开始尝试通过大数据分析挖掘赋能业务发展。2016 年开始大数据平台建设，从大数据技术支撑角度，提供准实时的流式数据处理、低延时高并发的交互查询、海量数据处理与大数据挖掘等功能，构建了光大银行大数据应用技术体系。截至目前，光大银行已在智能风控、智能营销、智能运营、智能客服等方向探索大数据技术应用和落地，并以此构建智慧金融大脑，赋能业务智能化。

（一）大数据在金融领域的主要应用场景

20 世纪以来，信息技术在金融业中广泛使用，积累了体量庞大的数据和信息，金融机构中存储着亿万级的数据。在这种情况下，金融机构必须思考怎么将这些数据变为可以创造价值的东西，促进企业提升利润，因此尝试在各个场景开展大数据应用。

1. 信贷反欺诈

全球最权威的 Kroll 行业调查显示，全球有超过 84% 的企业在 2017 年遭受过欺诈问题的困扰。与此同时，《中国银行卡行业发展蓝皮书》显示，伪卡交易、电信诈骗、互联网欺诈成为国内银行业近年损失最严重的前三大欺诈手段。欺诈犯罪总体呈现团伙化、专业化、智能化的趋势，而信贷风控客户下沉成为必然趋势，规模扩张带来的逾期率急剧上升，利用大数据进行风控建模成为共识。信贷反欺诈基于海量数据通过机器学习算法对交易诈骗、网络诈骗、电话诈骗、盗卡、盗号等欺诈行为进行实时在线识别。

2. 贷后监控

贷后管理是贷款管理中最重要的环节之一。贷款发放后，银行应当随时关注借款人商业信用、经营状况的变化，持续监控客户的资产和经营的整个过程，及时发现可能出现违约的情况，并给出发生不良贷款时应该采取的措施，以避免不良贷款的产生。借助大数据技术，可以对银行所处环境进行宏微观分析，对国内外经济发展状况进行精准分析，实时监控客户经营状况，掌握客户风险变化特点，从而制定精准防控策略，有效防控信贷风险。

3. 客户画像

客户画像整合业务数据等多种数据源，采集用户行为数据，赋能业务实现用户精细化运营和精准营销。通过客户画像可以更加了解银行客户，找到客户群、发现客户共性，甚至发展潜在客户，从而支持精准营销。对运营部门和业务部门而言，第一，使用客户画像可以实时获取标签客户人群，快速制订精准营销方案；第二，在客户画像体系的建设中，不断完善标签加工规则，为业务部门建设自己的标签提供服务，从而灵活迭代营销活动策略。客户画像的典型应用场景有：构建用户价值体系，实现用户召回等精准营销目标；输出全景用户画像，管理客户全生命周期，有效提升客户体验；利用标签形成用户分层，提供个性化推荐服务，持续提升用户转化率。

4. 精准营销

精准营销是大数据的典型应用场景，也是当今企业营销的关键。怎样才能做到精准是重中之重。可以通过营销做市场营销分析、人群定位分析，还应该充分挖掘企业产品所具有的特殊性，发挥其价值，实现真正意义上的精准营销。例如，根据客户画像中相关业务的偏好标签进行排名，选取合适的排位开展千人千面活动。利用可量化的精确市场定位技术可以突破传统营销定位只能定性的局限，从而实现精准营销。精准营销借助数据库技术、网络通信技术和现代高度分散物流等手段与顾客进行高效的长期的个性化沟通，使营销能够达到可度量、可调控等精准要求。在精准营销模式下，广告成本较低，使企业低成本快速增长成为可能。现代高效的物流体系，能够使企业摆脱繁杂的中间渠道环节及对营销组织的依赖，从而降低营销成本。

5. 供应链金融

供应链金融是商业银行信贷业务的一个专业领域（银行层面），也是企业尤其是中小企业的一种融资渠道（企业层面），是指银行向客户（核心企业）提供融资和其他结算、理财服务，同时向这些客户的供应商提供贷款收达服务，或者向其分销商提供预付款代付及存货融资服务。简单地说，就是银行将核心企业和上下游企业联系在一起提供灵活的金融产品和服务的一种融资模式，是核心企业与银行间达成的、一种面向供应链所有成员企业的系统性融资安排。

大数据在供应链金融领域的应用主要是在关系发现上。例如，通过图计算等方法分析相关企业的上下游关系，及与其他企业的股权、高管、担保、资金往来、社交、圈链、额度、债项、家族等关联关系以便发现潜在客户和关联客户。

6. 客户服务

大数据技术在客户服务领域的应用集中在两个方面。一方面，服务于客服知识库的建立，大数据可以支持多层次企业知识建模，支持细粒度企业知识管理，支持多视角企业知识分析，支持对客户咨询自然语言的多层次语义分析，支持跨业务的语义检索，支持企业信息和知识融合。

另一方面，用于智能质检。智能质检又分为离线智能质检和实时智能质检。离线智能质检：基于语音识别技术将录音转换为文本，再通过分析模型对文本进行分析和质检，实现对全量语音文件、文本的分析和自动质检，自动识别风险录音，同时提取客户需求，优化银行产品、流程、系统，深入挖掘营销机会，提取营销话术，提升营销服务技巧，增加远程银行中心多渠道的营销业绩量。

7. 智能投顾服务

投资顾问是连接用户端和金融产品端的重要桥梁。投资顾问一般会通过一系列的访谈了解用户的风险偏好，判断客户真实的风险偏好需要进行非常专业且细致的沟通，导致沟通成本较高；投资顾问还会根据用户风险偏好的不同，进行资产组合的配置。

与传统投资顾问一样，智能投顾也是用户和金融产品之间的桥梁，主要利用大数据算法和模型定制风险资产组合来发挥桥梁作用。智能投顾通过大数据识别用户风险偏好，根据不同的风险偏好提供个性化的理财产品推荐方案。由于客户的年龄、性别、收入、心理等有差异，会有不同的风险偏好和偏好变化轨迹，因此智能投顾需要做到千人千时千面。智能投顾流程如下。（1）了解用户特性。主要了解用户的风险承受能力和财务状况，形成用户画像。（2）输出投资方案。基于投资理论和人工智能算法输出适合用户的投资方案。（3）执行投资方案。将之前形成的投资方案用于实际。（4）优化投资方案。根据市场的变化不断调整参数，优化模型。（5）智能推荐投资方案。基于协同过滤算法，将投资方案推荐给用户。

（二）大数据在金融领域典型应用案例分析

1. 基于大数据挖掘模型的智能营销应用

光大银行积极践行科技、敏捷、生态发展战略，使科技与业务有效协同，分支行联动，构建数据挖掘价值转换生态。主要是构建营销领域数据分析挖掘模型体系，实现营销全流程闭环管理，围绕客户生命周期经营、AUM 提升、重点产品销售等业务场景开发数据挖掘模型，完成客户综合经营方案设计和营销落地。

构建零售客户闭环营销系统，引入零售画像超市的挖掘模型标签，增加多产品营销场景的效果评估。拓展精准营销覆盖范围，新增支行营销模块，支持电子银行部远程中心呼入营销和信用卡部交叉营销。与客户经理工作台系统共同实现客户商机在手机端的展现和执行，提升营销商机执行效率。全年总、分行开展多项覆盖千万客户近千个精准营销活动，营销活动成功率最高达59%。

此外，通过客户画像模型工厂项目，孵化数据挖掘模型，覆盖客户超过千万，实现了零售重点指标AUM的提升。模型覆盖自营理财、理财存款、出国金融等重点产品，初步实现了普通、潜力客户的引入、提升、流失、挽回全生命周期模型的体系化覆盖。

2. 电子渠道大数据转型智能应用

光大银行通过电子银行客户画像与行为分析系统、客户画像超市、客户权益智能服务平台等的建设，形成零售客户电子渠道全渠道采集、数字化运营分析、客户画像及标签输出、千人千面智能推荐、智能权益服务五位一体的布局，打通了数据获取、分析、应用全链条，构建了数字化、智能化运营框架体系，有效赋能电子渠道转型，提升客户体验。

基于全渠道实时采集和分析数据。用户在银行各电子渠道的浏览行为等数据是了解客户、完善客户画像的重要数据来源。通过采集门户网站、网银、直销银行、微信银行等电子渠道的客户行为，光大银行形成了个人客户全电子渠道行为采集及大数据运营分析基础能力。这些行为数据进行脱敏处理后将为千人千面智能推荐等个性化服务以及电子渠道智能化运营分析服务奠定重要的大数据基础。

基于客户画像标签进行智能推荐。基于大数据，设计千人千面的产品推荐引擎，根据客户电子渠道行为数据判断客户喜好，最终开发手机银行理财产品智能推荐模型，实现在同一广告栏位为每位客户精准化推荐产品，支持零售条线精准营销。同时，通过发布客户个性化年度账单、春节大数据账单、客户个性化月度账单、理财账单等多款账单型产品带动客户活跃度提升。

基于权益智能服务平台开展互联网式运营活动。使用大数据流处理技术配合规则引擎，首次开展了业务可视化创建权益活动、小时级权益发放的端到端营销，改变了以往活动结束后多日客户才能收到权益的模式，极大地提升了客户体验，赋能大零售进入互联网式运营。同时，该系统通过商户管理、权益管理、实时核销等功能，支持总分行营销活动管理、劳动竞赛等多种模式的线上化转移，将电子渠道转型与传统网点转型相配合，形成总分配合、线上线下配合的新型运营模式。

3. “阳光预警平台”

阳光预警平台是光大银行运用大数据技术提升风险预警能力的典型应用。基于对行内外数据的加工解析，运用系统模型测算，触发产生客户预警信号，并在预警平台中推送，由相关岗位人员对预警信息进行人工识别，通过生效、排除、解除等差异化的流程处置，从而完成预警确认工作。阳光预警平台覆盖了光大银行对公及大零售条线，涵盖了企业及个人客户，作用于信贷业务全流程，通过“7×24 小时”不间断引入内外部数据、加工生成预警信号、指派专人处理，实现预警全流程在线处理、授信客户实时在线“无人监测”。

（1）基于内外部数据进行信号模型开发和推送

充分运用行内客户和业务等内部信息，以及工商、司法、税务、环保、人行征信、人行对公重要信息提示、法院查控、银保监会、网络舆情等外部数据，开发预警信号模型，涵盖经营管理、关联风险、财务风险、声誉风险、缓释风险、授信业务等多个风险维度，做到全方位、多角度进行信用风险监控。平台监测的法人对象包括授信、担保企业及其重大关联方等，根据预设的风险传导规则和推送策略，推送预警信号，通过自动化预警处置流程，对问题客户实行预警等级管理。

（2）整合内外部风险信息数据建设黑灰名单库

整合多个内外部渠道中的信息，收集社会上或分布在行内不同条线/部门的企业或个人的不良信用记录、失信被执行、法律诉讼、工商或环保行政部门处罚等风险事件信息和数据，按照风险程度进行划分、归类，将其纳入光大银行预警黑灰名单库进行差异化管理。

4. 客户风险共同体识别

光大银行运用多项大数据分析技术自主研发大数据产品“滤镜”，构建大数据风险预警信号，采用名单式管理模式，向总分行风险管理决策者提示具有高信用违约风险的企业信息，有效提升风险决策的时效性和精准度。“滤镜”通过在风险预警监控中使用社交网络分析技术，实现了预警管理从“单点”到“网络”的扩展。同时，还运用图算法进行客户风险预测，对客户、群体、网络进行评分，精确锁定潜在风险客户。

目前，该数据产品已有“特殊交易对手”“风险共同体”“复杂循环担保圈”三大功能。特殊交易对手是从海量资金流中敏感体察企业行为变化，识别可疑风险；风险共同体描绘违约企业风险范围，发现隐形关系，捕捉企业群体性违约风险；复杂循环担保圈运用大数据图算法技术梳理企业间复杂关系，防范风险传播。三者相互结合、相辅相成，将隐匿在客户行为和客户交往圈中的资金短缺、风险传播、群体违约等风险事件特征化，提前发现客户潜在的信用违约风险。未来，还会将更多的大数据风险信号补充到“滤镜”中，在光大银行智能化风控领域发挥更大的作用。

5. 基于互联网大数据的网络消费信用贷款风控应用

为适应互联网金融业务创新发展的形势，满足客户网络贷款需求，充分发挥电子渠道线上营销、线上获客、便捷服务的优势，光大银行开展了互联网个人消费信用贷款业务，并基于互联网大数据在贷前、贷中及贷后环节进行风险管控，有效控制信贷风险。

（1）贷款申请及提款阶段反欺诈

贷款申请及提款阶段的反欺诈主要是通过校验客户授权查询的内外部信息对客户贷款申请的真实性进行校验，校验内容包括身份、学历、工作及资产等。应用到的大数据主要包括：核验类外部数据、黑灰名单类数据、客户行为类数据、多头授信类数据。

（2）授信评估

结合行内外数据进行客户信用评估，行内数据包括存款、理财、代发工资、企业年金、按揭、缴费、支付及电商等；行外数据包括住房、公积金、税务等。这些数据能更好地帮助我们充分了解客户，从而给予客户最优授信。

（3）贷后风险监测及预警

根据客户外部行为数据及外部评分模型对存量贷款客户的行为进行监测及预警。

6. 大数据支持普惠金融

光大银行以存量未授信小微企业客户、分行储备批量授信项目为突破，在充分挖掘非授信客户历史交易行为的基础上，依托大数据分析及数据挖掘模型，从“准入模型＋聚类相似度分析＋内、外部黑灰名单筛查＋人行征信记录”等多个角度，对客户进行有效筛选和甄别，支持小微企业自助申请贷款、自动化审批。作为一般风险类贷款产品的样板应用，对工商、法院、舆情、结算等多维度数据进行企业刻画，并使用机器学习技术对行内已授信的优质客户进行训练，挖掘未授信客户资金需求，提升授信获客准确性。

7. 外部数据统一管理和共享应用

银行的本质在于经营风险，而银行自己拥有的客户信息并不全面，在开展业务时，有可能因为信息不对称错失机会或是带来风险。为了掌握更真实的客户信息，降低业务风险，需要引入更多的外部数据，使得客户画像更为丰富和立体。近年来，光大银行引进外部数据的步伐不断加快，对光大银行各类业务发展发挥了巨大作用。大量引入外部数据，若缺乏统一管理，也可能引发许多问题：数据内容之间存在重叠，接口方式各异，造成数据重复采购、重复开发，导致资源浪费；各部门自行采购数据，很难兼顾其他部门的需求，且共享意愿不足；各部门分别与多个数据服务商接触，对其数据来源的合法及合规性难以充分了解；数据分散在各个业务条线系统中，缺乏整合，有的甚至存储在员工的电脑中，很容易造成泄露，安全隐患大。

为满足安全合规要求，减少重复采购和开发行为，充分挖掘外部数据的资产价值，光大银行 2018 年提出了“五个统一”的外部数据管理模式并在总行层面落实执行，同时将这种管理模式写入《中国光大银行外部数据管理办法》全行发布。“五个统一”，就是“统一采购、统一登记、统一接入、统一存储、统一共享”。在“五个统一”的管理模式下，各部门可以专注于外部数据的业务应用，只需登记外部数据使用需求和预算，由信息科技部完成统一采购，并依托外部数据管理平台进行外部数据的统一接入、统一存储和统一共享。此外，信息科技部还修订发布了外部数据采购合同模板，增加了数据安全的内容，并设计了测试数据承诺函模板。上述工作有效地解决了重复采购、重复开发、不方便共享等问题。同时，通过统一管理，增强了对外部数据合规使用的把控力度，提升了数据安全的管理水平，实现外部数据“安全用数、高效用数、用优质数”。

8. 网点效能管理

利用大数据分析方法为总行及分行运营管理人员提供网点效能精准量化分析工具。从交易、柜员、网点、现金四个方面，借助交易量、服务耗时及评价率等多个指标对网点柜面效能进行量化，形成对网点效能的分析监控、预警及预测体系。

五　票交所金融大数据应用探索与案例

目前，大数据技术已经在金融行业有了较为成熟的应用。运用大数据技术在数据分析方面的能力，更是金融机构发展金融科技的关键操作。票交所作为我国金融领域的重要基础设施之一，在保证票据市场稳定发展的同时，也在积极探索大数据技术在票据市场的应用。票交所的业务和技术人员运用大数据技术对票据市场展开的分析和研究工作，正不断提高票交所辅助票据市场监管、强化票据市场风险控制和推进票据领域产品创新等能力，并持续推动大数据技术在票据领域的应用。

（一）大数据在金融领域的主要应用场景

金融领域数据资源丰富。伴随着大数据技术的快速发展，海量金融数据中所蕴含的用户行为、交易风险等得以被充分挖掘并用于实践。票据市场经过三十多年的探索与发展，已成为我国金融市场的重要组成部分。票据最初作为企业的结算工具和直接融资工具，逐渐成为金融机构的规模调节工具、流动性管理工具、资产负债管理工具、赢利创收工具以及中央银行的货币政策工具。伴随着产品的不断创新和业务的逐渐升级，票据市场积累了大量有价值的数据，并且数据量还在持续增长，这为大数据的应用提供了可能；同时，随着大数据分析技术日益成为金融机构提高其在票据领域核心竞争力的重要手段，以及监管部门实施穿透式监管的重要手段，继续发展票据市场金融大数据成为必然。

随着大数据在票据领域的应用不断深入，票交所在辅助票据市场监管、交易风险控制、票据产品创新等方面运用大数据技术进行了探索，收到了一定的效果。

1. 金融大数据在辅助票据市场监管中的应用

监管机构对票据市场的有效监管是维护票据市场运行秩序、保障票据市场运行效率的根本所在。传统票据市场主要运用金融稽核的手段，定期或随机地对金融机构进行抽查，以达到依法实施金融监管的目的。随着市场的不断发展，传统金融监管方式很难满足监管机构全面、实时监管金融市场的诉求。这就要求金融机构根据监管要求、市场状况、业务变化等及时制定、调整内控制度，与监管机构相互配合。传统票据市场一般采取事后监管方式，具有一定滞后性；且需要监管机构和金融机构相互配合，增加了各机构的负担，带来了额外的开支。

而利用金融大数据有助于提升监管部门的监管能力，使票据市场监管趋于自动化、智能化，同时使监管效力最大化。在大数据技术架构下，票交所可以存储票据业务中产生的交易记录、文档、图片、地理位置等不同结构类型的历史和实时数据，并支持对不同类型数据的挖掘分析。票交所将实时的数据分析处理结果提供给监管机构，可在一定程度上满足监管机构的监管时效性要求；而对离线数据的深度分析则可以辅助监管机构最大限度地挖掘数据价值，以满足监管机构对票据市场监管的全面性要求。

此外，金融大数据还可以帮助监管机构从不同维度对票据市场进行监管。宏观上，通过对票据大数据的统计分析，可捕获票据在流转过程中的异常；微观上，通过对异常交易的精准定位，可对交易中所涉及的金融机构的历史数据进行关联，构建异常交易案例库，优化监管模型。监管机构通过宏观、微观等不同维度对票据市场进行监管，从而实现个性化、差异化监管。

2. 金融大数据在票据市场风险控制中的应用

票据市场风险控制对于维持票据市场稳定、降低票据交易风险、提升票据市场活力具有重要作用。票交所成立后，不仅建立了统一的票据市场，治理了以往存在的票据乱象，还完善了票据监测体系，提高了票据市场风险控制能力。

随着金融大数据技术的发展，其在票据风险控制方面的应用也日趋深入。票交所采集的票据大数据涵盖了票据报价交易、登记托管、清算结算、到期托收等金融机构参与票据流转的海量数据，也包含了企业出票、背书转让、贴现、保证等企业参与票据流转的行为数据。从不同维度出发，可以构建票据信息画像，挖掘票据的各承兑行占比、票据票面金额分布、期限结构分布、交易利率水平等；也可以构建金融机构行为画像，包括机构的承兑行为、贴现行为、交易行为、兑付行为等；还可以构建企业票据行为画像，包括企业的出票行为、背书转让行为、贴现申请行为、收票行为等。从这些画像中，可以分析出票据的风险指数、机构信用，金融机构和企业的市场参与活跃度、交易活跃度等不同特征，并可据此构建票据、企业、金融机构的特征库。以特征库作为先验知识，建立风险控制模型，可利用不断增加的客观真实的票据数据持续优化模型，并运用大数据技术低延时、高吞吐量的处理能力，保证模型能够对票据市场进行实时高效的监测分析，及时发现票据流转过程中的交易风险、兑付违约风险等。

金融大数据的应用为票据市场提供了多维度的票据数据分析手段，完善了风险控制机制，可帮助企业、金融机构降低潜在的交易风险，减少不必要的资金损失，助力票据市场更好地支持和服务实体经济。

3. 金融大数据在票据产品创新中的应用

在金融大数据的背景下，企业、金融机构等票据市场参与主体呈现出交易数量持续增长、交易对手跨地域、交易品种涉及多种业务类型等特性。针对这些特性，挖掘出票据市场参与主体潜在业务需求，并有针对性地设计和构建票据创新产品，将有效地推动大数据技术在票据领域的应用，并深化票据业务的协同创新。

票交所存储了较为全面的票据市场数据，包含了海量的票据信息、业务报文、系统日志、交易信息、票据影像信息以及企业信息等。从数据类型上看，这些信息既有结构化的交易数据，又包含影像等非结构化数据，具有票据知识多样性、碎片化等特征。传统的数据分析技术难以对此类票据数据进行整体关联分析，这使得市场参与者的业务需求不能够通过数据分析被及时发现。

为了深度发掘票据相关数据资产的潜在价值，票交所建立了大数据分析平台，运用大数据技术对票据生命周期内交易行为的各个环节进行智能分析。通过对票据流转轨迹和票据在市场参与主体中的分布情况进行分析，票交所敏锐地洞察到小微企业尤其是小微民营企业持有大量未到期票据且无法进行有效融资的问题。为了解决该问题，票交所于 2019 年 1 月 26 日正式上线供应链金融创新产品“票付通”。“票付通”产品基于供应链场景，实现了上下游企业线上票据支付的功能，推广了票据在实体经济中的应用，更好地支持了小微企业的发展。“票付通”产品在一定程度上为票据支付赋能了互联网属性，扩大了票据支付应用场景，是金融大数据在票据领域的又一应用成果。

（二）大数据在金融领域典型应用案例分析

1. 监测及统计分析系统的建设背景

票据大数据主要包括企业的出票、背书流转、贴现等数据和金融机构的质押、保证增信、转贴现、回购等数据。这些大数据混杂在一起构成了票据市场分析所需的信息，但是面对这些没有层次、没有组织的票据大数据，市场分析人员无法直观地从中抽取票据市场的运行指标。因此，需要对海量的票据大数据蕴含的知识进行统计分析和深度挖掘，需要建立票据数据分析模型对票据市场运行状况进行多维度、多粒度的分析，为票据市场监测与管理提供实时、精准、高效的决策支持。

在此背景下，票交所建设了监测及统计分析系统。该系统包括交易监测模型、账户收益率预测模型、价格偏离度预警模型、统计分析模型、票据违约模型等众多监测模型。大数据技术使得监测及统计分析系统具有大容量、高并发等特点，能有效实现资源动态调整及 PB 级海量数据的存储，提升监测及统计分析系统开发、部署和分析的能力，为交易监测、风险管控、统计分析等提供支撑。

2. 监测及统计分析系统中的数据分析模型

下文对主要模型做简单介绍。

交易监测模型：交易监测的目的是对票据交易中的异常交易行为进行监测。模型实时捕获票据交易行为，形成每张票据的交易流转轨迹，同时构建票据市场参与主体之间的行为关系图谱。通过对票据流转轨迹进行时序分析，可发现异常的票据流转状态，如双买断、折返、过桥交易等。此外，还可锁定异常交易中所涉及的参与主体，在行为关系图谱中通过激活扩散算法，深度挖掘与参与主体相关的、存在潜在异常交易的其他参与主体。通过以上交易监测模型，可以实时对票据市场的交易进行监测，及时发现异常交易及其参与者，以便采取相应措施保障票据市场的稳定运行。

账户收益率预测模型：账户收益率预测的目标是通过对会员或系统参与者账户历史收益率情况的分析，预测账户将来的收益率。在具体处理逻辑上，首先，模型从票据大数据中挖掘账户的所有历史交易，若账户的历史交易具有一定的交易量，则交易时间跨度越长、交易范围越广、涵盖交易种类越多，就越能够从整体上反映该账户的收益率水平；其次，计算出账户在不同时间点上的收益率，拟合形成历史收益率曲线，并对曲线进行平滑处理；最后，对该曲线进行回归分析并对账户的收益率进行预测。

价格偏离度预警模型：价格偏离度预警主要是衡量每笔交易与价格偏离度基准之间的偏离程度，若偏离程度超过阈值则触发偏离度预警。价格偏离度基准是综合全市场交易形成的，考虑了交易利率、票据剩余期限、票据信用主体、交易金额等特征。模型基于加权主成分分析方法将各个特征融合成为一个值，作为最终的价格偏离度基准。在融合过程中，模型还会参考专家参与制定的权重，以便更加准确合理地融合各个影响因素。模型基于偏离度基准，根据会员机构自身的交易情况计算出一个合理的价格偏离区间，当会员机构的交易超过价格偏离区间，便会触发价格偏离度预警。

统计分析模型：统计分析主要是从不同维度、不同粒度对票据市场资金状况、交易状况等进行汇总、计算、对比。模型主要从票据流转阶段的承兑、贴现、托管等维度来统计发生额、余额，而且可以按照全市场、持有人、行业、地区、机构、会员类型等不同维度进行统计。基于统计分析模型可以从宏观角度了解票据市场的运行情况，如票据信息登记整体情况、票据托管整体情况、票据交易整体情况等；也可以从微观角度了解不同类型、地区会员机构的票据业务运行状况，从而为票交所服务票据市场提供决策支持。

票据违约预警模型：票据违约预警的目的是对会员、系统参与者未来违约的可能性进行预警。为了准确分析和识别违约和非违约会员、系统参与者的区别，需要提取不同的特征对会员、系统参与者进行更加细致的刻画。模型会挖掘会员和系统参与者的交易频数（即一段时间内发生过交易的次数）、发生过交易行为的其他会员及系统参与者数量（即与多少家其他会员机构发生过交易行为）、交易总量（即发生的交易金额总量）、在行为关系图谱中的节点介数（一个会员机构在行为关系图谱中作为链接其他会员机构的重要节点）等特征。挖掘这些特征后，模型通过分类算法分析出违约会员机构与非违约会员机构的不同，并预测下一时间段内会员机构违约的可能性。对会员机构的违约预警是风险控制的基础和重要环节，而通过票据违约预警模型判断票据违约的可能性将有助于将票据交易风险最小化。

3. 监测及统计分析系统中大数据技术的实践

在总体要求上，票交所综合采用交易监控、风险管理、统计分析等监测手段对票据市场进行监测。在系统功能方面，监测及统计分析系统须对各类数据进行提取、整理、分析，以满足实时监测、风险分析、统计报表生成、灵活查询的业务需求。在系统性能方面，监测及统计分析系统须满足各类数据同步统计、分析、监测的业务需求，并达到资源合理配置、节约成本、提高效益的目标。这就对监测及统计分析系统的技术架构和处理能力等提出了更高的要求。

第一，从数据结构特征角度看，监测及统计分析系统需要处理海量的结构化、半结构化以及非结构化的票据大数据。

第二，从数据处理类型角度看，监测及统计分析系统需要进行传统的统计分析和复杂的数据挖掘计算。

第三，从数据处理响应性能角度看，监测及统计分析系统需要对数据进行实时、准实时以及离线计算。

第四，从迭代计算角度看，需要大量的迭代计算。

第五，从系统架构角度看，监测及统计分析系统对海量数据的分析和计算，需要基于集群的分布式存储与并行计算体系结构和硬件平台。

因此，综合上述分析，监测及统计分析系统需要构建数据仓库，以满足面向主体分析、提高处理响应性能、实时性等需求。数据仓库是整个监测及统计分析系统中数据存储的核心基础，它为 OLAP、数据挖掘提供分析和决策支持。

监测及统计分析系统的体系架构共分为五部分，即源数据库、数据仓库 ODS 层、数据仓库中间层、应用层、前端展示层。源数据库中的数据来自中国票据交易系统数据库以及 ECDS 数据库；数据仓库 ODS 层进行 ETL（数据抽取、转换、清洗、加载）工作；数据仓库中间层负责存储清洗、加载后的数据，该部分数据用于生成报表；应用层则为系统中各种监测查询功能的实现奠定基础；前端展示层向用户展示可视化界面。图 1 为监测及统计分析系统的数据仓库体系架构示意。

（1）源数据库

监测及统计分析系统的数据来源于中国票据交易系统（简称“交易系统”）和电子商业汇票系统（简称“ECDS”）中的生产数据。其中，交易系统数据主要来自其核心交易子系统（CDES）、登记托管子系统（CDRS）、清算结算子系统（CDCS）。交易系统和 ECDS 会通过 SFTP 方式向监测及统计分析系统传输实时生产数据。

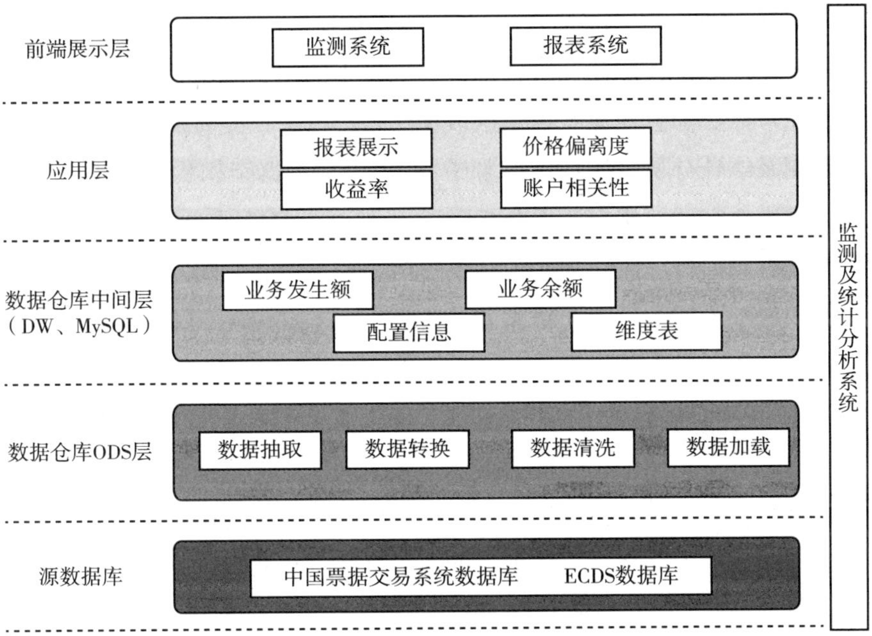

图 1　监测及统计分析系统的数据仓库体系架构示意

（2）数据仓库 ODS 层

生产数据传输到 SFTP 之后，需要进行数据的抽取、转换、清洗与加载，该过程被称为 ETL（Extract Transform Load），并通过开源工具 Kettle 完成该部分工作。

（3）数据仓库中间层

ODS 层只对两个系统的源数据做了抽取、转换、清洗与加载，无法保证两个系统对数据命名规范、数据存储类型等统一的需求。因此，还需对两个系统的源数据进行规范化处理，然后根据业务需求所面向的不同主题，在每个主题内进行维度建模。简单、灵活的业务需求构建星型模型；具有较高关联性或层次性的业务需求，一般构建雪花模型。

（4）应用层

应用层分别实现了不同的功能模块。主要包括监测系统管理、票据交易查询、监测指标查询、系统参数配置、报表生成（发生额报表、余额报表）等。

（5）前端展示层

根据业务需要，监测及统计分析系统将不同的功能模块进行了可视化展示，从而可以更加直观地展现票据市场的运行情况，提高系统透明度。

监测及统计分析系统运用了基于 MPP 的大数据架构构建数据仓库，以支持大规模并行的票据大数据分析。该系统由众多松耦合的处理单元组成，每个单元有其内存、总线等，不共享资源。各个单元之间能够协同计算，提供完整的数据库服务。这使得监测及统计分析系统具有可伸缩性、高可用、高性能等优势。

（三）工作总结与未来展望

现阶段，票交所已初步实现了大数据技术在票据市场的落地，在一定程度上提升了票据市场的运行效率，推动了票据业务的健康发展，下一步票交所还将提高实时大数据处理的能力。

展望未来票据市场，在提升票据市场交易效率和透明度、推动构建科学合理的票据市场信用评级体系和强化票据异常行为分析等方面，大数据技术还将有广阔的发展空间和应用场景。

六　平安集团金融大数据应用探索与案例

（一）大数据在金融领域的主要应用场景

2018 年 5 月，银保监会下发《银行业金融机构数据治理指引》，突出强调数据加总能力建设、新产品评估要求，有效评估和处理重大收购和资产剥离等业务对数据治理能力的影响，明确了监管机构的监管责任、监管方式和监管要求。

利用大数据技术，可以对数量巨大、来源分散、格式多样的数据进行采集、存储和关联分析，从中发现新知识、创造新价值、拓展新能力。在移动支付中，大数据技术可用于智能风控、精准营销、反洗钱等场景。在智能风控方面，通过交易行文分析、机器学习技术等优化风险评估模型，根据风险等级实施差异化风险防控，提升支付风险防控能力；在精准营销方面，通过客户画像、智能投顾等深度洞察和挖掘客户潜在需求，为用户提供定制化、专业化、系统化金融服务，打通获客、活客、留客的生态循环；在反洗钱方面，利用大数据构建反洗钱监测预警平台，实时监测银行卡派生的支付标记，及时鉴别可疑交易并采取相应的防控措施，提升互联网环境下洗钱活动监控的敏锐度。

1. 精准营销

金融机构传统的营销手段是将大量的产品和服务提供给尽可能多的用户，这种无差异的营销手段大幅降低了营销效率和用户体验。而大数据精准营销是基于用户、产品、渠道等海量信息，通过构建多维用户画像和进行关键因子分析，结合实际业务营销策略，提供客户分群、精准触达、事件营销等推荐服务，显著提升营销效率，控制营销成本，并逐步成为金融机构的主要营销手段。

以交叉营销场景为例，高价值客户通常是金融机构的重点推销对象，个性化的产品推荐是维护客户关系、提升服务质量与提高客户黏性的最佳方法。因此，可以使用大数据技术，通过对高价值客户历史产品购买记录、个人信用信息等进行深度画像挖掘，构建客户产品购买倾向性模型，进一步利用弹窗、push、站内信、短信等多种线上方式，并结合线下拜访等途径，对高潜力客户进行精准触达营销，提升产品销售效率，为高价值客户精准推荐保险、基金、理财产品等。

2. 大数据风控

大数据风控在信用评级、反欺诈、用户画像等方面显著提高金融机构的效率和风控水平，是金融企业发展必不可少的科技手段，可以深入挖掘用户历史行为信息，构建用户画像并及时甄别异常行为，实现事前风险预警。目前大数据风控已在理财、保险、汽车金融、现金贷等金融场景中得到广泛应用。

以信贷场景为例，过去银行对客户的选取、对违约风险的评估通常基于历史交易数据、信用评分等静态数据，数据的局限性限制了这种营销方法的前瞻性与准确性。而利用大数据技术，整合银行内部数据与外部相关信息，一方面丰富了用户画像维度，另一方面能够完善征信体系，实现信贷场景的精准营销。大数据覆盖信贷领域各个流程，贯穿获客、身份验证、关联分析和授信环节。获客环节建立用户画像，跟踪用户完整生命周期；身份验证环节通过活体识别等技术，判断申请人是不是本人；关联分析则利用图关联技术，找出欺诈团伙；授信环节汇聚多方数据源，通过建模进行风险定价。

3. 综合数据管理平台

平安证券数据建设以“从传统的物理数据集中向基于数据连接的虚拟的逻辑数据集中的转变”为核心，从数据连接角度打通公司内外部应用，实现逻辑上的集中，更加灵活、实用和高效。

平安证券综合数据管理平台（Data Repository Aggregated General Purpose Open Network，简称 DRAGON 平台）通过领航、大数据、DSG 等技术解决公司原 ODS 系统技术落后、升级扩容困难、不支持半/非结构化数据等问题。

该平台涵盖了平台基础、数据交换、数据存储、数据展现、数据管理、任务调度和平台监控模块，提供更高效的数据交换服务，包括搜索、查询、统计、分析等配套功能（见图 2）。

4. 数据仓库体系

建设高效的数据仓库体系的目标是：对证券数据进行有序和有结构的分类组织和存储，避免重复建设和数据不一致性，保证数据的规范性。

统一底层（UDS）是平安证券经纪事业部进行数据整合及管理的方法体系和工具，构建了标准化、可共享的、有数据服务能力的全域数据体系，避免了数据冗余和重复建设，规避了数据烟囱、碎片化应用和不一致性，降低数据互通成本，释放计算、存储、人力等资源，以消除业务和技术之痛。

平安证券数据仓库设计结合理论和实践，其具体架构见图 3。

5. 智能投顾

智能投顾通过核心算法自研和大数据分析技术，对市场行情及客户投资特征进行智能分析，提供股票投资核心的仓位建议、持仓个股诊断、波段操作建议等功能，并对投资者投资能力进行深入分析，为普通投资者股票进行

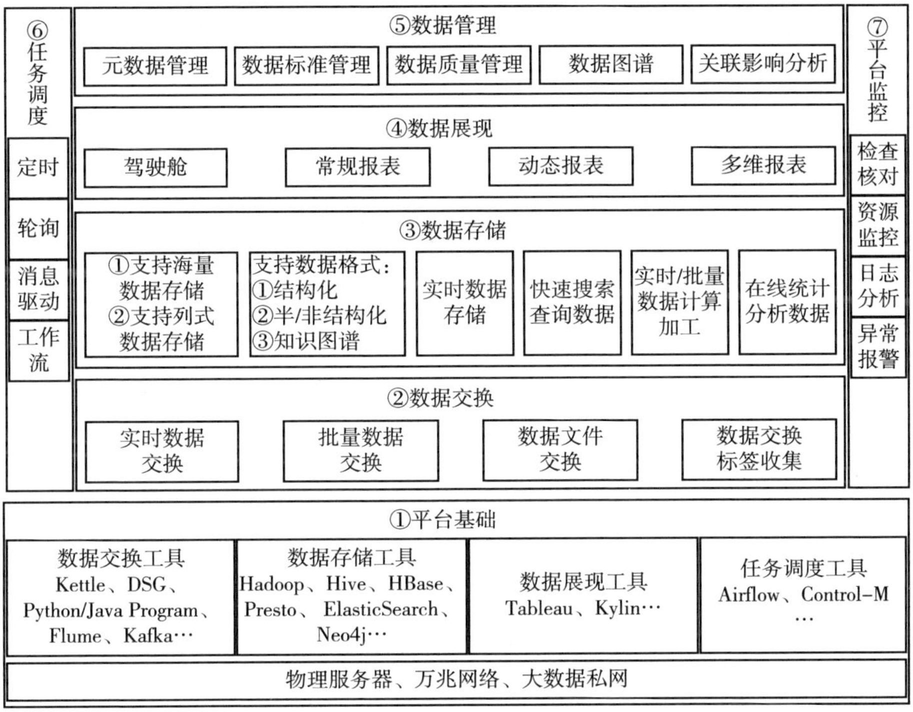

图 2　平安证券综合数据管理平台技术架构

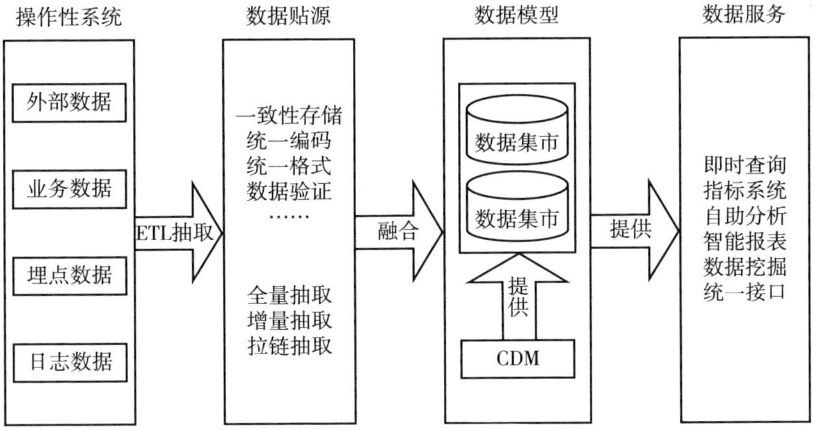

图 3　平安证券数据仓库的模型层次架构

投资决策提供重要的参考建议。

智能投顾主要模块有客户收益率、客户体检表、科学诊股、投资建议书、智能资产配置等。

6. 优化公司内部管理流程

在流程优化方面，一是在大数据平台上计算亿级别数量客户的保额，协助客户投保过程中的高保额控制，优化核保流程；二是应用大数据技术，建立亿级别核保宽表，实现核保工作的提效增速和核保报价流程的智能化升级；三是大数据平台的海量数据计算能力，助力公司亿级别客户关键字段的完整性、规范性等指标的统计，实现客户信息质量的监控，推动业务前端信息入口的流程优化和完善。

在数据赋能业务人员方面，从业务视角，抽象和提炼出大数据模型，涵盖契约、保全、理赔、客户、业务员、交易和运营等模块，在大数据平台上实现了该数据模型的数据存储和数据加工，业务人员可以在养老险的新一代报表平台上进行自助分析，全方位洞察数据，深度挖掘数据价值。

7. 积极对接集团各项大数据需求

在集团智慧财务工程项目的整体部署下，基于价值树构建了养老险多层级的经营分析指标库，包括机构、条线、产品、客户、队伍、渠道和同业等业务维度，涉及业务、收入、成本、效益等数百个指标，这些指标视具体情况通过 Hadoop + Hive 大数据技术进行加工，并推送给集团的智能标签数据库，然后在智慧经分平台上实现智能搜索、智能报表、智能推送、智能门户、经营图谱、模型工厂、计划预算和项目追踪等功能。

在团金会的整体安排下，养老险建立了团金考核指标数据集市，在公司的大数据平台上按计划开发和上线这些指标，并负责这些考核指标数据的准确性、及时性和一致性，精准对接团金数据平台，促进团体综合金融业务发展。

8. 精准营销

银行在产品设计、用户体验、智能决策、风险防控、精准营销、业务分析领域，都离不开数据的有效支持。商业银行借鉴大数据思维，产品设计从以“流程”为核心转变为以“数据”为核心，应用大数据等金融科技手段，提高了数据应用能力，并应用于精准营销、征信、风险防控、运营优化等业务领域，发挥数据的最大价值。

通过对客户历史大数据进行加工处理，形成丰富的客户标签和360°的客户画像，结合客户接触的各种场景，精准识别客户需求，利用最佳渠道、在最佳时间为客户提供最好的产品和服务。

9. 风险控制

银行基于大数据征信和金融信息可视化技术，汇总个人基础数据、历史交易数据、社交网络数据等各类数据，建立适用于信用评定、反欺诈、行为监控等不同模块的风控模型，通过模型检验用户综合画像与风险状况。

工作流程主要有4个步骤。一是大数据获取，通过银行内部和外部第三方，全面搜集个人支付、信贷等与个人信用相关的数据；二是数据分析，将银行内部已有信息与获取到的其他数据进行交叉比对，对结构化和非结构化等多维度数据进行分析评价；三是机器学习，在分析数据时配合使用机器学习、神经网络等技术，去除数据杂音，优化反欺诈模型；四是生成黑名单。通过反欺诈模型得出黑名单，以此为基准筛选客户，从而达到控制风险的目标。同时，进行全天候实时监控，实时识别盗刷风险，防堵盗刷，此外对贷后客户各类信息的变动情况加以智能分析，识别潜在违约风险，及时提出预警，减少银行损失。

10. 大数据湖

平安资管率先采用标签体系搭建大数据湖。平安资管大数据湖以Hadoop为核心骨架，以数据仓库实践为蓝本，为债券投资分析决策提供各类BI和AI支持。数据湖建立了一套完善的数据管理机制，可对数据进行全生命周期管理，并构建可靠的质量保证体系，充分保证数据的正确性、完整性及一致性，同时设计了可控的安全体系，以确保信息安全合规。

（二）大数据在金融领域典型应用案例分析

1. 平安克瑞斯智能金融平台

平安集团基于在大数据与人工智能领域的经验积累，研发出一站式智能金融平台“克瑞斯”。克瑞斯从客户、产品、渠道三方面入手，集画像分析、智能推荐、机器学习等功能于一体，充分利用大数据和机器学习的优势，为营销决策和风控管理提供支持，促进业务持续增长，助力传统金融机构完成数字化转型。

克瑞斯在传统银行数字化营销、贷款智能风控、高效选址等方面取得多项成果。首先，数字化营销通过建立多维度用户画像，对客户进行分群，针对不同客群提供定制化的产品服务和营销策略，提升客户触达效率和营销成功率；其次，克瑞斯提供个性化和多元化的风控策略，一方面避免条件过于严苛造成发放贷款数量过低，另一方面识别高风险用户，降低违约风险，减少风险成本；最后，克瑞斯构建了全新的创新决策模式，在已有选址的基础上，开放平台接口融入更多数据及字段，使选址更高效。

2. 平安欧拉图谱

平安科技将知识图谱落实到金融业务场景中，以科技引领业务变革，自主研发了专业的企业知识图谱——欧拉图谱。欧拉图谱是一款以企业供应链、产业链为中心的知识图谱产品。以知识图谱和自然语义处理为核心技术出发点，辅以机器学习算法，高效转化非结构化数据，快速捕捉数据信息，立足舆情、图谱、采购、品宣、产业链、财务、债券、公共服务八大功能模块，实现关联关系的智能提取和企业风险的精准捕捉。

欧拉图谱已广泛应用于多个场景，在风控方面，通过对银行、基金、证券、资管等投后/贷后管理的风险监控和动态量化评级，将数字与其背后的经营事件联系起来，创立 O-RISQ 风险体系，打造新型智能化风控系统；在营销方面，利用大数据和机器学习技术，实现对目标企业的背景调查，商机智能提取及推送，颠覆传统营销模式，助力企业制定营销策略及进行客户关系管理；在投资方面，支持量化交易模型开发所需要的因子库建设、事件驱动策略开发等，为企业投资及量化交易赋能；在公共服务方面，协助政府及时进行投资监控与风险控制，维护金融秩序。

3. 平安养老险的“诚信赔”服务

“诚信赔”服务致力于将征信数据应用于人身险的理赔服务中。利用大数据模型，可识别客户的征信情况，并结合客户的理赔记录，建立客户特征脸谱，为不同信用水平的客户提供差异化服务。平安养老险目前已向全国数十万客户授权，随时随地为其提供极简、极速的“诚信赔”服务。

“极简”体验，归因于平安养老险搭建的一套完善的风险控制体系。外部通过公共征信平台对接，完善个人诚信评级；内部则结合平安养老内部专业审核风控体系、赔案抽样调查及客户企业背书等防范欺诈风险。

“极速”体验，则依托全E化自助理赔模式，实现从自助申请到自动审核再到超级网银理赔的无缝衔接。满足条件的诚信客户只要在手机APP或网页上输入理赔金额，并上传医疗费用发票的影像文件，赔付金便会快速到账。免实物材料，1日内赔付，极大地提升了客户理赔体验。

4. 智能运营风控平台

平安银行智能运营风险全面管控平台，引进大数据、APP、关系图谱、实时计算等新的风控技术手段，从账务、客户、交易、实物等维度，设计形成各类管控工具。全方位、流程化、数据化、智能化进行运营风险管理。

平安银行智能运营风控平台建立了全行集中、完整、唯一的风险管控平台，使业务影像与交易流水关联，实现了客户准入、结算、内部账户、实物等全方位集中监控，同时提高了事后监督的时效性，实现准实时事后监督；平台实现系统自动对账，不仅提高了数据准确性、时效性，也大大降低了人为操作风险；平台新增加的智能账务监控模块，利用云存储、Hadoop等大数据仓库技术，建立全面的风控数据仓库，利用海量的数据建立各种维度的账务监控模型，实现远程集中实物检查功能，打造风控大数据平台。

风险管控平台在账务、账户、交易、人员、实物、一线内控工作6大方面实现突破。①构建全行账务异常监测体系：实现智能对账、智能账务；②构建全行账户异常监控体系：构建智能账户；③构建全行交易异常监控体系：事后监督、双录质检，构建KRI风险指标；④构建全行人员监控体系：员工异常行为探测、飞单探测、员工轮岗休假监控；⑤全面提升实物风险管控能力：自主设备异常监控、远程集中查库；⑥一线内控管理工作的线上化、移动化：内控主任PC端、内控主任APP端。

智能运营风控平台投产以来，取得了良好的应用效果。

①违法欺诈人员作案得到有效控制。引入新的风险识别和算法技术，主动捕捉高风险行为。在客户准入前就开始排查风险，利用反欺诈识别、反洗钱监控等手段管理客户账户结算，为客户构筑了“风险防火墙”。

②账务监控覆盖全行，账务异常处理时效急速提升。引入新型大数据异常探测算法，实现账务异常精准核对。

③一线内控主任工作实现线上化、移动化。内控主任 APP 已经推广至全行，通过行事历、工作通知、设备异常监控等模块，在移动端可以完成内控工作的 70%，真正做到了线上化、移动化。

5. 平安资管大数据湖

平安资管采用标签体系搭建大数据湖。基于大数据分析的标签体系将投资业务由宏观、中观、微观从上至下抽象形成多个维度、多层结构，旨在利用该管理模式全面收集、跟踪、分析及管理投资品种信息。引入 40 + 基础信息及行业特色数据源，从而利用大数据湖提供各种结构及非结构化的基础信息及特色数据：根据数据源类型，分为行业通用的基础信息数据源及代表性行业的特色数据源；根据数据源归属分为市场公开的基础、行情数据，资管内部独有的研究、分析数据；根据数据源特征，分为结构化的属性、指标数据，非结构化的舆情、报告数据。数据源引入后，经过标准的数据处理后进入多层库，供产品应用端使用。

6. 平安资管一体化投资前台系统

截至 2018 年底，平安资管管理的资产规模达到 2.9 万亿元，是国内重要投资者之一。对于大型资产管理公司来说，资金流动性和信用风险防范一直是关注的重点和痛点。针对上述痛点，平安资管自主研发了一体化投资前台，进行跨组合、全品种、资金资产两端全覆盖的资金流动性风险和信用风险管理。该系统融入多项前沿的设计理念与技术，采用了基于 Disruptor 的事件驱动模型，在不使用任何数据锁的情况下实现了数据的一致性，同时最大化系统吞吐量；此外，使用自主研发的内嵌规则缓存机制以及高度配置化的风控引擎。系统可实时计算资金可用量，也可预测未来资金进出分布，帮助投资经理掌握组合资金全貌，还实现了授信额度集中管理、一级和债权投资全部系统化处理。

7. 平安产险“信任赔”服务（平安产险）

平安产险线上理赔服务持续领先，运用自主研发的AI图片定损技术和精准客户画像技术，针对驾驶行为良好的车主推出“信任赔”服务，即针对驾驶行为良好的车主构建安全驾驶分，并匹配相应的车险理赔信任额度，车辆发生事故后，在平安授信的理赔信任额度内，车主可以在线上快速操作自主理赔，案均赔付完成时间缩短至168秒。同时，为惠及更多车主，平安产险依托强大的AI图片定损、OCR识别、智能核赔等技术实现“一站式视频智能理赔”，空中定责定损，使车主可快速撤离，实现极速理赔，提升客户体验。

在理赔防欺诈方面，平安产险基于图数据库建立“IFD智能风控反欺诈平台”，基于35亿级案件结构化数据、百亿级图像数据、5TB+级文本数据这种大数据，可以在15分钟内完成海量数据织网切网、10亿节点案件异构网络，实时（300毫秒内）完成增量织网切网并返回评分结果，实现事中欺诈拦截。依托自身科技智能风控能力覆盖7大类、27小类欺诈风险，通过智能规则、模型及IFD关联风险侦测系统（SNA），极大地提高对欺诈案件及犯罪团伙的识别度。

8. 平安产险的智能机器人

平安产险搭建了“机器人工厂”，全面梳理并构建财产保险领域的知识图谱，依托自然语言处理（NLP）技术持续提高客户意图识别度，同时融合语音识别、语音转文字技术，让机器人能“听、说、看、想、做”。

（1）在“听”“说”方面：结合语音识别（ASR）技术，通过客户声音分析平台，归因用户诉求，倾听客户声音；结合语音合成（TTS）技术，通过金牌话术实现智能外呼自动报价，维系客户，回访客户等。

（2）在“看”方面：通过图像识别、图像分类、图像质量评估等技术实现30多种保险单证识别免录入、单证自动归类，最高的识别率达到99%。30多种保险单证包括驾驶证、行驶证、新车合格证、营业执照、理赔申请书、批改申请书、发票等在内。

（3）在“想”方面：构建智慧大脑关联客户线上、线下数据，利用大数据技术处理海量客户行为触点数据，实现精准营销、产品精准推荐、服务精准推荐等。同时，构建保险行业领先的知识图谱推出保险专家，实现智能问答。

（4）在“做”方面：集成保险业务核心系统实现自动作业、自主出单、自助理赔等，真正与生产环境作业结合，落地保险领域工业级的应用。

七　民生银行大数据应用探索与案例

（一）大数据在金融领域的主要应用场景

2011 年麦肯锡率先定义了大数据，指存储超出了普通数据库处理能力的数据，无论是收集、存储、管理和分析均需要更强有力的工具。随着这些技术的发展，大数据在管理、分析和展现形式上均已超越了传统数据，例如，数据挖掘和机器学习等已经应用在金融分析领域，关系型和非关系型数据、分布式计算处理以及空间信息流展示等技术得到广泛使用。近年来，大数据在金融行业的应用取得了一定的成绩，主要场景有客户画像、精准营销、风险管理、反欺诈分析、流程优化和决策分析等。

1. 客户画像

为客户精准画像是银行业务提质增效的前提。这主要是通过收集网络日志、用户行为、网站交易等数据，利用预测算法、机器学习等大数据分析方法进行行为建模，进而基于客户风险偏好、消费能力、兴趣爱好、行为特征、社交网络等属性精准画像。一些金融机构在技术上已经实现了对客户进行标签式的画像。一方面，当客户到厅堂办理业务时，客户画像可以实时弹出，方便客户经理更有针对性地提供服务；另一方面，对贷款逾期客户开展画像，为风险经理开展催清收工作提供线索。

2. 精准营销

传统零售银行业的营销以客户经理为主，对客户进行粗放式的营销，通常以个人经验为依据。利用大数据技术，可以分析客户的个体属性和消费行为，结合风险偏好等因素，设计形成营销方案，精准推送给目标客群。精准营销的意义不仅在于“精准”，而且在于实时营销、交叉营销、个性化营销和全生命周期管理。例如，中国银联结合持卡人的消费足迹和喜好等数据，在银联钱包中精准推送商户优惠券信息，及时有效地服务持卡人和商户。

3. 风险管理

银行运用大数据技术将实现从被动、信息不对称和样本式的风险管理模式到主动、全面的风险管控的转变，不仅能够快速预警，而且能更加精准地判别风险和有效地辅助决策，风险控制水平将得到进一步提升。例如，大数据风控平台在一些大型商业银行得以应用，该平台具有数据采集渠道多样化、内容全面化等特点，通过分析挖掘风险特征、构建风险标签和关系图谱、整合碎片化信息、推进机器学习对风险进行自动预警。

4. 反欺诈分析

随着网络技术的发展，金融欺诈行为也越来越隐蔽和复杂，作案手段更加专业化，规模化和产业化趋势愈加明显，因此金融机构的反欺诈解决方案必须更加智能、全面和有效。中国银联引入全栈式实时反欺诈体系，实现全场景识别、全路径实时布控，快速有效识别虚拟机、云手机等风险设备，实时处理机器薅羊毛、机器注册、恶意抢红包等风险，有效破解欺诈黑色产业链。

5. 流程优化

传统上，银行的市场推广主要依靠人力完成，在大数据时代，网络渠道运用更加普遍，效果更加明显。网络推广不仅可以实时监控不同的渠道，而且可以掌控相应的推广质量，便于动态调整和优化流程。例如，针对信用卡新用户获客这一应用场景，以往营销人员更多地开展现场申请赠礼活动，获客渠道单一且客户质量不佳。随着各大信用卡中心开通网上申请办卡渠道，目标客群主动申请秒速获批，大大提高了发卡效率，降低了人力成本，避免了无效开支。

6. 决策分析

由于互联网时代信息数据的多元化和碎片化，金融机构收集和分析信息工作效率较低，亟须得到智能有效的技术支持，实现新闻、研报和公告等信息与金融市场的关联，从而快速判断并把握资本市场的投资机会。智能投研应运而生，一些大型银行和基金公司建立了智能化投资平台，利用大数据、人工智能等技术，对投资标的进行全方位快速测评，自动生成投资报告，减少了投资团队的基础信息研究成本，提高了分析决策水平。

（二）大数据在金融领域典型应用案例分析

1. 基于大数据的智能风控应用案例

近年来，商业银行不良贷款规模与不良率双双攀升，而拨备覆盖率持续下降，已经逼近监管红线。同时，新资本协议、经济新常态、利差空间收窄、互联网及大数据的应用，使得传统的风险计量技术与方法逐渐暴露出自身的时代局限性，诸多因素对银行升级量化风控技术提出了新挑战，同时也创造了新机会。

风控是金融业务的核心，面对日益激烈的同业竞争，对债务人及债项的违约与损失进行更早、更准确、更高效的风险量化预测显得尤为重要。机器学习作为一种成熟的高维空间分析技术，已在大数据风控等金融领域取得较好的成果和展现了极大的潜力。民生银行零售贷款早期预警系列模型即是对银行传统量化风控方案的一次革新，其借助机器学习技术开发出了更为高效、精准的风险预警模型，主要由预警模型筛选出高风险头部客户，并根据分行预警人员工作量、资源确定执行名单，最终交由支行预警人员根据规划方案执行，形成由模型驱动、分类管理、早期预警、主动退出、有效传导组成的风险管控闭环（见图4）。

在模型开发过程中，除了运用逻辑回归、决策树、聚类分析等传统数据挖掘算法，民生银行大数据团队还积极探索机器学习算法的实践应用。该项目的贷后预警系列模型，采用了微软亚洲研究院开源的 LightGBM 作为主算法引擎，紧密结合业务自定义损失函数及评价函数并应用多项自主优化技术

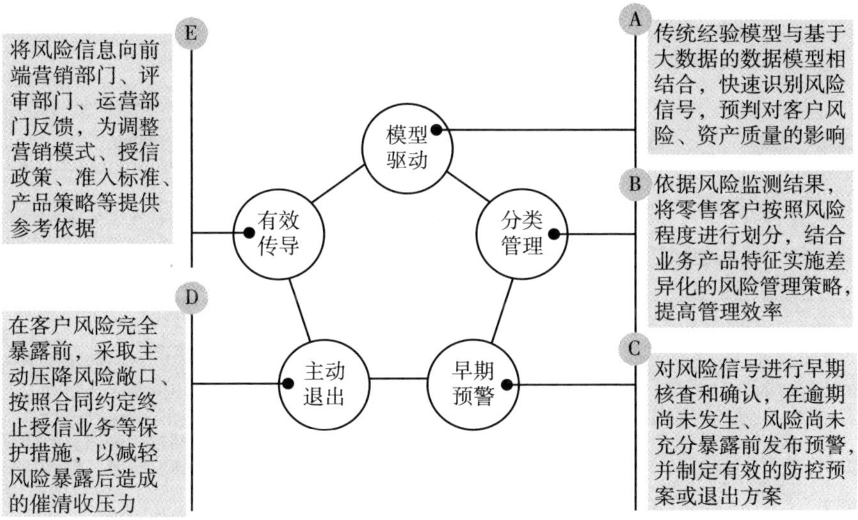

图 4　主动型监测预警管理体系

（精确制导模型训练轨迹技术、基于监督框架的同分布抽样技术、FeatureShaving 特征智能优化技术、黑盒模型解析技术等），模型 KS 均值介于 75～80，远高于同业同类（采用类似 FICO 的 Logistic Regression 解决方案）模型水平。值得一提的是，项目还支持模型驱动后根据经验模型与业务规则的进一步分类，以便于总分行风险监测人员根据实际情况进行人工调整（见图 5）。

在模型验证阶段，经过 3 期跨期真实数据测试，模型的 KS 值均稳定在 83 以上，模型的泛化性能保持在较高的水平，模型性能较优，可以较好地预测未来 12 个月贷款是否会发生 Z 天以上的逾期。

经分行实地验证，预警数据模型可以更精准、更完整地覆盖风险客户，模型评分在 520 分以下的客户群为 7.2%，涵盖全行 81.94% 的实际风险暴露客户，同时模型可以提前预警根据现有业务经验未能识别的风险客户（近 12 个月共 29 笔逾期客户中，上一年度 9 月底的长期模型评分在 580 分以下）。

2. 实时精准营销应用案例

在互联网金融迅速发展的背景下，差异化营销和个性化服务越来越成为

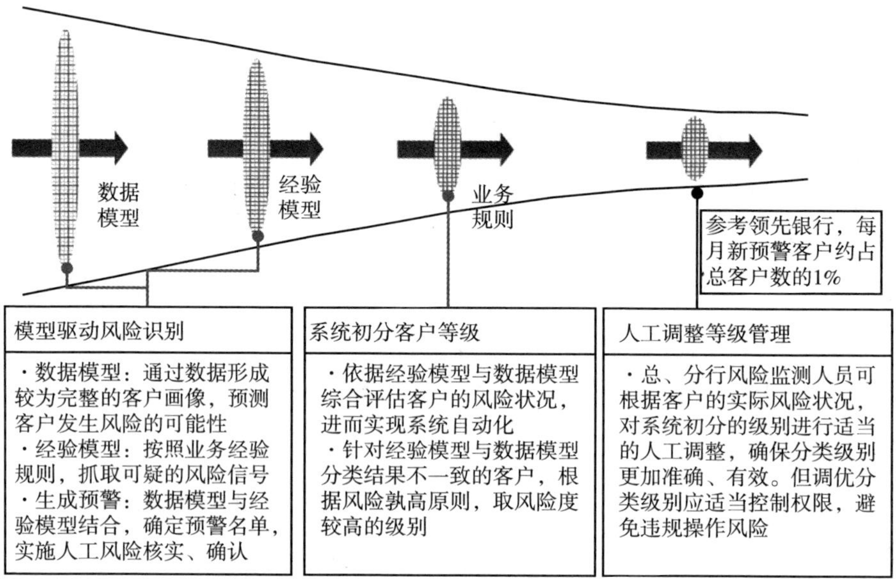

图5　预警系统

银行维系长期客户的重要方面。多渠道获取中、高价值潜在客户信息，充分了解客户的个性需求，利用新媒体、新渠道开展精准营销，可极大提高营销环节的投入产出比。

在大数据及建模兴起之前，营销策略和产品设计主要依靠经验驱动，并且只能以大客户群体为单位展开和落地。而利用大数据技术可以实现基于单个用户颗粒度的细分，进行科学评估与考量，从而制定有效的行动路线图。

民生银行北京分行通过一线调研，了解到该行每名理财经理都有500位以上的管户，然而有效的客户覆盖率却小于20%，更多财富类客户没有接受合理的财富规划服务。同时，金融脱媒及互联网金融的发展，也使越来越多的客户在线上办理业务。最新数据显示，商业银行电子渠道替代率超过93%，到店客户数量的锐减也使理财经理与客户当面沟通与进一步了解的机会减少。因此，行内理财经理普遍面临一些“痛点”：第一，管理客户超过500位，但比较了解的只有不到20%；第二，如何向其他客户推荐合适的财富类产品。

通过分析上述痛点了解到，其核心问题是没有在客户关系维护过程中树立“以客户为中心”意识，比如在实际营销活动中，面向客户的产品推荐更多的是因为产品与当年销售考核指标等相关，属于典型的非客户为中心的思维方式。

因此，客户需要与理财经理进行个性化的互动，而理财经理站在客户的角度，给出个性化的产品推荐，为客户预测性的服务，就非常关键。基于此，民生银行开发了点“识”成金项目，即搭建产品实时推荐平台，形成以数据为驱动，集识别、推荐与营销为一体的销售闭环，为客户推介“量身定制”的产品与服务，助力客户的财富升值（见图6）。

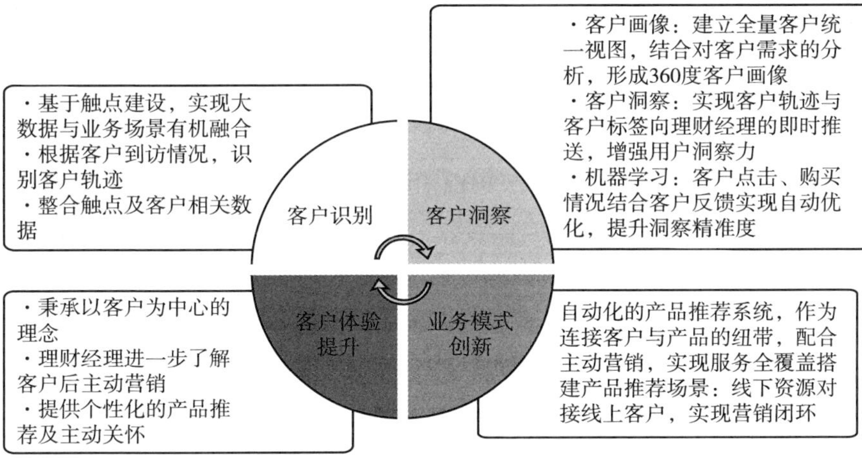

图6　实时产品推荐

该项目基于Spark平台，根据民生银行北京分行逾600万名客户的基本信息、交易信息以及产品持有等信息，使用遗传算法通过50代的迭代，将超过100个客户特征降维至16个，并通过朴素贝叶斯、协同过滤等算法进行持续的训练、调整以及优化，最终形成基于大数据的精准营销推荐引擎，成功实现了“猜你喜欢”以及“买了又买”两大类产品推荐模式。以线下人脸识别场景为例，实时产品推荐的流程如图7所示。

该项目已构建了微信公众号、排队叫号机、网点Wi-Fi、保管箱、智能

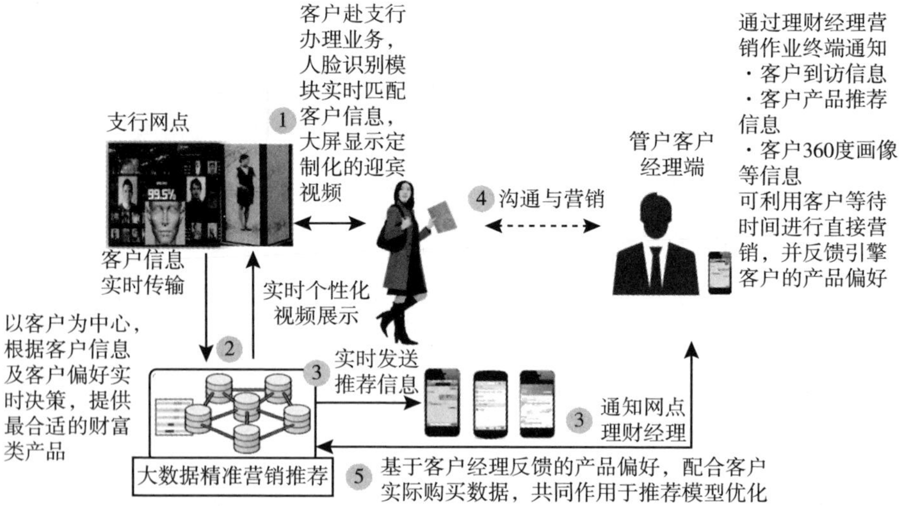

图7　实时产品推荐流程

门禁以及人脸识别五大触点。自 2017 年 8 月全面上线以后，截至 2018 年底，累计向 11 万余客户进行产品推荐，推荐成功率达 7.8%，推荐购买金额达 127 亿元。

B.3 云计算在金融业的应用探索

中国工商银行 等*

摘 要： 随着云计算技术的飞速发展，私有云服务市场需求不断增大，公有云服务竞争愈加激烈，混合云、行业云应用模式也快速升级迭代，云计算呈现出互联网领域向其他传统行业延伸的趋势。云计算凭借其快速部署、高可扩展等特性，逐渐成为金融机构实现业务创新的首选架构。但金融业对云计算应用提出了更高的风险控制和安全管理要求，使云计算在金融业的全面、深入发展还面临一些实际障碍和问题。本报告通过介绍云计算技术、应用的发展现状，分析了云计算在金融业应用中面临的问题与挑战，最后对金融业云计算应用发展做出了展望。

关键词： 金融业　云计算　公有云　私有云

一　金融业云计算技术发展、应用与展望

（一）云计算技术的基本原理和主要进展

云计算最早起源于甲骨文公司及以谷歌为代表的互联网公司为挑战WinTel的体系提出的网络电脑和互联网应用。2005年，谷歌、IBM和亚马

---

* 参与单位：中国工商银行、中国银联、中国光大银行、中国民生银行、平安集团、阿里云。

逊等公司基于不同的出发点首次提出了云计算概念，一致认可云计算的本质为：一是保证用户可以随时随地访问处理信息，并方便地与他人共享；二是保证用户可以按需直接使用云端的计算存储资源，不再需要自己建设维护。

1. 基本原理

云计算是一种新的服务交付和使用模式，具有超大规模、虚拟化、高可靠性、通用性、高可扩展性、按需服务等特点，提供随时可用的、便捷的、按需通过网络访问的各类计算资源共享池（包括网络、服务器、存储、应用软件、服务）。因此，云计算不仅是IT技术的整合与突破，更是商业模式的巨大创新。它将最大限度减轻用户的信息化工作负担，提升信息化管理水平，降低中小企业信息化的准入门槛，使创新和变革变得更加容易和便捷。它将带来信息资源的集约化管理，从而实现绿色、便捷、高效利用。

2. 主要进展

（1）“轻盈的”终端

前端的硬件将越来越趋于真正的“零终端”，即终端承载越来越少的计算任务，更加注重“显示”，而复杂的计算与分析将驻扎在“云端”，也正是这种后端强大的分析能力能带来更强大的智能。终端会越来越轻、越来越便宜，无须安装任何软件，即可享受诸多服务，包括各种类别的应用、存储、安全及分析任务。未来的云端将实现自助分析，人们可以创建分析任务，并获得更加智能的服务。诸如，订阅的杂志应用将更加了解我们的喜好，并根据数据进行分析，推荐动态、个性化及最具吸引力的内容。

（2）“云+物联网”深入民生

随着物联网技术的发展，连接到云上的将不仅是计算机类的终端，也有各种物联网设备和传感器。在云端，通过对传感器产生的多种大量数据进行分析，并对公众开放，使得政府、企业可以得到许多创新性的方法，改善城市生活及提升效率，给人们生活带来更大的便利。同样，各种工业设备和传感器也可以连接到云端，利用云端的分析和计算能力打造工业云，助力产业升级。为了快速响应，减少数据在云端和终端之间的传送量，衍生出与边缘云计算相关的技术。

（3）“云 + 大数据 + 人工智能”充分结合

云计算是大数据和人工智能的最佳承载平台。云平台为大数据与人工智能提供了一个开放、广泛与智能的平台，而大数据分析渗透社会的方方面面：国家及政府大数据资源的共享可以加快国家基础信息资源体系建设；公共医疗大数据的收集可以帮助建立全民健康医疗服务大数据系统并加速医疗服务体系的变革；工业及新兴产业的大数据工程，可促进工业 4.0 的应用落地；农业产业大数据建设，将进一步提高农业生产效率、完善食品安全保障体系等。随着云计算应用范围的愈加广泛，人工智能开始成为其重要组成部分。近年来，各云计算服务商基于其广泛的云平台用户及大量数据，陆续推出了机器学习、物联网、AR（增强现实）和 VR（虚拟现实）、移动服务、分析、游戏与开发等一系列的功能，产生了不可估量的价值。

（4）混合云兴起

由于大中型用户，尤其是对金融等数据安全非常敏感的用户具有安全性、可控性以及监管合规性要求，未来混合云将成为云计算发展主流，其优势在于，能够适应不同平台的要求，既提供私有云的安全性，也可以提供公有云的开放性，必将成为未来大中型机构采用的主流云服务模式。

当前，各垂直领域的云应用正在加速。2014 年以来，垂直行业的应用服务不断涌现。诸如金融、房产、医疗、健康、教育、生活等方方面面，都有众多云服务产品，为消费者带来了众多便捷的选择。同时，垂直行业也有加速整合的趋势。云端各个环节的完整生态圈是行业云计算的核心竞争力，这些环节或功能包括大数据、云计算、网络营销、电子支付、网络应用、网络安全和智能终端等。未来，金融互联网、医疗互联网、汽车互联网、教育互联网、家具互联网、交通互联网等将组成一个全面互联互通的硕大信息服务网络，为个人及企业消费者提供全方位的云、数据及智能服务。

（二）云计算关键技术

支撑云计算的技术非常庞杂，同时也在不断发展演进。总体而言，目前的云计算关键技术包括虚拟化技术、多租户技术、分布式系统、供给与调度技术等。

1. 虚拟化技术

虚拟化技术是指通过技术手段将数据中心中的各种异构的硬件资源转换为统一的虚拟资源池，形成云计算服务资源，包括计算虚拟化、网络虚拟化、存储虚拟化等各种技术。

计算虚拟化技术是指能够在一台物理服务器上运行多台虚拟服务器的技术，多台虚拟服务器之间是完全隔离的，而且虚拟服务器对于用户、应用软件甚至操作系统来说几乎与物理服务器没有区别，用户可以在虚拟服务器上灵活安装各种应用软件。

网络虚拟化技术主要包括网卡虚拟化技术以及软件定义网络技术。网卡虚拟化技术将一块物理网卡虚拟成多块虚拟网卡，供该物理服务器上不同的虚拟机使用。而软件定义网络技术是指将传统网络设备的控制层抽离到网络控制器上，通过软件定义的方式实现 Overlay 网络的灵活配置，从而实现与底层物理网络解耦。

存储虚拟化技术是指通过抽象、隔离等各种技术实现存储系统与应用、主机或者网络资源的分离，为用户对底层存储资源复杂功能的访问提供简单、一致的接口，用户不必关心底层系统的复杂实现。

2. 分布式系统

分布式系统与集中式系统相对应，分布式系统将计算任务及存储单元分散到数据中心中不同的节点上，突破了单个计算节点和存储节点的资源瓶颈。对于需要大量计算的应用，如果采用集中式计算的方法，需要耗费较长的时间，针对单个计算节点的处理能力提升也是一个巨大的挑战，而分布式计算能够将任务分成很多个子任务，分配到多个节点进行处理，可以大大提高处理速度，满足海量数据的批量处理需求。分布式存储是云端海量存储的常用存储方式，通过使用廉价 PC 服务器搭建大规模存储集群，分布式存储将云端的数据分布到不同的存储节点，利用将一份数据同时存储在多个存储节点上的方式，在提升存储效率的同时也提升了数据的可靠性。

3. 供给和调度技术

为了方便用户使用云服务，云计算服务商向用户提供了标准的接口，并根据用户的需求自动供给各类资源，包括一键启动各种配置的虚拟机、云存储、中间件等。虚拟机迁移、资源的弹性伸缩等是云计算的基本特征。同时，还可以根据负载情况动态弹性地调整资源供给。

（三）云计算技术在金融领域的主要应用

云计算在金融业的应用，主要是以面向金融机构（银行、证券、保险、信托、基金、金融租赁、互联网金融等）的业务量身定制的集互联网、行业解决方案、弹性 IT 资源为一体的云计算服务。目前，国内传统金融机构使用云计算技术主要采用私有云、公有云和行业云三种部署模式。其中，对公有云的接受程度相对落后于其他行业，这与金融行业安全性要求高以及监管严格有关。

（四）云计算技术发展面临的问题与挑战

1. 安全问题

数据的安全包括两方面：一是数据不丢失；二是数据不会被泄露和非法访问。机构的数据出现丢失或泄露，都将带来无法预估的损失，因此制定有效的数据安全方案是十分必要的。云计算可以为存储数据提供无限空间，为处理数据提供无限计算能力，但云上托管的加密数据能否确保安全仍存在不确定性。在使用云服务时，用户往往不清楚自己的数据到底存放在哪里，因此，有效解决云计算应用的数据安全问题必定是未来云计算解决方案的必要部分，不仅要提供多用户架构的云应用设计，还要确保云计算运营公司的安全可信。

2. 互认操作问题

云计算系统在进行管理时，应考虑云计算系统与系统之间的互认操作问题。当一个云应用系统必须访问另一个云应用系统的计算资源时，必须针对云计算的接口制定交互协议，从而使不同的云计算服务提供者相互合作，以便提供更好、更强大的服务。

3. 网络性能问题

提高网络性能也是云计算面临的挑战之一。用户使用云计算服务离不开网络，如果接入网络的带宽较低或不稳定，都会影响云计算应用的性能，因此提升接入网络技术的能力也是云计算应用的重点。此外，在云计算网络中完成信息的高效处理，云计算集群服务器要具备较高的性能，同时为了保证云计算的服务高质量地传送给需要的用户，网络中通信设施也必须具备高性能。云计算的发展将面临更大的挑战，但是随着云计算技术的更新和发展，其带给我们的效益和便利将大于这些问题和挑战。

一是私有云部署模式。传统大型金融机构具有较强的经济基础和技术实力，一般采用购买硬件产品、基础设施、解决方案的方式建设私有云，在生产过程中采用外包驻场运维、自主运维或自动运维的方式，实现由传统集中式的 IT 架构向分布式云计算架构转型。通过云平台建设，应对交易量以及数据量呈现爆发式增长的态势，如“双十一”等业务高峰的需求。

二是公有云部署模式。发展比较快的互联网金融企业正在对公有云模式进行探索应用。互联网公司，如阿里、腾讯、京东等通过云计算技术解决了自身海量、高并发的互联网业务需求问题后，积极输出发展成果，面向对安全要求相对较低的信托、基金、理财、金融租赁等金融类公司和机构提供云计算服务。由于监管要求不明确等原因，银行业几乎没有使用公有云服务。

三是行业云部署模式。金融机构部署行业云主要用于对金融机构外部客户的数据处理、服务，或为一定区域内金融机构、金融机构垂直机构提供资源共享服务。这类云是面向全行业相关机构提供云服务，逐步实现传统业务向云模式的迁移。行业云服务平台在搭建过程中已经充分考虑行业合规等监管及政策要求，并且有专业化团队负责运营维护，能够保证行业云服务平台的稳定性与安全性。

（五）金融云计算发展趋势与展望

1. 金融行业上云成为发展趋势

金融机构已深刻意识到金融云对提升金融服务水平的重要性。传统 IT

基础架构难以满足金融业发展需求，反观金融云更符合行业大容量、高并发、快速变化的业务趋势。云计算服务凭借其快速部署、高可扩展等特性，逐渐成为金融机构实现业务创新试验的首选架构。调研显示，已有接近50%的金融机构开始尝试将IT业务搭建在云上，未来该数字还将持续增长。

2. 金融业云计算应用将与新技术融合，协调发展

云计算、大数据、人工智能等新技术相辅相成、相互促进。金融机构逐步开展云计算应用，与新技术融合，推出新产品，开拓新市场，改善客户体验，从而获得更多利润。新技术涵盖金融业务各个流程，包括资产获取、资产生成、资金对接和场景深入。科技生态圈将以大数据、人工智能、云计算等技术为基石，以金融业务为载体，变革金融的核心环节，提高金融业务效率。

3. 云安全将成为云计算在金融业应用的重要方向

金融行业对IT系统和数据的安全性和可靠性要求非常高，但云计算打破了传统数据中心架构，模糊了原有物理边界，引发出了新的安全问题，特别是关于数据安全方面的问题。考虑云计算的安全问题，一些金融企业仍然保持着谨慎的态度，特别是对一些核心系统将慎之又慎。云安全作为单列的技术标准要求，可见其重要性，因此云安全必将成为金融业云计算应用的重要发展方向。

4. 大中型金融机构云计算应用主要采用混合云模式

金融行业“互联网+”战略的快速实施和深入发展，对其业务及运维系统高效敏捷运行提出了严峻挑战，同时由于业务竞争等各种因素，金融机构会优先考虑使用云计算技术建设IT系统。但由于大中型金融机构IT系统应用具有历史包袱较重的特点，以及对安全性、合规性等顾虑较多，其IT系统云化将是一个逐步推进的过程。除了新建的互联网金融等优先采用云计算服务外，现有的业务通常采取从外围系统开始逐步迁移的实施路线，同时将一些核心业务系统、重要敏感数据部署到私有云上，实现混合云部署架构。这既能保证安全性又可以利用云计算的弹性扩展等优势。

5. 云计算应用为中小金融机构发展提供新机遇

中小金融机构资金薄弱，应用云计算可以降低运营成本，使中小机构避免重复建设，借助大型金融机构的基础设施服务以及软件云服务，提高系统开发效率，提高自身竞争力。基于此，中小金融机构的科技投入成本会大幅降低，个别企业甚至可以节约70%以上。因此，金融云是中小银行实现科技发展的重要机遇，未来市场前景巨大。

二　工商银行云计算应用探索与案例

（一）云计算在金融领域的主要应用场景

为满足建设“未来银行”的需要，金融行业需变革传统的IT建设与管理方式，引入云计算业界先进技术成果，推进IT资源迅速应对业务系统的变化，提升数字化、信息化水平。

1. IaaS 应用场景说明

工商银行基础设施云规划了虚拟机资源域、物理机资源域和分布式资源域：虚拟机资源域中使用KVM虚拟化技术提供不同规格的虚拟机，使用Ceph分布式存储技术提供存储资源。用于部署各业务应用的Web服务器、应用服务器等适合虚拟化的应用节点。物理机资源域中使用X86物理机裸机提供计算资源，使用集中存储设备提供高性能存储资源。用于部署各业务应用的数据库服务器。分布式资源域面向工商银行分布式架构的基础系统平台建设，提供特定配置的物理机资源，满足大容量本地磁盘、大容量内存等特殊需求，但不提供集中存储设备或分布式块存储服务。

工商银行业务应用根据具体节点的资源需求，可以对应到相应的虚拟机资源域、物理机资源域和分布式资源域中。基础设施云可以带来如下收益。

（1）实现业务应用对基础设施的自助服务：基础设施云的核心理念是自助服务，在公有云上通过提交规格申请，在交费后即可实现资源的使用。工商银行的私有云，需要通过审批或配额管理来实现资源的自主申请使用。

业务应用通过登录云管平台，提交规格申请，如果审批通过或者在配额允许范围内，就会快速获取到申请的资源，大大地缩短资源从申请到可使用的时间。

（2）促进业务应用的弹性伸缩：随着互联网应用的快速发展，业务量爆发式增长的应用越来越多，需要更多的基础设施资源。弹性伸缩是基础设施云的一项重要功能，通过弹性伸缩实现周期、实时的资源的伸缩，保证业务的需求，提高资源的使用效率。

（3）实现工商银行基础设施资源的简单运维和高效利用：通过基础设施云实现资源池化管理以后，可以简化系统人员的运维工作，从烦琐的资源分配、IP 分配和配置等工作解放出来，只需要做好资源池化的管理和维护工作。通过应用自助服务和弹性伸缩，用户不再需要提前占有资源，进而实现资源的高效利用。

2. PaaS 应用场景说明

工商银行各应用根据业务节点的具体使用场景，基于 PaaS 云平台的容器管理及调度技术，实现提高资源利用率、降低成本、系统快速伸缩、整体高可用的目标，发挥 PaaS 价值。

（1）满足应用弹性伸缩的需求：主要面对有爆发性特点的应用交易场景，该类应用业务存在明显的峰值，具有快速增加或回收资源的需求。常见的场景，如抢购、促销等业务场景，可以应用 PaaS 弹性伸缩功能，快速启动应用实例，满足资源快速获取需求。

（2）快速响应需求变化：主要面对应用功能存在需求热点，即需求持续快速变化的场景。该类应用业务需求有快速交付与迭代开发的需求特点，需要快速从开发到测试再到生产地进行迭代开发与部署。可以利用 PaaS DevOps，提供代码库自动编译、镜像构建、环境安装、编排运行、自动上线一站式服务，实现开发、技术运营和交付测试的有机结合，有效打通开发流程界限，使软件构建、测试、发布更加快捷，满足业务频繁及快速上线要求。

（3）利用云平台资源规模效应：主要面对交易量大，或者未来存在潜在大交易量的可能的应用场景。该类应用业务的交易量规模以业务高峰时段日交易量达（或接近）千万笔作为参考，可以利用云平台的资源规模效应，短时间内供应大规模的服务器。

（4）微服务类应用快速部署：主要面对进行服务化、分布式改造的应用。对于无状态的微服务应用，在 PaaS 云平台上运行具有天然优势，微服务应用轻量级，与 PaaS 云平台快速启动的特性结合，可以达到快速对外服务的效果。

3. SaaS 应用场景说明

工商银行 SaaS 优先选择银行、金融同业、教育、医疗、房地产物业、电商零售、餐饮、政府、企业应用服务等热门领域开展生态圈建设。

银行、金融同业领域以 SaaS 软件形式面向中小银行、金融同业、互联网公司输出工商银行金融产品。

教育、医疗、房地产物业、电商零售、餐饮、政府、企业应用服务等领域面向政府、企事业单位开展生态圈建设，通过 API 的方式输出工商银行金融服务能力。

（二）云计算在金融领域典型应用案例分析

经过数年的耕耘，工商银行完成“工银星云”技术平台的打造和发布。“工银星云”为工商银行的 IT 系统提供了标准化的基础设施服务，有效地服务了全行经营的转型，推动“智慧银行”战略的大力实施。

1. IaaS 云平台建设

工商银行基础设施云 IaaS 在开源 OpenStack、SDN 的基础上，自主研发了云管平台，可定量供应计算、存储和网络等 IT 资源，并实现了与 PaaS、流程管理等多个系统的联动。IaaS 云平台部署于“两地三中心”，实现了从园区到资源池多个层次的高可用，有效支撑了业务系统安全稳定地运行。依托开源 OpenStack，工商银行根据自身业务需求，加强了故障检测、故障自愈和平滑升级等多个方面的创新，保障业务连续性。引入开源产品 Ceph 提供分布式存储服务，它具有可横向扩展、成本低等特点，为上层服务器提供了更为廉价的存储服务。利用SDN实现了网络的由“硬”到“软”，提高了网络的集约化管理能力。基于云管平台实现了系统软件安装、用户配置、安全配置和监控纳管等IT资源的全流程自动供应。对外暴露服务申请接口，上层云平台可调用接口完成资源自动化申请，实现资源的按需有效供应。

目前，工商银行应用适云率已达到70%以上，入云率超过30%，个人网银、企业网银等多个重点应用均已入云，未来将分阶段进一步推进应用入云。

2. PaaS云平台建设

工商银行PaaS云平台基于Docker容器技术，引入开源产品Kubernetes完成容器编排与调度，在部署、升级、弹性扩展、集群管理、日志收集和节点监控等多个方面构建了企业级平台的完整能力。应用平台云PaaS可支撑万级容器的规模，有力提高了平台容量；支持多种复杂架构应用的云化部署，实现了节点的自助编排；通过健康检查等手段，实现了部分应用故障的自愈；通过多集群部署满足应用高可用需要；通过日志中心建设，实现了云上应用的日志收集、检索、下载和监控；通过负载均衡服务，为应用提供多种选择的软负载能力；引入开源产品prometheus建设监控中心，构建多维度、一体化的监控体系，提升云平台自动化运维能力。与此同时，构建基于PaaS云平台的DevOps体系，满足应用快速迭代的需要。

目前工商银行PaaS云平台已部署近5000个容器，每天有超6亿笔的服务调用，快捷支付、企业网银、纪念币等100余个关键应用均已实现了云化部署。基于云平台的弹性伸缩、高可用等能力，工商银行平稳地度过了2016~2018年的“双十一”抢购、纪念币预约等一系列业务突发高峰活动，在生产上经受了上万TPS瞬时高峰的考验。利用PaaS云平台，工商银行IT资源供应时间由原先的2~3周缩短为分钟级，整体资源利用率提高了2~3倍。

3. SaaS云平台建设

工商银行金融生态云平台面向互联网建设云门户，针对SaaS租户、SaaS软件开发商提供服务。面向行内运营人员提供技术运营及业务运营功能。参考业界公有云服务目录，金融生态云规划提供的服务包括SaaS软件服务、中间件、数据库、应用服务、计算、存储、网络、安全以及对客运维支持及对内的运营支持 9 类。

目前，工商银行首批 SaaS 软件“银校通”“智慧物业”“云党费”“宗教云”等，已完成上线。

（1）银校通：为教育行业提供行业解决方案。根据中小学、幼儿园、培训机构等收费机构特点提供不同产品的定制化服务。通过 API 调用工商银行金融服务，将缴费等金融产品及服务渗透教育行业领域，抢占专业行业领域的金融服务市场。

（2）智慧物业：打造工商银行物业管理生态圈，面向物业公司提供物业行业专业服务，追求合作共赢，通过场景式金融服务输出工商银行缴费等金融服务。

（3）云党费：帮助各企事业单位党组织实现党务管理信息化，根据各企事业单位党组织的具体需求提供一套支持个性化定制、成熟完善，覆盖收、缴、管全流程的党费收缴管理服务方案。以 API 方式调用工商银行缴费等金融服务增强缴费产品市场竞争力，增加收费企业黏性，引流个人客户。

（4）宗教云：为客户提供线上捐赠、会员登记、法务预约等服务，为宗教客户打造集统一支付对账、功德管理、信众管理、法务管理等功能于一体的智能服务平台。

三　中国银联云计算应用探索与案例

云计算从概念提出至今已发展近 20 年，在用户场景向互联网，尤其是移动互联网大规模迁移的趋势下，云计算应用需求快速增长，应用场景不断丰富，云技术和产业生态已逐步形成。在国际环境、政策扶持、内在需求、技术革新等多因素作用下，我国的云计算发展势头迅猛，进入大规模应用时代，尤其在先行应用的互联网行业，其强大的科技效能已逐步凸显。对于互联网时代的金融行业来说，传统业务模式正受到用户行为的冲击，云计算是金融机构应对挑战、实现转型、加强风控的重要力量。

随着互联网时代的到来，银联的业务模式和 IT 架构也正经受着冲击，传统的技术路线已不能支撑公司的发展，必须以云计算作为关键技术支撑。云计算所带来的 IT 能力，可有效应对“互联网 +”模式下的金融业务挑战，支撑海量业务与数据处理的弹性计算需求，降低试错成本，推动产品与业务的创新，发挥数据价值，提升风控能力，同时基于云计算的金融 IT 集约管理与共享服务模式，可提升金融机构 IT 管理效率和资源利用率，促进金融服务共享。另外，也是对推进云计算在金融行业应用、金融机构分布式架构转型等若干指导意见的积极响应和落实。

下文就中国银联关于云计算在金融领域的主要应用场景及案例展开分析。

（一）云计算在金融领域的主要应用场景

1. 电子支付

智能移动终端的迅速发展与普及、各类电商消费类平台的移动化，为电子支付创造出更多的使用场景，促使该行业得到飞速发展。近年来，各家公司相继推出诸如电商购物节等优惠活动，引发消费者的消费热潮，从而支付频率也大幅提升。支付次数的增多意味着对支付系统提出了更高的要求，特别是在面对爆发性业务的时候更为重要。

云计算已经形成了完善的包含基础硬件、网络构建、操作系统、虚拟化、容器、数据库、中间件、应用系统的全栈式技术框架和解决方案，其推进实施涉及云基础平台的建设、云配套基础软件的建设、基于云技术路线的应用改造、基于云计算理念的研发运营体系调整等多个方面，且这几个方面既有一定的独立性，也相互影响。云计算的技术能够契合当前电子支付业务发展所带来的海量业务与数据的弹性计算需求。

2. 普惠金融

“发展普惠金融，鼓励金融创新，丰富金融市场层次和产品”[①] 在党的

① 新华社：《中共中央关于全面深化改革若干重大问题的决定》，《中国合作经济》2013 年第 11 期，第 7 ~20 页。

十八届三中全会被正式提出。任何事物在发展过程中不可避免地会遇到各种困难，普惠金融自然也不例外。普惠金融体系面临的难点是信息不对称、交易成本过高、效率低。

近年来，云计算、大数据等新兴技术迅速崛起，驱动数字普惠金融模式诞生，给普惠金融的共性难题带来了新的转机和技术支撑。提升了服务接入速度，移动端可随时、随地快速接入数字普惠金融，延展和拓宽了金融服务的范围。一方面，降低服务成本。新兴技术在普惠金融中的运用，改变了传统信息收集、处理、传播的模式，可以减少信息的不确定性和不对称性，降低金融服务的边际成本，最终使农民、小微企业等服务对象受惠；另一方面，提升风控能力。基于大数据、人工智能等技术对数据、信息的处理、提取和加工能力，普惠金融得到了精确的数据支撑，使产品与客群、风险与收益、风险与能力更加匹配。

而云计算技术为互联网、大数据、人工智能等提供了最基本、强有力的底层支撑，是数字普惠金融的动力引擎。

3. 风险控制

风险管理和控制一直以来都是金融行业的重要工作内容。随着互联网时代的到来，金融行业场景化和网络化的趋势增强，传统的风险管理体系缺乏灵活性、防控手段较为落后等弊端更为凸显，同时互联网金融的加入，使得金融风险呈现传染性、隐蔽性、影响性等增强的现象，对金融风险管理和控制能力提出了新的挑战。而基于云计算、大数据、人工智能等金融科技的风险控制方法具有覆盖面广、维度丰富、实时性强等特点，为解决金融风控问题带来了新的契机。

基于金融科技的风险控制解决方案主要通过深度分析金融交易、客户信息、市场交易等海量数据，进一步整合金融活动复杂信息，帮助金融企业建立事前预防、事中预警、事后分析行动的全面化风险控制。大数据、人工智能是其依赖的主要技术手段，而其底层性则需依赖云计算技术为其提供强大的计算力和分布式架构支撑。云计算可以说是与大数据、人工智能相辅相成、相伴相生的技术，为金融风控提供底层动力引擎。

4. 大数据服务

全球数据生产正在呈现爆炸式的增长，作为对数据最依赖的行业之一的金融业，都在努力实现数据变现。传统的数据处理方式已无法承载这种超巨量的数据，大数据技术作为时下的新兴技术，为充分挖掘和利用数据的价值带来了转机，正在金融领域迅速崛起。大数据对于金融行业来说其核心价值在于将分布在各处的信息加以收集和整合，提炼隐藏在数据中的有用信息，用获取的信息服务于决策过程，提升决策效率和决策的正确性，提高企业创新能力和竞争优势。

大数据服务对于 IT 基础架构要求较高，一方面要有超大、可扩展的存储基础设施支撑海量数据的存储能力，另一方面也需要有可扩展、强大的计算架构提供数据快速处理能力。而云计算恰恰满足这两点需求，是目前支撑大数据技术的最佳解决方案。在实际应用中，云计算为大数据提供基础平台，依托云计算平台提供的并行计算能力、分布式架构、云存储等能力构建的大数据平台运行其上，对海量数据进行收集、存储、挖掘，并实现可视化，最终发挥数据的最大作用。

（二）云计算在金融领域典型应用案例分析

随着中国银联业务的发展及市场化转型的加速升级，其 IT 基础架构作为银联业务的关键支撑也面临巨大变革。经过多年的技术研究和实践，中国银联构建了基于云计算技术的中国银联金融云平台（以下简称银联云平台），完成了对传统 IT 架构的系统性、颠覆性变革，构建了云基础资源的集中管理和快速交付能力，其带来的海量、可弹性扩展的计算能力为公司业务快速发展与持续创新提供支撑。下文就银联的云计算金融应用案例展开分析。

1. 银联系统支付功能升级扩容

2017 年底中国人民银行相继印发了《中国人民银行关于规范支付创新业务的通知》（银发〔2017〕281 号）和《中国人民银行关于印发〈条码支付业务规范（试行）〉的通知》（银发〔2017〕296 号）等文件，重点强调

“商业银行和支付机构开展跨法人条码支付业务时，必须通过合法资质的清算机构处理”①。市场上的受理机构对接入银联网络的诉求明显增强，对银联系统接入端的处理能力的要求再次提高，因此需要对银联接入系统网络和支付功能继续升级扩容，这既在于满足市场上业务发展的需要，更是落实监管要求的重要举措。中国银联 AT 项目作为落实央行 296 号文监管要求的重要实践，是中国银联在严峻市场形势下奋力实现突围的重大战略举措。AT 系统定位为大型联机交易处理系统，对技术指标具有很高的要求，如强大的并行处理能力，交易处理的低耗时、弹性扩容、异地双活等，为确保系统平稳支撑 AT 业务场景，支持海量并发下的同步 HTTP 请求，通过优化 Nginx、分层设计、链路自动化探测隔离，实现了系统的异地多活部署，确保了系统的高容灾能力。同时，利用银联云平台提供的基础架构，实现了系统弹性扩容、快速部署，保障了系统的高标准交付。

2. 云闪付 APP

云闪付 APP 是由商业银行、产业各方与中国银联共建共享的移动支付战略产品，定位为“省钱省心的移动支付管家”，旨在给广大持卡人提供更便利、快捷、安全好用的移动支付服务和丰富的银行卡优惠②。按照云计算软件即服务（SaaS）的模式，云闪付提供了以下五大方面的能力。

一是移动支付入口，云闪付 APP 作为银行业移动支付的统一入口，支持所有成员机构的银行卡，为持卡人提供银联二维码支付、无卡支付、转账、手机闪付、乘车码等移动支付服务，同时为满足各特殊场景的移动支付需求，定制行业解决方案。二是权益与营销服务，包括持卡人权益服务、持卡人积分等。三是银行卡跨行管理服务，云闪付 APP 聚焦银行卡管理，为用户提供跨行账户管理工具。不断丰富跨行账户服务的内涵，覆盖用户获取、使用、管理、注销银行账户全生命周期。四是场景聚合服务，通过构建

① 中国人民银行：《中国人民银行关于印发〈条码支付业务规范（试行）〉的通知》，http：//www.pbc.gov.cn/goutongjiaoliu/113456/113469/3450002/index.html，2017 年 12 月 27 日。

② 中国银联：《银行业统一 APP“云闪付”正式发布》，http：//m.unionpay.com/munionpay_news/file_139401255.html，2017 年 12 月 11 日。

开放接入体系，接入缴费充值、还款转账、交通出行等各类银联服务与合作方特色内容，通过标准化的接入流程、统一的准入规则、公开的技术标准，向接入方（合作方、分公司等）共享云闪付 APP 的用户渠道、支付能力与推广资源，实现合作双赢。五是能力输出服务，为落实“银行业统一 APP”的目标，更快更好地向合作银行 APP 进行赋能，云闪付 APP 已实现一系列能力的开放输出，包括银行 APP 用户共享、用户鉴权登录和无感支付产品等服务。

3. 云账单案例

中国银联云账单是按照云 SaaS 服务模式，运用移动互联网技术，为持卡人、商户、机构等打造的全新缴费服务。通过账单托管、线上支付、明细对账等一体化解决方案，低成本、高效率地满足无系统行业收款单位账单电子化支付诉求，助力机构快速拓展二级地市及农村市场。

云账单拥有投入成本低、系统安全可靠、性能稳定、业务上线速度快、营销活动丰富多彩等特点，银联为行业收款单位、合作机构等提供业务咨询、需求沟通、业务上线、运营支持等一体化服务，合作机构、收款单位无须软件研发投入。中国银联云账单已服务多家金融机构，如某银行的缴费增值业务产品、某地方的移动金融服务平台。

某银行基于云账单的缴费增值业务产品，已在各大教育机构、培训机构的业务推广中取得了良好的效果，服务范围持续扩大；云账单为某地方的移动金融服务平台定制了专属页面，接入新农保、新农合等优质资源。

4. 风险控制案例

中国银联的交易反欺诈风险防控产品是部署在中国银联金融云平台上的一款强大、灵活、全方位的风险控制产品，适用于发卡机构、收单机构对日常银行卡交易的实时与准实时风险监控，帮助发卡机构与收单机构辅助开展风险决策，以及协助开展风险事件事后处置。

它包含发卡交易风险监控产品（UnionPay Risk Manager，URM）、收单交易风险监控产品（Acquirer Risk Manager，ARM）和交易风险计量评分产品（Real-time Risk Score，RRS）三个部分，其中 RRS 作为核心评分系统，其运用大数据、机器学习、人工智能等技术，基于中国银联云计算平台的强大计算力，提炼海量的中国银联交易数据与历史欺诈记录，构建实时交易反欺诈评分模型、群体性风险事件预警模型等，实时对每一笔经银联网络处理的银联卡交易进行风险评分，帮助成员机构更加准确地实施风险监控与决策。

截至 2019 年 2 月，该风控系统已向超过 60 家发卡机构提供了风险侦测、监控和决策的整体解决方案，具备实时拦截与准实时预警功能，可以提供监控运营外包服务，符合人民银行 2017 年 120 号与 2018 年 146 号两项监管文件要求。

5. 大数据服务案例

银联大数据服务是部署在中国银联金融云平台上的一款综合性大数据服务，提供了包括计算平台、数据模型、智能引擎和开放平台在内的大数据综合解决方案。让客户通过简单、高效的方式对海量数据进行检索分析，深入挖掘数据中蕴含的价值，利用数据支撑驱动新业务的发展。该服务通过积累的技术知识和行业经验，为跨生态的客户提供数据产品、数据平台以及数据生态建设服务。

其中的银联大数据开放平台作为其主要基础平台，可以实现对企业海量数据的存储和在线加工，快速使用大数据技术处理其业务数据，探索全新的数据商业模式。金融科技创新型客户，可使用开放平台中的大数据进行金融人工智能探索研究，减少数据获取成本，专注于科技创新。

大数据开放平台主要由三个部分组成：数据厨房、数据云及标准 API。大数据平台借助银联云平台，构建了数据云，可以提供可弹性伸缩的云计算平台服务。用户可自主选择存储、计算和网络资源，安装操作系统、中间件、数据库等各类软件，安全、便捷地构建环境，并快速发布自己的应用或由银联参与联合发布应用。同时，集成了标准 API，是银联成熟的数据产品接口，作为 SaaS 共享服务对外发布，提供银联数据应用能力，合作机构获得认证授权后可发起调用，如交易查询接口、标签服务接口等。

四 光大银行云计算应用探索与案例

当前，经济形势复杂多变，银行不但要面临同业日趋激烈的竞争，还要应对新兴金融科技公司对市场的不断蚕食。随着移动支付、互联网金融等创新模式在金融业的应用越来越广泛，金融客户使用线上服务的习惯已经养成，传统银行网点的服务模式将逐步向互联网转移。信息科技已经从支持保障角色，转变为银行价值创造的重要组成部分。而以云计算为代表的新技术为银行完善 IT 架构、实现资源优化共享、降低总体投资、加快业务应用部署提供了解决方案。

光大银行 2012 年在总行开发测试，及在生产环境中实施了服务器虚拟化项目，为后续私有云建设奠定了技术基础。2013 年开始进行私有云整体规划，围绕在传统虚拟化技术之上如何增强全行资源整合能力、提升资源服务交付能力、提高自动化运营水平等重点问题，开展了相关研究，成果也获得了当年银监会课题评选二类成果奖。2014 年按照项目规划进行了落地实施，同年一季度完成了全行开发测试云建设，实现了全行开发测试环境的集中上收和自动化、自助式交付。2014～2015 年启动并完成了分行一级资源池、分行二级资源池和总行生产云建设。2019 年完成桌面云和容器云 PaaS 平台的建设和推广工作。

（一）云计算在金融领域的主要应用场景

1. 完善资源管理、提高资源供给效率、加快应用投产

金融机构传统的物理服务器搭配应用系统独立部署的架构，使服务器资源使用率普遍较低，而剩余的计算资源无法调配给其他应用。同时，传统的“烟囱式”供给方式不仅带来了效率低下、成本突出的问题，更与生产系统日益增长的业务压力和严格的可用率指标所要求的标准化、模块化、简易化、集成化、自动化的要求相去甚远。

云计算可以实现数据中心内物理资源的统一管理和调度，对分散、异构

的资源进行整合，将数据中心内一个或多厂家的计算、存储、网络设备资源“多虚一”整合为一台“云计算机”，再“一虚多”将资源按业务需求动态提供给多个应用部门，实现 IT 资源 TCO 最小化、敏捷度的最大化。

云计算的虚拟化解决方案降低了物理硬件的复杂性，提高了运营效率，带来了更好的安全性和冗余性，并且能够动态调整底层资源，以快速满足日益动态化的业务需求。

云计算提供 IT 资源池，使资源部署从传统的“孤岛”式转化为“池化”的方式。传统“孤岛”式部署方式以应用为单元，进行采购、部署、使用，资源无法在单元之间进行共享使用。传统部署方式经常导致资源分布不均，整体利用率低，甚至有局部热点的出现。进行云化处理后，资源全部放在虚拟资源池中，资源从资源池中获得，使资源得到了共享，获取方式也更加灵活。

2. 落实制度规范、提升标准化自动化水平、提升运维水平

通过云计算，金融机构可以将各项应用架构模型、部署规范和技术标准固化到服务目录之中，将管理要求融合于技术平台之中，确保新增系统符合各项标准和规范。

同时，在生产存量系统云化过程中同步进行标准化改造工作，以光大银行分行生产云为例，在上收完成初期集中开展分行“配置信息、生产监控、数据备份、应急脚本”四项标准化整改工作，为分行生产云的稳定运行打下了坚实的基础。为了使运维标准化工作的成果长期保持，光大银行不断丰富云平台功能，加强对云平台运行数据的自动采集和智能分析，并配套制定了各项规章考核制度，指导分行持续推进标准化工作。

云平台也直接带动提升了运维自动化的能力，如光大银行通过自主研发，在云管理平台上实现了配置信息、生产变更自动化等通用功能的同时，在计算存储网络一体化交付、合规检查自动化、健康诊断、自动隔离以及集中应急方面都增添了一些特色功能。

（1）在集中应急方面，为有效应对云基础设施组件发生故障、导致分行系统大面积受到影响的场景，光大银行专门开发了生产云应急处置模块，

可以快速判断影响，一键调度在所有受影响系统上部署的标准化应急脚本，自动恢复生产。该功能在实际的生产故障处置过程中发挥了巨大的作用，同时总行还定期组织“集中应急专项演练”和“集中应急综合演练”，不断检验提升生产云的应急处置能力。

（2）在故障处置方面，为应对云环境下资源池化后虚拟网络和物理网络并存的关联性和复杂性，光大银行通过自主研发的流量染色、Hash 遍历、内网蜜罐等算法和技术，并结合虚拟化流量分析系统，实现了对云环境下网络服务质量的端到端全程跟踪。当出现异常后（如传输质量下降、异常流量等），能够在 10 分钟以内实现故障的快速定位，并通过预定义的规则将故障节点和链路自动隔离，有效提升光大私有云的稳定性和健壮性。

3. 采用云技术构建纵深防御的安全体系

以光大银行为例，参照 CSA“继承原有安全防护策略，确保安全多租户隔离，兼顾应用级防护”，采用了以下几项专用技术，着重加强私有云环境下的安全防护。

（1）分行生产云一级资源池使用一套物理网络承载了所有分行的应用系统，为确保分行间系统的安全隔离，光大银行借鉴公有云的多租户安全隔离方式，通过网络虚拟化技术实现了分行与分行之间、分行内部办公与生产系统之间的有效隔离。

（2）总行生产云的各网络区域基于边界防火墙实现了总分行间和各域间的安全控制，并采用软件定义网络技术和分布式虚拟防火墙技术实现了以应用为单位的安全访问控制，进一步提升了云环境下的安全防护的精细化程度。

（3）光大银行采用无代理式防病毒解决方案，通过在宿主服务器上运行安全虚拟机来集中保护其他生产虚拟机，既避免了生产虚拟机重启或迁移过程中出现的防护空当和病毒查杀时产生的 IO 风暴，还可以提供诸如主机漏洞防护、病毒防护、应用控制、日志审计、数据完整性检查等更加完善的防护功能，并进一步提高管理便捷性，实现安全策略统一下发、安全事件集中管理、安全防护状态集中监控等功能。

4. 采用桌面云保证数据安全

桌面云的应用，可持续提升信息安全。为有效防范金融机构关键业务数据及用户敏感信息经办公环境泄露的风险，以光大银行为例，建设了桌面云服务平台，通过安全可控的虚拟桌面技术隔离关键业务数据及办公环境。平台已实现生产查询、变更投产、数据分析三类桌面供给，在日常巡检、变更投产、数据分析等工作场景下有效地保障了银行数据安全。

5. 采用云技术建立更加高效的灾备体系

第一，金融总部数据中心灾备。

金融行业的信息安全至关重要，尤其是数据安全。云计算两地三中心的架构，可以实现及满足金融行业的信息安全和灾备要求。采用将现有私有云向异地延展、在基础设施层面建设两地三中心多活的技术架构等，参考架构如下。

（1）主中心：承载主要应用运行环境，提供监控等信息展示手段。

（2）服务 DNS：为各类服务提供域名解析，对服务访问请求提供跨中心负载均衡。

（3）基于虚拟化和容器技术，承载所需应用/服务/数据库运行。

（4）A 作为主中心，B 作为预期接替中心，C（异地）作为非预期接替中心。

（5）跨云管理系统：提供统一的多中心虚拟化管理界面/Docker 管理界面、管理服务 DNS/负载均衡配置。

第二，分支机构数据中心灾备。

分支金融机构依据应用特性，将小流量、轻负载的重要应用系统部署于总部资源池，将大流量和监管约束的系统部署于本地资源池。结合这种部署策略，分支机构仅需建设网络级灾备系统，即可实现对分支机构重要业务系统的有效保护，以较低成本有效提升分支机构业务连续性并满足监管要求。

6. 采用云技术提升金融分支机构的 IT 管理水平

长期以来，传统金融分支机构 IT 设备独立采购、各自部署，造成总体规模小，但设备种类多、管理复杂、人力不足、专业能力不强等问题。通过采用云技术，分支机构直接使用总部统一管理的云资源池，实现了分支机构设备的统一和瘦身。通过云计算的端到端交付，全面提升资源交付效率和标准化程度。通过云计算实现了系统上收、数据上收，实现了金融机构 IT 的统一管理、数据保护和安全加固。

同时，通过云计算的自服务和自动化，降低了分支机构 IT 人员的工作量和复杂度，化解了部分金融监管风险，释放了分支机构的人力资源。

7. 采用 PaaS 云技术提升开发效率

PaaS 平台作为新一代的云计算技术，运用分布式微服务框架、云中间件、容器、DevOps 等技术搭建可提供横向扩展、秒级伸缩、智能运维、适应快速开发持续交付的 PaaS 级云平台，构建灵活的以容器为单位的资源调度能力，将极大提高金融机构的 IT 资源利用率，降低成本。该平台建立了以容器镜像为基础的应用开发、测试、运维流水线，大幅缩短应用交付周期，提高开发、测试、部署、维护效率和自动化水平，缩短应用服务发布周期，提高对业务需求的响应速度，为金融机构业务转型和创新提供敏捷支持。

（二）云计算在金融领域典型应用案例分析

1. 光大银行基础设施云建设实践

光大银行基础设施云由全行开发测试云、总行生产云、分行生产云组成。

（1）全行开发测试云：简单快捷的基础设施服务

以开发测试需求为起点，立足于服务全行科技人员，提供简单、快捷的自助化资源申请服务，建设了全行开发测试云，并探索性地引入了融合型基础架构（Converged Infrastructure）。该架构通过将计算、存储、网络等基本要素融合在一起，利用预验证的集成技术将不同厂商的产品形成一个紧密协作的整体，简化部署和管理，以利于基础设施资源在开发、测试、预投产等不同需求场景下的灵活调配。

在私有云底层的资源池设计中，促进计算、存储、网络等资源进行统一化、标准化，并提供各类资源交付服务，通过服务目录的形式在自主研发的云平台统一门户中对外发布，为全行科技人员提供自助式的资源供给服务。

此外，在全行开发测试云中还利用虚拟桌面技术，为总分行开发人员提供标准化的开发终端服务，既提高了开发效率，也规避了应用程序代码外泄风险。该技术对总分行广域网有限的带宽资源具有良好的适用性，尤其有利于分行开发测试工作的开展。

全行开发测试云提供了包括基础资源服务、应用软件服务、云管理和监控服务三大类服务。开发测试云有效支撑了全行开发测试工作的顺利开展，同时也解决了传统开发测试环境部署分散、管理低效等问题，取得了较好的效果。

（2）总行生产云：高可靠的弹性资源供给模式

总行生产云面向总行应用系统提供弹性的资源供给服务，为生产业务提供跨数据中心的高可用基础设施环境。得益于开发测试云对融合基础架构的技术验证，总行生产云通过优化改造实现跨数据中心资源负载调度：在网络方面，基于大二层技术创建同城双活数据中心网络架构，将两个数据中心逻辑整合为一个数据中心，使应用系统跨中心迁移不需要更改 IP 地址；在存储方面，探索性地使用 NAS 双活技术，最大限度利用大二层网络优势，基于 IP 存储的方式为上层虚拟化和应用系统提供存储服务。双活 NAS 在应对数据中心级灾难时可以分钟级完成自动化的存储访问切换，避免了应用重启；在计算方面，基于上述网络、存储的双活技术组建跨数据中心的计算拉伸集群，不仅实现了虚拟机的跨中心在线漂移，还通过预置就近访问存储的策略，避免了不必要的跨数据中心网络流量和负载不均。基于以上三点，总行生产云构建了云化的同城双活数据中心，计算、存储、网络任何一层都能够跨数据中心动态负载。

总行生产云除提供与开发测试云相似的服务目录外，还增加了流程管控和应急处置等管理模块。另外，通过云管理平台的编排调度功能和自动化运维工具，实现了应用系统从预投产环境到生产环境的自动化迁移，有效地提高了新系统上线效率。

（3）分行生产云：总分两级集中运营

分行生产云面向分行业务提供基础设施资源，采用总分两级分布式部署模式，由云管理平台统一纳管，对外提供服务。其中，一级资源池部署于总行双活数据中心，使用同总行生产云一致的高可用技术架构；二级资源池部署于分行本地，使用安全可控的超融合基础架构（Hyper-converged Infrastructure）。每家分行部署由 6 台 X86 服务器组成统一的资源池，以软件定义的方式提供计算虚拟化和分布式存储服务，实现了无单点故障的高可用以及模块化的无缝横向扩展。

总分两级资源池的集中管理实现了总行对全行 IT 资源的全面掌控，节省了空间电力，缩短了资源交付周期，简化了分行运维流程，释放了分行科技生产力。

2. 光大银行云管理平台建设实践

云服务门户通过 Web 方式为最终用户提供统一入口和使用界面，主要包括服务请求管理和服务目录管理。其中服务请求管理向云服务管理平台输出服务请求；服务目录管理根据云服务管理平台提供的服务目录内容进行发布和更新，并通过图形化方式展现，让用户能更好地理解和使用云平台提供的服务。基于上述功能，云服务门户为科技人员提供了“淘宝”购物式的服务交付体验，使各类用户可以自由灵活地选取所需服务的内容、等级、配置参数和可用操作，快速查阅服务申请的交付进度以及已使用资源的运行状态和累计费用，并可对已使用资源进行自助式变更维护操作。

云服务管理平台负责云服务的申请、审批、交付、使用和回收等各个环节的全生命周期管理，主要包含服务目录设计、服务实例配置、服务编排和执行、服务计量管理。为支撑云环境下的端到端交付，光大银行在云服务管理平台中通过服务编排引擎实现了各类资源的自动化统一调度，特别是结合光大银行自主研发的防火墙策略自动化部署平台和负载均衡自动化部署平台，使用户通过云服务门户不仅能够申请计算和存储资源，还能够同步获取所需网络资源，实现了计算、存储和网络资源的端到端一体化交付。另外，光大银行还在云管理平台编排规则中引入了行内应用架构规范，预先将复杂应用系统的分层架构和网络需求模板化，并匹配必要的参数，为用户提供标准化的应用整体交付。同时，云平台还将行内其他各项技术规范和标准以自动化方式进行落地，确保用户所得资源符合行内的最佳实践要求。

云服务运维平台主要负责云环境的监控、配置、容量和应急等日常管理维护。其中监控模块在传统监控的基础上，实现了针对云环境下资源池运行状态的有效监控，以便进行复杂故障场景的根源定位；配置模块重点实现了云环境下各技术组件关联关系的实时发现；容量模块基于各类性能数据和配置信息形成历史数据库，并根据预定义的分析规则生成容量趋势报告，为容量规划提供数据支撑；应急模块通过自动化调度的方式实现对云主机应用状态的采集和应急脚本的批量执行，从而达到对故障快速响应处置的目标。

3. 光大银行分行前置云部署

光大银行分行前置定位于分行特色业务的开发实现及分行渠道的接入，是各分行特色业务及中间业务的重要载体，此前部署于分行本地，资源分散，管理成本及运营风险较高。为了降低成本，加强可管理性，一是通过软硬件一体化的规划设计，使分行基础资源（包括硬件和开发运行平台）实现按需定制、快速就绪，新建分行系统部署所需时间从数月缩减到数天，以银川和西宁分行为例，仅用 3 天就完成了系统部署和投产上线；二是实现了全辖所有分行前置的集中部署，全行资源池化；三是通过开发模式的变化，实现了分散定制开发，数据成果集中存储管理。同时，提升了开发质量和需求响应效率，实现了特色需求敏捷交付，2016 年仅用 6 名开发人员就完成全行 18 个分行重点项目 2123 个功能点的集中开发。

4. 光大云缴费

银行中间业务具有单个业务规模小、市场热点变化快、业务规则灵活多变、市场终端用户基数大的特点，光大银行中间业务云平台定位于总对总的中间业务产品支持，一个平台覆盖 70 多个业务品种，除了传统意义上的代缴费外，还有财政支付、资金监管、司法查控、结售汇、超级网银等典型业务。

光大银行中间业务云平台集中体现了透明、弹性和敏捷三个主要特征：

依托平台通用性实现开发期透明，通过负载均衡及自容错技术实现运行期的透明，以产品热发布技术实现对用户的透明；通过纵向分层、横向分域的方法解耦系统，构建弹性架构；利用标准化的组件，依托开发平台自主服务编排实现敏捷开发与交付。

云计算既是技术架构也是商业模式，以中间业务云平台的云缴费业务为例，光大银行通过资源整合将渠道、机构、缴费品种都抽象为服务，所有资源一点接入、全局共享，实现了终端用户的随处访问。

对于无系统收费机构，其在光大银行中间业务云平台签约后，可通过光大银行对公网银对缴费内容、周期、范围和资源进行个性化自助定制，实现服务编排及业务品种自动化发布，无须开发投产。这种产品托管、服务资源自助编排、业务品种自主发布模式是 SaaS 的典型应用。

到 2018 年为止，完成近 4000 余个缴费项目，约有 200 家合作机构，服务终端客户超 2. 53 亿人次，缴费金额 2063 亿元，是光大银行普惠金融的重要实践案例。

五　民生银行云计算应用探索与案例

（一）云计算在金融领域的主要应用场景

1. 私有云云化转型

各大银行已经在传统的基础架构上构建了私有云。采用云计算技术进行私有云设计和部署，实现资源共享及按需配置，正好可以满足科技创新、核心竞争力打造以及降低 IT 投资的总拥有成本的发展要求。目前多数银行已经基于自身的银行内部网络，利用云计算产品，部署云平台，提供云服务，实现了 IT 资源池化、敏捷部署和灵活调度，大力推动数据中心全面云化的建设以及面向服务的转型。

（1）支持弹性数据中心建设：金融行业的数据中心是成本中心，如何建立弹性、安全、高效的数据中心则成为金融行业需要面对的问题。面对类似“双十一”秒杀活动，金融行业的业务需要有快速扩缩容能力，云计算天生的弹性扩缩容能力能够促使实现资源随业务压力快速伸缩，降低预留资源的成本。云计算可以给数据中心提供快捷、标准、安全的资源供给模式。相比传统模式的资源申请，云化资源的资源申请时间可以由数天变为数分钟。同时云化资源池、存储、网络的使用，使得数据中心的整体资源使用率得到大大的提升。云网一体化平台的技术将网络资源变得更加灵活，从而通过东西向、南北向网络隔离使多租户的安全得到很好的保障。云化资源整合后，灾备中心也可以通过云化快速地提升冷备资源在闲置时转换为测试资源的可行性。云化资源服务化供给的模式把数据中心资源供给保障的模式由流程化转变为服务化，为银行数字化转型打下基础。

（2）支持云化备份灾备环境建设：根据银保监会的监管要求，金融行业需要建立“两地三中心”的灾备体系架构，实现数据灾备和应用灾备的目标。因此，各银行纷纷建立同城灾备中心、异地灾备中心，通过存储级的数据复制、数据库级的复制、应用双活等技术手段来实现系统的灾备建设。由于同城灾备中心和异地灾备中心在日常基本没有或者有少量的业务在运行，造成部分资源的闲置浪费。为了提升灾备中心的资源使用率，可以通过云化能力来改造灾备中心。运用云化弹性快捷供给资源的特点，既可以把灾备中心日常空闲的资源用于为互联网类的业务提供业务瞬间高峰时的资源供给，又可以把这些闲置资源用于测试资源池，同时满足在需要灾备切换时，快速释放临时占用的资源并提供灾备切换所需要的资源的需求，从而提升灾备中心的资源使用率。

（3）互联网类应用弹性伸缩：随着互联网金融的快速发展，各种“抢红包”“秒杀”类的应用对于底层资源有着较大的挑战。这类互联网应用的特点是平常交易量趋于平稳，但在某个预定的瞬间会有数倍的交易量，同时有可能因为某些不定期的促销，出现不可预期的业务高峰期。这些特点需要资源支撑平台有两个能力；一是感应资源需求并自动化进行弹性扩缩容；二是资源能在短时间内快速供给。金融云平台在建设时需要从架构和能力上满足弹性扩缩容的需求。

（4）支持分布式架构应用项目：金融业务场景及业务模式的快速变化发展，给金融行业的系统架构提出了前所未有的挑战，原有的 IOE 架构已经不能满足相关的需求，金融行业的分布式架构转变成了一种趋势。相比传统架构应用来说，分布式架构应用更加强调的有如下原则：模块可裁剪、多中心多活、敏捷业务开发、灰度发布、业务强一致性等。云计算天然成为支撑分布式应用的坚实基石，多类型的云化服务把金融行业数据中心的能力进行服务化供给，为分布式应用模块部署提供应用基础模块；云计算的多 Region 多 AZ 部署模式，可以方便分布式应用部署在多个数据中心；云化 SDN 大二层网络使分布式应用双活网络自由连通；DevOps 平台敏捷的开发运维模式，为分布式应用快速敏捷迭代提供工具保障；云化资源的弹性扩缩容为分布式应用横向弹性伸缩提供可行性。

（5）支持云原生应用：金融业务创新日趋频繁，业务快速变革需要技术支撑体系更敏捷高效，因此 Cloud-Native 云原生应用成为金融行业的新宠儿。在云原生应用架构下，金融行业的系统架构、组织架构、运维方式都进行了相关的调整。在金融云化数据中心中，需要一整套服务于云原生应用的架构，既包含技术（微服务、敏捷基础设施），也包括管理（DevOps，康威定律），还涉及流程（CI/CD）。在金融云化转型过程中，企业充分利用云基础设施与平台服务，采用微服务架构、弹性伸缩、分布式、高可用、多租户、自动化运维的架构实践，建立全功能团队，从而在 IT 系统架构、工程、组织方面协同工作，促进金融业务快速迭代更新。

（6）支撑数字化银行转型：在互联网金融的各种挑战下，银行数字化转型显得尤为重要。在经历了数字化银行 1.0（增强连接）、2.0（全面敏捷）后，数字化银行进入了 3.0 阶段（全面开放）。在数字化银行 3.0 阶段，银行希望构建一个开放的生态，通过开放应用市场、开放 API、开放场景、开放数据来构建“乐高式银行”，从而将银行变成一个随时、随地、随需的开放银行。在转型过程中，“乐高式银行”对应用模块提出了可以拆分并服务化复用的需求，为了满足应用系统模块化、服务化的需求，不仅需要业务逻辑的微服务化拆分，还需要通用应用模块服务化供给。在此过程中，云计算 IaaS 层的资源供给和 PaaS 层的平台供给为组件化的设计模式提供了完美的支撑。

2. 公有云积极探索

传统的私有云模式，应对浪涌式的突增业务需求仍显不足，对于容量预估也有很高的要求；引入公有云，可以很好地解决这些问题。颠覆传统金融服务的不是互联网金融，而是互联网。金融机构通过互联网引流，获取客户资源。通过公有云敏态的基础架构、创新型的云服务，可以支撑业务产品创新。而基础设施和基础服务的创新，能够应对“金融服务无处不在”的要求。已经有若干家银行根据自身的需求对公有云进行积极探索，其应用规模有愈来愈大的趋势。

（1）利用网络爬虫、舆情分析等技术对互联网信息进行采集类系统：在大数据互联时代，金融行业有很多业务场景需要依赖互联网上的各种数据。比如针对金融投资分析类的业务场景，需要分析舆情信息，此时需要大量采集来自不同网站、报刊、公众号等的信息源，就需要借助互联网爬虫技术来实现。针对这类的应用场景，可以适当地借助公有云厂商的服务能力，使用公有云上的多站点多互联网接入的优势，收集金融非敏感数据，然后通过公有云和私有云之间的专线，把数据传回私有云进行加工分析处理。

（2）非金融行业的 FinTech 业务场景：金融场景日趋多样化，已经由传统的交易类场景向非金融场景转化。金融单位在医疗、出行、停车场、旅游、校园、社区管理等方向都做了面向非金融的场景支持，并通过不同的业务交易场景来带动金融类的交易。这类业务的特点是通过拓展非金融场景，嵌套金融的交易，从而促进金融交易的产生。在不同场景进行推广时，例如餐饮、出行、社区等，可以适当借助公有云的行业解决方案快速提供相关的资源，从成本和敏捷性上支撑 FinTech 业务的发展。

3. 行业云逐渐兴起

具有行业特色的行业云也逐渐兴起，有大行其道的趋势。在实践中，可以通过构建中立、权威及提供公共服务的行业云，打通企业之间、银行之间的信息壁垒，实现实时交易，解决银行间可信及交互的问题。行业云针对银行业合作的空白领域，进行专项投入，提升金融业的专业化程度，提高效率，降低成本，为客户提供公共服务的这种模式，逐渐被行业所接受。

（1）中小金融机构系统的托管：中小金融机构的体量比较小，而数据中心的构建需要投入较多的人力和财力，对于部分中小金融机构来讲负担较重，因此构建云化数据中心满足业务需求难度就更大。很多中小金融机构会把自己的系统托管在金融机构的行业云上，这样可以降低自己构建数据中心的成本，同时可以享受到行业云提供的资源弹性伸缩的便捷性及云化服务的多样性。

（2）中小金融机构灾备环境的构建：根据银保监会的要求，金融机构要建立灾备中心，而建立一个灾备中心需要构建独立的机房及相关的设施，同样对于中小金融机构也是一个不小的成本压力。因此，有部分中小金融机构会选择自建生产中心，而把灾备中心选择放在金融云上，通过专线建立自有数据中心到金融云灾备中心的连接，这样可以实现较低的成本来解决灾备的需求。

（二）云计算在金融领域典型应用案例分析

云计算在金融领域提供一揽子解决方案，提供业务应用、基础环境、运维服务等范围广泛的服务，涵盖了 IaaS、PaaS、SaaS 层的各个方面，让用户可以降低门槛，快速开展相关领域的业务。标准化的服务接口，业务应用接口，做到开箱即用，从而加速用户的业务创新。通过规模化运营降低成本，充分利用自身在金融行业积累的运营经验，不断通过技术创新，管理效率提升，运营成本降低，提供有竞争力的产品与服务。可以利用云计算平台在云运营支持和云业务支持两方面积极开展自主可控的研发式创新，以范围和规模不断扩展的云服务来支撑未来业务的需求。下文针对私有云、公有云和金融行业云展开典型应用案例分析。

1. 私有云案例分析

（1）民生银行总行云案例

当前银行业的共识之一是要以金融科技为依托，通过科技创新引领银行的转型升级。云计算、大数据、人工智能成为各银行科技部门重点投资建设领域。云计算领域的建设主要集中在 IaaS 和 PaaS，目标是在降低数据中心成本的同时，为上层应用的创新、快速迭代和稳定运行提供有效支撑。传统的 IaaS 调度的是虚拟机或者物理机，粒度较大，相对传统的虚拟化技术，在资源使用率、灵活性和弹性方面提升度并不高。依托传统 IaaS 建设而成的 PaaS，也会面临同样的问题。而容器技术恰好可以比较好地解决这些问题，并且在微服务、DevOps、分布式等方面具备先天优势，因此成为数据中心新一代云基础架构的选择。

一是让应用真正实现弹性扩缩容。传统方式下应用和基础环境资源（计算、网络、存储、监控等）是紧耦合的关系，应用的扩容、缩容意味着基础环境资源的扩容和缩容。基础环境的扩、缩容耗时非常长，因为涉及非常多需要人工干预的环境，而且都是串行的，比如创建主机、分配存储、网络接入、操作系统安装、网络访问关系开通、应用部署、监控审计部署、接入负载均衡等。整个流程通常需要数天到数周。而通过 IaaS、虚拟化、自动化工具虽然大幅度缩减了基础环境资源扩容的时间，但是整个流程仍然需要数小时到数天，这对于真正需要弹性的应用来说还是不够的。在容器云环境下，应用和基础环境资源是解耦的，应用的扩缩容不涉及基础环境资源的扩缩容，仅需要修改应用部署模板文件中的副本数，然后在容器云平台执行即可。容器云平台会根据副本数自动创建或者删除副本，使最终的副本数是部署模板文件中定义的副本数。整个扩容或缩容流程可以在数秒到数十秒内完成。因此，当应用面临业务量突发增长，需要紧急扩容的时候，就可以非常快地完成，实现真正意义上的弹性扩容。

二是为应用微服务化提供有力支撑。应用微服务化是当前应用改造的一个重点方向，微服务的好处在于迭代效率高、资源使用率高（单一微服务可自行扩容）、单一微服务故障对全局影响有限。传统方式下的应用微服务化开发运营是缺乏体系支撑的，成本高昂，便捷性差。例如，一个应用由 20 个微服务组成，每个微服务需要 2 个副本保持高可用，在传统方式下需要申请 20 个负载均衡、40 个虚拟机来确保隔离性，同时要为这 40 个虚拟机分配相应的网络、存储，部署配套的监控审计等，消耗了大量的资源。传统方式下的这套架构没有弹性扩缩容能力，也缺乏自动化的部署管理工具，对运维人员来说，管理的应用从 1 个变为 20 个，大大增加了工作量和复杂度，便利性很差。容器云环境提供了一套成熟的支撑体系，可以很好地支撑应用的微服务化改造，成本低廉、便捷性好。还是以之前的应用为例，在 20 个微服务中，仅为外部提供服务的微服务需要申请负载均衡，内部微服务之间的调用通过 Service 机制即可实现。如果很多微服务都需要对外提供服务，也可以通过 Ingress 将所有服务收敛到一个入口，这样对负载均衡的需求数量就大幅度下降。容器化的微服务都是运行在一个计算机群内，可以共享计算节点，扩容、缩容都不需要申请虚拟机，资源的使用效率最高。容器云也为应用的部署运行提供了很好的编排工具，可以实现应用变更的完全自动化、滚动升级、一键回滚。对应用开发人员来说，容器云环境可以提供比较完善的可配置化的微服治理框架，包括服务注册发现、服务探活、依赖性处理等，不需要对应用代码做侵入修改，可以让应用开发人员将更多的精力集中于业务开发本身。

三是让应用实现自动化故障探测、隔离和恢复。传统方式下的应用故障判断、隔离和恢复完全依赖人工干预，耗时很长。例如，一旦某个应用节点出现故障，首先需要运维人员人工判断是哪一个节点出了问题，然后将该节点从负载均衡中摘除，随后人工恢复故障节点，再挂到负载均衡下面。这将导致很长的故障窗口期，对业务连续性并不友好。在容器方式下，应用的故障判别、隔离和恢复完全实现自动化，无须人工干预。容器云环境提供一套应用服务的自主探测和处理机制，同时也会检测每一个节点，一旦发现某个应用副本异常，会立即将其从 Service 中摘除，之后自动删除故障副本，并在可用的节点上新建副本。当系统探测到新建副本已经可以提供服务后，会自动将新建副本挂载到 Service 下面。这种完全自动化的故障处理恢复机制为应用提供了故障自愈能力，将故障窗口减小到最小。

四是大幅提升资源使用效率。在没有虚拟机之前，使用裸机部署应用，一个裸机部署一个应用，造成了大量的资源闲置。使用虚拟机后，一个裸机上可以虚拟出多个主机，能够部署多个应用，资源使用效率得到了很大的提升。虚拟机之间可以共享 CPU，但是无法共享内存和存储，如一个虚拟机申请了 32GB 内存和 100GB 存储，这些资源只能被这个虚拟机独占，无法和其他虚拟机共享。容器的本质是进程，进程间是可以共享宿主机的 CPU、内存、存储和网络的，资源得到最充分的利用。当然，做到这一点的前提是容器能够确保进程运行的基本资源不被抢占，资源层面实现良好的隔离性。同时，允许设置资源使用配额上限，避免影响其他应用进程。以某支付类系统容器化为例，该系统的后端采用容器化方式部署运行。后端也根据微服务的方式，从一个大模块拆分成几个微服务模块，更便于分布式的部署。行内现有的支付类系统大多是有状态的，因为要生成和节点相关的交易流水号。在进行容器化改造时，为了尽可能不影响现有业务逻辑，也需要维持这种有状态的方式。通过容器化改造，支付类应用可以顺利从小型机迁移到 X86 的虚拟机上。之前只能纵向扩展的问题得到解决，应用得以分布式部署，横向扩展。应用的弹性扩容能力得到大幅提升，只需要修改部署模板里的副本数即可实现横向扩展。资源使用效率得到大幅提高，因为进行了服务拆分，可以针对模块来匹配资源，扩容所需的资源粒度更细，避免了资源的浪费。应用分布式改造后的部署管理更加简便和高效，可以实现全自动化部署、升级和回滚。

（2）民生银行分行云案例

分行云平台将 IT 资源以服务化方式输出，通过云服务管理平台实现多种服务的统一供给，平台横向服务接入能力满足未来服务能力的演进需求。以服务的理念构建的“分行云平台”，实现对全行 40 家分行的 IT 资源快速供给，使分行科技人员有更多精力关注业务发展。分行云平台实现了四个目标：第一，提升资源供给效率，实现资源供给时间由数天到数分钟的提升；第二，提高标准化水平，落实统一技术规范；第三，提高资源利用率，整体利用率最高可达 85%；第四，提高科技风险防控能力，加强了租户安全防范能力。分行云平台采用了业界领先的云网一体化技术方案，引入软件定义网络、软件定义存储技术，以服务的形式将计算、存储、网络资源提供给用户，满足差异化需求。通过“上云前”明确相关的管理办法、流程规范，

“上云中”实时监控资源状态，“上云后”对资源使用率进行后评估，实现闭环管理，确保分行云平台的健康稳定可持续发展。

构建分行云资源池，加强节约化管理，安全运维与运营，促进分行资源集约化管理。推进分行技术开发与运维运营规范云化落地，促进分行科技标准化、规范化运行，提高分行运维管理水平。加强分行租户能力建设，使分行形成科技租户化、可视化、可追踪的运营能力。

推动分行云平台化、产品化、服务化建设，以服务能力支持分行业务开发，促进业务创新。

构建租户模型：分行云平台以云服务的模式给分行提供资源，每一个分行在云平台中是一个单独的租户，资源是相互隔离的，确保权限以及数据安全。

构建服务目录：分行云平台给用户提供相应的服务目录，包括弹性计算服务、镜像服务、块存储服务、虚拟网络服务、虚拟防火墙服务、虚拟负载均衡服务、用户鉴权服务等内容。

构建云化资源池：云化服务能力通过云化资源池落地实现。分行云平台采用业界领先的 OpenStack 解决方案，以 X86 物理服务器为计算、存储资源池，同时采用 SDN 软件定义网络，构建了云网一体化平台，实现计算、存储、网络资源的有机结合。

运营和运维平面的构建：分行云平台分为运营平面和运维平面。运营平面使租户可以申请相关资源，运维平面确保了云平台底层资源池的平稳运行。

使用 OpenStack 技术搭建云平台，可以把软件定义计算、软件定义存储、软件定义网络这三种技术有机结合起来。KVM 计算资源实现了高可用功能，确保计算资源的稳定，同时利用 CPU 超分技术实现了资源的高效使用。软件定义存储技术把服务器上自带的存储利用起来，大大降低了每 TB 存储容量的成本。软件定义网络实现了网络策略的自动化。同时，利用云平台自带的镜像管理功能可以实现基础软件的统一化管理，利用租户管理功能可以实现各个分行资源的隔离，利用计量功能可以实现对资源使用率的统计，等等。

云平台与 SDN 的结合实现了云网联动，在创建虚拟机的同时，可以通过云平台对网络控制器进行网络策略、防火墙、负载均衡的自动下发，最终实现资源的快速交付。

2. 公有云案例分析

西云数据是国内 AWS 宁夏区域云的服务运营方和提供方。西云数据已经获得中国信息通信研究院和数据中心联盟联合颁发的可信云服务评估证书，通过等级保护三级测评并获得了由公安机关核准颁发的“等级保护备案证明”，经过权威机构测评获得信息安全管理体系标准 ISO 27001 和质量管理体系标准 ISO 9001 认证。针对金融领域，西云数据的 AWS 云提供网格计算、高规格计算实例和弹性可扩展资源。在数据分析与管理方面，提供全面的数据迁移、分析、可视化、存储和管理工具。同时，为金融机构构建高度弹性的应用程序，同时满足关键应用程序业务连续性的要求。

3. 行业云案例

（1）兴业数金案例

搭建金融行业 SaaS 平台：提供国内领先的、符合银行业监管要求的 SaaS 服务，为广大中小银行提供银行业务核心系统、柜面、信贷、网银、银行卡、风险管理等信息系统解决方案，构建面向银行的云端服务，全面提升中小银行科技服务水平。兴业数金提供的银行核心系统具有完全的自主知识产权，是国内少数拥有银行核心系统自主研发和改造能力的企业。目前，兴业数金已与超过 350 家中小银行签订了合作协议，为 200 多家银行提供 SaaS 服务。

搭建金融组件 PaaS 平台：提供包括人工智能、大数据、区块链等前沿的行业云服务。企业使用数金云平台可以大幅降低技术门槛，平台的最终用户可以轻松地利用人工智能、大数据、区块链等新兴技术为其业务创新服务，并且可以为不同类型的用户提供差异化服务。

搭建金融服务 IaaS 平台：兴业数金在原有 SaaS 服务的基础上，积极拥抱新技术，于 2016 年研发并上线了基于开源解决方案的云计算服务平台。

此平台兼顾银行业监管要求，在保证安全合规和高可用的同时采用云网融合的架构体系，保证了平台的灵活性和高性能，客户可以按照自己的需求量身定制云计算资源。除此之外，兴业数金还提供专属定制云、容灾云、备份云等服务，全方位满足金融行业客户的信息科技需求。

（2）融联易云案例

融联易云是在原银监会宏观指导、政策支持、监管的要求下，由16家银行联合发起，于2017年9月注册成立。监管层面的沟通，使其获得战略和合规方面的具体指导；金融机构层面的沟通，能了解金融机构的共性需求，做好产品规划。同时，牵头建立统一的数据和技术标准，定位于提供金融科技公共服务，在政府和监管引导下实施市场化运作，打造金融业权威的交易市场和数据共享平台，成为国家基础信息资源平台的重要组成部分。目前融联利用区块链技术，打通各个行业的安全性、互通性，同时利用大数据技术，打造出首个全国性数据共享平台，共享安全、信贷前中后的风险、反欺诈、舆情等信息，提高社会信用。

（三）云计算应用于金融领域的前景展望

1. 监管要求不断深化，体系日趋完善

金融行业具有的特性对云计算的业务连续性有严格的要求。金融机构的IT系统对稳定性、可用性、网络时延性以及数据安全性的要求非常高。金融架构应当以同样的监管要求进行云技术选型和平台建设，满足金融业务安全性、连续性、稳定性和监督管理要求。

从三个层面来看，政府和监管部门需出台与云计算安全相关的法律法规，并形成指导意见，以法律的形式明确云服务提供商和金融机构之间的责任和义务，明确技术实施和运维外包风险，指导云安全建设；金融机构需深入贯彻和落实安全与监管要求，从物理和环境安全、网络和通信安全、设备和计算安全、应用和数据安全方面进行管理制度建设和技术能力建设。

2019年5月13日，网络安全等级保护制度2.0国家标准发布，网络安全等级保护制度是国家网络安全领域的基本国策、基本制度和基本方法。随着信息技术的发展和网络安全形势的变化，等级保护制度2.0在1.0的基础上，注重全方位主动防御、动态防御、整体防控和精准防护，实现了对云计算、大数据、物联网、移动互联和工业控制信息系统等保护对象的全覆盖，以及除个人和家庭自建网络之外的领域全覆盖。网络安全等级保护制度2.0国家标准的发布，对加强我国网络安全保障工作，提升网络安全保护能力具有重要意义。

等保2.0对云计算提出了有针对性的扩展要求，提出其内部的基本结构遵从通用安全要求的结构，但在具体的层面要提出更贴近专业方向的要求。而金融云，不仅涉及物理安全、网络安全、计算安全、管理安全、运维安全等内容，而且由于金融行业的特殊性，相关要求将更加严格。

2. 金融机构加速上云

金融机构不断贯彻《国务院关于促进云计算创新发展培育信息产业新业态的意见》，积极开展云计算架构规划，制定云计算标准，联合建立行业云平台，主动实施架构转型。构建与云计算基础设施相适应的应用架构，自主设计或推动应用开发商实施应用架构改造，并降低应用与基础架构的耦合度，稳步实施架构迁移。

金融机构使用云计算技术通常采取从外围系统开始逐步迁移的实施路径。在部署顺序上，优先部署开发测试环境，其次部署生产环境。互联网金融、辅助性业务优先使用云计算架构，强一致性核心业务最后考虑上云。

不同类型的金融机构对云计算的应用路径也会不同：中大型金融机构倾向使用混合云。在私有云上运行核心业务系统，存储重要敏感数据。通过购买硬件产品、虚拟化管理解决方案、容器解决方案、数据库软件、运维管理系统等方式搭建私有云平台。在生产过程中，采用外包驻场运维、自主运维或外包运维的方式。在公有云上，运行面向互联网的营销管理类系统和渠道类系统。而中小银行由于“缺钱少人”等原因一般不会选择私有云部署模型，更倾向于选择金融行业云。

3. 金融云服务快速落地

截至2017年底，我国共有城市商业银行134家、农村商业银行1262家、农村合作银行33家、农村信用社965家、村镇银行1562家。这些中小银行对应的持卡用户在2亿~3亿人。中小金融机构与实体经济接触最为紧密，对小微企业的支持有目共睹，但这些机构自身资金力量薄弱，运营成本高。其中，IT成本居高不下是重要原因。

在国务院《关于促进云计算创新发展培育信息产业新业态的意见》、原银监会《中国银行业信息科技“十三五”发展规划监管白皮书》等政策推动下，云计算加速向金融行业渗透。同时，“互联网+金融”时代对金融行业的信息化基础提出了新的要求，产品迭代越来越快、交易量峰值无法预测等挑战要求金融行业必须尽快利用云计算技术提升信息化水平，“银行上云”已是趋势所向。

目前银行业主要有两种金融云构建模式，一类是银行集团内部自建，另一类是其他银行或专业机构输出的金融云服务。中小金融机构因为技术能力不足，资金有限，自建金融云条件不成熟，需要通过整合外部资源降低科技成本，实现跨越式发展。银行系金融科技子公司为中小银行进行金融云输出将是未来重要的发展方向。

中小型银行和金融机构能够低成本地在云平台上获取和大型金融机构同等先进的基础设施服务。此外，中小金融机构也可以借助云平台将自身不太擅长的业务外包给其他专业的公司，或者是接入应用程序编程接口（API），利用云计算平台上的资源提高相关业务的处理效率。

4. 场景式产业生态发展迅速

跨界发展，借力科技，打造金融科技生态圈。传统的营销方式难以满足银行赢利的需求，因此可以借助云计算天然的聚合能力、大数据和人工智能，促进普惠金融发展，防范金融风险，服务实体经济，沉淀金融大数据，实现资金流、信息流、物流的串联闭环，构建客户、银行和第三方三位一体，技术融合、合作共赢的新型生态圈，打造“全景式金融服务”。

5. 开放银行意识形态更加成熟

在金融云的基础上，将全面衍生出金融超市、资金存管、线上信贷、聚合支付、资信证明、电子钱包等业务模式，形成一个完整的商业生态闭环。通过模块化地开放 API，银行系金融科技子公司在金融机构和商业生态之间，以“第三方开放银行平台”的模式，架起中间桥梁，帮助金融机构有效对接各类商业生态，利用场景创新能力获客导流，同时帮助各类商业生态参与者快速利用金融机构的专业能力，为客户提供切合需求的、合规的金融服务。银行系金融科技子公司可以收取基于用量的 API 使用费以及进一步提供数据和信息分析服务获取收益。

六　平安集团云计算应用探索与案例

随着金融领域业务的丰富及互联网化，对支撑业务运行的 IT 系统也提出了更高的要求。现有 IT 架构和管理方式无法满足互联网时代的金融服务并发业务需求，更难以应对金融业数字化转型的实际需求。云计算技术以其资源调配能力、弹性可扩展能力和超强的计算能力，很大程度上解决了现行金融业务数字化发展的难点和痛点，并通过行业公有云部署快速提升中小金融机构的科技能力，从而促进金融业服务能力的快速提升。平安集团 2013 年走上了云计算转型之路，从为开发测试环境搭建的第一个云平台开始，历经非核心业务、核心业务，到目前绝大多数业务都已经运行在云平台上。除此之外，平安集团还将云计算相关能力和经验对外开放，以金融云的形式对中小微金融机构提供服务。

下面以平安集团在云计算转型过程中积累的经验及主要案例为基础，讲述云计算在金融业的价值与使用场景。

（一）云计算在金融领域的应用价值

一是降低金融机构的 IT 使用成本。传统模式下，金融机构自己购买硬件基础设施，搭建符合自身业务需求的软硬件环境，开发各类业务软件，维护 IT 基础设施和各类软件，扩容和升级软硬件等。初始投入巨大，而且需要维持一支规模庞大的技术团队，耗费了巨大的人力、物力、财力，尤其对中小型金融机构而言是一项沉重的负担，甚至因此制约了业务的开展和创新。云计算大大地降低了金融机构的资源获取和应用成本。一方面，不需要数额巨大的初始投资，金融机构可以根据实际需求使用云上的 IT 资源，并按实际使用量进行付费。由于规模效应和专业化分工，使得云提供者所提供的服务价格更加低廉；另一方面，云服务商安排专业人员对基础设施进行维护，金融机构无须维持一支专业的 IT 设施维护队伍；同时，云计算的按需供给还解决了传统 IT 模式的容量规划问题，有效避免了容量不足或者资源浪费。甚至通过统计各部门的资源使用成本、增长趋势等数据，进一步帮助业务部门有效控制成本。

二是提升金融机构的 IT 运营效率。随着业务的快速迭代，要求 IT 基础设施具有极强的快速交付能力。而传统 IT 的建设周期冗长，同时由于金融行业的监管合规要求，所有资源的使用和变更都需要层层审批，再由管理员准备环境，手工交付到业务部门，整个流程需要经过数天甚至数周时间。云计算极大地提升了金融机构的 IT 运营效率。云服务提供商将 IT 资源以服务的形式提供给需求部门，大大简化交付环节，缩短交付周期，同时由于云计算弹性伸缩的特性，能满足业务动态扩展的需求。通过与底层的硬件解耦，金融机构不会因为兼容问题而被厂商锁定。以 Docker 和 Kubernetes 为代表的容器技术则从根本上改变了应用的交付方式，打破了业务应用开发和 IT 运维的团队壁垒，从而给企业的 IT 转型赋能，提供 IT 快速响应和持续创新赋能。

三是助力金融机构的业务创新。智能移动终端的普及使得大量柜面业务可以在线办理，同时使得各类金融服务可以更方便地接触客户。在同业竞争的压力下，各金融服务机构争相挖掘客户潜在需求，希望能在市场竞争中领先一步。云计算的快捷交付及弹性伸缩等特性使得业务创新的构想能够迅速落地，降低了试错成本和创新门槛。同时，利用业务开展过程中积累的大量数据，借助大数据分析捕捉其中暗藏的信息，发现客户潜在的需求，以此创造出契合需求的金融服务。另外，由于征信等成本的降低，原先所谓的低价值高风险的群体也成为潜在客户。通过语音识别与自然语言处理、图像识别以及机器学习、知识图谱等人工智能技术在金融领域的应用，创新性地发展出智能客服、人脸识别支付、智能投顾等各类新业务。而云计算为大数据和人工智能提供了远超单机的计算能力、海量的存储和冗余备份能力以及其他资源，绝大多数相关创新业务都是运行在云计算平台上的。

（二）云计算在银行业的应用与案例

1. 云计算在银行业的应用

云计算作为信息技术创新服务模式的集中体现，已经成为支撑各行业发展的关键信息基础设施，为中小银行快速部署银行业务系统提供了有力的信息化支撑，促进了中小银行提高信息化管理能力，有效增强业务竞争能力。

在政策层面上，银行业对云计算发展的政策环境在逐步完善中。银监会《中国银行业信息科技“十三五”发展规划监管指导意见》（征求意见稿）首次对银行业云计算明确发布了监管意见，是中国金融云建设的里程碑事件。指导意见中明确提出积极开展云计算架构规划，主动和稳步实施架构迁移，支持建立符合法律法规要求、市场化运作、具备金融级安全等级的行业云平台运营机制。中国人民银行《中国金融业信息技术“十三五”发展规划》提出要求落实推动新技术应用，促进金融创新发展，稳步推进系统架构和云计算技术应用研究。为进一步推动云计算在银行及其他金融行业的落地，中国人民银行于2018年8月15日发布了《云计算技术金融应用规范》，对银行及其他金融机构上云提出了更为详细的技术规范、容灾要求及安全技术要求，确保银行业安全、规范地逐步实施云计算技术，减少云计算可能带来的各类安全风险。

在业务层面上，云计算促进银行业分布式架构转型，加速银行业“互联网+”发展。银行业“互联网+”战略实施的快速深入，对其业务及运维系统的高效敏捷运行提出了严峻挑战，为此传统银行机构开始高度关注分布式云计算架构下IT系统的发展与应用部署。与集中式架构相比，分布式云计算架构能够帮助银行机构弹性扩容，大大缩短应用部署时间、实现故障自动检测定位以及业务升级不中断，从而更好地适应“互联网+银行”的服务模式。在分布式架构实现中，云计算技术是主要技术路线。云计算以其资源池化、应用开发分布式架构的特点满足信息化系统自动扩缩容、底层硬件兼容、业务快速部署的需求。

在部署方式上，国内传统银行业使用云计算技术时主要采用私有云和行业云两种部署模型。行业云在中国人民银行2018年发布的《云计算技术金融应用规范》中，被明确定义为金融团体云。银行部署私有云主要用于存储、运行重要业务系统及存储敏感数据，一般采用自建基础设施、购买硬件产品和解决方案的方式搭建，在生产过程中实施外包驻场运维、自主运维。银行部署金融团体云则主要是通过金融机构之间在云计算领域的合作，通过资源等方面的共享，在金融行业内形成公共基础设施、公共接口、公共应用等一批技术公共服务。银行机构部署金融团体云主要用于对银行机构外部客户的数据处理、服务，或为一定区域内金融机构、金融机构垂直机构提供资源共享服务。

在部署节奏上，互联网金融和辅助性业务系统较多首先上云。目前，银行机构使用云计算技术通常采取从外围系统开始逐步迁移的实施路线。辅助性业务系统安全等级较低，系统问题不会导致巨大的业务风险。银行机构普遍考虑将渠道类系统、客户营销系统和经营管理等辅助性系统尝试使用云计算，从而提升系统管理的灵活性，降低运营成本，同时也大幅提升了相关的用户体验。而微贷、P2P、消费金融等相关互联网金融业务，由于其系统需要新建，历史包袱相对较轻，并且其天然的互联网业务特性也比较适用于云计算相关技术。

不同类型的银行机构对云计算的应用路径也存在较大差异，不能一概而论。比如大型银行由于传统信息化基础设施投入大、有专职技术部门、安全要求更加严格等原因，一般选择沿用采购软硬件产品自行搭建私有云并独立运维，而中小银行由于“缺钱少人”等原因一般不会选择私有云部署模型，更倾向于选择金融团体云。

2. 典型应用案例

某银行是一家跨区域经营的股份制商业银行，有 30 多年的创办历史，总资产超过 1 万亿元，在业务高速增长的同时，IT 系统也面临着巨大的挑战。

一是交付周期长，流转流程多。原有流程需要网络、存储、虚拟化、中间件、安全及堡垒机等部门协作，一个项目中资源交付周期可能需要 2 周甚至更久。

二是交付过程中错误率高，风险大。原有流程下，涉及的人工步骤较多，如分配 IP、创建虚拟机等，这些人工操作影响了交付时效同时还造成了较多非标配置。

三是成本居高不下。采用 SAN 存储和 VMware 虚拟化软件，成本高昂且业务扩展性较差。

通过一段时间的调研和对比分析，银行领导决策采购一套自主可控的私有云平台来解决虚拟化资源的成本和管理问题。项目历时 10 个月，顺利地完成了方案选型、概念验证测试、交付部署、业务系统迁移等工作，取得了良好的效果。

一是资源交付效率提升 10 倍。

通过云管平台的自助交付能力，业务部门可以直接通过系统提交需求，经过与平台深度集成的工作流审批后自动交付到业务团队。资源交付量从单周 200 余台提升到单周近 3000 台，交付速度提升 10 倍以上，单个项目的交付时间由 2 周缩短到 3 天以下，极大地减少了业务上线时间。

二是操作系统标准化率达 100%。

在银行以往的业务部署中，操作系统由业务部门自行安装配置，标准化率极低，造成巨大管理压力的同时也引入了更多的安全风险。通过云管平台提供的统一模板库，新部署的应用采用经安全加固过的操作系统镜像，确保了环境的一致性和标准化。

三是资源使用成本下降 60%。

通过采用自主可控的虚拟化和分布式存储技术，可完全替代商业存储系统和虚拟化软件，同时由于提升了交付的灵活性和自动化水平，资源利用率显著提升，整体成本下降60%以上。

当前，该银行的私有云环境中已稳定运行1万个以上的虚拟机，部署应用1000余个，后续新应用的测试生产环境会持续部署在该平台上，实现IT管理和资源利用的最大化。

（三）云计算在保险业的应用与案例

1. 云计算在保险业的应用

从我国保险行业的发展状况来看，互联网、云计算、大数据、人工智能等各类金融科技的应用，已经从经营理念、商业模式、产品设计、销售渠道、运营管理等多个维度改变着整个保险行业。金融科技已经逐渐成为保险行业转型、升级、优化的核心驱动力。

（1）银保监会对保险行业云计算的政策引导

近年来，银保监会针对保险行业的发展发布了多项政策，明确提出云计算在保险公司发展中的重要地位。各保险公司和行业协会也在不断推动保险行业云计算标准制定，以及发布保险行业云计算发展报告。

2015年7月，中国保监会发布《关于加强保险公司筹建期治理机制有关问题的通知》，明确提出顺应信息技术的最新发展趋势，允许新设保险公司使用依托云计算模式的电子商务系统等应用系统。

2016年9月，中国保监会关于印发《中国保险业发展“十三五”规划纲要》，指出：互联网、大数据、云计算等新技术快速发展，催生保险新产品、新技术、新模式不断涌现，为保险业创新发展提供有力支撑。

2017年12月，众安在线财产保险股份有限公司联合奥纬咨询正式发布保险科技行业发展趋势洞察报告。报告指出，云计算可以帮助保险行业搭建更加完善的互动平台和数据管理中心。

2018年1月，由中国信息通信研究院、中国保险学会主办，网络风险与保险创新实验室、云计算开源产业联盟承办的“保险行业云计算标准”研讨会于北京什刹海之源隆重召开，进一步促进了我国保险行业云计算标准制定工作，对保险行业应用云计算具有重要意义。

2016 年 8 月，银监会发布的《中国保险业发展“十三五”规划纲要》再次提出，要“推动云计算、大数据在保险行业的创新应用，加快数据采集、整合和应用分析”。

2018 年 6 月，由中国信息通信研究院牵头，中国太平洋保险（集团）股份有限公司、中国人寿保险股份有限公司数据中心、中国人民财产保险股份有限公司、安心财产保险有限责任公司 4 家保险企业，与 6 家信息科技公司共同参与起草的“保险行业云计算系列标准”于 6 月 29 日在中国保险学会正式立项。

（2）保险行业 IT 架构现状分析

随着互联网保险电子商务的发展，公司产品不断创新，产品种类不断增加，消费者对保险产品的需求不断提升，行业政策促进保险数字化加速，对保险公司的接入能力、产品的上市速度要求越来越高。

目前很多保险公司在支撑数字化转型，支持互联网高并发、高频、碎片化场景业务发展上存在以下问题：接入渠道慢，系统响应慢，原系统不能有效支撑互联网高并发、高频流量的业务处理。

图 1 是一家寿险公司个险业务系统的典型双层架构示例（这里暂不考虑人事核算等后端系统），有些公司不具备渠道端，保单相关数据直接录入核心系统，实际上是单层架构。在传统的营销服务模式下，这种架构尚可支撑业务日常运行。随着经营渠道的增多，保险公司纷纷建设渠道端系统，且各个渠道单独建设，烟囱林立。对于综合保险集团来说，还有个销产、个销养等渠道，以及自建 C 端流量平台等。

而这种传统的 IT 架构在互联网保险业务中存在多种劣势。一是业务高峰期时，企业信息总线承载能力成为瓶颈；二是接口繁多，增加维护难度，交付效率无法提升；三是系统拥堵，同一个业务逻辑供不同的渠道调用，大规模调用时存在性能瓶颈；四是客户数据分散，做精准分析困难重重；五是账号繁多，管理困难且客户体验差；六是重复建设，无法避免 IT 成本增加；七是核心系统承载多、响应慢，无法支持业务快速创新。

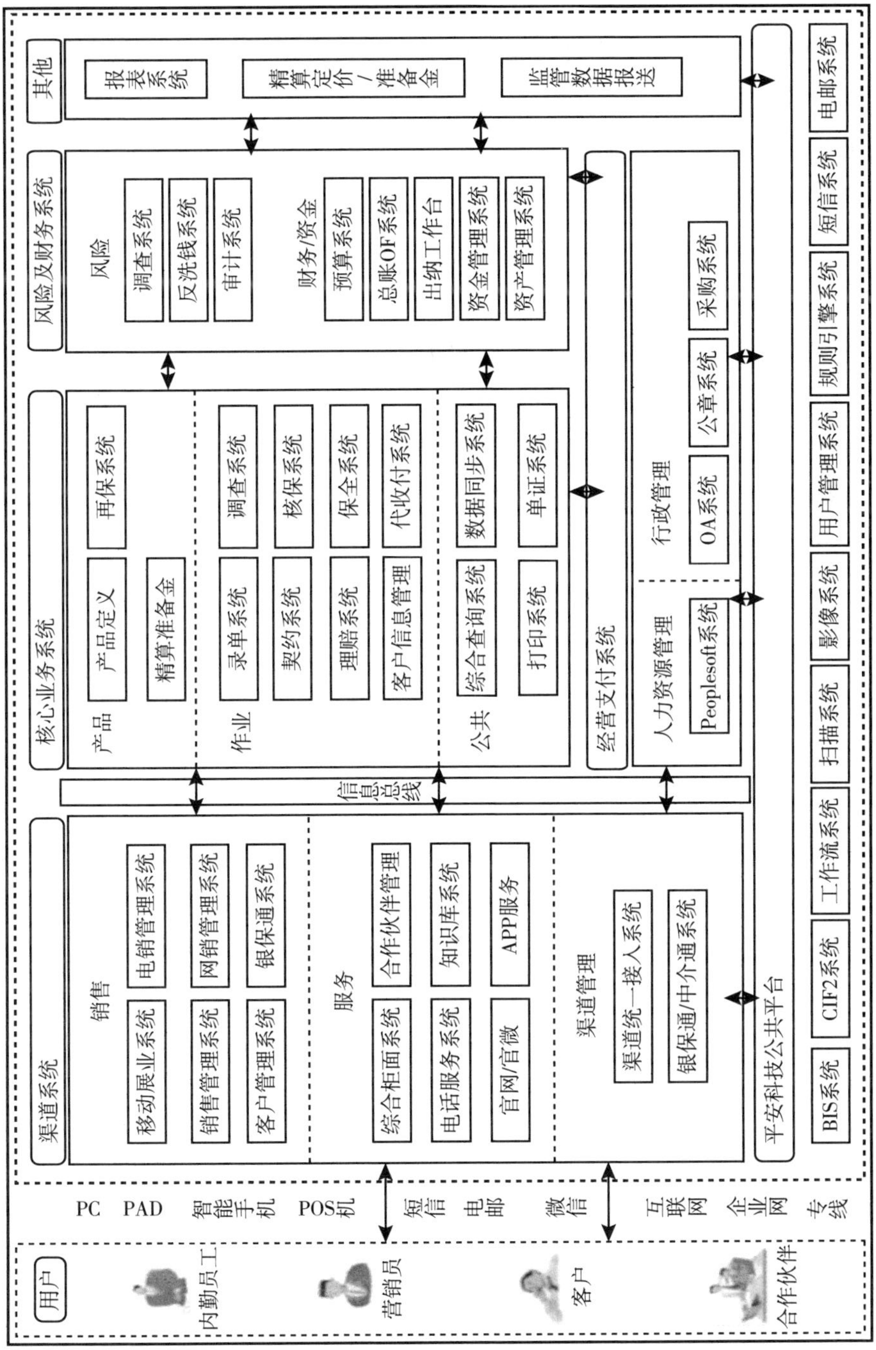

图1 寿险公司个险业务系统的典型双层架构示例

传统 IT 架构中，核心系统建设工作庞大而复杂，一般都是基于 J2EE 的单体式架构，业务逻辑集中在后端 DB 层，通过应用集群来扩大承载能力。显然，基于 J2EE 的单体式架构是无法快速响应市场需求的。一是代码量随着时间增长而难以维护，开发效率低下；二是单个功能模块对资源的需求大时，只能扩展整个应用的服务器资源，造成资源浪费；三是单点故障可能导致整个系统崩溃，客观上阻碍了技术人员频繁更新程序；四是在高并发场景下，仅做数据库集群不能解决性能问题，还需要做数据拆分；五是系统测试发布流程漫长，无法实现快速迭代；六是基础设施采购周期长，新系统上线周期漫长。

传统的 IT 架构已经无法满足保险市场和业务的需求，在互联网和云计算飞速发展的当下，如何通过技术的转型升级，满足保险产品极速上线、渠道快捷接入、安全稳定智慧运营、数据共享和沉淀等需求，是一个值得思考的问题。

（3）保险行业互联网中台方案

为解决前文所描述的种种问题，推进企业数字化进程，保险企业需打造数据驱动、即时经营、互联互通的数字化平台，构建技术先进、高可用、高并发、高灵活、可扩展的互联网中台。

首先，基于云计算打造云原生的新 IT 架构。依托金融云服务，实现基础资源弹性高可用。具备实时弹性扩张能力，并具备金融级别的高可用和安全合规保障。金融云支持两地三中心的容灾架构，数据安全可靠，容灾快速恢复。依托分布式中间件，实现服务高可用。使用分布式协调框架，组件交互解耦；实现分布式数据库访问；采用微服务架构，多个部署节点可随时扩展，确保可用性。

其次，建设可以连接前端各类出单应用，满足在线快速报价、保费计算、自动核保、电子保单生成、电子发票推送、在线理赔、订单管理等互联网业务所需的数字化服务能力，打造适合保险行业发展的互联网中台。

保险行业互联网中台提供渠道中心、产品中心、营销中心、核保引擎等基本组件，后端同步数据到核心，实现产品快速上线、渠道统一管理、快速接入，支持小额、高并发、高频流量业务处理，支持以客户为中心的服务扩展，满足业务发展的创新需要。

通过构建可快速响应前端的互联网中台，保险企业能够构建创新转型的开放性平台能力。与传统业务系统解耦，可以构建互联网保险的核心竞争力。

统一渠道接入平台可以提供成熟灵活的对接方式支持（H5、API、SDK、二维码），同时支持网销、银保、团险、个险、电销和经代多个部门的业务，构建了个性化的业务模式。客户可以通过官网、移动 APP、第三方电商和微信公众号购买产品及进行保单服务，从而增加客户接触点，有助于分析客户行为，挖掘客户价值。

高效的规则及配置服务是保险行业互联网中台的核心服务，采用 drools 规则引擎将保费算法及自核、投保规则与核心解耦，提供高效灵活的规则服务，从而使互联网产品可以脱离传统核心快速出单。保险责任自由组合，产品价格灵活调整，快速配置产品上线。渠道产品灵活授权，佣金手续费灵活设置、便捷结算。

最后，提供统一的共享服务。中台核心除了分担传统核心压力外，更重要的是统一管理订单、保单、会员、支付及渠道服务，使服务可垂直拆分，赋能业务快速创新，支持新业务及渠道的快速建设。通过构建数据中台，可以集中管理客户、订单、产品等数据，为后续的 BI、销售线索挖掘、AI 应用等业务创新提供高质量的数据准备。

依托金融云的基础资源，建设互联网中台，最终可以实现以下目标。

一是高水平的互联网数字化服务能力。构建互联网保险数字化服务处理能力，通过高可用、异步缓存技术支撑高并发、高流量，实现互联网下的各渠道在线快速报价、保费计算、自动核保、电子保单、电子发票、在线理赔、订单管理等交易全流程处理。

二是快速、统一的渠道对接。满足灵活高适配、快速接入渠道需求；对外提供各渠道统一的标准 API 接入服务；制定严格的权限管理安全机制，保证接入的安全。

三是建立以客户为中心的统一视图。建立统一的客户中心视图，以大数据驱动，为客户行为分析、增值服务、智能推荐、综合金融等提供配套。

四是功能完善的渠道配置。构建可配置的、功能完善的渠道中心，提供渠道管理、多维度的渠道费率配置、商品上架配置、对账等服务。

2. 典型应用案例

某人寿银保通系统与上海 2 家银行、北京 8 家银行有合作业务，数据传输全部采用跨地域专线连接的方式，不仅专线费用昂贵，而且设备购买成本以及维护的人力成本也不低，给 IT 部门造成了较大的资金压力。同时，现有业务架构无法实现“在开门红活动时，自动增加资源数量，保证业务高峰期资源需求，在业务淡季减少资源投入，节省业务低峰期成本”。另外，由于采用集中式架构，系统的冗余性不足，亟须提升系统可用性。

总体而言，现状和痛点包括以下几个方面。

①费用昂贵：银保通业务对接银行全部通过跨城专线连接，费用昂贵。

②灵活性不高：每年的开门红活动，业务量陡增，需要相应资源支撑，但目前资源增加周期长，难以迅速响应市场需求。

③存储需求大：电子保单要求用户上传体检报告、健康证明等客户信息，所有信息均持续积累并要求全部存储，长期下来需要非常大的存储空间。

④高峰网络延时大：“双十一”以及其他节日等进行营销活动时，用户访问量剧增，容易产生网络延时情况，影响用户体验。

平安金融云上海数据中心与该人寿公司合作的 8 家银行以同城专线的方式连接，该人寿数据中心与平安金融云上海数据中心通过跨地域专线互联，而北京与上海的数据传输通过平安金融云高速通道连接。新的网络架构，可以大大降低该人寿公司的网络专线费用和人力维护成本，让企业把更多的资金投入业务中，获得最大化利益。

新的云端业务架构相比传统架构获得诸多收益。

①符合一行三会监管要求：平安金融云机房按照国际最高金融标准

“Tier3 +” 建设，从数据中心环境、设备、保险类业务架构到产品开发及运维服务规范均符合一行三会监管要求。

②大幅降低网络成本：借助金融公有云的金融网络，大幅降低网络物理专线的搭建成本，同时借助平安云 CDN 网络，访问资源就近获取，可以大幅提高用户体验。

③提升系统可用性：通过多台云服务器提供流量分发的负载均衡服务，自动分发各个 ECS 实例间的访问流量，在提升对外服务能力的同时提高系统可用性。

④资源弹性伸缩：按照应用负载情况自动实现云服务器 ECS 实例数的增加与减少，保证业务高峰时期的资源需求，节省业务低峰期成本。可按时间周期设置定时任务，实现 ECS 实例数的增加或减少。

⑤满足海量存储需求：对象存储 OBS 为电子保单等 PB 级文件及数据提供海量扩展服务；同时，弹性文件 EFS 为多个应用服务器提供集中、共享存储服务，满足高可用、高可靠以及高安全等要求。

（四）云计算在证券业的应用与案例

1. 云计算在证券业的应用

证券业作为最早应用信息系统的行业之一，尽管在技术和应用水平上总体比较领先，但仍迫切需要从战略发展的高度，提高对科技的重视程度，紧紧跟上以大数据、云计算、人工智能和区块链为代表的新一轮金融科技变革的历史机遇，积极运用证券科技，形成创新驱动发展新格局，推动传统业务转型，促进科技与证券业的结合从简单的“拼接”转变为深度的“融合”。

（1）传统证券系统存在的不足

①扩容周期长：证券系统硬件扩容周期取决于采购及部署周期，带宽扩容依赖 ISP 运营商，不仅周期较长，很多环节还不可控。

②容量不能弹性伸缩：计算、存储、带宽一旦部署完毕，容量基本固定，容易造成容量不足或者资源浪费。

③不能按使用量计费：证券业务每天开市总时长只有 4 个小时，传统 IT 建设方式无法按流量和时长收费。

④选择站点复杂烦琐：券商布置接入点往往是根据客户的分布选择接入质量较好的 IDC，接入点选择相对烦琐。

（2）云计算在证券行业的应用与优势

证券行业使用云计算以后，可以弥补传统证券系统目前存在的诸多不足。更加合理地应用服务器、存储设备、网络设备、线路带宽等资源；采用合理的计费策略，减少 4 小时外空运行所造成的浪费；减少公司在硬件设备等方面的固定资产投资以及后续的定期更新等费用。更重要的是，容量可以根据券商行情的不同需求快速、灵活地弹性伸缩。同时，云数据中心的日常专业运维，可以减轻券商的日常运维管理压力。

（3）安全问题及解决方案

证券系统迁移到云上以后，与传统应用一样也会存在如下安全问题。

①设施安全：主要包括云数据中心自身的安全管理以及机房安全、设备安全等。

②网络安全：包括证券投资者接入云数据中心的认证等各类认证，各类攻击及病毒的防护。

③数据安全：包括应用数据、实时数据、历史数据等各类数据的安全保密，以及客户信息安全保密等。

④实时监控：包括 CPU、内存、磁盘空间等主机性能及线路设备等使用效率的监控以及防病毒、网络攻击等安全监控，还有应用系统的监控。

以上安全方面的问题及顾虑可以通过如下方法来解决。

①根据国家和行业的法律法规来约束云数据中心的相关行为，如相应的合规要求、特殊的物理隔离要求等。

②提供不低于传统技术安全措施级别：采用防火墙技术保证不被非法访问，用入侵检测和防御设备防止黑客的入侵，使用杀毒软件保证云数据中心服务器等不被感染。

③慎重考虑数据的存储与加密：慎重考虑哪些数据应该存储在自己

的数据中心，哪些数据可以存储在云服务商数据中心，加密存储云服务商数据中心中的数据，加密进行数据传输，同时注重敏感数据的及时清理和销毁。

④加强监控，券商应自行进行安全监控、资源监控、应用监控等。

2. 典型应用案例

某券商行情、资讯系统的客户数超千万户，客户分布范围广，是互联网券商的领头羊，在近年业务高速增长的同时，IT 系统也面临非常大的挑战。

①站点选择烦琐：客户分布范围广，营业部地域概念被弱化，且传统 IDC 只有单一的 ISP 线路接入，券商往往需要自己费大力气去寻找一个主干节点的 IDC 去部署应用。

②设备交付周期长：传统设备交付流程需要主机、网络、存储等部门协作，项目资源交付周期需要数周，如果需要重新采购时间更久。

③资源无法自由伸缩：行情、交易容量、线路带宽一旦申请部署完毕，很难快速缩减。

④资源利用率低、成本高：主机资源利用率低，还有互联网带宽不可以按流量计费等都造成资源浪费，成本居高不下。

随着云数据中心的逐步使用，该券商主要采用了基础设施即服务（IaaS）和软件即服务（SaaS）两个场景的云计算服务。其中 SaaS 使用了上证行情云，IaaS 主要使用了平安云计算平台，项目历时一年多，顺利完成了方案选型论证、验证测试、交付部署、业务系统迁移等工作，取得了良好的效果。

①站点轻松选择：直接使用平安云在各地的云计算平台及 BGP 互联网接入大大降低了券商在站点选择方面的投入，也明显改善了用户的体验。

②资源交付效率提升明显：通过强大的云管平台，券商用户可以直接通过系统提交资源需求，交付效率大幅提升。

③资源实现自由伸缩：在行情低迷的熊市中，券商用户可以直接在云管系统中申请线下资源需求，而面对突如其来的行情，券商用户可以随时在云管平台实现快速扩容。

④资源使用成本下降：利用资源的弹性伸缩功能，成本下降50%以上。

当前该券商的私有云环境中每日保持百万以上日活，部署应用实例100余个，未来新应用在监管允许的情况下也将逐步迁移到该平台上，实现IT价值最大化。

B.4 人工智能在金融业的应用探索

中国工商银行 等*

摘　要： 随着算法的突破、算力的提高、海量数据的支撑，人工智能迎来飞速发展的时代，成为全球瞩目的焦点。人工智能已经渗透各行各业，对金融业也产生了深远的影响，并逐渐呈现互相融合的态势。同时，人工智能技术复杂且应用门槛高，在金融应用过程中，标准体系和监管规则不完善、信息和应用安全存在风险。本报告系统梳理了人工智能在算力、数据、可解释性等方面的主要进展，介绍了智能芯片、机器学习、深度学习、自然语言处理等关键技术，分析了智能投顾、精准营销、智能风控等应用场景，研究了人工智能在金融业应用存在的关键挑战，并展望其应用前景。

关键词： 金融业　人工智能　关键技术

一　金融人工智能技术发展、应用与展望

（一）人工智能概述

1. 基本概念

"人工智能"（Artificial Intelligence）就是要让机器的行为看起来像人所

* 参与单位：中国工商银行、中国银联、中国光大银行、中国民生银行、平安集团、第四范式（北京）技术有限公司。

表现出的智能行为（人工智能概念提出者）。人工智能是利用数字计算机或者数字计算机控制的机器模拟、延伸和扩展人的智能，通过感知环境、获取知识并使用获得最佳结果的理论、方法、技术及应用系统，其核心能力应体现在三个层面：计算智能、感知智能、认知智能。计算智能是指机器利用超大的存储能力和超快的计算能力，从海量数据中学习与积累，从过去的经验中获得领悟，并用于当前环境。感知智能是指机器具备视觉、听觉、触觉等感知能力，可将前端非结构化数据进行结构化，并以人类的沟通方式与用户进行互动。认知智能是指系统或机器像人类大脑一样“能理解，会思考”，通过生成假设技术，以多种方式推理和预测结果。

2. 主要进展

人工智能以机器学习、自然语言处理（NLP）、计算机图像等关键技术为核心，以大数据、云计算等数据处理或计算能力为基础支撑，在图像分析、语音识别等方面不断取得新进展，在围棋博弈、阅读理解、外文翻译、人脸识别等特定领域已达到甚至超过人类水平。但是，目前人工智能技术主要应用于具备较好数据基础的专用智能领域，而在小数据、跨领域等复杂应用场景中的处理能力仍显不足，智慧化、通用化程度有待提升。未来，学科交叉研究将成为促进人工智能进一步发展的重要途径，人工智能与脑科学、信息科学、认知科学、数学和哲学等学科的融合将日益深入。

（1）追求算力提升

传统的计算架构是针对普通的数据预处理和数据分析设计的，金融行业数据体量大，用传统的计算架构运算效率极低，严重制约了人工智能技术在金融领域的落地。

国内自主研发出专为机器学习设计的核心算法框架——超大规模并行计算框架 GDBT，可以在高效利用计算资源的同时，构建针对亿万用户的个性化的机器学习模型；在 3000 万条大数据的测试环境下，可以比市场上比较流行的算法框架 Spark 速度提升 416 倍。此外，在数据量大、特征维度高的情况下，深度神经网络的训练速度往往很慢，甚至难以训练，而深度稀疏网络（DSN）技术破除了传统深度学习无法有效处理高维抽象输入数据的障碍，该项技术国内已经先于谷歌落地。

5G 技术的发展，会导致网络边缘侧产生巨大的数据，实时决策的难度更大。采用边缘计算（Multi-access Edge Computing），可以就近处理海量数据，大量设备可以实现高效协同工作，推动核心企业、供应链平台真正打通商流、物流、信息流、资金流。

（2）突破数据瓶颈

算法、算力、数据是人工智能崛起的三要素，这一波人工智能浪潮，是因为深度学习取得突破性进展，加上移动互联、物联网发展产生的海量数据，让人工智能真正从实验室走向产业界。然而人工智能在迈向认知智能的过程中，数据问题变成了新瓶颈。

以多方安全计算为代表的隐私计算，可以在不归集各方数据、不泄露各方隐私的前提下，通过协同计算进行算法训练，成为人工智能突破数据瓶颈的一大利器。多方安全计算是图灵奖得主姚期智院士提出的一个概念，指的是在整个计算协议执行过程中，各参与方只有计算逻辑公开，各参与方拿到计算结果后也无法推断出原始数据，从而保证数据所有者始终拥有控制权。目前该技术已经工程化，并在金融监管等场景中得到验证。

人工智能产业化突破数据瓶颈的另一条路径，在于“迁移学习”。“迁移学习”的出现，让人工智能摆脱数据门槛的困扰，在小数据集的环境下“举一反三”，从而使人工智能真正变得灵活起来。

（3）可解释的人工智能

在对安全性问题尤为敏感的金融行业，数据科学家们面临一个难题：“我如何相信机器做出的决策?”机器学习存在黑箱建模的问题一方面使业务人员非常难以理解，另一方面使监管机构面临更大的挑战。

欧盟《通用数据保护条例》法案强调，机器学习模型必须具有可解释性。可解释性是指人（包括业务人员和应用开发人员）能够理解模型在其决策过程中所做出的选择（怎么决策和决策了什么，不同的参考数据是否会让决策发生变化）。复杂的模型通常会产生更好的预测性能，但随着模型维度和复杂度的提升，模型本身的可理解性会变得越来越差，所以被视为黑盒模型，黑盒模型同样意味着风险。

目前国内可解释模型转换技术已经有相关专利，可以把任何复杂的模型转换成业务人员可以理解的简单模型。此外，模型的可解释技术让模型更为“透明”之后，也有助于数据科学家更好地改进模型，提高模型效果。

（二）人工智能领域关键技术

人工智能的发展依赖于技术的进步，其关键技术如图 1 所示。

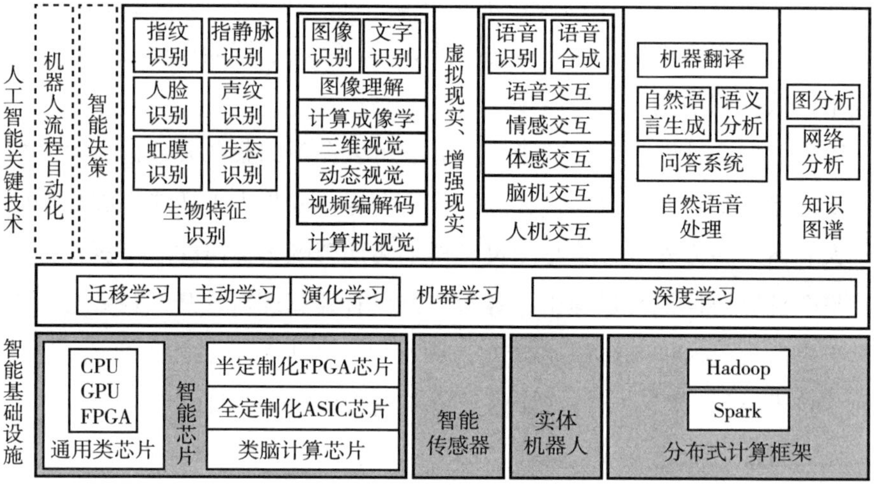

图 1　人工智能关键技术

根据关键技术，重点关注智能芯片、机器学习、深度学习、计算机视觉、人机交互、自然语音处理、知识图谱、机器人流程自动化八项关键技术，从而进一步厘清人工智能技术发展情况。

1. 智能芯片

智能芯片具备高性能的并行计算能力，且同时支持主流深度学习算法。按技术架构来看，智能芯片可以分为通用类芯片、基于 FPGA 的半定制化芯片、全定制化 ASIC 芯片、类脑计算芯片等。另外，人工智能处理器还包括 DPU、BPU、NPU、EPU 等适用于不同场景或具有不同功能的芯片。

智能芯片技术情况：目前市场上已有成熟产品，例如国外智能芯片企业及产品主要有 NVIDIA 的 GPU、谷歌的 TPU、英特尔的 NNP 和 VPU、ARM 的 DynamIQ 等；国内主要有华为海思的麒麟系列、寒武纪的 NPU、地平线的 BPU、阿里达摩院在研的 Ali-NPU 等。

智能芯片应用情况：在 GPU 现有的实际应用方式上，目前主要仍以在互联网行业的深度学习应用为主。IBM 联合 NVIDIA 推出基于 Power8 的异构系统（GPU + NVLINK）；谷歌内部设计并使用 TPU 芯片；巴黎银行利用 GPU 为衍生产品定价；彭博利用 GPU 来加速债券定价等。百度是国内第一家宣布把 GPU 投入业务中的大型公司，将 Batch Dispatch 技术应用于推理和提供服务；腾讯将多 GPU 数据并行框架用于微信的语音识别，并成功应用于微信语音输入法、微信语音开放平台和微信语音消息转文字；部分股份制商业银行尝试利用 GPU 的高性能并行计算的优势建立深度学习模型，侦测实时转账交易欺诈概率。

2. 机器学习

机器学习是在历史数据中自动发现规律并利用规律对未知数据进行应用或预测的技术，它能帮助人利用数据做出更好的决策、识别信息等。机器学习平台集数据处理、特征工程、模型训练、离线批量预测、在线实时预测等功能为一体，往往通过集成深度学习框架来提供深度神经网络训练功能。开源的机器学习平台主要有 H2O 等，国内的机器学习平台主要有第四范式先知平台等。主要算法包括分类、回归、聚类等。以支持向量机、逻辑回归、贝叶斯分类、决策树为代表的统计学习算法在业界有广泛的应用。

机器学习技术发展现状：Gartner 数据科学和机器学习魔力象限图显示，H2O. ai 已经跃入领导者象限；SAS 通过发布 SAS Viya 新产品，巩固了在领导者象限中的地位；Databricks 由 Apache Spark 的创建者创立，首次进入愿景象限，具有处理非常大的数据集和创新的开源功能。Anaconda 提供强大的 Python 和开源支持，第一次进入 Gartner 的视野。

3. 深度学习

深度学习是一种机器学习的方法，使用包含复杂结构或由多重非线性变换构成的多个处理层的神经网络对数据进行预测，作为底层技术应用于计算机视觉、人机交互、自然语言处理等领域。

国内外开源的主流深度学习框架有：TensorFlow、Keras、PyTorch、Caffe2 以及国内的 PaddlePaddle、Angel、PAI2.0、AutoDL、EasyDL 等框架。典型的深度学习算法包括卷积神经网络（CNN）、循环神经网络（RNN）、受限玻尔兹曼机和深度置信网络等。

4. 计算机视觉

计算机视觉是自动驾驶、机器人、智能医疗等领域的技术基础，从视觉信号中提取并处理信息。通过深度学习将预处理、特征提取与算法处理融合形成端到端的应用已逐渐成为主流，如图像识别、文字识别、视频识别等。场景重构、事件检测、视频跟踪、对象识别、OCR 文字识别等均属于计算机视觉的子领域。

国内公有云厂商纷纷推出了云上的 OCR 文字识别服务：腾讯云基于深度学习技术的印刷体及手写体识别，提供开发语言 SDK；阿里云基于深度学习技术，进行印刷体识别；华为云基于深度学习技术的印刷体识别及数字和英文，支持数字和英文手写体识别。

5. 人机交互

人机交互是指人与计算机之间以一定交互方式，基于某种对话语言来完成确定任务信息交换的过程。人机交互包括语音、情感、体感、脑机等类型，比如可穿戴式计算机的动作识别技术、可应用于智能机器人的语音识别和合成技术，以及虚拟现实、遥控机器人的触觉交互技术等。

阿里 iDST 研究员展示了嘈杂环境中语音识别技术的解决方案，该方案基于远场麦克风阵列的硬件和深度学习算法，将单独基于硬件得到的 84% 的准确率提升到了 94% ~95%。微软在 Ignite 会议上推出新的神经文本——语音合成利器，能得到和人类语音一样的自然韵律和词汇清晰度。

6. 自然语言处理

自然语言处理（Natural Language Processing，NLP）主要研究如何让计算机处理并运用自然语言，实现人与计算机之间的有效沟通。自然语言处理应用领域广泛，包括机器翻译、自动文摘、文本分类、问答系统、信息提取、文本挖掘、舆情分析等。

谷歌在谷歌 I/O 大会上演示了语音机器人假扮秘书给理发店打电话预约理发，以及在第四季度开源地将预训练模型引入自然语言处理领域的 BERT 项目。深度神经网络方法的引入为 NLP 带来了深刻的变革。同时，NLP 领域的阅读理解取得较大进展，在英文文本集 SQuAD 上的准确率不断突破。

7. 知识图谱

知识图谱本质上是一种语义网络，它由一些相互连接的实体和它们的属性构成，通过知识抽取、知识融合等技术获取数据，然后通过知识表示、知识推理等形成知识，按照语义网络的形式组织和存储。知识图谱可用于语义搜索、知识问答、智能推理等方面。

知识图谱以基于图数据结构的方式将不同种类的信息链接在一起形成一个关系网络，提供了从关系的角度分析问题、发现问题的能力。金融业可借助知识图谱技术有效整合各类内、外部数据，形成客户多维度视图，并基于此形成链状、圈状的客户群视图，生成企业投资关系、担保关系、资金往来关系等图谱，从而为营销和风控提供依据。

8. 机器人流程自动化

机器人流程自动化（Robotic Process Automation，RPA）是一种智能自动化软件，通过模拟并增强人类与计算机的交互过程，实现工作流程的自动化。RPA 主要解决在很多行业领域存在一些大量重复而规则明确的工作的问题，以节约人力、降低成本。

德勤、普华永道等四大会计师事务所均推出了自己的财务机器人，同期金蝶也推出了人形财务机器人产品。浦发银行上海分行引入流程机器人，开展账务处理试点；兴业数金使用 NICE 产品搭建信贷流程机器人实现客户额度实时计算，并且搭载查询助手、信用卡注销与挽留助手。

（三）人工智能在金融领域的主要应用

在人工智能的业务应用场景上，可以运用数据与技术平台的服务能力来推动传统金融业优化转型，实现场景的创新。这将给银行、证券、保险等金融机构的客户营销、风险防控、运营管理等带来深刻的变革：基于企业级平台高效开展智能分析，多维度多角度发掘客户关系图谱和进行时序动态画像，为客户提供“比客户更懂自己”的产品与服务；加强内外部信息融合与联动，依托强大的AI计算引擎，获取基于专家规则无法发现的风险特征，打造金融业智能风险防控体系，提升风险识别的时效和准确率；运用OCR识别、语义理解等技术能力，发挥机器高效的生产效率优势、简化业务操作流程、降低业务运营成本，构建高效、准确、智能的运营管理与服务体系。人工智能在金融领域的应用，要发挥技术与业务的协同优势，在前端服务客户、中台提供金融分析决策、后台提供风险管控等领域持续向业务进行赋能，创造更多的业务价值。

（四）人工智能在金融业应用的问题与挑战

1. 顶层设计不足，监管框架需完善

我国在人工智能关键技术领域具备一定的标准化基础，但仍缺乏适用于金融领域的顶层设计。在顶层设计方面，缺乏行业规划指导和标准体系，存在盲目发展、重复建设、伦理道德分歧等问题，不利于形成健康的产业生态圈。在监管框架方面，金融业未形成人工智能有效监管框架，技术的发展使得监管对象日趋复杂，存在违法违规行为难以认定、责任主体难以界定、监管边界难以把握等监管难点。

2. 数据复杂多样，信息保护要加强

人工智能在金融领域的应用得益于良好的大数据基础，而数据问题已逐渐成为制约人工智能与金融业深度融合的关键因素。在数据治理和共享层面，金融业数据来源复杂多样，标准化程度低，数据质量不高，并且缺乏有效的互通共享平台，易形成数据壁垒、信息孤岛，数据价值难以被利用，影响人工智能算法模型输出的精准度。在信息保护方面，在数据脱敏管理、敏感信息风险评估以及数据泄露检测等关键环节缺乏有效管控措施，易导致客户关键信息泄露，对客户隐私和数据安全造成威胁。

3. 算法存在黑箱，应用安全有待加强

人工智能可以赋能金融，但算法本身及应用安全仍存在一定风险，对金融业的风险防控提出挑战。在算法解释性方面，输入和输出之间存在“算法黑箱”，中间的分析、决策过程对用户隐藏，缺乏可交互性和操作性，使金融风险更加隐蔽，监管难度增大。在应用安全方面，人工智能算法趋同现象易导致市场资源过度集中，加剧金融交易顺周期性，诱发“羊群效应”与“算法共振”，加剧市场波动，应用安全存在风险与挑战。

（五）人工智能在金融业的发展趋势

人工智能在金融领域的发展将由赋能逐步走向增能和产能。在赋能阶段，人工智能技术主要应用到金融领域的非核心环节，主要提升金融服务的效率。在增能阶段，金融能够主动应用人工智能，目前正处于增能的阶段。而在未来的产能阶段，人工智能将应用于金融核心领域，促使金融体系按照智能经济的理论得以运营。

1. 人工智能将全面深入金融各场景

目前，人工智能已广泛应用于金融领域的各种场景：在金融营销领域，通过建立全面的用户画像，实现千人千面的精准推荐；在智能风控领域，结合大数据，利用用户交易行为、信用状态、社交关系等多维度数据进行建模分析，构建智能风控体系，提升企业风控水平；在投资服务领域，结合大数据和机器学习技术分析客户财务状况并提供量身定制的专家建议，为客户提供优质投资服务；在智能客服领域，依靠人工智能技术和知识库回答重复性问题，替代人工座席，提升客服效率及效果。未来随着人工智能技术的不断成熟和创新升级，其将给金融各场景带来颠覆性改变。

2. 人机混合成为主流应用模式之一

人工智能和人类智能各有所长，人机混合智能模式取长补短，将在未来有广阔的应用前景。人机混合智能可以把人对模糊、不确定问题分析响应的高级认知机制与机器强大的运算和存储能力紧密耦合，使得两者相互适应、协同工作，进行双向信息交流与控制，构成“1+1>2”的增强智能形态。在金融业务场景中，未来可利用人机混合智能进行各类投资策略、金融政策的实施效果仿真模拟，提升决策效率，提高政策落实力度。长期来看，在人机混合模式中随着人工智能技术水平与效果的提升，机器将逐步接管更多人类的工作；但人机混合模式仍然因监管要求、应用场景等原因而长期存在。

3. 硬件技术成为人工智能着重突破点

芯片是承载人工智能技术应用的基础部件，随着深度学习与行业应用的不断融合，传统 CPU 已经无法满足其计算需求，具有强大计算能力的 GPU 随之诞生。未来随着硬件技术的发展，可能出现多种多样的计算终端，而不仅仅局限于计算机、手机等通用设备，在芯片领域将逐步出现为特定场景而定制的具备低功耗、低成本、高性能优势的专用芯片，算法芯片化、产品化也成为一种趋势，在金融领域内“数据+平台”的云服务模式将逐渐升级，人工智能基础服务提供商将根据不断积累的数据，提供更优质的服务。

4. 人工智能领域将逐步建立行业标准和监管规范

随着人工智能技术在金融行业的广泛应用，一些潜在的 AI 伦理问题引发各界的关注，比如应用边界、人身安全、数据隐私、公平公正、责任认定等问题。社会对人工智能的监管呼声逐渐增强。在探讨解决技术难题时，也要注重社会的安全与平衡。未来，金融领域需建立明确的行业规则，以确保人工智能技术应用的透明性和可归责性，尤其要防范利用人工智能技术危害金融领域道德准则事件的发生。另外，行业还需就如何合理限制、管理和控制人工智能所需金融数据保障公众数据安全和隐私权进行重点研究。人工智能在金融领域的全面应用是发展趋势，监管机构既要正视，也要积极推进人工智能的快速发展，更要重视人工智能应用过程中可能造成的负面影响，未雨绸缪地开展前瞻性研究和战略性部署。

二　工商银行人工智能应用探索与案例

（一）人工智能在金融领域的主要应用场景

在人工智能的业务应用场景上，工商银行运用数据与技术平台的服务能力推动传统业务的优化转型，实现场景的创新。发挥技术与业务的协同优势，在客户服务、客户营销、风险防控、运营管理等领域持续为业务赋能，创造更大的业务价值。

1. 客户服务方面

工商银行结合网点智慧化转型、远程银行中心建设等业务规划，依托智能语音、虚拟现实、增强现实等技术，探索更加新颖灵活、更具认知、更懂情感的人机交互服务形式，为客户打造金融消费环境的极致体验。例如，扩展智能家居、智能音箱、智能汽车等新型客户接触点，构建人、物和网络的有机结合的智能交互系统；运用虚拟现实和增强现实技术，为客户提供产品方针展示与体验；依托智能手表、智能手环等设备推出工商银行“数字化助手”，智能分析用户的健康、支付、偏好、社交媒体等数据，主动认知客户，为其提供定制化、个性化的金融消费体验。

2. 客户营销方面

工商银行基于企业级平台高效开展智能分析，多维度多角度发掘客户关系图谱和进行时序动态画像，为客户提供“比客户更懂自己”的产品与服务。例如，基于客户的关联关系制定差异化营销策略，挖掘新的客户、及时挽留优质的客户；在智慧网点自动识别 VIP 客户，抓住客户到店的机会，为客户提供更周到的服务与关怀。

3. 风险防控方面

工商银行加强内外部信息融合与联动，依托强大 AI 计算引擎，获取基于专家规则无法发现的风险特征，打造银行智能风险防控体系，提升风险识别的时效和准确率。例如，运用深度学习、图分析等技术开展风险隐性关系的探查、风险传导路径的预身份的辅助鉴别，降低信用卡申请、线上支付等领域的欺诈风险。

4. 运营管理方面

工商银行围绕“机器换人”，运用 OCR 识别、语义理解等技术，发挥机器高效的生产效率、简化业务操作流程、降低业务运营成本，构建高效、准确、智能的运营管理与服务体系。例如，在业务运营领域推出“流程机器人”，让机器代替人从事大量传统的简单重复性劳动，打造高度集约化、智能化的运营中心；在财务会计专业领域推出“财务机器人”，实现对票据、报表等文本的自动识别与处理，缩短财务报销的办理时间；结合区域人流量、潜在收益分析等情况，为网点布局、自助设备的布设提供智能化的、科学的建议与决策支持。

（二）人工智能在金融领域典型应用案例分析

人工智能技术不断为业务赋能，主要包括智能投顾、智能客服、智能风控、智能运营等领域，深度变革金融业务全流程。人工智能技术在前端可以用于服务客户，在中台支持授信、各类金融交易和金融分析中的决策，在后台用于风险防控和监督，它将使金融服务更加个性化与智能化。

1. 智能投顾

智能投顾即根据个人投资者的风险承受水平、收益目标以及风格偏好等，运用一系列智能算法及投资组合优化等理论模型，为客户提供投资参考。智能投顾模型是金融建模能力、大数据处理能力、机器学习算法能力的有机结合。

工商银行通过智能投顾的原型研发与试运行，同时基于大数据及机器学习的能力，实现智能投顾模型构建的“自动化”和“智能化”。提供工商银行“AI 投”服务，包括 AI 智投、AI 指数、AI 策略三个板块，上线以来，各智投组合表现稳定，凭借对大类资产较为准确的配置，有效控制组合风险，体现了很好的绝对收益特征。

2. 智能客服

智能客服是在企业运营管理中，基于大规模知识处理技术、自然语言理解技术、知识管理技术、自动问答系统技术等发展起来的一项行业通用的对客服务。目前业界主流的技术架构基本上为“语音识别 + 问答机器人”的模式。

工商银行基于语音识别、人工智能、大数据分析等技术研究成果，建设全渠道接入，智能化、人性化，智能为主、人工为辅的智能客服系统。以客户为中心，在充分挖掘各类数据的基础上，既提升了客服质量和效率，又强化了主动营销能力，为呼叫中心的价值提升提供技术支撑。例如，在智能客服咨询/顾问方面，运用文字识别、语音识别、语义理解、语音合成等技术，提升智能文字客服准确度和智能应答多轮会话能力，逐步实现对客咨询的人工替代，人工客服 3 年内替代率达到 30%，提升对客服务能力和营销转化率；在客服助手方面，运用语音识别、语义理解、情感分析等技术理解客户意图，识别客户需求，并提供话术推荐，辅助座席完成服务或电销工作；在智能外呼调查/催收/营销方面，一是运用语音识别和声纹识别等技术，在信用卡申请调查环节，利用智能客服代替人工核验客户信息；二是运用语音识别、深度学习、自然语言处理等技术，结合客户特征识别客户还款意图和能力，智能定制催收方案并进行智能外拨催收；三是运用机器学习、知识图谱等技术，结合客户画像，利用智能客服开展中低端户唤醒、活动宣传等营销工作，逐步替代简单的人工外呼。

3. 智能风控

智能风控指通过分析不同的数据点，利用机器学习算法检测人类分析师察觉不到的风险。工商银行通过实现信用风险、市场风险、操作风险、合规风险、内部审计的智能化识别与预测，构建涵盖事前、事中、事后全流程，满足境内外风险管控要求的全业务、全场景智能风控体系，显著提升全面风险管理能力，有效满足全行经营创新发展需要。

工商银行通过应用知识图谱、机器学习、OCR 等人工智能技术，建立满足法人、小微企业、个人客群的差异化风险管控要求的智能信用风险管理体系。例如，在虚假融资背景智能筛查方面，运用 OCR 中的拼接图像防伪等技术，联动税务等外部数据信息，识别虚假合同、作废发票等融资背景证明材料真伪，防范骗贷风险，在隐性关联关系探查方面，依据企业客户关联关系数据，运用图计算、图分析等技术，实现授信、股权、资金、人员等 9 大类关联关系的图谱展示，并且根据企业交易行为等信息，识别发现新类型的隐性关联关系，为信贷人员提供更加准确、直观的客户关系视图，提高识别风险的能力；在操作关键信息智能识别方面，通过 OCR 技术将信用卡申请影像资料转化为文字信息，并提取信用卡审查审批关键信息，抓取和校对金融市场交易单、法人客户财务报表等信息，将基本信息自动录入系统完成簿记并由交易员和客户经理审核，减少重复工作，降低操作风险、提升操作效率；在申请及交易反欺诈方面，运用机器学习等技术，防范不法中介代理办卡等团伙欺诈风险，精准识别盗刷、套现、异常交易欺诈风险，并自动匹配干预策略，提升收单交易风控水平。

4. 智能运营

智能运营是指应用人工智能，从海量数据中生产数据洞察，实时且准确地制定策略、打造卓越的客户体验并取得突破性业务成功。智能运营，可显著提升企业的灵活性、敏捷性和响应能力，快速创造更大价值并打造持续性竞争优势。

在业务运营领域，工商银行利用机器学习平台实现智能化运营。例如，在集中运作智能化方面，运用流程自动化（RPA）、文字识别、语义分析、机器学习等技术实现交易凭证识别、发票识别、证照识别、报表自动生成、账户年检报备自动化等，大幅度降低人员工作量和运营成本，提升业务处理智能化水平；在金融市场交易自动化方面，借助大数据、机器学习、智能投研等新技术，提升交易策略评估和数据分析能力，深化量化交易技术应用，基本实现汇率产品的智能做市报价和智能交易策略制定，自动生成指导报价及策略供交易员参考；在现金实物管理智能化方面，运用物联网、机器学习等技术对现金作业模式进行改造，提升现金管理自动化水平，建立现金库存预警监测模型，实现现金物流智能化管理和相关账务自动化处理；在档案管理智能化方面，运用物联网、图像识别、语义分析等技术实现纸质档案电子身份标识、文书档案自动识别录入，提取文档保密信息，实现档案智能化归档和智能检索，提升档案资源有效利用率和管理智能化水平；在智能 ATM 方面，运用人脸识别技术，实现 ATM“刷脸存取款”，提升客户体验；在智能营销方面，应用人工智能与大数据技术，新研发针对金融资产池、收款管家卡、账户信息类服务（如综合账户报告、现金管理报告等）等现金管理产品的智能推荐模型，生成特定产品的目标客户清单，提升基层行营销成功率，并根据客户实时反馈迅速调整策略，提高推荐系统的感知能力。

三　中国银联人工智能应用探索与案例

随着深度学习、大数据、人工智能芯片等基础技术取得突破性进展，人工智能具备了大规模应用的条件，国内外各大科技公司纷纷重金投入，其在各行业的应用正在逐步拓展。银联深耕金融支付领域多年，具有丰富的金融支付应用场景，包括风险防控、身份认证、精准营销、客户服务、业务运营等领域，在这些领域银联以应用场景为切入点，以核心技术为立足点，以金融数据为支撑点，实现银联业务的智能化，有效发挥人工智能价值。

（一）人工智能在金融领域的主要应用场景

伴随人工智能的飞速发展，它在金融领域的多个场景都有较好的应用。当前人工智能在金融领域主要有智能风控、智能支付、智能营销、智能客服、智能理赔、智能投研、智能认证等多方面的应用场景。

1. 智能风控

智能风控是金融科技领域最主要的应用场景之一，借助大数据与人工智能技术提升风险管理能力，在银行、证券、保险、互联网金融等领域的应用愈加广泛。其基本逻辑是运用大数据平台的计算分析能力、机器学习或深度学习模型，运用于信贷风控、反欺诈、反洗钱、交易监控等场景。本质上是以数据驱动的风险管控与运营优化。

智能风控强调用金融科技降低风险管理成本、提升客户体验、提高数据驱动风控能效，实质上体现了一种精益风险管理思维。如果说《巴塞尔新资本协议》的全面风险管理是传统风控的体现（其管理模式是满足合规监管要求的被动式模式），那么智能风控则是互联网、大数据时代风险管理实务的变革与创新（其管理模式是依托新技术进行监测预警的主动式模式）。

在银行业中，以最为传统的信贷为例。在由贷前、贷中和贷后等环节构成的整个信贷流程中，其业务都面临着以下问题：欺诈风险，例如贷款人提供虚假申请材料，内外勾结合谋骗贷等；信用风险，如一些传统金融机构现有信用数据维度不足，持卡人信用不足，或者是多头借贷等风险；审批过程漫长，即传统风控流程往往基于人工审核，审批的效率和质量相对较低。而借助人工智能技术，以社交关系数据、账户数据、商户数据、异常网址和交易 APP 库等海量数据为基础，以贯穿全流程的大数据平台和可视化机器学习平台为支撑，搭建智能风控体系，不仅可以在营销获客、贷款申请等贷前环节广泛收集用户的历史行为信息、征信记录及公安司法数据，从而对用户进行画像，而且可以在贷款审核这一贷中环节，从多维的海量数据中深度挖掘关键信息，建立知识图谱，计算用户之间的相关性，例如电话号码、邮箱、地址、设备号等，找出借款人与其他实体之间的关联，提升风险识别的精准程度，从而决定是否批准申请人的贷款申请。此外，在贷后监控、逾期催收等贷后环节，使用智能催收技术可以大大节省人工成本，同时大幅提升小额贷款审批时效，有效提升客户体验。

2. 智能支付

目前，人工智能在支付领域的应用主要表现在以下几个方面。一是人工智能不仅改变了以现金、POS 刷卡为代表的传统支付方式，而且不断创新着以扫码支付、NFC 近场支付等为代表的传统数字化支付手段。以人工智能为代表的人脸识别、语音识别、生物识别技术正在改变传统支付方式，促使银行、非银行支付机构创新支付手段、提供智能支付服务。二是人工智能技术的发展提升了用户的支付体验。生物识别、语音输入等方式，大大简化了支付流程；同时，用户生物特征的独特性也能更好地保障支付过程的安全，为客户带来更快捷、更便利、更安全的操控体验。同时，支付机构通过引入智能 AI 技术，进一步提升了客户服务水平、节约了人工运营成本。三是人工智能能有效连接线上和线下服务，为消费者提供结算支付、场景服务、会员权益等多维度的功能，并及时记录和分析支付数据与消费行为，方便商户开展日常经营管理，从而加强金融服务供给、提升金融服务效率、提高支付运营效能。

3. 智能营销

营销是金融机构获取客源的基础，也是金融机构持续赢利的重要保障。可以说，营销的成功与否关系到一家金融机构能否在竞争激烈的金融行业中健康稳定的发展。

智能营销是在通过“千人千面”的精准定位，构建个性化的顾客沟通和服务能力。精准营销的核心是增强对客户的了解，精准分析其个性化需求，将合适的产品和服务提供给合适的目标客户。支撑精准营销的常见技术包括客户画像、推荐引擎等。客户画像技术基于从各个渠道获取的关于客户的大量历史数据（身份、位置、通信、购物、出行、网页浏览和搜索等），综合运用统计分析、机器学习和自然语言处理等技术，从不同维度建立刻画客户的行为特征，并组合成一系列标签，满足不同应用场景的需要。推荐引擎根据“物以类聚、人以群分”等朴素原则，借助协同过滤等机器学习算法对客户的历史行为数据和待推荐商品/服务的属性数据进行综合分析，建立客户和商品服务之间的最佳匹配关系。

实施智能营销可以为金融机构带来客户活跃度、营销活动转发率、沉睡客户唤回率、新客户获客量等指标的显著提升，使金融企业降低经营成本，提升整体效益。

4. 智能客服

传统的人工客服既需要耗费大量的人力成本，也无法开展自动化的大数据分析和用户需求挖掘，因此难以引导产品的快速迭代更新。智能客服能有效地解决这个问题，提升呼叫中心的服务效率、服务质量，并能很好地对接后续客服数据分析、挖掘和自动化应用。

智能客服在金融领域售前场景的应用可以显著提升电话销售的服务效率，在信息采集、业务范围扩大方面有着人工客服不可比拟的优势。通过智能外呼技术，客服机器人能够自动拨打电话，向潜在客户传递销售信息，并能理解客户意图，从知识库检索最优应对方案，同时挖掘用户诉求、市场反馈等有价值的信息。

智能客服在金融领域的售后场景应用，能够应对咨询问题相似性高、金融业务专业性高、回访场景多等痛点，从而节约人工客服培训成本，提升服务效率。Gartner 机构预测，到 2020 年，85% 的客户问题将不再由人类处理。

5. 智能理赔

智能理赔主要应用于保险行业。在传统的理赔业务中，往往需要保险公司的工作人员现场勘查被保人或被保财物的受损情况，然后通过一系列烦琐的流程处理后，投保人才可以获得理赔，不仅费时费力，而且处理过程体验也很“糟心”。智能理赔的核心是简化理赔处理流程，为客户带来便利。

例如在车险理赔行业历来存在“时效慢、纠纷多”等问题，但是运用综合人工智能创新技术手段，可以打破“人查勘、人审核、人赔付”的传统服务模式，实现智能图片定损、自动理算。具体来讲，就是在整个过程中无须查勘员现场定损，车主将拍摄的照片上传后，经过图像智能处理（解决拍好没）—智能定型定件（定性什么车）—部件分割归集（定位哪坏了）—损失程度识别（判断严重吗）四个环节，即可实现自动精准定价。整个流程均在系统内部完成，无须人工审核。智能理赔极大地提高了车险理赔的定损、理算效率，可以明显提升用户满意度。

6. 智能投研

智能投研是指基于金融市场数据支持，通过深度学习、自然语言处理（NLP）、知识图谱等人工智能方法，获取、处理、分析海量相关数据，生成投资观点和报告，为金融机构的专业从业人员（如证券分析师、基金经理、投资人等）提供投研支持，提高其工作效率和分析能力。除人工智能提供算法和工具以外，还需要大数据提供素材、云计算提供算力。

智能投研作为人工智能应用领域之一，目前被投行、对冲基金等金融机构较为广泛地运用于量化投资等领域。传统投研除通过现场调研获取并求证部分信息外，还需要从行业垂直信息平台（比如 Wind、Bloomberg 等）、综合搜索平台（百度、谷歌等）、公司年报、招股说明书、咨询公司各类研究报告、券商研究报告、政府网站等渠道获取数据，数据渠道多且收集的数据难以快速、准确、高效整合。而智能投研则可以丰富数据源的获取渠道，获取与研究标的相关的非常规的直接或间接海量信息，比如通过卫星图片观测油管数量来预测公司经营状况等；智能投研还可以丰富数据获取的形式，投研数据可以是结构化的，也可以是 PDF、图片等非结构化的，比如获取招股说明书、企业年报、定增公告等各类数据。智能投研能自动、高频地获取数据，保证信息的及时、有效。

7. 智能认证

身份认证是一个重要的技术领域，其应用几乎无处不在，对金融业务尤其重要。身份认证方式经历了“你知道什么”（静态密码、预设问题答案等）、“你有什么”（短信验证码、U 盾、设备指纹等）、“你是谁”（生物特征、行为特征等）的逐步进化。近年来，人工智能技术推动“你是谁”类型的身份认证技术取得突破性进展，指纹、人脸、声纹等方面的高准确率和低误识率已达到大规模应用的条件。

当前，生物特征在金融领域的应用逐步扩展：Apple Pay、华为 Pay、小米 Pay 等将指纹作为支付过程中用户身份认证的辅助手段，支付宝和微信支付随后也都启用了指纹支付功能；支付宝启用了人脸登录功能；招商银行开通了 ATM 刷脸取款业务；建设银行手机银行推出了声纹验证功能；民生银行开始试点虹膜支付业务。

与此同时，政策和标准层面也在逐步放开：2015 年 12 月 25 日，央行发布《中国人民银行关于改进个人银行账户服务加强账户管理的通知》，支持将生物特征识别技术作为核验用户身份信息的辅助手段。2016 年 6 月，中国银联发布《中国银联生物认证技术指引》，为生物特征技术在金融中的应用提供指导。

（二）人工智能在金融领域典型应用案例分析

1. 银联一体化智能风控

2018 年以来，中国银联以大数据分析为基础，以人工智能、生物识别、区块链等前沿技术为支撑，打造满足移动互联新业态发展需要的一体化智能风控体系，涵盖业务监测、合规监管、司法合作、跨境风控、智能服务、量化管理六大主题板块，并通过统一门户方式集中呈现。通过打造一体化智能风控体系，逐步搭建形成智能反欺诈、智能身份认证、用户安全赋能、风险价值挖掘的能力，对内实现前端业务支持，对外实现智能风控赋能输出。

中国银联着力打造涵盖位置、行为、关系、偏好、账户、设备、场景等多维度的风险数据体系，在此基础上通过人脸识别、指纹、生物探针等生物识别技术构建和提升对用户的身份认证能力，同步构建“专家规则 + 机器学习 + 复杂网络分析模型”的决策模型体系，最终实现涵盖安全、决策和预警分析的智能化风控应用能力。

在欺诈风险防控方面，银联实时智能风控系统实现了对每笔交易的实时风险判断和评分，能在 50 毫秒内给出判断结果，在不影响业务正常运转的前提下，有效帮助阻截可能的伪冒交易。通过多维模型组合分析，银联实时智能风控系统监控准确性和欺诈识别能力达到行业领先水平，仅 2018 年即防控欺诈损失超过数亿元。通过设备指纹技术，实现了对设备环境信息、设备状态信息、生物探针信息的有效采集和应用，以此为依据开展伪冒交易侦测，监控精准性有了显著提升。

通过机器学习、复杂网络、群组分析等智能化模型的构建和应用，中国银联大大增强了对套现、洗钱、黄赌毒非法交易等团伙性风险的识别能力，构建了针对规模性套现、线上 APP 套现、洗钱团伙、网络赌博等风险的预警识别能力，2019 年上半年即侦测发现大型套现商户数百家，洗钱团伙数十个，涉嫌赌博商户数百家，实现对重大风险的提前预警。

基于智能化风控体系的建设，中国银联还实现了对产业的风险能力输出和风险赋能，为成员机构提供智能化的风险计量评分产品、交易监控产品和风险数据产品，目前应用机构已达80余家，实现了风险评估能力、欺诈风控能力、数据验证和评级能力的对外输出，通过API接口和工具化的风险服务，帮助成员机构提升风险防控能力。

2. 银联人脸识别和支付应用

中国银联的云计算能力可支持全国亿级用户的人脸信息识别，在信息安全方面可达到金融安全等级，可以通过银联技术开放平台将人脸识别的技术能力对外输出。银联正联合银行卡产业各方，共同探索和研究人脸识别在金融领域应用的安全方案，提升产业支付产品体验。

在应用方面，银联人脸识别主要应用于身份识别和支付两个方面。①身份识别应用，已经在部分高校的门禁系统进行了实践，学校师生可以刷脸进出校门；②支付领域的应用，以人脸作为支付载体，实现身份识别和资金的转入转出，并在大型商超、自助贩卖机、高校和政府企事业单位食堂等场景进行了刷脸支付的应用和实践。

在技术方面，银联刷脸支付将人脸识别技术与大数据、用户标签等结合，识别准确率已经达到金融应用级。并且，通过支付标记化、活体检测、数字签名等技术授权，及以云计算、人工智能等新兴技术作为依托的风险监控和预防措施，可以有效保证人脸采集、传输、存储等各环节的信息安全，打造便捷安全的新型支付体验。

在交易环节方面，银联刷脸支付基于“联网通用、安全可控、便捷友好、易于推广”原则，沿用现有“四方模式”，构建了以人脸作为支付载体的转接清算模式。用户只需要通过手机银行APP/云闪付APP在线上开通刷脸支付服务，即可在线下有银联刷脸支付业务标识的商户使用银联刷脸支付服务。

3. 图像识别在银联卡境外本地化广告宣传中的应用

随着境外银联发行卡量和银联网络受理市场的不断增加，银联卡境外本地化过程中的品牌宣传成为需要关注的问题。目前银联品牌宣传广告的设计主要依靠人工，人工设计存在设计主观性强、设计风格单一的局限，某种程度上不利于银联境外本地化过程中的品牌宣传。

基于卷积神经网络的深度学习框架，利用图像识别技术，可以帮助银联卡在境外本地化过程中品牌宣传广告的分类和优化问题，建立跨境品牌广告的分类模型，从而使银联在海外拓展过程中更好地完善品牌化工作。

首先，对银联网络境外主要受理市场的广告进行分类判别，以使东南亚、美国、日本及其他国家四大板块广告图片分类准确。其次，以四大板块的服装、建筑、饮食作为数据集，对图片数据进行清洗与归一化处理，得到近4万张图片作为数据集。其中，四个地区的样本数据各为近1万张图片，每1万张样本集又按照主题均分成服装、建筑和饮食。最后，为得到模型并进行测试，将4万张图片的数据集以7∶2∶1的比例分成训练集、验证集、测试集。基于CNN网络中的残差网络ResNet构建五个卷积部分和一个全连接层，五个卷积部分分别包含9层、12层、18层、9层卷积网络。反复调试训练步长与测试步长、学习率、权值衰减系数等模型参数，进一步改进模型分类效果。同时，基于TensorFlow的深度学习框架并安装科学计算库，采用Python编程语言进行开发，得到东南亚、美国、日本及其他国家的分类准确率为90%。

4. 银联智能客服应用案例

中国银联智能客服的应用目标是以客户需求为驱动，以智能客服为桥梁，以改善客户产品服务体验为核心，构建人机融合的智能化客户服务模式，支撑银联C端、B端等核心业务的客户服务需求，逐步构建“客户在哪儿、服务就在哪儿、解决方案就在哪儿”的多渠道、智能化服务体系。

在智能自助渠道建设方面，挑选业务骨干组成专业的机器人运营团队，负责机器人的日常维护工作，扩充智能客服机器人知识库的广度、深度，优化机器人意图识别准确率，增加自助服务渠道的服务占比，全面提升电话、在线渠道的智能化服务能力，提高客户响应率，实现客户服务能力的弹性伸缩。全面梳理业务场景，系统整理知识条目，构建行业知识图谱，逐步实现不同服务渠道知识库的整合。研发面向特定场景的任务型多轮对话技术，研发多轮对话引擎，降低不同场景多轮对话的研发周期与维护成本。研发基于语音和文本的“多模态情感识别模型”，精确探测用户的语音语调、语言情绪等特征，识别客户困惑、反感、愤怒等情绪，并在此基础上，制定拟人化的情感交互模型和对话策略，提升机器人的情绪感知能力。目前，银联的智能自助服务占比已达到78%以上，有效支撑了各项业务的快速发展。

在业务运营支撑方面，打造贯穿一线座席人员服务前、中、后的智能助手工作台，提升客服一线人员的工作效率。在服务前，利用用户属性、浏览路径自动预判用户咨询意图；在服务中，通过话术自动推荐技术，自动检索知识库资源，推荐该领域相关话术内容，减少人工检索时间；在服务后，采用文本分类技术，训练客服对话自动分类模型，实现话后处理自动化，提高话后小结的覆盖率与准确率。利用人工智能技术自动生成工单，自动分派工单，自动匹配、推送相似历史工单以及自动分析工单等，达到减少工作量、提升服务质量的目的。

在服务管理方面，通过对客户对话的智能语音分析、语义理解、服务量智能预测及预警，提升客服日常运营水平和准确性、质检水平，为日常运营提供决策支撑。首先，从通话质量、服务质量、业务解决质量以及满意度等维度，针对业务类型、质检类型进行系统梳理，譬如话术规范检测、违规词检测、异常情绪检测、用户满意度检测等常规检测类型，形成质检规则体系，提升质检规则的可维护性。其次，基于自然语言处理、主题建模和情感分析技术，分析客户与客服人员的互动内容，展示客户与客服沟通时的情感指数和高频提及的主题，并且追踪到主题对应的消息与会话。最后，通过对电话服务渠道的语音数据、在线服务渠道的文本数据以及工单等非结构化数据的分析与挖掘，发现客户投诉热点，及时解决客户痛点。前期，在“银联62”“双12”等重大营销活动期间，应用智能语音语义分析技术分析效率相比人工提升了5倍以上。

四　光大银行人工智能技术应用探索与案例

从互联网金融到金融科技，银行业的业务受到许多新兴金融服务公司的冲击。银行业主动出击，引进先进的技术，改变传统的金融经营理念和方式，建设“智慧银行”。

银行业作为信息化程度非常高的行业，对IT系统的依赖度非常高。目前，大部分银行基于 IaaS 平台（基础设施及服务）、PaaS 平台（平台及服务）以及数据平台开展包括渠道、开放、存贷款业务、风控、运营等各项活动。目前，智能金融主要应用于银行业的渠道、开放、风控以及运营四个大方面，主要涉及智能营销、智能客服、智能风控等。除此之外，在银行业务端，智能金融也开始渗透，例如，应用于客户平台的生物识别技术（刷脸认证）、应用于存款业务的智能投顾等。

为实现“打造一流财富管理银行”的战略愿景，光大银行全力打造自身的智慧金融大脑（见图 2），围绕生物感知平台和智能思维平台建设，统一算法管理、人工智能模型建设和模型训练等基础能力，构建面向客服、风控、营销、运营方向的智能引擎。

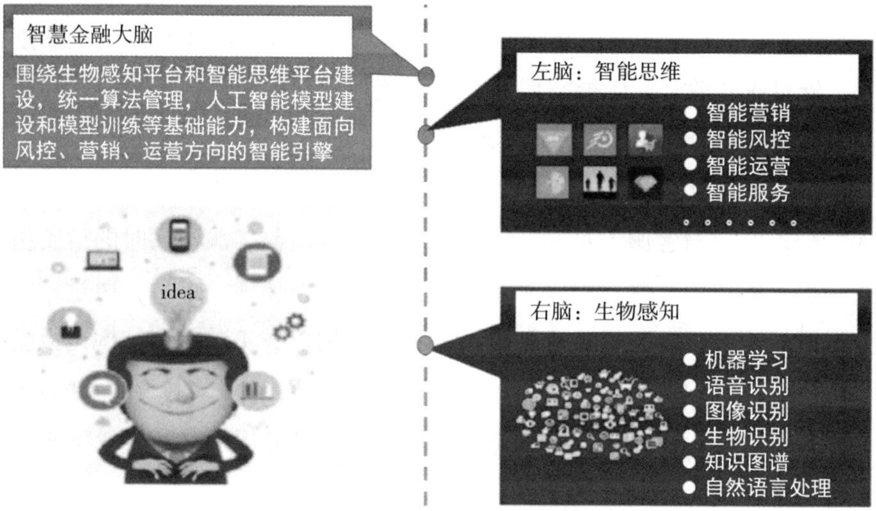

图 2　光大银行智慧金融大脑

（一）金融智能的主要应用场景

金融发展与科技是密切相关的，回顾其发展历程，金融机构一直是信息技术最积极的应用者。利用人工智能技术，可以创新金融产品和服务模式、改善客户体验、提高服务效率等；其参与者不仅包括为金融机构提供人工智能技术服务的公司，也包括传统金融机构、新兴金融业态以及监管机构等；这些参与者共同组成智能金融生态系统。

1. 智能风控

作为金融行业发展过程中的主要管控体系，风险管理是银行良性发展的根基。在大数据时代，企业多采用积累的数据结合数据分析能力形成初期的风险管理体系，时至今日，金融互联网化等因素客观导致金融风险逐步升高，风险管理系统成为各银行在人工智能领域投入的主要战场。智能风控主要依托多维度的数据和人工智能技术对风险进行及时有效的识别、预警、防范。基本包含数据收集、行为建模、用户画像和风险定价四个流程。业内通常采用基于人工智能平台的核心技术方案是机器学习算法和深度学习算法训练定向模型，从而形成金融预测服务模型，可有效基于客户的各维度数据进行风险评估与预测。

目前智能风控主要应用在信用卡申请、信用贷款（反欺诈）、信用卡催收等相关场景，未来随着数据的不断丰富和模型不断完善，银行可向其他企业输出该能力。

智能风控体系的建设帮助银行突破了传统风控方案的局限，在利用更多维数据的同时降低了差错率，同时降低了企业人力和风控的综合成本。金融行业在建立智能风控体系初期，由于引入人工智能需要经过优秀的风控人员的梳理和不断打磨，所以初期投入量相对较大，完善过程也一定程度上依赖风控师的能力。除此之外，在智能风控行业，各大互联网公司、电信企业、信贷公司等均在建设自身的风控体系和信用体系，通过客户在企业留存的数据信息形成完成的数据预测能力。

2. 智能支付

作为全球移动支付体系最庞大的国家，2018 年中国第三方支付市场继续保持高速增长，移动支付占比已经超过互联网支付，达到 75%。移动支付所需相关支付验证技术也经历了快速迭代，从密码支付、指纹支付到人脸识别技术，人们对支付安全、便捷的需求不断提高，使得刷脸支付出现在大众视野。

刷脸支付，即基于人脸识别技术的新科技类的支付方式，将用户面部信息与支付系统相关联，通过拍照把获取的图像信息与数据库中事先采集的存储信息进行比对来完成认证。目前业内多数银行在APP端一些场景采用相关技术方案。

人脸识别技术1964年就已经出现，经历了机器识别、半自动化、非接触式和智能识别四个阶段。智能识别出现之前，人脸识别技术的识别率低于74%，并未得到大规模应用。2014年以前，学术界在FDBB人脸数据集上取得的最好检测精度是在100个误检时达到84%的检测率，而之后众多基于卷积神经网络算法的人脸检测器在相同条件下得到了90%以上的检测率，目前人脸识别系统最高的识别率可达99%以上，精度已经超过了人眼。

3. 智能投顾

智能投顾最早在2008年前后兴起于美国，又为称为机器人投顾，依据现代资产组合理论，即结合个人投资者的风险偏好和理财目标，利用算法和友好的互联网界面，为客户提供财富管理和在线投资建议服务。目前国内诸多金融公司已经上线智能投顾机器人，部分实体机器人部署在银行柜台非现金区，服务于理财客户。随着银行金融业务离柜率的不断升高，部分银行则直接投入APP或者在线端，提出更加便捷的智能投顾服务。

目前的智能投顾机器人主要与后台的核心系统整合形成完整的智能投顾体系，可基于客户风险等级评估的结果、历史购买记录、资金状况等多维度数据向用户推荐“投其所好”的产品。与传统投顾相比，智能投顾具有低门槛、低费用、投资广、透明度高、操作简单、个性化定制等优势。因此，智能投顾更适合满足多数投资者的需求。目前中国的智能投顾机器人的能力主要集中在交易执行环节，投顾服务主要为资产管理和投资顾问，投后服务涉及较少。

随着人工智能技术的不断更新迭代，智能投顾也以强劲的姿态进入大众的视野，凭借其多样化、便捷性，被更多的年轻客户群体所接受，经过有“人工”才“智能”的阶段，未来还会有更多突破。

4. 智能投研

金融业与生俱来就是大数据的创造者，同时对数据也有极强的依赖性，人工智能训练师多数时间都在收集和处理数据，体现了大数据和人工智能的典型关系。如何节省数据处理和收集的时间，是金融业对人工智能技术提出的需求和挑战。

2016 年前，金融银行的投研方案多数基于传统搜索技术和机器学习算法，能够实现基本的人机协作。2019 年，伴随知识图谱技术和金融数据的不断积累，金融银行已经能够借助此技术形成自我的完整技术能力，搜集并整理信息，形成文档，供分析师、投资者等使用。智能机器效率较高，但创新性不足，而人机结合将大大提高决策的效率和质量。

5. 智能客服

金融行业人员流失问题是行业管理的难题，客户中心是典型的密集型劳动力行业，随着人力成本的不断提高，劳动力密集型的客服已经不能适应市场需求，与此相应，智能客服开始出现。目前智能客服可通过网上在线客服、智能手机应用、即时通信等渠道，以智能知识库为核心，使用文本或语音等方式进行交互，精准地理解客户的意图并为客户提供反馈服务，主要包含业务咨询与业务办理。

目前国内多数智能语音与智能语义的厂商都基于相关技术输出完整的解决方案，包含智能外呼、智能导航、智能机器人、智能助手、智能培训、智能质检、智能流程化工具、智能多模态服务等多种能力。

这些解决方案的应用场景主要分为售前和售后：售前场景包含常见的信用卡账单分期、现金分期等；售前阶段销售为导向，交互过程中涉及许多销售技巧，目前的人工智能技术并不能完全满足需求。建议此过程主要采用人机混合作战模式，并且以机器作为辅助，例如：智能销售助手：售后主要是为客户提供咨询服务，此过程中多数可标准化，可实现实时合规和流程管理，新员工 FAQ 辅助等，此方案相对呼入场景的成熟度高。

智能客服系统目前可以覆盖客户中心的在线渠道和电话渠道；客户通过手机 APP、微信、Web 等渠道将文字、语音、图像等处理内容传递给对话管理系统，由机器人系统内部处理后再将回复内容原路反馈给客户，此过程除了解决日常问答类内容问题外，可以形成业务办理的能力。智能客服确实可以起到资源最大利用化、缩减回答问题时间、实现数据化管理、促进服务模式演进等作用。数据显示，光大银行使用了智能语音机器人后，日均服务电话量超过11万次，极大地节省了人力。然而，目前的智能客服还处于弱人工智能阶段，无法自给自足，仍然需要大量人力的参与。智能客服与人工客服将共同协作，一起打造全面服务格局。

6. 智能营销

智能营销是金融行业最看重的综合智能化服务能力，能够激发金融行业存在的大量非活跃用户和新用户的价值。百度指数显示，智能营销是结合深度学习的全新概念，它是基于大数据精准营销的再精准化。

智能营销是以大数据为基础，对不同的客户群进行差异化营销与差异化定价，其可量化的数据基础上分析消费者个体的消费模式和特点，并以此来划分顾客群体，精准地找到目标客户，然后进行精准营销和个性化推荐的过程，具有自主化强、时效性强、精准性高、关联性大、性价比高、个性化强等特点。

7. 智能数据

行业专家通常给予人工智能就是数据智能的评价，事实也佐证了人工智能是以数据为基础让机器人基于数据基础解答推理问题这一实践应用。

目前行业内的智能支付、智能营销、智能客服、智能风控、智能投顾、智能投研，都需要依托大数据。在不同的应用场景，智能数据的形式也不相同，在智能客服方案中，智能数据等同于智能知识库体系。

金融行业具有海量大数据的特征，其中既有结构化数据也有非结构化数据，构成智能金融的数据源。国内各大银行均有各自的数据平台，基于现有数据平台可进行大数据整合、大数据分析、大数据治理，最终服务于各个业务模块。

（二）人工智能在金融领域典型应用案例分析

1. 生物识别——能刷脸的手机银行

（1）技术应用

光大银行早在2013年就引入了指纹识别技术，构建了光大银行指纹识别系统。客户在光大银行柜员登录系统时使用指纹代替密码输入，在提高了操作效率的同时，也有效控制了操作风险。

2016 年，光大银行在现有的指纹识别系统基础上进行功能扩展，引入了人脸识别技术，构建了光大银行统一的生物识别平台，为光大银行各业务系统提供生物认证接口和服务。其中，在面向光大银行 VTM 提供人脸识别服务中，利用与设备端摄像头配合的方式获取客户现场影像，进行客户现场照、身份证芯片照、联网核查照人证一致性的检查，辅助光大银行视频客服进行客户身份核验；在直销银行客户开户业务流程中，向直销银行提供客户端活体检测控件，并提供后台人脸识别服务，完成客户非现场开户的活体判断和人证一致性的检查，有效地提高了直销银行开户环节的风险控制能力。

光大银行后续上线的柜面人脸识别项目，基于已有的人脸识别技术，引入近红外加可见光双模人脸摄像头，与图形前端系统配合，为光大银行对私柜台在客户身份核验环节提供了整体的解决方案。其静默活体检测、换人检测等柜面生物识别技术属业界创新。

（2）应用场景及应用效果

①手机银行支持指纹登录。用户在支持指纹识别的手机上第一次登录光大手机银行时，系统会提示开通指纹登录服务，用户选择开通后，再次登录手机银行时，即可实现指纹登录。

②手机银行支持指纹支付。用户通过手机银行 APP 第一次进入支付环节时，系统会提示开通指纹支付服务，用户选择开通后，后续使用支付时，即可实现指纹支付。

③VTM/智能柜台自助发卡。在 VTM 自助开卡过程中，人脸识别技术可以科学有效地核验客户身份（人脸联网核查、人脸人证合一等），工作人员无须逐个审查客户身份，只需要对人脸识别未通过的客户进行复核，提高了办公效率，同时缩短了客户等待时间。

④人脸识别技术应用于柜面。为解决活体检测、换人等人脸问题，光大银行在柜面系统、社区银行、自助终端等多个场景中，上线了人脸识别专用设备：双模人脸摄像头，办理业务的银行用户通过该设备核验审核，能够快

速识别，既精准安全，又便捷高效。

⑤人脸识别技术应用于直销银行。用户在直销银行 APP 端可通过人脸识别开立Ⅱ类账户，并在直销银行网贷提款入账时使用人脸识别技术进行验证。在直销银行业务流程中，直销银行应用人脸客户端活体检测控件及后台人脸识别服务，完成客户非现场开户的活体判断和人证一致性的检查，有效提高了直销银行业务环节的风险控制水平。

人脸识别技术主要有活体检测、身份核实、换人检测三类场景应用。在业务办理之前，通过判断对象是否为活体可解决人脸易被照片、视频、面具等替代的问题，预防内外联合作案；在身份联网核查阶段，由生物识别平台将客户近场照和身份联网核查照进行比较，可辅助完成客户人证一致性审核；在业务办理过程中，可对客户的人脸进行聚类追踪，当出现人脸变化时进行预警和风险揭示。同时，人脸识别技术新应用为客户带来了新体验，优化了银行业务流程，提升了风险防控能力。

2. 智能客服——能聊天的客服小智

随着人工智能技术与呼叫中心技术的结合，新一代的智能客服应运而生，智能客服通过智能语音服务、智能文字服务，在电话渠道、手机银行、微信渠道甚至智能音箱等渠道，以知识库为核心，使用文本或语音等方式进行交互，理解客户的意愿并为客户提供反馈服务。

（1）技术应用

光大银行从 2015 年开始对客服系统进行智能化改造，综合运用多种 AI 能力组合，实现大量智能化应用，并提供如下技术能力。

语音识别 ASR（Automatic Speech Recognition）：支持用户以语音方式录入需求，并将语音转成文字供智能客服理解与回复。

自然语言处理 NLP（Natural Language Processing）：用户语音通过语音识别转化为文字后，自然语言处理对客户意图进行理解处理。

语音合成 TTS（Text To Speech）：将传达给用户的文字合成为语音，以语音方式播报给用户。

深度学习：基于神经网络的人工智能算法，通过特征工程，发现数据的分布式特征表示。

问答机器人：人机对话过程的控制部件，根据对话历史信息，决定此刻对用户的反应。

（2）应用场景及应用效果

以上 AI 能力组合，提供了以下智能客服应用：

①智能语音服务。通过推出阳光小智智能服务，推动人机交互更为顺畅、自然和富有效率。通过语音识别技术，将客户咨询转换成文字；通过智能语义分析，准确快速地理解客户的咨询诉求；通过应用场景设置，完成对客户的引导；使用问答机器人技术，自动回答客户问题，节省人力。

特色场景 1：猜你想问

以降低客户等待时长为目标，将客户进行分类并根据客户历史业务行为对客户进行标记，根据客户的标记类型，主动对客户办理业务进行发问，从而提高业务精准度及办理速度。例如，对刚办完信用卡的客户，主动询问其是否要查询卡片邮寄情况，并主动将客户引导至邮寄进度查询节点，完成查询。

特色场景 2：直接办理业务

IVR 语音导航播报时间长、用户体验差，但智能语音导航可以引导客户直接说出需要办理的业务，直接将客户引导至相应自动业务办理节点，既降低了用户等待时间，又减少了客户转人工的概率，还提升了客户体验，可谓一举多得。目前光大银行已经实现了随心贷导航、账单分期导航、企业年金导航、本期账单查询等数十个业务场景，充分发挥了智能语音导航的作用。

②智能文字服务。智能文字机器人，应用自然语言处理技术（NLP）构建高效先进的智能客服机器人，通过漏斗式的服务方式，分流人工服务，降低服务成本，提高客户体验。

通过深度语义理解能力，除了实现一问一答、日常聊天内容识别回复、模糊问题引导、相关问题推荐、敏感词汇识别等基础智能问答功能外，还能实现基于语义的深度推理问答，主要包括以下几个方面。

第一，多轮对话。对于用户不明确的问题，通过对话方式进行多轮次的交互引导，从而使问题在多轮交互引导下逐渐清晰明确，最终正确定位答案。

第二，动态场景。自动判断交互场景中的问句缺失元素，通过预设的反问，引导用户进行缺失元素的补充，根据用户补充的内容，进行整合后的语义分析处理。

第三，多句组合意图。支持对用户多轮交互的问句整合后的内容识别，弥补多轮交互场景下的单问句分析存在的不足。

第四，深度推理。对用户的提问涉及数据对比的场景进行深度推理分析，支持在语义解析的基础上进行多重动态处理，实现对提问的动态应答。

第五，有序问法。支持中文语义中独有的语序识别，能够根据问句语序的变化，进行语义分析结果的差异化应答。

第六，知识图谱。将引擎中预置的知识间关系自动形成语义关系结构图，同时应用到用户提问的分析推理当中，实现对用户复杂问题的推理应答。

第七，多意图理解。用户提问中包含多重语义时，通过语义消费处理技术，将提问语义进行逐一拆分解析，实现对拆分后的提问的逐个应答。

第八，自动上下文。支持主动获取用户多轮交互中的上轮对话中的问句主要信息，并且自动进行下文提问内容的补全，从而实现结合上下文语境的对话应答。

第九，动态载入。将过去结构化数据手工转化为知识的过程，升级为将数据文件进行自动化加载，以实现对用户提问的动态应答。

第十，意图推荐。在交互过程中，对于用户提问触发的知识点，通过预设推送的话术及话术对应的其他知识，关联推送引导话术，根据用户反馈信息的真实意图，实现关联知识点是否触发的自动判断控制。

3. 智能质检——深度挖掘商业机会

（1）技术应用

客服中心每日产生大量语音数据，这些数据中蕴藏着大量有价值的信息。而传统客服人力有限，仅能对极少量的语音数据进行抽样分析。目前客服中心的海量非结构化的录音文件存在质检范围不广和数据价值挖掘不够的问题，应用智能语音分析技术，可以将海量的录音文件转为结构化文本索引，再通过业务建模，实现全量的质检，并可从中挖掘分析有价值信息，为运营和营销提供支撑。

光大银行智能质检系统以实现语音数据价值挖掘为目的，综合利用语音分析、大数据处理、文本分析技术，提取客户需求，从而优化银行产品、流程、系统等，同时实现全量语音文件、文本文件的自动质检，自动识别风险录音，质检覆盖率达到100%，做到及时发现问题，提前预防问题。

智能质检将通话转成文字，通过建立模型对通话样本进行自动分类。其中，模型可以是业务模型、行为模型、质检模型，通过建立不同模型对所需业务进行分析，从而实现自动质检和数据挖掘分析。

（2）应用场景及应用效果

特色分析1：重复来电数据分析

针对重复来电数据，分析出有哪些业务点是客户最容易发生重复来电的，并分析产生重复来电的原因，对原因进行分类统计，为降低客户重复来电频率、提高问题一次解决率提供数据支持。

特色分析2：舆情监控

当录音中出现投诉、升级投诉、银保监会、监管、曝光等此类敏感词语时，自动将录音归为投诉及舆情录音。针对此类录音及时发送推送信息给指定人员，并将录音做标红处理，以便提高舆情投诉的处理效率，降低舆情影响。

特色分析3：画像系统

支持对录音转译的文本进行关键字及关键词的归类汇总，提前对信息进行共性处理，从而了解客户的个性化需求及特征，建立客户标签，为提供个性化服务奠定基础。

以上只是智能质检系统众多应用中的一小部分，目前智能质检系统共支持各类功能及分析点106项，随着业务的开展，新的业务需求仍在不断涌现，系统的持续优化将使数据的作用得到进一步发挥，带来更大的业务价值。

4. 智能风控——风险卫士

主要应用领域包括：风险管理、贷后预警、信贷准入、信贷审批、辅助决策、智能投顾、智能催收、反洗钱、反欺诈，以数据驱动，利用先进金融科技技术降低风险管理成本、提升客户体验、提升风险决策效率和水平，助力银行科技转型。

五　民生银行人工智能应用探索与案例

银行的财务、运营、营销等业务流程，信息高度标准化，同时纯人工操作成本高、效率低。利用文本识别、图像识别等人工智能技术，可以有效降低人力成本，提高工作效率。金融市场存有大量的多媒体数据，如新闻媒体、研究报告、市场公告、股吧论坛、搜索引擎等信息。利用自然语言处理和知识图谱技术，可有效处理这类多媒体数据，进行诸如情绪分析等信息挖掘工作，从而更好地对金融市场进行投资分析和舆情风险监控。近年，民生银行不断加强自然语言处理和知识图谱的研究与应用，在财务机器人、知识图谱、资讯平台等领域开展实践。

（一）人工智能在金融领域的主要应用场景

面对人工智能迅速发展的重大战略机遇，国务院发布了《新一代人工智能发展规划》，并指出：不仅“要构建开放协同的人工智能科技创新体系”，也要“培育高端高效的智能经济，形成数据驱动、人机协同、跨界融合、共创分享的智能经济形态”。

机器学习、计算机视觉和自然语言处理等人工智能技术为金融行业的智能化升级提供了坚实的技术基础；金融行业海量的非线性、非结构化数据也为人工智能的行业融合创新提供了广阔的数据基础。面对人工智能在金融行业中的广大应用前景，民生银行从业务运营、金融多媒体数据处理与挖掘、智能金融产品创新等领域进行了研究和尝试。

（二）人工智能在金融领域典型应用案例分析

1. 民生财务机器人

此前，民生财务工作诸多场景属于纯人工操作，成本高、工作效率低。例如员工发票验证，需人工提交发票，由后台处理中心人员人工批量受理、录入并验证票据真伪，增值税专用发票每年规模在 30 万张左右，增值税普通发票每年规模在百万级别。专票验证工作涉及的外部录入成本每年预估约百万元，与此同时，行内交易银行、供应链融资、小微金融、运营管理等业务领域也存在诸多与企业相关的票税应用需求，如发票查验、企业进销项画像等。基于 OCR、机器学习图像识别、自然语言处理等技术，开发财务机器人平台，可以简化基础财务、企业票税等应用场景中重复性高、复杂度低的人工操作流程。

财务机器人平台构建了 AI 能力服务与智能票税开放系统，面向行内各类应用系统提供企业财务票税相关服务，其中包括财务税管、支付结算、信贷授信等领域的应用系统。该项目使用 AI 替代大量人工操作，达到“降本增效”的成果：智能验票全面推广至今，已累计自动查验专普票合计 120 万张，实现“实时验票”“实时传导”，完全替代人工验票、人工录入，显著降低发票录入成本，提升员工报账的体验，实现虚假发票智能识别，有效防范了财务风险。

2. 民生金融图谱

民生银行已完成基础金融知识图谱的构建，包括基金、股票、债券、公司、人物、股票指数、概念板块 7 类 620 万个实体、22 类 63 万个关系。通过知识图谱，可以建立企业、行业、金融产品、人物之间的联系，帮助业务人员理清企业间错综复杂的关联关系。

通过民生金融图谱查询一个实体时，不仅可以返回该实体自身的信息，还可以迅速挖掘出与该实体相关的金融产品、上下游企业和公告、法律文书、新闻资讯等信息。

3. 民生资讯平台

民生资讯平台使用自然语言处理（NLP）技术，首先，自动挖掘新闻资讯中的热点题材，分析题材相关的资讯；其次，选取其中有代表性的资讯，生成摘要，并监测这些资讯信息的变化，分析不同资讯中的情感信息；最后，结合民生金融图谱，识别与资讯相关的企业、人物和金融产品，并将它们建立联系，迅速挖掘出资讯信息的影响力链条，辅助快速做出正确的决策。

随着资讯信息爆炸式的发展，从大量文本信息中提取重要的内容已成为迫切需求。民生资讯平台使用自动文本摘要（Automatic Text Summarization）技术提供了一个高效的解决方案，帮助客户、理财经理和分析师在海量的财经资讯中快速获取重要的信息，节省大量时间成本和人力成本。

4. 民生财富早报

在海量的网络资讯中，客户如何用最短的时间获取需要的资讯，又如何在获取资讯热点后，找到相关的产品，已经不再是人力可以解决的问题。民生银行借助人工智能、大数据等手段，积累互联网用户行为，并与银行用户画像数据相结合，为客户量身定制财富早报。财富早报包含理财经理名片、市场数据、行情分析、财经要闻、重点产品五大板块，帮助客户了解市场、分析市场、解读资讯。客户可通过理财经理名片迅速联系到理财经理，获得一对一服务，也可以通过点击产品购买链接，跳转到民生手机银行 APP 进行购买操作。

基于资讯的分享、传播，投资者可对交易市场有基本看法；借助智能工具，投资者可对每日海量研报进行快速解读，形成投资观点；基于投资观点以及回测数据，可以形成投资策略；基于策略，可以形成投资组合；基于投资组合，可以助力客户实现财富增值。

（三）人工智能应用于金融领域的前景展望

人工智能的发展为金融行业提供了巨大的机遇和广阔的发展空间，其在我国金融领域的应用也在不断深化。

在金融风控领域，人工智能有着广阔的发展前景。在未来，通过应用人工智能技术打造的智能化风控体系，可以打破传统风控中依赖人工经验的局限性，实现风险精准把控。

与传统的信贷风控流程相比，智能风控体系有以下优势。

一是模型更有效。与传统风控模型相比，机器学习技术在处理高维数据与非线性数据方面具有显著优势。随着移动互联网的发展，银行业务逐渐线上化，客户产生了丰富的行为数据，其范畴已经突破了金融属性，如设备数据、社交数据、电商数据等非金融、弱关联的数据。通过机器学习模型对这些数据进行深度挖掘，金融机构可以刻画出更完整的客户画像，从而实现对风险的精准把控。

二是系统具备自迭代能力。智能风控体系是一个闭环的系统，与传统风控体系依靠专家经验制定规则不同，人工智能基于数据驱动，可以从数据中学习并提炼出最佳规则后自动更新。同时，通过 A/B 测试、自动化机器学习等技术的应用，人工智能模型的迭代相较传统风控模型长达数月的周期有明显优势。因此，智能风控体系具备快速适应业务变化的能力，可及时捕捉风险的变化，从而缩短风控人员的反应时间，减少不良资产的产生。

三是系统决策快速高效。智能风控体系将实现贷前、贷中、贷后全流程的自动化，最大限度减少人工介入，在降低人力成本的同时提高业务的运营效率。以往需要数天才能审批完成的信贷业务，在基于人工智能模型的智能风控体系下仅需几秒钟的时间便可以完成，极大地改善了客户的体验。

四是覆盖下沉客群。传统风控模型主要以人行个人征信报告中的信息作为来源，对信用记录为空的客群则无能为力。由于白户客群十分庞大，其资金需求一直以来都是巨大的蓝海市场。而在智能风控体系下，非结构化及弱金融属性数据也将纳入信用评估模型中，从而为无信用历史的客群提供了授信依据，为金融机构拓展下沉客群提供了有力支持。

在金融营销领域，人工智能同样有着广阔的发展前景。随着移动互联网的发展，信息呈现爆炸式增长，人们的生活方式也发生了巨大的改变。对银行业来说，客户开始越来越多地通过手机银行和网上银行办理业务。银行已经很难通过传统的营销方法去触达客户、了解客户。在需求上，客户的个性化需求也在不断增加，这在年轻客群身上体现得尤为明显，单一的金融产品已经很难满足客户的多样化需求。客户在消费行为和需求上的改变，成为金融营销领域面临的巨大挑战。

人工智能的发展则为应对上述挑战提供了一个理想的解决方案。从理财产品推荐，到睡眠客户激活，再到贵宾客户流失预警，人工智能在营销的各个环节都可以帮助金融机构提高营销响应率和投资回报率。目前各家银行都积累了大量业务数据，如人口统计数据、资产数据、交易数据等，人工智能技术可以对这些数据进行深度挖掘和学习，从而高效地找出目标客户，实现“千人千面”的精准营销。

基于人工智能技术的营销体系是未来金融营销的发展方向，与传统的营销方法相比，有以下优势。

一是更加精准。基于人工智能的营销体系通过分析海量数据，制定营销规则的能力将达到全新的高度，大幅提高了银行的营销能力。与专家规则相比，人工智能可以从数据中发现很难被专家规则覆盖的微观特征，从而使模型的刻画更为精准。

二是更为实时。基于人工智能的营销系统可以实现线上的实时反馈，通过对高维模型的实时计算与响应，将有力支撑客户的实际需求与银行营销转化率的提升。

三是具备自学习能力。人工智能营销体系具备完整闭环，支持模型自学习，能够通过收集营销反馈数据迭代优化模型。与人工修正规则相比，更加适应行业日新月异的变化，确保营销决策持续优化。

六　平安集团金融人工智能应用探索与案例

近年来，国家陆续出台与人工智能相关的政策文件，推动人工智能技术研发和产业化发展。人工智能在金融领域的应用逐步深入，相关的产品和服务大量涌现，在智能反欺诈、运营优化、交易安全、智能双录等各个领域得到了广泛的应用，大幅提升金融服务品质。平安集团积极布局人工智能，在智能闪赔、多模态身份认证、智能养老、口袋银行、交易性能综合监控分析平台系统、人机交互应用平台、因子筛选技术系统、智能研报搜索系统等领域开展实践，取得了积极进展。

（一）人工智能在金融领域的主要应用场景

我国相继出台了《新一代人工智能发展规划》（国发〔2017〕35 号）等政策文件，推动人工智能技术研发和产业化发展。近年来，人工智能领域相关的产品和服务大量涌现，在智能反欺诈、运营优化、交易安全、智能双录等各个领域得到了广泛的应用，大幅提升金融服务品质。随着自然语言处理（NLP）、机器学习等人工智能核心技术的发展，人工智能在金融投资领域的应用将越来越广泛。

1. 智能反欺诈监控平台

平安证券研发的智能反欺诈监控平台是一个全新的基于人工智能算法的反欺诈平台，它关注用户在操作行为数据中蕴含的行为特征，基于行为建模，找到行为中异于正常人的行为模式，评估异常行为的主旨和风险程度，进行预警。其克服了传统反欺诈技术的多个缺点，能自动学习行为特征、自动对异常行为进行风险识别和判断，能够对新出现的风险行为进行探测和预警，准确高效。

此智能反欺诈监控平台相对于传统反欺诈平台的优势和创新点：

（1）具有易于实施推广的特点。只使用操作行为数据建模，无须引入多渠道数据。

（2）对行业专家的依赖度低。平台通过评估用户操作行为中的异常，并根据异常行为所形成的复杂结构来评判欺诈风险，无须设计指标。

（3）有效解决了非均衡数据对模型识别能力的影响。

（4）能够发现新的欺诈模式，预警未知风险。

（5）能够自动识别群体异常。

（6）直接呈现风险事件的行为特征及其相关人、设备等形成的复杂结构，非常直观。

2. 运营优化

运营管理是企业管理体系中的重要组成部分，复杂的部门架构与冗杂的事务性流程往往制约管理效率。利用人工智能技术，在业务流程的各环节中梳理业务逻辑，代替人工自动化完成数据梳理、分析工作，可以提升管理效率，降低运营成本，如智能面试、多模态身份认证、票据识别、智能选址、智能闪赔等，均以技术为驱动，提高金融机构的运营和服务效率。

以保险理赔为例，在保险领域，事故定损与赔付是各企业的核心业务，因此企业对理赔流程十分慎重，通常需要经过多道人工审核才能完成，需要大量的人力投入。智能闪赔综合运用生物识别、图像识别、机器学习等核心技术，从身份核验、图像定损、维修理赔全流程进行技术赋能，用户仅需登录后按要求拍摄上传事故照片，系统即可自动分析车辆损坏程度，根据历史赔付与市场行情精确定损与报价，并在线上快速完成赔付，显著降低企业运营成本，同时提升用户体验。

3. 交易安全

随着人脸识别、声纹识别、虹膜识别、掌脉识别等生物识别技术的进步，基于生物体征的识别技术成为客户身份验证的主要手段，并在交易辅助认证中发挥越来越大的价值，显著提升交易安全性。

在各类生物识别技术中，指纹识别是目前应用最为广泛的一种技术，典型的例子是 Apple Pay、支付宝与银联客户端；随着人脸识别与语音识别精度的上升，不少移动金融 APP 开始用刷脸认证、语音认证进行身份认证，典型的例子是国信证券远程证券账户开户、微众银行账户开户、建行的刷脸取款等；而较为新颖的虹膜、静脉识别技术目前也有一些初步的应用案例，例如南京银行曾经将静脉识别应用于 ATM 无卡存、取款等，随着生物识别技术的不断普及，金融交易的安全性和便捷性将会不断提升。

4. 智慧推荐

在面向客户经理的企业客户推荐业务场景中，一是原有的推荐规则过于简单，客户画像粗糙，推荐结果不太准确；二是公司的潜在客户数量有限，对潜在客户的认识更为有限。因此，客户经理存在筛选潜在客户标准不统

一、效率不高等问题。养老险分别对客户经理、客户和潜在客户进行客户画像分析，洞察企业的经营状况，比如行业、注册时间、经营状态、注册资本、企业股东、企业规模等。基于知识图谱技术，可以建立企业与企业的连接、企业与人的连接、企业与事件的连接、企业与行业的连接，形成一张企业关联关系网络。结合机器学习与专家经验向客户经理推荐精准匹配的潜在企业客户，可以显著提高潜在客户的推荐成功率，提高客户经理的展业效率和客户达成率。目前，该推荐模型已推广至全公司保险业务线使用，有效地解决了客户经理寻找有价值的合适客户的难题。

5. 智慧运营

在智能票据录入方面，常规理赔是客户提交发票，由核赔师将纸质信息录入系统，工作量大，耗时长，且存在录入差错的风险。智能票据录入首先利用光学字符识别技术获取海量的理赔单据框架，并自动进行格式分割和学习，能够对该理赔单据的各个分割区域分别进行字符识别，得出理赔单据内容，识别精度可达到99%。

在理赔自动化审核方面，随着公司业务的发展，理赔案件量每年都在快速持续增长，理赔运营成本同比上升；目前理赔作业主要依靠业务经验积累和主观判断，理赔结论的差异和差错不可避免，对客户体验也有一定的影响。时同，公司运用大数据技术，对十多年运营积累的千万件案件、数亿份账单进行运算处理，运用逻辑回归等机器学习算法，结合实际业务场景，尝试建立了理赔智能审核模型，从而提高理赔审核效率、降低运营成本、提高客户的体验。

6. 智能双录

平安银行在银保、理财等业务录音录像过程中，通过人脸识别以及关联技术，实时截取录像中客户和业务人员的人脸图像，与其留存在公安部的身份证照片对比，反馈对比结果以实现实时质检。该技术可解决目前传统双录存在的不合格率偏高、需客户二次到店进行重新录制等痛点和难点。

7. 智能客服

利用自然语言处理、深度学习、虚拟现实、增强现实和全息投影等新兴技术，一定程度取代人工座席。从识别理解客户表达内容，提供针对性解决方案阶段向挖掘数据价值与客户意图转变。相比传统客服，AI 客服具有全天候、服务成本低、响应速度快、支持海量业务等优势，驱动人工服务向高价值服务转型。

8. 信用卡网申

依托“互联网 + 人工智能”技术，面向零售客户提供全程互联网线上信用卡申请服务。具体功能包括信用卡申请进件、征信数据获取、信用/欺诈评分、额度授信、申请审批等功能。借助“大数据 + 生物识别”，实现网上申请客户的身份鉴权与智能反欺诈，降低金融风险。在信用卡和消费贷款（新一贷钱包）的审批过程，引入 OCR、人脸识别、微表情、深度学习技术进行自动化审批，在不降低风险的基础上，提升审批效率。

9. 代理人智能赋能

平安人寿拥有百万级代理人，在管理如此庞大队伍的过程中，面临诸多业务“痛点”。比如，增员：海量筛选难；培训：针对性辅导难；队伍管理：实时管理难。

在此背景下，以提升代理人产能为目的，针对提升招聘效率、优化培训机制、增强销售支持等关键问题，平安人寿综合运用深度学习、自然语言处理、人机交互、智能推荐、图像识别等前沿 AI 技术，通过自主研发，开创性地搭建了一整套智能方案。

在增员场景中，为解决人员众多、筛选困难等痛点，AI 甄选和 AI 面谈已在平安人寿的个险渠道全面上线，协助业务实现代理人精准筛选、财务资源有效投放及最佳发展路径预设。在培训场景中，基于针对性辅导难等“痛点”，AI 培训系统全面上线。在队伍管理方面，根据对代理人实时管理难的“痛点”，推出 AI 助理，实现了智能任务配置和在线销售协助，构建了任务管理、智能理赔和智慧问答三大能力。

该方案有效解决了代理人机制中的业务痛点，助力代理人职业发展，极大地提升了产能。

10. 智能搜索

面对海量的研报，业务用户靠人力找到匹配且关键的信息是十分费力的。智能搜索引擎是一种能够帮助用户搜索到他们真正想要的内容的技术，它不仅能进行关键词的模糊匹配，而且能分析用户的语言，理解用户的真正意图，将匹配的结果排序后展示出来。

具体来说，金融行业的垂直搜索引擎属于搜索引擎的细分和延伸。系统通过对金融类专门信息进行整合，定向分字段抽取出需要的数据进行处理后再以某种形式返回用户。

垂直搜索是针对通用搜索引擎信息量大、查询不准确、深度不够等问题提出来的新型搜索引擎服务模式，针对某一特定领域、某一特定人群或某一特定需求提供有一定价值的信息和相关服务。其特点就是“专、精、深”，且具有特定行业色彩，与通用搜索引擎的海量信息无序化相比，垂直搜索引擎则更加专注、具体和深入。

11. 因子筛选

对于投资行业，面向金融投资标的，识别有解释意义的因子，是一项具有高价值的工作。具体应用在投资利率债方面时，不可避免需要对未来利率的走势有所预期，而类似的、对未来的预期，又需要通过对大量变量之间的相互量化关系进行研究和分析。习惯上，将投资研究人员感兴趣的、需要预测变量的目标变量视作随变量（Dependent Variable），并假设它们受到人们所能观察到的、用以解释目标变量的变化的自变量（Independent Variable）的影响，而这些自变量又往往被称为“因子”（factor）。

从海量输入因子中选出符合直觉的与投资目标有较强关联的子集，一般可以被称为“因子筛选”（Factor Selection）或“变量筛选”（Variable Selection）。一般可以有三类方法进行因子的筛选，分别是 Filter 法、Wrapper 法和 Embedded 法。三者均有比较广泛的实际应用。

12. 智能作业

平安产险通过 AI 智能机器人助手颠覆传统业务作业模式，极度简化承保环节流程。在承保场景全流程，运用作业机器人和营销大脑，可以实现询报价、核保出单、保单批改等场景自动化、智能化，最终实现两无（无线下动作、无数据断点）、“三不”（不系统外传递、不收单、不打印）目标。

其中出单机器人基于多轮会话模型与绘制业务逻辑打造，借助语义识别技术识别用户意图，机器人与客户/业务员/合作伙伴进行多轮交互式对话，引导用户操作并收集相关信息。相关信息收集整理后，营销大脑运用大数据技术，构建客户画像并依据客户价值模型输出，构建不同阶段、不同时间、不同个体的场景，推荐“千人千面”的产品组合方案。在客户确认方案后，利用 OCR 识别技术识别客户身份证、驾驶证、行驶证等相关证件，自动生成报价单并向客户反馈报价，在保险承保环节实现“无人工出单”“三步完成服务”“一次报价成功”。

（二）人工智能在金融领域典型应用案例分析

1. 平安智能闪赔

平安智能闪赔以智能化、自动化为核心，利用图像识别、机器学习、大数据挖掘等技术，研发出全流程智能闪赔解决方案，解决长久以来定损难度大、操作流程复杂、理赔额度存在偏差的痛点，不仅提升了车险理赔的服务时效，节省了人力查勘定损成本，也降低了理赔欺诈的风险，为客户提供精准便捷的智能服务体验。

当车主发生事故拨打客服电话，智能闪赔系统通过声纹识别系统实时识别出客户身份，并在语音交谈中自行记录案件细节。车主只需根据语音提示拍摄照片并上传至系统，系统根据知识图谱自动判别车型信息，并利用图像自动定损技术（基于卷积神经网络的深度学习算法）智能分析受损部件和损伤程度，结合配件库给出受损配件的价格信息，同时推荐附近的维修点，最后通过智能支付完成理赔。该智能闪赔系统识别精度达 95% 以上，定损耗时由几天变为秒级，从根本上颠覆了传统的人工查勘、定损、理赔模式，打造了全新的智能闪赔新解决方案。

2. 平安多模态身份认证

平安科技融合人脸、声纹、微表情识别、大数据和深度学习等技术，创新性地研发出一种基于多模态生物特征识别的身份认证方法。多重生物识别相比于单生物特征识别，具有两个优势：第一，多重认证过程保证了单生物特征识别之间优势互补，极大地提高了可靠性和安全性；第二，用户可以根据不同的使用环境和需求，选择不同的生物识别技术进行融合，提供基于场景的定制化服务体验。

在金融领域，目前该技术已运用于多种金融业务场景，如普惠的远程视频小额贷款业务，平安银行的大额资金操作业务和电话中心业务，以及移动端 APP 登录和解锁业务。用户利用多模态身份认证技术，在各项金融业务办理过程中实现身份认证，保证较高的安全等级。多模态身份认证从投入商用至今，在金融领域累计服务逾百家机构，服务人次超过数十亿人次，商业收入达数千万元以上。除了金融风控，同时广泛应用于安防、医疗、交通、机场、教育、社会公共服务等多个对安全标准要求较高的领域。

3. 平安养老险的“智能养老”

平安养老保险充分利用现有养老保障管理经验，积极探索推出“智能养老”服务，让养老金领取更简单便捷。

“刷脸”领取养老金更便捷。过去，对退休员工而言，养老金领取是一件相对专业、复杂的事情。员工需要到单位或保险公司进行业务申请，填写信息，提交一系列的材料。现在，足不出户、免填单、免实物资料，员工在好福利 APP 上操作“在线领取”即可快速领取养老金，还可以实时跟踪处理进度，领取信息更直接、透明。这得益于平安养老险整合人脸识别、电子签名等新科技，同时利用大数据分析技术，推荐几种最优的领取方案，实现员工利益最大化。

“刷脸”养老金管理更简单。养老金管理涉及维度多，既要保证员工福利，也要保障企业利益。好福利 APP 人脸识别技术包括在线动作验真和数据对接公安部网纹照比对验证，可有效验证申请人员是否为员工本人，这些技术可有效地帮助企业核实申请人，减少冒领、误领等风险。

4. 平安口袋银行4.0

平安口袋银行 4.0 对原口袋银行升级改版，替换底层技术架构，全面优化体验，整合贷款、理财、信用卡、支付等业务功能，打造集销售、推广于一身、使传统金融服务和支付消费融资一体化、整合全金融业态的服务平台。在整体设计上注重轻量化、扁平化，简化流程以提升客户使用体验，并通过人工智能、大数据、生物识别技术等，打造更懂客户的零售智能银行。

口袋银行 4.0 应用了人脸识别语音识别等生物识别技术，如快速实现Ⅱ类户绑卡、转账、手机充值等，为客户提供极速“一键服务”，客户只要轻点手机就能完成“一键办卡”“一键分期”“一键提额”等信用卡服务，使客户畅享便捷的科技生活。

5. 基于机器学习的交易性能综合监控分析平台系统

平安银行基于机器学习的交易性能综合监控分析平台系统能够从用户的视角监控系统的运行状态，实时监控用户体验的波动情况并在出现异常时快速定位故障点，实现异常事件的事前预防、事中快速反应、事后回溯分析，提高运维人员的工作效率。

一是用户体验可监测。主动监控业务系统服务质量，使用户体验可监测、可管控，运维团队能够在用户体验出现波动时快速处理，降低甚至避免系统异常对用户体验的影响。

二是交易异常可快速发现。通过区分监控维度，可以将监控性能按照交易类型、来源渠道、用户分类等维度进行分类统计；能够实时生成细化至分钟级颗粒度的监控指标，统计效率和精细度高；利用基线、阈值、告警压制等方式降低误报和漏报的比例，告警准确；能够在宏观监控指标未出现明显变化的时候发现异常的存在，快速处理。

三是快速定位异常原因。利用经实践验证的监控指标体系，实现了影响用户体验的多种关键监控指标的监控与综合智能分析；实现了实时的全路径交易性能监控，使整个交易路径上的关键系统的性能可视化，能够快速定位异常系统，提高系统内故障定位时效和处理效率，有效降低故障影响，甚至可以通过交易性能健康模型预测影响用户体验的故障发生。

四是性能分析简单。监控平台使性能分析和故障处理能够实现标准化和智能化，提高了处理效率并且降低了对人员的依赖，大大降低了对人员素质和经验的要求。

五是历史数据可回溯。该平台能够自动记录历史数据，大大方便了事后历史数据回溯以进行故障分析，同时使运维人员可以在发生故障时立即进行应对处理而无须考虑故障数据的记录问题。

6. 人机交互应用平台

平安人寿以人工智能技术为核心，融合多种科技手段，规划并设计了寿险人机交互应用平台，为寿险各业务线提供基于该平台的一站式业务机器人解决方案，提供全方位高效率的智能化服务。人机交互应用平台广泛应用于代理人招聘、培训、销售支持等寿险业务场景，实现各业务线的降本增效，优化用户体验、提高销售量，从而提升平安寿险的整体经营效益。

自上线以来，该平台通过应用寿险场景共性，结合各业务场景具体需求进行快速的人机交互应用搭建，节省了大量的应用开发时间，大幅度提高了人机交互应用效果。

该解决方案包括三层结构，主要如下。一是人机交互应用引擎，快速满足不同业务场景的人机交互应用需求。平台提供多种前沿的人机交互寿险领域应用模型，利用多种寿险领域人机交互模型，并结合具体业务场景进行定制化开发，支持各寿险应用场景的 AI 人机交互应用快速落地。二是人机交互应用物料管理平台提供丰富而准确的知识保证。物料管理平台提供便捷、可靠的业务经验知识管理服务与运维功能，保证业务经验知识的权威性，形成统一的业务经验知识体系。三是深度学习应用平台提供基础架构与强大算力支持，构建从单机单一算法驱动到 A（算法）、B（大数据）、C（计算）复合驱动的计算平台新模式。

7. 平安资管因子筛选技术系统

平安资管通过技术系统实现了因子筛选（Factor Selection），实际应用于债券、委外投资的智能决策支持领域。一是对大数据湖预处理后的数据标签进行 Proxy 变量选择，覆盖金融建模所需的国债利率、行业利差、内部评级、隐含评级等主体；二是执行相关性筛选，包括皮尔逊相关性、GINI 系数、信息熵检验筛选等；三是进一步完成有效性筛选，运用 Embedded 法的

Lasso 回归等技术，最终完成因子检测和筛选。通过对近 30000 个数据标签的检测，可筛选出超过 400 个有效的宏观以及行业标签，为委外和固收投资经理提供决策参考和量化分析支持。

8. 平安资管智能研报搜索系统

平安资管智能研报搜索系统致力于打造“专、精、深”的投资行业的垂直搜索引擎，通过整合多来源研报和研究数据，利用技术提取研报正文与图表中的数据，帮助用户精准、高效地找到所需内容。智能研报搜索系统已在平安资管投入使用，上线数千个行业指标、近百万篇研究报告。该系统使得信息获取从简单的界面查询转为时间序列研究，大大拓展了研究人员的研究思路，同时，通过对搜索问句进行分析，可以很好地汇集投资经理的思路，沉淀投资方法，传承研究思路。

B.5
区块链在金融业的应用探索

中国工商银行 等*

摘　要： 区块链作为基础性技术协议及构建信任关系的计算范式，创新潜力巨大，受到金融领域及产业界的高度关注。在多方的共同推动下，区块链技术不断演进发展，一批金融区块链应用项目开始落地，应用场景持续丰富，依托去中心化、透明、可追溯、智能合约等优势，逐步实现金融增信、增效、降成本乃至流程优化。同时，因区块链技术本身还不成熟，面临性能、隐私保护、商业模式等挑战，目前主要在一些非核心、非实时交易领域进行实验探索，距离大范围商业应用尚待时日。本文系统梳理了区块链技术的进展及面临问题，多维度分析了应用场景，重点介绍了典型应用案例，并对区块链在金融领域的应用前景进行了展望。

关键词： 金融业　区块链　分布式账本

一　金融业区块链技术发展、行业应用与展望

（一）概述

1. 区块链基本原理

区块链，也称分布式账本（Distributed Ledger），是由包含交易信息的区

* 参与单位：中国工商银行、中国银联、中国光大银行、中国民生银行、平安集团、蚂蚁金服、区块链研究院。

块从后向前有序链接起来的数据结构。它由包含元数据的区块头和紧跟其后的构成区块主体的一长串交易组成，所有的数据块和所有的交易都通过严格的密码学算法前后链接。新的交易被打包到新的区块中，获得全网共识后被写入区块链。图 1 中，一个 Tx 代表一笔交易数据。

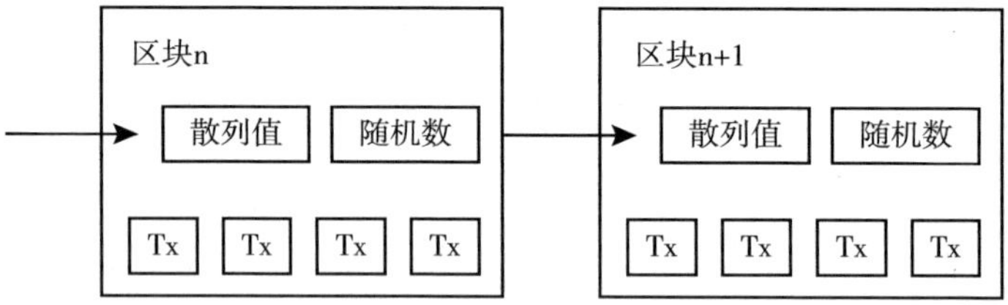

图 1　区块链结构

区块链系统由基础设施层、密码算法层、节点通信层、共识协议层、运行平台层、智能合约层和系统应用层组成（见图 2）。基础设施层包含了区块链在其上运行所需的基础软硬件，如操作系统；密码算法层包含了区块链实现中所需要的密码学技术，如非对称加密算法、数据摘要算法等；节点通信层包含了节点之间的通信传输机制；共识协议层主要包含了各类共识协议；运行平台层包含了智能合约运行环境，如 EVM 虚拟机；智能合约层主要包含各类部署在区块链上的业务合约；系统应用层指基于智能合约，结合传统 IT 技术构建的可被最终用户访问的各类应用。

2. 区块链技术进展

（1）核心技术进展

工信部发布的《中国区块链技术和应用发展白皮书（2016）》中提出了共识机制、数据存储、网络协议、加密算法、隐私保护和智能合约六类核心关键技术。

①共识机制

共识协议用于在分布式系统中实现可用性与一致性，是区块链的关键技术。根据不同的场景，使用不同的共识机制 PoW、PoS、PBFT，在效率和安全性之间取得平衡。新型共识算法可验证随机函数算法（VRF）。该算法可

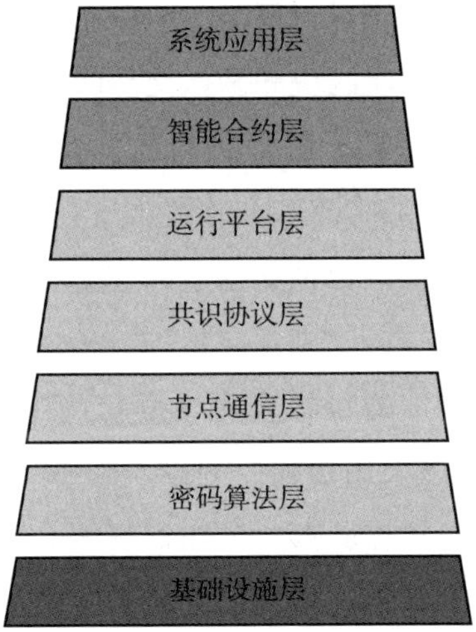

图 2　区块链模型

以与 BFT 等共识算法集成，使用基于密码学技术的加密抽签方法随机选择参与者来创建和验证区块（这种抽签方法基于前一个区块的签名，选择过程是自动且随机的）。

②数据存储

区块链本质上是一种分布式的不可篡改的、全记录的、强背书的存储技术，数据以区块的方式永久存储。这里需要说明的是区块链上的数据只是交易证明，原本存在中心化数据库中的数据并不需要全部上链。链下数据的存储也出现了新的互联网点对点文件系统，以及有向无环图（DAG）为数据存储结构的技术方案。

③网络协议

区块链网络协议一般采用 P2P 协议。按照节点是否中心化、节点地址是否结构化两个方面，P2P 网络可分为中心化 P2P 网络、全分布式非结构化 P2P 网络（比特币）、全分布式结构化 P2P 网络（以太坊）、半分布式 P2P 网络（Hyperledger）。

④加密算法

加密算法是保证区块链安全性和不可篡改性的关键。区块链使用到的加密算法主要包括哈希算法和非对称算法。哈希算法是区块链中用的最多的一种算法，它被广泛使用在构建区块和确认交易的完整性上。非对称密钥算法主要用于数字签名、地址生成、交易回溯和交易验证等。国内已支持国密SM2、SM3、SM4算法实现数字签名和验签，支持国密证书。通过国密算法加密交易数据，利用TLS协议保证交易过程完整可靠，提高系统安全性。

⑤隐私保护

区块链系统中隐私保护的目标包含“身份的隐私性”和“数据的机密性”。针对这两个目标可以采用访问控制以及隐私数据不上链的策略。从技术手段来说需要重点研究同态加密、零知识证明、环签名、安全多方计算、SGX等技术。

⑥智能合约

智能合约本质是一段运行在区块链网络中的代码，它完成用户所赋予的业务逻辑，具有透明可信、自动执行、强制履约的优点。安全性是智能合约的关键性问题，目前已经开始探索利用形式化验证框架和方法解决智能合约安全和审计问题。

（2）其他热点技术进展

①跨链技术

不同区块链系统之间的交互需要跨链协议的支撑，但目前主流跨链技术方案（公证人机制、侧链/中继、哈希锁定、分布式私钥控制）均仅立足于解决具体的业务需求，尚未形成统一的行业标准，不同区块链之间的互联仍存在障碍。跨链技术是区块链技术下一步发展的重点，建立健全统一的跨链行业标准是关键解决方案。

②分片技术

将区块链网络分成很多更小的部分，即进行分片处理，将链上交易通过某种与业务无关的规则划分成碎片交由区块链上不同节点进行运算，这样冗余计算量可大大减少，效率得到提升。

③身份管理

基于区块链技术的分布式身份管理使自主身份（SSI）成为可能。自主身份基于分布式公钥基础设施（DPKI）形成的分散标识符（DID）、可验证凭证及基于分散密钥管理体系（DKMS）的密钥管理，让身份所有权归个人所有，真正实现身份可信可控。目前 W3C 正在起草分散标识符和可验证凭证的规范；去中心化身份基金会（DIF）正在构建分布式身份生态系统；非营利性基金会 Sorvin 正在进行一个自主权身份的开源项目，已有多个产品基于 Sorvin 代码库进行开发。

（3）技术难题不断突破

①不可三角理论

共识算法是区块链技术的核心组成部分，共识算法的好坏直接影响区块链系统的交易吞吐量和响应时间，目前业界区块链共识算法存在去中心化、可扩展性、安全性的不可能三角问题，即没有一个共识算法可以同时满足以上三个特性，例如 PBFT 算法安全性较为优越，但是效能效率的短板直接制约可扩展性，因此，业界也在不断尝试研究和突破共识算法的不可能三角问题。一方面，研究不同的共识算法的不同使用场景，如腾讯区块链产品 TrustSQL 采用自适应算法，能根据应用场景实时自动切换 PBFT 或 RAFT 算法，无须人工切换即可智能适应应用场景，在保证安全性的前提下缩短了共识达成时间；另一方面，业界也在突破不可能三角问题方面做出不断尝试，如 MIT 的图灵奖得主 Silvio Micali 教授提出 Algorand 算法，尝试解决传统公有链项目（如比特币）因为节点先记账后共识导致的区块链分叉的问题，通过引入可验证的随机函数和超快速拜占庭协议，在保证可扩展性和安全性的前提下保持了区块链去中心化的特性，有望能解决不可能三角问题。

②性能问题

随着分布式并行计算领域技术的不断发展，区块链性能瓶颈也在不断突破，分片共识、基于 DAG 的并行计算方法等不断得到应用，例如百度区块链应用 DAG 实现链内并行或可回归侧链技术，实现复杂的交易在侧链并行计算而不消耗主链资源，当侧链满足回归条件时引发侧链合并。又如微众银行使用基于 DAG 的并行交易执行引擎，通过解析交易的依赖关系，把并行交易和非并行交易混合执行，实现转账类智能合约从原来的 4000TPS 提高到

12000TPS 的飞跃。

③安全问题

在区块链安全方面，如何保证区块链功能组件或者协议的保密性、完整性、可用性和隐私保护等安全属性，成为极大的挑战，与此同时，区块链安全方面的研究也在不断推进。一方面，行业标准不断完善。人民银行制定的《金融分布式账本技术应用规范》和《金融分布式账本技术安全规范》，国家网信办出台的《区块链信息服务管理规定》，都为保障区块链系统的技术安全、运营合规指明了清晰的方向，促进了整个区块链行业的健康发展。另一方面，随着密码学技术的不断成熟发展，应用零知识证明、同态加密等业界最新技术，能有效保证链上数据的保密性和用户的隐私，却又不违背安全审计的原则。

（二）区块链在金融领域的应用情况

区块链技术的颠覆性创新潜力也掀起了一股研发热潮。在国家层面，《“十三五”国家信息化规划》正式写入了区块链。产业层面，中国电子技术标准化研究院牵头编制并发布了首个区块链标准《区块链参考架构》，一些创新公司如趣链、布比等开始提供区块链技术产品和服务，同时在行业形成了分布式总账基础协议联盟、金融区块链合作联盟等组织。在金融行业，一些金融机构基于开源社区推出了适应我国金融业应用的区块链平台，例如微众银行的开源平台 BCOS、工行的区块链专用产品、平安保险的 FiMAX 等，一些金融机构还开始了项目探索，进入试验验证阶段。

金融行业积极探索区块链应用，多场景推动落地，主要集中在对实时性和性能要求不高的业务场景，如数字票据交易、跨境贸易、电子凭证存证、信用证交易、金融司法、供应链金融等。从项目分布看，一些科技实力和创新意识较强的金融机构开展的区块链项目较多，其余大部分机构是通过个别项目进行实践探索。从应用类型看，金融领域区块链项目主要包括联盟链和私有链两种。其中，联盟链项目主要集中在资产管理、可信凭证等需多方参与的领域；私有链项目主要应用于用印审批流程存证、公益捐款、票据理财交易底层存储与展示、贵宾权益处理信息存储、国内信用证开证线上电子化处理等机构的内部信息管理。从应用场景看，目前主要集中在实时性、性能要求不高，有多方参与、需要智能协同、专业分工、价值分享等特征的分布式商业场景，包括资产管理、信用证、联合贷款、银行票据、数字积分、征信、清算、账户管理、公益慈善、供应链金融、保单存管、多方签约、审批存证等。

（三）区块链应用于金融领域的前景展望

区块链的本质是信任链接的基础设施，当前虽然处于探索发展初期，但其底层技术具备很大的发展空间，应用前景广阔，有望重构生产关系，重塑金融产业生态。通过对行业现状的研究与分析，我们认为区块链未来的发展趋势如下。

1. 技术方面，区块链底层技术还有很大的发展空间

首先，在跨链互联领域，链与链之间的信息存在相互打通的需求，从而迫切地需要跨链互联的协议和标准落地，解决链与链之间信息安全共享的问题，确保跨链之后的信息同步，这是当下跨链领域研究的热点；其次，在共识算法领域，由于去中心化、安全和可扩展的不可能三角的存在，如何突破不可能三角，或者设计区块链的共识算法以满足某一领域的特定商业需求，都是未来区块链技术发展的方向；最后，安全是区块链未来的生命力保障之一，如何围绕网络部署、数据隔离、应用交互、加密存储、权限控制等维度构建安全体系，是未来面临的重要课题。

2. 应用方面，联盟链将成为主要应用模式，存在重构金融基础设施和金融服务的潜力

当前区块链技术在金融行业的应用还处于初级阶段，以私有链和小范围的联盟链为主，因其体量小，使用场景单一而比较容易被创造和管理，进而催熟一些相对成熟的应用落地。随着区块链在金融行业的快速普及，必然出现一批相对同质化的应用场景，各个联盟链之间出现同质化的竞争，一定程度上有利于技术进步和服务质量的提升，有利于行业的繁荣发展；不同应用

场景的并行发展，也有利于业务场景的隐私隔离，同时又能保持一定的成员灵活性。此外，区块链作为一项底层分布式存储技术，未来的应用趋势将由单技术应用转变为结合物联网、大数据、人工智能、云计算等技术的综合性应用，未来极有可能重构金融基础设施和金融服务。特别是凭借去中心化、可信性等优势，未来不仅有望重塑跨境汇款、供应链金融等金融业务，也具备重构新一代金融基础设施的潜力。

3. 制度方面，随着区块链技术的深入发展，金融区块链政策规范将逐步完善

区块链与金融行业的结合决定了其必将面临严监管。随着区块链技术的发展和应用的日趋成熟，行业监管制度体系将进一步建设完善。与此同时，在产业生态和场景落地需求的拉动下，区块链标准体系将逐步完善，形成对区块链应用的“社会共识”，打通应用通道，防范安全风险，并激发更多的技术创新。此外，区块链的不可篡改、可追溯、公开透明的特性，也有利于监管，使其成为监管科技的一部分，促进监管部门获得更加全面实时的监管数据。

二　中钞区块链技术研究院金融区块链应用探索与案例

中钞区块链技术研究院拥有自主可控的底层链，可以满足金融领域区块链平台建设的需要，也可以满足未来演进和定制化的需求。中钞区块链技术研究院除了参与上海票交所的数字票据交易系统、国家外汇管理局跨境贸易区块链服务平台建设工作之外，其络谱开放登记平台已经有 50 多家合作伙伴及客户在使用。从 2016 年至今，在金融应用与区块链技术融合领域积累了丰富的经验，能够将金融业务和区块链深入结合，在金融产品风控流程、监管支持以及法律保全等领域积累了丰富的经验，从而最大化发挥区块链信任的价值。

（一）区块链在金融领域的主要应用场景

国务院《“十三五”国家信息化规划》提出：要加强区块链技术基础研发和前沿布局，将区块链技术纳入国家信息化战略，大力发展金融科技，在依法合规前提下，加快区块链、大数据技术的研究和运用。

区块链技术的不可伪造和不可篡改的属性，为构建去中心化的信任机制提供了可能，能够有效解决金融行业中存在的信息不对称问题，并可以显著提高效率和风控水平、降低运营成本。我国金融机构及金融科技公司从业务流程、商业规则和运营模式等方面不断探索适合区块链技术落地的应用场景，实证分析应用的可行性、必要性和安全性，并在不同细分领域开展项目试点，其中部分项目已落地。从应用场景看，主要集中在对实时性和性能要求不高的业务场景，如数字票据交易、支付清算、跨境贸易、电子凭证存证、信用证交易、金融司法、供应链金融等，具体情况如下。

1. 数字票据交易

票据市场是中国发展最早的金融子市场之一。票据的高价值、可转让、交易场景复杂、不适合集中撮合等痛点问题都可以通过区块链技术解决，以降低交易风险和市场成本，促进信息对称和流程自动化，并满足差别服务需求。例如，2018 年 1 月，上海票据交易所基于区块链技术的“数字票据交易平台实验性生产系统”上线试运行，实现票据出票、背书转让、贴现、转贴现、托收全生命周期功能。系统使用区块链技术，采用同态加密、零知识证明等密码学算法进行隐私保护，通过实用拜占庭容错协议（PBFT）进行共识，采用看穿机制提供数据监测服务。

2. 支付清算

金融机构利用区块链技术优化支付、清算、结算流程，可以降低跨行、跨境交易复杂性和成本，确保交易记录的透明性和不可篡改，降低运营风险。如 2017 年 3 月，招商银行将区块链技术应用于全球现金管理领域的跨境直联清算、全球账户统一视图以及跨境资金归集，提升国内银行跨境交易效率；2018 年 1 月，中国银联与中国银行基于区块链的跨境汇款查询应用项目完成技术上线，为解决跨境汇款中信息不同步问题提供了新的解决方案。

3. 跨境贸易

现行跨境贸易融资业务模式存在核验成本高、信息链过长、重复融资、虚假融资监管难度大、融资成本高的问题。利用区块链技术进行跨境贸易和融资活动的交易和信息传递，可以确保交易记录的透明性和不可篡改，解决融资难融资贵的问题，降低运营风险。例如，2018 年 9 月投入运行的央行贸易金融区块链平台，以区块链底层技术为基础，涵盖应收账款融资、跨境贸易融资等多个业务场景。在满足业务需求的同时，平台还按照金融机构的监管要求，对业务流程上各种金融活动进行全生命周期实时监测。平台迄今为止已接入银行 28 家、达成业务总量超 300 亿元，充分缓解了小微企业的融资问题，对跨境贸易金融业务创新具有开拓性意义。2019 年 3 月底，国家外汇管理局建设的“跨境业务区块链平台”成功上线，该平台以“出口应收账款融资（发货后）”作为业务场景，从企业提交融资申请、融资受理、融资审核、放款登记到还款登记，整个业务流程在该平台上进行管理。该平台将出口贸易融资中的核心单据“出口报关单”通过区块链系统进行查验，以验证该单据的真实性，自动计算对应报关单的可融资余额，防止重复融资和超额融资。

4. 电子凭证存证

传统电子凭证存证主要通过第三方中心化架构实现凭证存储、追溯、验证等功能，容易形成第三方依赖，并存在信息被篡改以及被泄露的风险等问题。基于区块链的电子凭证存证可以防止数据被伪造和篡改。例如，2017 年 7 月，中国银联与光大银行基于区块链技术，以电子签购单为场景的可信电子凭证系统上线，业务场景包括存证业务和查询业务，通过将用户 POS 消费后经过签名的电子凭证哈希加密，经过节点共识后存储在系统中，并可以进行跨行查询，确保可追溯。2018 年杭州银行基于区块链技术，建立以合同存证为场景的电子存证平台，通过多电子凭证摘要及流转记录，实现数据保全、数据脱敏、数据公证，能够鉴别电子凭证真伪，确保电子凭证可追溯。

5. 信用证交易

基于区块链技术建立的信用证系统，通过同步机制提高开证、通知及审单效率，使业务流程更加透明可追踪，且与传统系统相比交易费用更低。例如，2018 年 9 月，中信银行、中国银行、民生银行开发了区块链福费廷交易平台，该平台是为福费廷业务量身打造的包括预询价、资产发布、询价确认、债权转让等功能在内的一站式应用服务平台。

6. 金融司法

现有商业银行小额贷款存在线上业务增多的特点，产生处置方式新要求。对于线上小额贷款申请，银行经过风控审核后，对用户放款，用户正常还款至业务结束。但存在一定比例的用户违约不还贷的情况，为了挽回损失需要司法系统介入，解决债务纠纷。采用传统诉讼方式处置消耗大量司法资源，处置的成本与回报失衡。所以对于银行和司法系统来说，需要一种技术手段保障整个业务办理过程的数字证据链的取证、存证和验证。基于区块链技术的金融司法应用，是为了解决银行线上小额不良贷款中涉及的证据保存、证据存证、司法处置等问题。通过分布式记账体系，可以形成用户、银行、司法等多个主体的贷前、贷中、贷后的在线业务闭环。

7. 供应链金融

传统的供应链金融问题归根结底还是中小企业融资难的问题，原因有贸易双方信息不对称、中小企业抵押担保能力不足导致的现有资本市场体系不利于中小企业融资等。建立以区块链技术为底层的供应链金融系统，可以联通产业链上相关企业和金融机构，真实完整可信地记录、流转、拆分和兑付资产数据，提升资产流动性和融资效率，解决供应链金融支付与监管问题。例如，2018 年 1 月，工商银行和特产石化仓储基于区块链技术构建“供应链金融管理平台”，实现供应链上下游企业间金融信息共享。

（二）区块链在金融领域典型应用案例分析

在传统进出口贸易融资中，存在四大痛点问题。

一是对贸易真实性的认定、核验成本高。银行独自展开业务，贸易涉及物流、资金流、信息流，链条长、范围广，业务处理过程主要依赖线下纸质单据的运转。一方面银行要消耗大量人工核实纸质单据的真实性，人工干预过多又导致效率低下；另一方面纸质单据本身容易损毁且流转周期不受控，造成货物交付以及资金收付的延迟。这些都大大增加了业务流程的不确定性及不可控性。

二是对于是否重复融资的认定。银行之间信息不共享、监管数据滞后，容易导致重复融资的问题。

三是数据孤岛。进出口贸易融资产业链涉及企业、金融机构、政府部门，交易对手方都只能获得本环节的交易数据、物流数据或资金数据，产业链上下游系统无法进行业务直联，数据无法可信流转。

四是融资成本增加。一方面中小微企业由于抵押担保能力不足，在现有资本市场体系下，很难通过银行信贷模式获得融资；另一方面银行为了抵御风险，需要花大量人工对中小微企业偿债能力进行评估，审批流程复杂，增加了融资成本。

以上四方面问题造成了跨境业务贸易融资核验成本高、融资信息不完整、重复融资、监管难度大，最终增加了企业的融资成本。

2019 年 3 月末，国家外汇管理局上线了基于区块链技术的“跨境业务区块链平台”。中钞区块链技术研究院参与了该平台的建设工作。该平台旨在解决中小企业跨境融资难、融资贵问题，推动跨境贸易金融业务发展。

“跨境业务区块链平台”以“出口应收账款融资（发货后）”为业务场景，通过区块链的数据不可篡改特性，将企业提交融资申请、融资受理、融资审核、放款登记到还款登记整个业务流程置于该平台上进行统一管理。“跨境业务区块链平台”通过区块链系统对出口贸易融资中的核心单据“出口报关单”进行查验，验证该单据的真实性，同时进行报关单是否重复使用、是否超额融资等校验，作为银行审核融资业务的参考。

“跨境业务区块链平台”功能包括融资申请、融资受理、融资审核、放款登记、还款登记、监管功能、公共模块。

该平台已实现为银行审核融资信息时提供报关单的真实性校验及报关单

额度状态校验服务，避免超额融资。此外，平台设置了隐私保护机制，使得业务参与方信息和业务内容信息仅为对手方和监管方所见。同时，利用区块链共享机制实现的穿透式、实时监管，还具备信息实时同步、交易方无须主动上报的特色。

平台已在江苏、浙江、福建、上海、重庆、北京、陕西、浙江、福州、厦门、宁波等省市启动试点，试点期该平台极大地提升了报关单真实性审核效率。

（三）问题与建议

目前，区块链技术与金融场景融合在稳定性、安全性以及业务应用流程等方面尚不成熟，需要进一步探索：一是需要立足区块链核心技术研究，夯实向金融科技转型的技术基础；二是需要顺应区块链技术发展趋势，研究适合具体金融应用的通用基础平台；三是需要践行金融科技发展战略，加强基础技术研究及成果转化。

三　工商银行区块链应用探索与案例

（一）区块链在金融领域的主要应用场景

信息技术多年以来的持续发展有力地支撑了金融产品的不断创新和发展，金融科技领域长期以来采用集中式的信息处理模式，导致在某些领域仍然存在难以打破的壁垒。比如，银行间的价值传递依赖集中清算的中间机构，增加了流转环节，提高了价值传递的成本；金融产品过多依赖银行本身或监管部门的信誉，如脱离银行则公众对产品缺乏足够的信任等。

区块链的价值传输与互联网的信息传输结合，能够有效解决银行创新中网络去中心化和交易去信任化等关键问题。基于对区块链技术和银行业务特点的分析，我们认为区块链技术将在实时性要求不高、中间环节较多的业务场景中率先取得突破。根据对 14 家国内主要金融机构的 17 个区块链应用项目的调研情况的分析，可知金融业区块链技术的主要应用集中于六大领域。

1. 监管审计领域

利用区块链技术使数据实现多节点的分布式储存，对比传统的中心化存储方案，系统安全性得到大幅提升，即使在某单个节点遭遇黑客攻击，也不影响数据在全网的共识状态，文件丢失或数据被篡改的风险降低。另外，分布式存储也将降低硬件维护成本和数据库软件升级成本。

2. 权益证明领域

多机构合作业务，机构间信息传递和共享受地域、时间、信息化平台建设能力等限制，往往存在业务流程烦琐、耗费时间长、交易成本高、数据安全和质量得不到保证等问题。应用区块链技术，搭建各合作机构间高效、安全的信息传输通道，可以更好地实现信息共享和建立多方信任体系，从而达到简化业务流程、提升业务效率、方便业务拓展的目的。

3. 供应链与贸易金融

传统供应链交易存在合同失真或造假、贸易背景不真实、交易单据造假、交易不闭环等问题，造成企业融资难、融资贵。区块链技术作为一种分布式存储技术，可以通过共识算法解决信任问题，利用区块链技术保障各环节真实有效，可实现信任沿供应链条多级传导，从而降低融资成本。区块链数字资产具有唯一性、可穿透、可追溯的特性，为实现资产流转创造了良好条件。区块链数字资产可流转、拆分和融资，使上游多级供应商融资成为可能，能够扩大融资渠道；资金提供方增多，能够降低融资成本，有效破解中小企业融资难、融资贵等问题。

4. 数字资产流通领域

传统的资产服务对第三方中间商的依赖较大，通过资产发行方、资产接收方及流通平台等环节，才能完成整个资产流通过程。而且在资产进入流通环节后，仍需依赖资产发行方系统才能完成使用、转移；同时，传统的资产流通渠道有限，几乎依赖于大渠道，行业垄断大幅增加费用导致流通成本居高不下，小渠道及个人难以在流通环节发挥作用。将区块链技术应用于数字资产领域，相比传统中心化系统，流通环节将不再依赖于发行方系统，大幅提升了数字资产流通效率，真正实现“多方发行自由流通”效果。同时，基于区块链去中心化的记账模式，具有交易透明不可篡改、兼具安全性与公信力等优势。

5. 用户征信领域

用户征信体系是现代金融信用风险管理的基础，应用区块链具有的合作共享、隐私保护的技术特性，可以在用户征信领域着重发力，通过各行业信用数据的共享和沉淀，多机构系统的互联互通，加密用户数据的隐私保护，建立共识信任，有效解决目前传统征信领域中信用信息不对称、数据采集渠道受限、数据隐私保护不力的问题，具有广阔的发展前景和应用价值。

6. 支付结算领域

支付结算已成为人们日常生活的重要组成部分，而区块链技术的应用能让支付变得更为快捷、便利和实惠。区块链通过集体自治、分布式存储、信息不可更改和信息可溯源等方式来创造信任，发展信用，降低价值交换过程中的摩擦系数，通过信任共识机制，可以实现全球任何一个地方资金的点对点的便捷支付，降低金融机构间的支付成本，提高支付业务的处理速度及效率。

（二）区块链在金融领域典型应用案例分析

工商银行重点在监管审计、供应链与贸易金融、权益证明、数字资产流通等几大业务领域进行了深入的探索，下文将详细介绍工商银行在上述业务领域已经落地的一些实践案例。

1. 贵州扶贫资金管理

为实现脱贫工作的精准与科学、扶贫资金管理的高效与透明，中国工商银行与贵州省政府联合共建了基于区块链技术的脱贫攻坚基金区块链管理平台，将区块链技术运用于精准扶贫的区块链平台，开辟了银政合作深入推进精准扶贫的新路径。

脱贫攻坚基金区块链管理平台包含扶贫资金行政审批链与工商银行金融服务链两部分，其中扶贫资金行政审批链提供扶贫项目申请、审批、扶贫用款申请和审批等扶贫基金管理审批功能，工商银行金融服务链提供扶贫基金线上申请、实时查询、在线审批、自动划拨及投后管理等专业金融服务。脱贫攻坚基金区块链管理平台通过双方在行政审批链与金融服务链互设节点达到链链融合、信息共享的目标，实现扶贫资金的“精准管理”和“透明使用”。

区块链技术多方共识、公开透明、不可篡改和可追溯的特点，与扶贫资金管理中破解管理效率低下、使用不透明等难题的需求天然契合，利用区块链技术助力扶贫工作的数字化管理，可以提高扶贫资金的管理效率和使用透明度，有效解决上述痛点问题，主要体现在以下几个方面。

一是提升扶贫资金管理效能。利用区块链技术，扶贫工作实现全面数字化管理，各级政府可以完成电子化申请和审批操作，联动银行系统自动拨付资金，提高扶贫资金使用效率。上级政府可以通过系统实时了解扶贫项目整体进展及资金使用情况，也可以通过系统对每一笔扶贫资金进行跟踪管理，提高扶贫资金的管理效率。

二是使扶贫资金使用信息透明化。基于智能合约实现用款申请和审批拨付线上完成，每一笔扶贫资金的审批流程都在区块链内，确保了每一步操作都有迹可循、不可篡改。扶贫资金由纵向的、中心化、单中心的、集中的层层管理变成去中心化管理，充分利用了智能合约多方共识、公开透明、可追溯的优势，确保资金合规使用。各级政府部门、监管部门、银行及社会公众能主动参与到扶贫资金的监管之中，让扶贫资金使用真正做到透明、公开。

三是准确定位，精准扶贫。扶贫资金从先拨付再寻找扶贫项目的自上而下的“推动”方式，变革为先明确款项用途和用户，再提交各级政府审批，最后拨付资金的自下而上的“拉动”方式。这一转变使扶贫资金准确定位、按需拨付、精准到户，实现了精准扶贫、精准脱贫。

2. 雄安新区建设资金管理平台

工商银行充分发挥金融科技优势，与雄投集团合作，创新推出了管理建设工程资金的区块链平台。该平台利用区块链技术“多方共识”“信息共享”“交易溯源”的特性，对工程资金管理的全阶段行为予以存证，由建设合同进度驱动资金发放，建设资金审批、银行资金审批、工程款发放、农民工工资发放、资金明细查询、资金钩稽等全流程电子化处理，实现了工程建设从“合同”到“履约”，再到“工程款支付”的全流程阳光管理，让资金使用“合理”“透明”“高效”，保障资金的封闭运行管理，创造了有利于诚信企业、不利于失信企业的良好平台环境。

区块链技术为工程项目建设工作提供了全面的数字化管理工具，提高了管理效率和资金使用透明度，具有以下一些优势。

一是信息公开上链。合同信息上链能有效杜绝传统操作中无合同、不按合同交易引起的纠纷问题；履约信息上链，各环节乙方录入工作进度、甲方复核，总包录入进度、监理复核，能确保整个项目建设过程公开透明；支付信息上链，根据合同支付的款项保证资金定向流动，无合同支付资金保留自付痕迹，确保建设资金使用全流程透明。

二是全流程钩稽。通过合同信息与合同信息钩稽、履约信息与支付信息钩稽、支付信息与合同信息钩稽，实现项目全流程封闭管理。同时每一层合同、工作进度、资金支付均透明，与工程进度相匹配，有效杜绝了暗箱操作、不按合同支付、层层分包、层层盘剥、款项不用于项目建设、拖欠农民工工资等道德风险问题。

3. 应收账款多级流转平台

工商银行创新研发了基于区块链的应收账款多级流转平台，盘活供应链上下游企业应收账款，提升应收账款流动性，同时形成自融圈，由核心企业解决链上中小企业资金需求问题，增强了核心企业对上游管理能力，为供应链整体发展提供新的渠道和平台。通过“区块链技术＋电子支付介质”，保障各环节真实有效，实现核心企业商业信用沿供应链条多级传导，促进核心企业及其上游供应商之间的应收账款融通交易。

该方案的总体思路是将应收账款电子化，完善应收账款管理服务，支持供应商向其他供应商转让来自核心企业的应收账款，或者直接向核心企业申请应收账款贴现，同时通过区块链技术保障供应链上应收账款转让的信息公开且不能被篡改。

区块链的存证溯源、合作共享、信任创造的应用价值与供应链金融应用场景具有天然的契合性。通过区块链，可以整合上下游业务环节，记录和追踪供应链中商品的资产属性变化并取得全网共识，从而使供应链金融全流程数据信息和相关交易信息经区块链账本记录，保证信息可追溯、无法篡改。供应链各机构协作共享、数据透明，解决了多方互不信任的问题，并且这种信任关系可沿供应链条有效传导，面向供应链整条产业链实现信用管理、融资服务、存贷管理、资金管理，降低合作成本，提高履约效率，从而有效破解中小企业融资难、融资贵等问题。

4. 基建劳务工普惠金融薪金贷

工商银行基于工银玺链平台，与地产商、劳务公司合作搭建了劳务薪金权益管理平台，与建筑行业第三方综合劳务服务平台对接，采集项目基础信息、合同信息、项目履约信息、影像数据、资金数据，实现建筑行业项目全流程线上化管理。平台主要实现了以下主体功能。

一是根据项目履约过程产生的浇筑令和月进度审批表等验收数据，验证项目工程证据链条合理性并计算劳务主体权益。

二是对劳务主体权益进行全生命周期管理，全面监控劳务权益的生成、评估、确权、冻结及兑付。

三是劳务主体登录第三方综合劳务服务平台提交贷款申请。劳务薪金权益管理平台基于劳务主体真实且合法的权益，联动特色金融产品和特色系统提供薪金贷和代发工资等金融服务。

从建筑行业项目合同签订、项目工程履约和劳务验收，再到项目支付节点，形成了资金闭环，各个环节数据上链存证，实现了“合同链条”“工程履约链条”“资金链条”的环环相扣，整个过程也伴随着劳务权益从生成到核销的全生命周期变化。

利用区块链技术搭建的劳务权益薪金管理平台，将建筑行业项目管理流程中涉及的项目合同协议、项目工程进度、应收工程账款等信息保存在区块链中，保证交易数据的可追溯和不可篡改，为工程薪金贷款、代发工资等金融服务提供依据。相比传统方案，基于区块链技术的解决方案具有以下一些优势。

（1）信息公开上链：项目管理中涉及的合同协议、工程进度、劳务数据等信息统一存入区块，区块与区块前后依赖形成链，链式结构保证了数据变化的连续性和不可篡改性，解决了中心化模式数据可能被篡改的问题，并且链上数据对融资提供方公开透明，解决了信息不对称造成的信任问题。

（2）低成本融资服务：基于链上可信的贷款评估数据，金融机构为劳务公司、分包商或劳务工个人提供融资服务，降低了劳务公司及分包商向社会融资的成本。

（3）全流程线上管理：促进建筑行业项目管理线上化，提高施工过程管理的信息化水平。

5. 区块链跨境保函

工商银行与境外合作银行共建了区块链保函平台，即建立了基于区块链的直接面向企业客户与合作银行的保函信息传递与管理系统，实现保函信息在各参与方之间真实、安全、便捷的传递。担保银行开立保函后，该保函文本通过区块链网络直接传递到各参与方一端，各参与方也将根据智能合约中约定的权限，对保函文本进行操作，或提出相关保函修改、索偿、撤销等申请。

（1）保函申请人：保函申请人在某一境外工程项下投标，工程业主要求提供投标保函。申请人向担保行提出保函开立申请，并授权同意担保行将申请人相关信息、保函相关信息上传至区块链。

（2）担保行：应申请人的要求开立银行独立保函，保函开立的业务流程不变，开立后将保函电子信息及相关影像文件的哈希值上传至区块链，并对其中的敏感信息进行脱敏或加密。

（3）保函受益人：保函受益人在接收到保函开出通知后，凭有效证件到境外代理行查验保函真伪。

（4）境外代理行：通过受益人提供的保函唯一编号，查询区块链上保函信息，由于区块链上信息不可篡改，可实时验证保函信息的真伪。

以区块链作为底层架构的跨境区块链保函业务平台，实现了保函业务相关方之间的信息共享和流程联通，具有如下一些优势。

（1）平台易扩展：区块链能够提供统一的接入标准，既简化了各业务参与方之间点对点数据交换成本，也统一了各方解析保函信息的方式，使整个业务流程变得更加高效、简捷。基于标准化协议，新的合作机构可快速接入平台，拓展新业务。

（2）去中心化：去中心化避免了中心化面临的数据篡改问题，基于区块链共识机制，保函信息真实性被自动确认，且参与方都能够监督保函信息的有效传递，杜绝在传递过程中可能出现的伪造、变造、遗失等风险。

（3）数据隐私：各业务参与方对数据隐私和安全要求较高，因此上链的保函信息都进行了数据隔离和加密存储，只有业务关联方才可查询相关数据的明文。

6. 账户类交易产品资产转账

工商银行利用区块链技术搭建金融产品交易平台，将用户及其数字资产共享到区块链节点上，并与核心系统互联，实现融 e 行和融 e 联两个渠道账户类资产的注入、转移、提取。

融 e 行在投资理财菜单下选择账户类资产转账即可进行账户贵金属转账操作。进入转出填单页按照提示输入相关信息即可进行转账处理，转账支持短信及指纹验证等验签方式。进入领取页面，可直接在待领取列表中领取他人转入的贵金属份额，也可通过输入兑换码领取。在资产转账明细页面则可查询过往的转账明细。系统还提供了管理领取人、维护转账协议的功能。

融 e 联在对话框选择“ + ”号，点击账户贵金属转账，即可进入转账填单页，根据提示输入信息，确认后会在对话框中弹出气泡。领取人点击气泡即可领取这笔转账份额。在融 e 联的我 – 钱包 – 账户贵金属转账中可以查看转账明细，维护转账协议。

以区块链作为底层架构建设的金融产品交易平台，具有如下几方面优势。

（1）用户及其数字资产共享到区块链，避免了合作机构间两两互联，降低了成本。

（2）通过区块链共享账本技术实现机构间数字资产的流通，以及机构间客户的共享扩展，避免了数字资产局限于机构内无法流通。

（3）交易数据质量提高，交易执行过程中自动校验交易双方的资产、余额。通过追溯成交记录，可保证当前产品交易的安全性及交易数据的质量。

（4）降低监管成本，所有交易信息均记录在区块链中，如适当引入监管机制，将降低监管审计成本。

四　中国银联区块链应用探索与案例

区块链的概念最早来自2008年化名中本聪的论文，在2015年逐渐引起政府部门、金融机构、科技企业和资本市场的高度重视和广泛关注，并从2016年底通过初始代币发行（ICO）的方式走进大众视线，一时代投盛行、诈骗多发，引发了极大的金融风险。中国人民银行等七部门于2017年9月4日联合发布《关于防范代币发行融资风险的公告》，将初创公司通过区块链加密货币进行募资的方式定性为非法，至此区块链行业在“无代币”模式下逐渐回归理性，褪去了浮华，向有利于解决实体经济中具体问题的方向发展，并延伸到经济社会的各个领域。

（一）区块链金融应用主要场景

从区块链在各个领域的应用情况看，其在金融领域内的应用相对成熟，考虑到金融领域内各个场景的可行性、成熟度和重要性，以下列举数字货币、支付清算、电子商务、供应链金融、风控5个场景作为代表。

1. 数字货币

电子货币，指商业银行或支付机构将用户的货币存款进行电子化的表达，可通过银行卡或第三方支付软件操作支付电子货币来完成各种交易，其特点在于：一是信用发行方面，电子货币是一种以账户形式存在的存款类货币，属于 M1、M2 范畴，是发行主体（商业机构）自身的负债；二是价值流通方面，电子货币系统是基于中心化架构实现，通过央行跨行支付系统、商业银行或机构核心业务系统完成价值的电子化传递；三是在风险防控方面，电子货币仅用用户账户内的数值表示，货币真伪难以辨别，容易引发诈骗、洗钱等犯罪活动。

2. 支付清算

（1）现状

在传统支付系统中，支付交易的确权、验证、记账依赖银行、银行卡组织或第三方支付机构等中介处理方完成，这是中心化的交易处理模式（即“三方模式”和“四方模式”）。就目前的区块链技术而言，还不足以支撑小额、快速、高频的应用场景，特别是支付清算场景动辄上万 TPS，但仍可以在跨境支付等低频业务中体现价值。

与境内交易相比，跨境支付的协调成本更高，因为在传统的跨境结算过程中，没有一个中心化的机构，每一笔交易都需要经过境内开户行、央行、境外银行、代理行、清算行等机构，每个机构都有自己的账务系统，每笔交易需要在各个机构分别记录，并进行清算和对账，这将花费大量的时间、人力和物力，烦琐的流程导致跨境支付的成本居高不下。

（2）基于区块链的跨境支付解决方案

基于区块链的跨境支付系统，实现商业银行、汇款机构、清算机构等参与方之间支付交易信息的共享，当收款机构从区块链上获取汇款信息后可实时完成客户资金的解付，并且用户可以实时查询交易处理状态。基于区块链的跨境支付系统充分利用区块链分布式数据存储、点对点传输、共识机制等技术优势，加密共享交易信息，突破了原有国际支付的报文网络和底层技术，使跨境支付具有速度快、客户体验好、免于对账、增加资金流动性等优点。

3. 电子商务

（1）现状

在传统的电子商务领域，电商平台会员和积分体系是一个独立、完整的系统模块，主要用于激励和回馈用户在平台的消费和活动，积分体系和会员制度可以激发用户在平台的活跃度，引导消费，使用户逐步形成对平台的依赖性和习惯性，用户黏度和重复下单率。但在现有的积分体系下，大部分积分存在碎片化严重、缺少有效的使用途径等问题。

（2）基于区块链的电子商务解决方案

基于区块链的消费积分平台，可以利用区块链技术实现积分发放、兑换、结算全生命周期管理，不同积分发行方和受理商户统一到消费积分平台，提升积分发行效率，扩大积分受理范围，优化用户积分兑换体验。

4. 供应链金融

（1）现状

供应链金融是指依托核心企业，为产业上下游企业提供全面金融服务，从而降低整个供应链过程的运作成本。传统供应链金融业务存在以下问题：一是供应链上下游协作方较多，企业间系统不互通导致信息割裂，风控难度大；二是核心企业的信用不能传递，核心企业可以为可信的贸易背书，其信用只能传递到一级供应商，不能做到跨级传递，使得银行只能服务于核心企业及一级供应商，其他供应商无法获得银行优质贷款，导致融资难、融资贵的现象突出；三是履约风险无法控制，涉及多级供应商结算时，存在资金挪用、恶意违约或操作风险。

（2）基于区块链的供应链金融解决方案

目前，业内已经有一些企业将区块链应用于供应链金融领域，针对应收账款贴现、福费廷、保理、应付账款融资等各类应用场景提出了相应的应用方案，下面以应收账款融资及保理两个场景为例进行介绍。

在应收账款融资场景中，供应链中的企业和金融机构共建区块链网络，一是对原始资产进行认证，当供应商提交应收账款凭据后，系统会进行审核校验与确权，确认业务关系的真实性，保证资产的真实可信，实现核心企业对多级供应商的信用穿透。此外，区块链将真实可信地记录资产的上链、流转、拆分和兑付等业务流程，数据多方认证、不可篡改、可追溯。同时，可以接入多家金融合作机构，提升资金配置效率、支持中小微企业融资，解决融资难、融资贵的问题。

银行等金融机构在开展商业保理等供应链金融业务时，一般以具体贸易过程中的合同及发票为融资凭证。采用区块链技术，可以将验真后的发票数据登记入区块链账本，供金融机构首先评估使用。金融机构完成授信评估后，对登记入区块链账本的融资发票进行公示标识，作为金融机构下次贸易融资的信用风险评估依据。利用区块链信息防篡改、可追溯等特性，建立申请企业与金融机构间的信息对称机制、解决供应链金融各成员间互信问题，可有效防范供应链融资过程中发票重复融资风险。

5. 风控

（1）现状

无论是境内金融机构还是境外金融企业都有自己的黑名单系统，但这些黑名单信息并没有得到有效分享，使得某个企业或者个人即使上了一家境外金融机构的黑名单，还是能够在境内享受金融机构提供的跨境金融服务。境内外法律法规缺乏对相关机构运行机制的有效监督管理，会加剧商业机构的业务风险，因此境内外机构在 AML（Anti-money Laundering）以及 KYC（Know Your Customers）合规方面做了大量的重复工作、付出了昂贵的技术代价，也经历了复杂的业务流程。

（2）基于区块链的风控解决方案

各金融机构将自有客户信息上传至区块链，形成境内外用户电子身份共享链，用户的电子身份将与其每一笔交易相关联，任意交易的每一个环节都可以受到监管，极大地提升了风险防控的力度；同时，利用智能合约，制定一系列规则与逻辑，实现自动、实时的合规性检查，从而简化各机构的业务流程。区块链技术可以构建起各参与方之间的信任关系，通过时间戳、加密算法和智能合约等技术保证数据的不可篡改、多中心维护，并可在数据隐私不泄露的基础上实现有限度、可管控的黑名单数据共享和验证。黑名单业务的参与方包括境内外的金融机构、商业机构和监管部门等，从而促进境内外机构最小化风险和成本，加速信用数据的存储、转让和交易，实现跨境商业模式的创新。

（二）区块链在金融领域典型应用案例分析

中国银联结合银联自身业务场景，围绕支付、商户、客户服务等业务场景在数字凭证、数字资产、数据交易、跨境汇款及退税等方面展开模式创新，具体分析如下。

1. 可信电子票据应用

伴随着我国移动互联网技术的迅猛发展，纸质票据电子化逐渐渗透相关业务的每一个环节中，为社会节能减排、政府部门降本增效做出了贡献，但仍然面临着票据虚开、成本较高、流程烦琐等问题。区块链技术具备各方信息共享、信息不可篡改、数据可追溯等特性，在需要多方协作的电子票据场景具有很强的应用潜力。以区块链技术为支撑，可以构建电子票据应用，实现票据数据多方维护、准实时同步等，使电子票据可查、可验、可信、可追溯。

基于区块链技术建立电子票据服务平台，可以实现电子票据的多方存储、高效生成、可信流转、实时查询、真伪校验等功能，从而优化用户及机构票据使用体验、提升票据记录准确性、支持票据真实性验证和提高信息共享的透明性等。其核心包括：一是票据信息存储：针对不同的票据形式，对票据中的信息进行存储，保证信息各方共享并不可篡改；二是票据状态变更：记录票据业务的全流程信息，包括票据生成、流转、变更、作废等；三是票据信息查询：利用区块链可追溯的特点，根据票据的唯一标识，对相关票据信息进行索引。

2. 跨境金融服务平台

目前，随着经济全球化及国内金融体系改革的深化，跨境金融服务正发挥越来越重要的作用。但在跨境金融服务产业中，境内、境外交易双方的信息不对称导致无法建立有效的信用机制，产业链条中大量中心化的信用中介和信息中介产生了一系列的阻滞，减缓了业务运转效率，增加了资金往来成本。

区块链是一种去中心化的分布式记账系统，具有数据不可伪造、数据集体维护、多中心决策等特点，以构建联盟链的方式构建跨境金融服务平台，可有效解决境内外机构间缺乏信任机制的问题，有助于推动跨境金融服务模式的创新发展。一是有效实现信息共享，信息共享是跨境金融业务的基础，能解决业务信息不对称的问题。促进跨境机构间信息的无缝连接、交换和共享，可以使商业银行准确地掌握各个业务环节上的信息，及时跟踪业务处理状态，使机构间业务流程透明化，规避业务风险。二是有效提高业务处理效率，跨境金融服务平台的建立使得境内外多家机构实现线下业务与网上银行之间的同步连接，在全球各地获取事实信息，并实现发送交易指令、处理交易、在线查询交易等功能，使交易程式化和自动化，能够有效解决原有系统电子化程度不高或采用人工烦琐耗时的问题。

3. 数字资产交易业务

未来的数字化社会，不仅涉及货币数字化，个人的房产、手机、电脑、权益等可能成为用户的数字资产。数字资产是有价的，其价值可以通过区块链技术来予以证明；数字资产同时是可交换的，其载体可以是某个数字资产撮合交易市场。

数字资产是各个机构赋予用户的权益，形式多样且分布于各封闭系统中，无法流通，因此可以利用区块链构建数字资产链，使异业机构形成联盟，实现数字资产链上发行、流转、交易、核销，对账的透明、高效，同时利用分布式账本技术最终实现账本数据同步、数字资产隐私保护、机构间数字资产互联互通。

中国银联联合各商业银行、渠道合作方及商户基于区块链技术搭建了数贝集市联盟链，各参与方均可在链上发行数字资产。联盟为数字资产交易提供撮合服务，最终由用户完成数字资产核销。在该联盟链中，数字资产从发行、交易、流转到核销，纯线上高效操作、流程透明，解决了数字资产转接、清算和对账问题。

4. 安全联盟风险信息共享平台

早期中国银联通过邮件上报风险信息的方式运营安全联盟，机构按期汇总一次数据并由银联分发到各机构实现风险数据共享。这种运营方式有以下几个问题：①手工共享效率低下；②难以追踪数据使用价值；③存在信息泄露风险；④数据不愿出门。联盟难以把控信息共享程度，更无从得知机构是否作弊。

中国银联联合合作伙伴，利用区块链技术搭建风险信息共享平台，实现以下两个功能：一是数据在机构本地，机构按需调用，数据点对点传输，调用记录存于链上；二是通过正向和反向激励机制，鼓励机构上传真实数据，惩罚机构作弊行为，从而保证了敏感数据点对点传输、查询记录不可篡改，并且能够通过查询计价方式实现名单数据的有偿调用。

5. 小微商户融资平台

银行及其他金融机构如何有效地为小微企业提供信贷融资服务，以支持其发展，目前仍是一个世界性难题。在我国，小微企业的平均寿命在 3 年左右，经营波动大，抗风险能力也相对弱。同时，相对于大中型企业，小微企业规范性不足，经营管理比较随意，没有严谨的财务和审计制度，企业相关信息的书面化程度不足，现代公司治理更无从谈起，难以套用常规的银行信贷业务流程。因此，我国大部分银行在为小微企业提供融资方面十分谨慎，此外由于业务开展成本较高，小微信贷利率也较高。这就形成了小微企业融资难、融资贵问题。

具体体现在：一是小微企业资产少、财务报表真实性差，融资过程需要银行基层互动和实地调研；二是对小微企业赖账后的惩戒不足，共债不易被发现；三是金融机构搜集的信息在传递过程中易丢失，且不易验证，基层搜集信息的动力不足。

总体来看，融资难、融资贵的关键点在于信息不对称且信息易于篡改。

中国银联通过构建小微商户融资平台切入细分领域，整合支付信息、ERP 经销存数据、税务数据和工商数据等，数据分布式存储在机构侧，使金融机构有需求时可调用、可追溯，操作更加灵活。金融机构在该平台上构建放贷模型时，可以对多渠道数据交叉验证，精准还原小微商户经营状况。金融机构向小微商户放贷后，将贷款信息及还款信息共享放入链上，便于其他金融机构进行共债查询。

利用区块链技术，商户交易数据、订单明细数据、支付数据实现了可追踪、防篡改、交易数据隐私得到保护，从而解决了中小企业融资难、融资贵的问题，降低了金融机构的放贷风险。

6. 联合信签

利用区块链技术，可以与第三方 CA、公证处及法院搭建联盟链，链上对接国家授时中心标准时间源，一方面多方主体验证渠道保证时间、存证主体的客观性，另一方面基于密码学技术保证上链内容的客观性和私密性。业务数据在 Hash 存证后，公证处可以基于链上数据提供公证服务，第三方 CA 可基于链上数据提供时间戳认证和签名认证服务，法院可采集链上数据作为电子证据。

作为存证的具体应用，联合信签为机构提供基于区块链技术的电子签约存证一体化解决方案，实现电子合同签署、存证、取证等功能，保证签约过程可追踪、防篡改，从而为机构解决业务场景中与签约相关的合规及存取证问题。

7. 海外退税

相比于传统退税方式，在区块链退税场景中，退税单实现了电子化，流程是可追踪的，退税单据的流转变化得以被记录，用户可清晰感知进度变化；海关可实现智能化扫码快速核验；基于智能合约编码审计规则及实时退税规则，退税公司可快速进行电子化审计；税务机构可对全流程进行审计查验。整个流程实现了税单数据的电子存证。

8. 内容聚合及重构

移动互联网的发展使得支付逐渐从银行卡为介质的刷卡支付向无卡化、虚拟化转移，这时支付介质搭载的支付账户直接嵌入了支付场景中，场景成为支付的媒介。卡组织以前只要做好发卡和受理两方面的工作，而现在则需要从场景的角度拓展支付服务。银联是卡组织，主要客户是银行、商户及行业合作伙伴，站在客户的角度，为其提供与行业或场景相关的内容服务，不仅能提升服务品质和能力，也能提升服务黏性，还可能创造新的商业模式。基于上述两个方面的考虑，建设一个既能接入行业内容、实现各类行业资源聚合的系统，又能通过该系统将已聚合的内容按需定制并进行能力输出就变得非常有意义了。

在技术层面，内容聚合及重构平台采用分布式网络架构及区块链共享账本技术，相比传统集中式系统，其内容接入效率更高、资源消耗更少；在业务层面，采用智能合约和动态智能撮合两种机制，使业务方能更加便利地与内容提供方达成合作；在经济和社会效益层面，首先，该系统构建费用更低，资源更容易对接；其次，提供数据服务框架，便于各方数据资产化；最后，有利于打破信息孤岛。

（三）区块链应用于金融领域的前景展望

区块链本身是分布式技术在应用层面的一个突破，不仅体现在应用层，也体现在底层和服务层。从区块链技术发展的角度看，目前主要有两个方向，一是用来做虚拟币；二是把区块链作为一种服务设施（Blockchain as a Services，Bass）。下文分别就这两个方向对其在金融领域的应用前景进行分析和展望。

1. 虚拟币

目前，运用区块链技术推出的各种虚拟币由于没有实质性的资产与其发行的虚拟币进行关联，本质上是投机或非法集资活动，不会成为主流，也不会有前途，这个不会因为其是分布式的还是去中心化的而有任何改变。

Facebook 公司拟推出的 Libra 则开辟了一个新的方向，其发行的 Libra 币和法定资产进行了关联，应用上主要聚焦在跨境支付、消费和转账等领域。与其他虚拟币不同的是，Libra 主要聚焦服务用户和服务商户层面，尽管仍然存在各种合规问题，但这一点值得肯定。

2. Bass

区块链有几种模式，即公有链、联盟链和私链。本质上，C 端上链是一种理想，不符合事物的发展规律，也不符合监管的要求，而 B 端上链才是符合现实需求的。

3. 系统架构

微服务是比较流行的一种分布式系统架构技术，但是它主要聚焦于单个业务主体的系统设计，各业务主体的系统在完成具体的业务流程时，仍然是围绕某个中心来展开系统的互联，这时微服务就无能为力了。

金融领域的场景大多存在参与方众多、业务流程长及信任问题等几个特征，这里所说的信任问题是指在业务逻辑执行过程中，在异常情况下，查找并定位出错的环节是个比较敏感的问题，因为一旦确认出错环节，也意味着要承担某种责任。区块链在分布式技术的基础上，提供了基于多方共享账本技术的实现方案，这个共享账本可以记录各业务系统协同时的一些信息，既能明确事件，又能保证敏感信息不会泄露，可以比较方便地解决业务系统出现的各种异常问题。另外，区块链作为一种基础设施不仅提供共享账本，而且提供智能合约机制，各业务参与方可通过智能合约机制将彼此需要协同的信息及动作统一封装起来，在分布式的环境下达成协作。

智能合约是区块链从比特币脱胎而出进化为一种系统架构的关键技术，也是区块链未来应用于业务协同，使系统既能紧密协同，又能保持松耦合关系的关键技术保障。近年区块链在产品溯源、防伪、金融保险、物流、票据流转等方面的应用和实践已经印证了它的潜力，未来会在金融应用领域大有作为。当然，目前的智能合约还比较简单，要更好地支持多方业务协同，还需要不断进行实践并加以完善。

4. 数据共享及资产化

区块链在数据共享及数据资产化方向有非常大的优势，这体现在几个方面：B2B 模式、ID 互联、用户主动参与和流程追溯及监管。

（1）B2B 模式

B2B 模式是指区块链在联盟链模式下，各业务参与方主体是机构或特定的商业实体，而非自然人，C 端用户可以通过有业务合作关系的 B 端来上链，这符合目前的各种实践。B 端实体承载了场景端的服务，在实现自身提供服务的同时，需要通过相关业务流程来供给，这些流程中沉淀的数据包含了 C 端用户的行为。另外，B 端上链不仅合乎逻辑，更重要的是，B 端知道收集哪些数据并可以应用于何处进而产生商业模式，而这一切由 C 端来完成是不可想象的。

（2）ID 互联

在 B2B 模式下，C 端通过 B 端上链仍然在链上留下了唯一的标识信息，基于这个标识信息，各个 B 端提供给 C 端用户的各种业务数据就可以链接起来了，这个意义或许不是很大。但是，考虑到多个 B 端的用户群是有交集的，如果基于 B2B 的业务合作，需要用户去授权并整合数据，搭建某个特定的业务场景，例如，将医疗数据和支付数据进行整理加工并应用于保险行业，这时区块链标识的意义就非同凡响了，它既打通了某个业务节点内的数据，又实现了跨业务节点的数据整合及重构。打通之后，通过智能合约，既能保证各自的业务数据不会泄露，又能与业务相关方实现业务协同，例如身份识别认证或数据资产化。

（3）用户主动参与

用户主动参与是区块链作为数据共享及资产化的一个重要工具的最重要特征。B 端为完成自身业务逻辑所保存的数据仅能用于自身，除非获得用户许可，否则是不可以用于其他任何用途的。由于区块链节点的各个 B 端节点均各自拥有一定规模的用户群并保有触达用户的渠道，B 端只要把数据收集、数据应用于何处、对用户有什么用途、用户在这个过程中是否可以获得收益等几个维度的事情对 C 端用户保持透明并获得用户的理解和授权，数据就可以实现跨实体业务协同并产生收益。

（4）流程追溯及监管

流程追溯及监管是区块链本身天然就具备的能力，对于数据共享应用来说也非常重要，数据在跨实体的业务协同中，各方的行为数据均自动通过共享账本进行记录，这些记录自然成为计价的凭据，同时也可用于流程追溯及合规性检查。

从上述分析可以看出，区块链既能帮助各数据拥有方解决信息孤岛问题实现互联互通，又便于获得用户的授权，实现多方业务协同，还可让用户参与其中甚至获得数据共享或数据资产化带来的收益。

5. 5G 应用

5G 即将商用，从网络的特性来看，5G 有“三高”：高网速、高可靠、高密度，这“三高”对应的是 5G 的三个目标场景，高网速聚焦在 C 端市场，为用户提供高达 10Gbps 的上网速率。高可靠和高密度这“两高”则聚焦在 B 端市场，高可靠是通过提供高可靠、低时延的网络为工业制造和智能汽车提供信息化和网络化服务，即所谓的产业互联网；高密度是通过在 1 平方公里范围内提供高达 100 万个接入单元的网络容量来实现万物互联。

移动互联网作为触达用户的渠道，主要是为用户提供各种各样的内容，未来万物互联之后，内容将更加丰富，这些内容在实现多方协同时需要更大的信息透明度和可信的、便于各方接受的凭证处理手段，区块链的分布式共享账本的优势将得到进一步的发挥，特别是内容供给涉及支付环节是大概率事件。

五　光大银行区块链应用探索与案例

（一）区块链在金融领域的主要应用场景

1. 数字票据交易

利用区块链技术进行票据交易，能够在一定程度上减少纸质票据“一票多卖”、电子票据打款背书不同步的现象，实现票据资产的全周期管理，降低票据流通风险。如 2017 年 1 月，浙商银行基于区块链技术开发的移动数字汇票产品正式上线，为企业与个人客户提供在移动客户端签发、签收、转让、买卖、兑付移动数字汇票服务；2018 年 1 月，上海票据交易所数字票据交易平台实验性生产系统成功上线试运行。

2. 支付清算

金融机构利用区块链技术优化支付、清算、结算流程，可以降低跨行、跨境交易复杂性和成本，确保交易记录的透明性和不可篡改，降低运营风险。如 2017 年 3 月，招商银行将区块链技术应用于全球现金管理领域的跨境直联清算、全球账户统一视图以及跨境资金归集，提升国内银行跨境交易效率；2018 年 1 月，中国银联与中国银行基于区块链的跨境汇款查询应用项目完成技术上线，为跨境汇款中信息不同步问题提供了新的解决方案。

3. 电子凭证存证

传统电子凭证存证主要通过第三方机构中心化架构实现凭证存储、追溯、验证等功能，过度依赖第三方机构可能存在一定风险。基于区块链的电子凭证存证可以防止中心化架构下可能出现的凭证被篡改、被删除或合谋做假问题。如 2017 年 7 月，中国银联与光大银行基于区块链技术，以电子签购单作为场景的可信电子凭证应用技术上线，通过多中心架构记录电子凭证摘要及流转记录，能够鉴别电子凭证真伪，确保电子凭证可追溯。

4. 信用证交易

基于区块链技术建立的信用证系统，通过同步机制提高开证、通知及审单效率，使业务各流程更加透明可追踪，且与传统系统相比交易费用更低。如 2017 年 7 月，中信银行联合民生银行基于区块链技术的国内信用证信息传输系统正式上线，构建信用证信息和贸易单据电子化传输体系，提升单据审核效率和数据安全保障能力。

5. 慈善扶贫

利用区块链技术可以持续定位慈善扶贫捐赠资金的使用流向，消除捐赠人对资金不良使用的担心，增强公益机构的公信力，促进公益捐赠事业的良性循环发展。如 2016 年 7 月，蚂蚁区块链公益平台正式上线，目前已有 37 家机构、304 个公益项目加入该平台，捐赠笔数为 74.7 万笔，总金额超 3.49 亿元；2017 年 5 月，工商银行与贵州省贵民集团联合上线脱贫攻坚基金区块链管理平台，促进了扶贫资金的透明使用、精准投放和高效管理。

6. 供应链金融

基于区块链技术的供应链金融应用，可联通供应链环节中的核心企业、多级供应商、保理公司、银行等相关机构，通过资产全生命周期的上链记录，构建信任传导机制，将原本不可拆分的金融资产（如票据）数字化，提升资产流动性。如 2017 年 12 月，广东有贝、腾讯、华夏银行发布基于区块链技术的供应链金融服务平台“星贝云链”；2018 年 1 月，工商银行和特产石化仓储基于区块链技术构建“供应链金融管理平台”，实现供应链的上下游企业金融信息共享传递。

7. 资产证券化

区块链技术可在参与资产证券化各环节的金融机构间建立快速、准确的信息交互共享通道，实现底层资产的穿透管理，并通过智能合约驱动 ABS 各环节落地执行。如 2017 年 5 月，百度、佰仟、华能信托利用区块链技术发行 ABS 产品，首单发行规模达 4. 24 亿元，区块链技术的运用为其资产运作透明化提供了有力保障，提升项目效率、安全性和可追溯性；2017 年 7 月，京东金融、建元车贷、中诚信评级等机构联合发行基于区块链的 ABS 产品，目前资产规模达 1 亿元。

从金融机构区块链技术的应用分布来看，科技实力较强的金融机构开展项目相对较多，其余机构大多通过个别项目进行实践探索。

（二）区块链在金融领域典型应用案例分析

1. BaaS 云平台

从技术角度来看，区块链技术的实际应用门槛较高，极大阻碍了技术的普及以及业务的扩展，金融机构在开展区块链技术建设时，区块链应用开发人员往往面临一些问题：①区块链技术门槛高，实施难度大；②安装部署复杂，费时费力；③区块链应用开发效率低。

同时，区块链运维人员也会遇到难题：①底层区块链系统安全稳定性难以保证；②管理运维困难，缺乏行之有效的工具；③针对系统故障，难以迅速做出反应。

针对以上问题，光大银行启动建设区块链 BaaS 云平台，该平台可以提高开发者对区块链技术的掌握能力，为开发者提供丰富的区块链技术服务，将业务应用的开发者从底层技术中解脱出来，专注上层应用的开发，支持开发者基于区块链 BaaS 云平台快速开发和部署区块链应用。同时 BaaS 云平台为运维人员提供可视化的监控管理服务及多渠道的预警机制，帮助运维人员提升故障排除效率，保障区块链系统的稳定运行。

2. 技术架构

（1）总体架构

区块链 BaaS 云平台主要提供三种能力：一是底层技术穿透能力；二是多中心化系统；三是智能合约即服务（见图 3）。

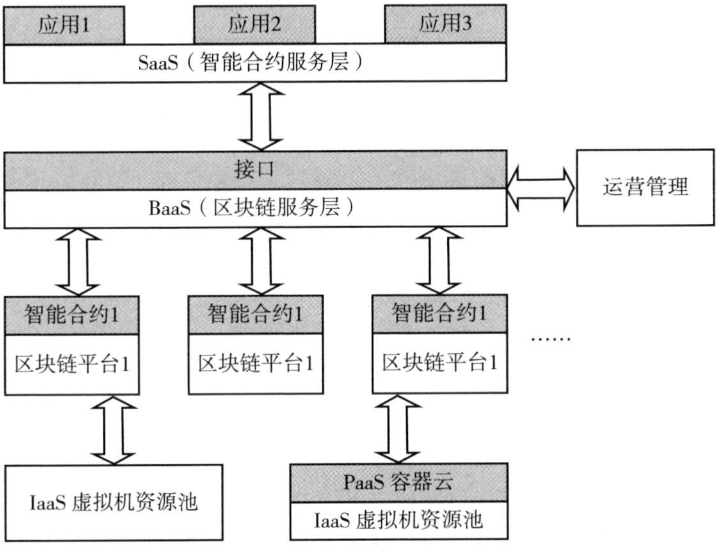

图 3　BaaS 云平台总体架构示意

（2）逻辑架构

区块链 BaaS 云平台底层设计考虑容纳以太坊、Fabric 等多种技术路线，采用接口灵活、可插拔的设计模式。同时，满足对不同底层技术的选型要求。在底层技术选型的基础上，平台仍为开发者提供丰富的底层技术组件，使不同区块链底层模块可以更好地适应各类联盟链、公有链的开发需求（见图 4）。

（3）关键技术

第一，云服务对接，云计算是非常便利的一种技术，采用按使用量付

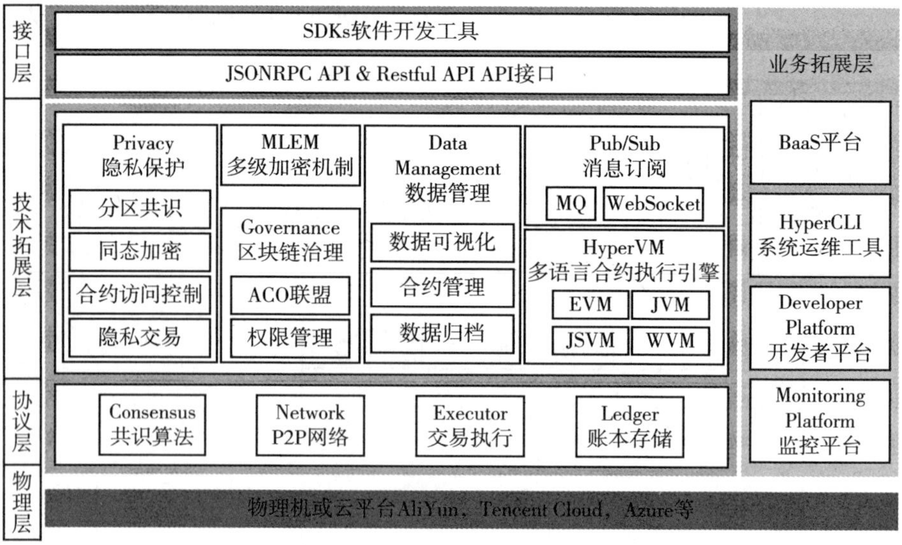

图 4　BaaS 云平台逻辑架构示意图

费的模式，这种模式提供可用的、便捷的、按需的网络访问，进入可配置的计算资源共享池后，资源供给速度快。BaaS 云服务基于云平台，对区块链底层协议进行封装，让开发者能够快速地建立属于自己的区块链，从而利用资源编排服务，一键部署区块链，同时支持利用容器技术，快速部署区块链。

第二，监控服务，BaaS 云平台的监控系统使用分布式架构进行区块链的平台级监控，满足强大灵活的数据采集、水平扩展、高效率告警策略管理、人性化告警设置、高效率 Graph 组件、高效历史数据 Query 组件、高可用等要求。

第三，可插拔的区块链底层，BaaS 平台底层使用单独的配置守护进程处理区块链搭建任务，整体结构主要分为四个主模块：智能合约服务，区块链适配器、节点集群、镜像中心。智能合约服务将为上层应用提供智能合约部署、更新、调用、冻结等合约层服务；适配器主要用于屏蔽各区块链底层之间的差异；节点集群与容器资源调度系统结合，自由组装区块链底层服务；镜像中心主要提供多区块链镜像定制服务。

3. 业务实践

（1）公益捐款

由于慈善基金的资金来源和使用无法有效监管，公益捐款透明度不够等原因，目前慈善机构普遍存在公信力不够的问题，不利于慈善事业的健康发展。而依靠慈善机构的自身力量较难扭转这种被动的局面。

利用区块链技术可以持续定位慈善扶贫捐赠资金的使用流向，消除捐赠人对资金不良使用的担心，增强公益机构的公信力，促进公益捐赠事业的良性循环发展。

具体的业务逻辑如下：①捐款人向慈善机构捐款，通过个人账户向机构账户转账，银行将转账记录提交到区块链网络,同时捐款人可通过电子渠道查询捐款进度及实际用途;②银行与参与公益活动的企业之间以验证节点架设分布式账本网络，用于交易与执行智能合约；③公益机构与第三方企业之间架设非验证节点，用于简单交易的验证、审计及交易查询。

光大银行阳光区块链孵化的第一个项目是“母亲水窖公益捐款项目”。利用区块链不可篡改、智能合约等特性构建公益慈善捐赠平台，增加公益的可信度与公信力；使用分布式账本对慈善业务进行记账（见图5）。

使每个捐款人的爱心都明确记录在册，保证信息公开又不被篡改，并加入智能合约对捐款进行编程，将捐赠方、公益单位、银行、施工方这几个参

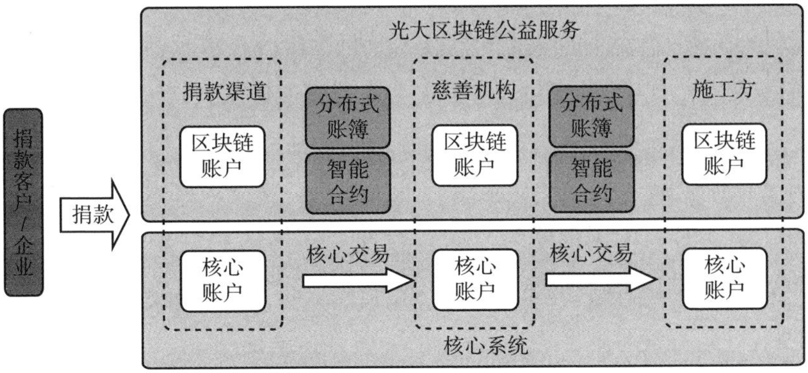

图5　光大“母亲水窖公益捐款项目”业务示意

与者有机整合在区块链上，从技术角度实现专款专用。

（2）电子存证业务

电子存证是指以数字形式存储的证据信息。例如电子合同、电子发票、电子文章、电子邮件等。在实际业务开展中存在以下问题：①安全性差，电子凭证往往采用第三方系统托管存储的方式，数据容易被篡改，安全性差；②数据联通性差，电子凭证数据闭环运行，不同机构间的可信凭证无法实现互联互通；③依赖公信力，电子凭证生成、使用、存储等各个环节安全性得不到有效保证，导致其有效性仍依赖核心机构的公信力，无法发挥凭证电子化的优势，成为业务发展的瓶颈。

区块链因其本身具备不可篡改、可追溯特征，极适合与电子存证相结合，存证也因此成为区块链应用的典型场景之一。具体的业务逻辑如下。①电子合同签署，存证服务需要签署电子合同的多方登录平台进行合同的草拟、确认和签署，可以突破地域局限，实现任意多方异地快速签署。②电子合同存证，将签署的合同文件及相关文件附件转换为文件哈希，作为文件的数字指纹，存入区块链中，返回相应的交易哈希作为未来的存证校验凭证。用户可以上传需要存证的文件，平台自动计算文件哈希（文件数字指纹），并发起一笔交易，将文件哈希存入区块链中，平台返回交易哈希，表示存证成功。后续需要验证文件的真伪时，可再次将文件哈希或交易哈希作为关键词进行查询，并与区块链上交易的关键要素进行比较。③存证校验，当需要校验存证时，只需要将原文件哈希或交易哈希传入，平台自动比对是否有相同哈希的交易。若比对一致，则返回“文件验证通过”，若比对不一致，则返回“文件未经存证，或内容已被篡改”。点击交易哈希值，可查看该交易的区块链特征数据，包括区块高度、区块哈希、交易发起者公钥地址等。

2017 年 4 月，中国银联与光大银行联合使用区块链平台构建的多中心可信 POS 电子签购单系统上线，2018 年底，浦发银行宣布加入该联盟链（见图 6）。

该系统在凭证电子化业务方面具有以下优势：①能够以更容易的方式鉴定电子凭证真伪；②能够防止电子凭证的滥用，指定电子凭证的使用次数与

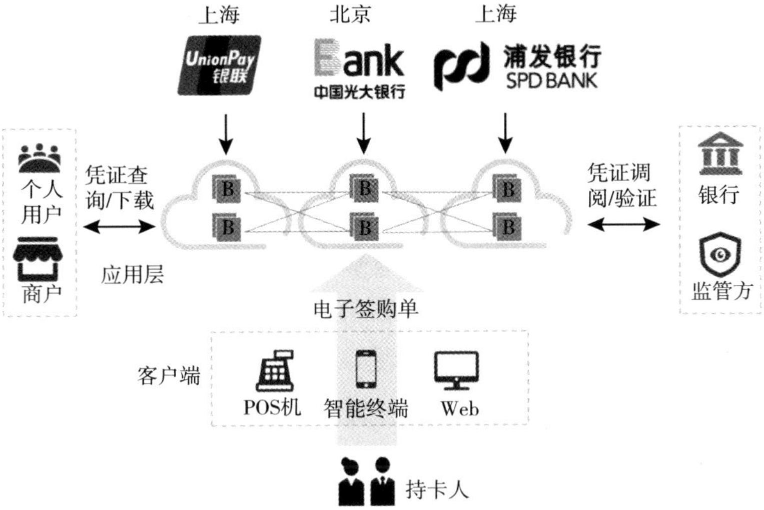

图6　可信 POS 电子签购单系统逻辑架构示意

范围，杜绝双花；③能够解决凭证存储行业面临的信任瓶颈，有助于业务开展；④以记录电子凭证摘要、流转流程等方式，使电子凭证可追溯，满足业务监管和审查的需求。

中国银联、浦发银行、光大银行基于区块链的多中心 POS 电子签购单系统的上线，标志着国内首个多方跨区域的区块链网络的成功联通，是联盟链发展的一大步，也是企业级区块链产品具有可靠性、稳定性等优势的一次集中体现。

（3）供应链金融

在我国经济贸易活动中，供应链资金失衡问题由来已久，已成为影响经济效率的重大问题。核心企业拖欠上游企业货款、下游企业被要求预付账款等情形导致了上下游企业的资金经常出现梗塞，而弱势企业又因为缺少固定资产，难以通过不动产抵押等方式从银行等金融机构获得贷款。而供应链金融通过引入核心企业、第三方物流企业等新的风险控制变量，为供应链的不同节点提供封闭的授信及其他结算、理财等综合金融服务，能够构建更合理的产业链生态系统。

区块链技术通过连接核心企业资产端及金融机构资金端，以核心企业的应收账款为底层资产，实现基于核心企业信用的应收账款债权凭证在供应链上的多级可信流转。债权凭证可基于供应链条上真实贸易关系层层拆分、转让和融资，而在区块链中记录应收账款确权、流转、融资、到期支付等信息，能够保证信息的不可篡改或不被删除，有效惠及除一级供应商外的多级供应商，实现了核心企业信用的多级传导，满足了产业链末端中小企业的融资需求。

供应链金融业务流程如下。

第一，核心企业（或成员企业）根据真实贸易需求下的应付账款，通过对一级供应商的资质与融资需求进行审核，向一级供应商开具应收账款数字凭证，帮助一级供应商有效融资。

第二，保理商对开具的应收账款进行再次审核，确认无误之后，进行债权的转让，一级供应商与核心企业的债权转为一级供应商和保理商之间的债权。复审通过后，保理商将对一级供应商的数字资产凭证进行有效确认。

第三，一级供应商接受数字资产凭证，并通过数字凭证向保理商申请融资。保理商受理之后对融资金额进行确认，并向一级供应商发放相应账款以及付费凭证，最终一级供应商确认签收应收账款，完成融资。

第四，若一级供应商谈判能力相对较强，在进行相关贸易时，可以将账款全额或部分转让给其上游的二级供应商。

第五，二级供应商对数字资产凭证进行确认签收，同时可进行与一级供应商类似的操作。

第六，若二级供应商有资金需求可以向银行及金融机构等出资方申请全额或部分融资，出资方受理融资申请后将相应的金额交付融资方。

第七，在账款到期时由保理商向核心企业发起催收，由核心企业进行还款。

第八，保理商在收到还款后，依次将还款金额支付给相应的应收账款持有人。

具体流程见图 7 所示。

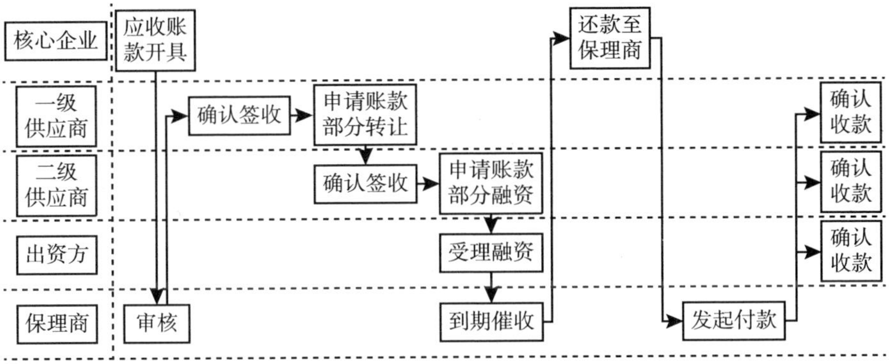

图7　供应链金融业务流程

2019年初光大银行和蚂蚁金服合作搭建双链通平台，以光大银行企业网银为入口，打通核心企业上游供应链加入区块链网络的流程，有效服务大量的中小实体企业，特别是一些制造企业，助力当前中国经济的良性发展；通过区块链延伸企业的上游供应链管理链路，帮助企业实施穿透式的数据分析和智能管控，提高效率，降低风险；通过区块链打通大－小－大的供应链协作链路，综合提升各方供应链管理能力，促进行业整体生态良性发展。

（三）区块链应用于金融领域的前景展望

1. 区块链应用发展的前景展望

随着区块链技术的不断发展，区块链技术的低成本信用创造、分布式结构和公开透明等特性的价值逐渐受到关注，在物联网、医疗、供应链管理、社会公益等各行各业中不断有新应用出现，区块链技术发展进入3.0阶段。在这一阶段，区块链的潜在作用不仅体现在货币、经济和市场方面，而且延伸到政治、人道主义、社交和科学领域，从而处理现实中的问题。区块链在一定程度上解决了价值传输过程中完整性、真实性、唯一性的问题，降低了价值传输的风险，提高了传输的效率，实现了企业协作环节的信息化，将催生大量创新合作场景，构建创新创业新生态。

正如任何一次技术革命都会带来一些新的问题，区块链行业也存在一定的问题。一些打着区块链噱头的金融投资项目令人眼花缭乱，其本质涉嫌非法集资，投资客面临着损失风险，这类短期行为和不法行为，都给国家防范金融风险带来诸多的挑战，降低了公众对区块链应用的信任，不利于区块链行业的长期发展。

同时，监管层陆续出台相关针对性政策，在严格打击利用区块链进行非法集资行为的同时，出台相关鼓励政策，旨在努力构建区块链的孵化环境，激励区块链技术的落地实现和健康发展。国际社会也在逐渐认可区块链的应用价值，越来越多的国家都开始参与全球性的技术竞争。构建促进该技术应用的监管环境，需要行业坚持打造联盟生态，推动区块链核心基础技术研究，制定可信区块链体系标准，促进区块链应用落地。

2. 区块链技术发展的前景展望

从技术角度来看，区块链发展遇到了硬件设备运算瓶颈。一是节点规模、性能、容错性三者之间难以平衡，共识算法是区块链核心技术之一，当前共识算法存在节点规模、性能、容错性三者之间难以平衡的问题。基于挖矿的算法在容错性和参与节点数量上有较为明显的优势，但在性能上难以满足金融业务需求，例如基于挖矿的比特币 POW 算法可以满足规模和容错性的要求，但是最多每秒实现 7 笔交易，性能无法满足金融交易的需要。而基于拜占庭类共识机制的算法，在性能上有较大提升，每秒交易数量可达近万笔，但容错性不足，并且当节点数量超过一定规模后性能有较大幅度下降。如何处理三者之间的关系，成为当前区块链技术发展的瓶颈。二是跨链系统互联存在技术差异。不同区块链之间的交互需要跨链协议的支撑，但目前主流跨链的技术方案均立足于满足具体的业务需求，各类跨链解决方案在性能指标、安全性、稳定性等方面缺乏指导性的思路和目标，尚未形成统一的行业标准，不同区块链之间的互联存在障碍。建立健全统一的跨链行业标准，有助于促进技术与金融业务场景进一步融合，提高各类区块链之间的协调运行效率。例如：在基于区块链的 ABS 业务场景中，建立统一的跨链通信标准，可以促进 ABS 底层资产的穿透管理，为 ABS 二级市场交易提供数据支撑。三是链上数据与链下信息难以保持一致。区块链在金融行业落地应用过程中，无法全面覆盖金融产品生命周期的所有阶段，在链下信息与链上数据的衔接阶段，可能存在链下信息和链上数据不一致性问题。例如：在基于区块链的数字票据应用场景中，区块链能够保证链上数据的完整性和不可篡改，确保业务流程公开、透明，但无法保证链下真实数字票据的承兑情况与链上数据保持一致。在基于区块链的商品溯源业务场景中，区块链记录了商品在生产、收购、分销、渠道等环节的各类信息，可以实现商品流通过程的可追溯，但无法保证商品本身信息的真实。

致力于解决以上问题，光大银行认为构建 L2 层协议（见图 8），将链上问题与链下问题分而治之是当下最为合适的解决之道。具体而言，L2 层协议是一个可扩展的分布式数据协作网络，致力于破解数据孤岛、数据确权、数据隐私等难题，为企业提供可信的大规模数据存储以及可控的数据共享环境，促进产业互联网和数字经济领域的协同创新。

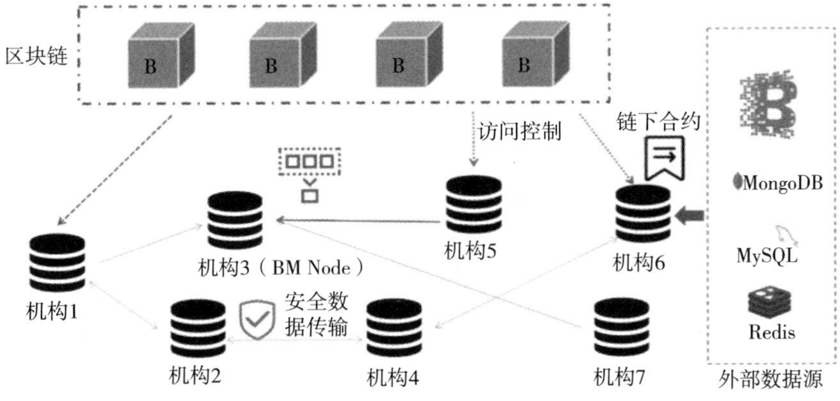

图 8　L2 层协议网络示意

L2 层协议应采用完全去中心的系统架构，该系统由分散在各地的机构节点通过 P2P 网络连接构成。图 9 是部署拓扑图，L2 层协议借助 L1 层区块链实现数据的不可篡改存储、业务协作的价值分配、数据交换的可追溯和可审计。通过 L2 构建的数据交换应用所有涉及的数据哈希等元信息均存储在区块链上，机构间数据交换记录也会实时存储在区块链上。此外，区块链还承担 L2 之间数据交换的权限管控职能，为数据获取颁发许可访问令牌。

构建 L2 层协议，可以将大量计算放置到区块链 L1 之外，可解决“不可能三角”问题；通过不同 L2 层之间的互联互通，可构建标准跨链协议，解决链与链之间的互联互通问题；通过 IoT 设备或与企业 ERP、CRM、ECIF 系统对接，可在不影响核心区块链记账模块的同时，形成有效的预言机（Oracle），进而获取可靠的数据源，打破链上数据与链下信息的隔阂。

六　民生银行区块链应用探索与案例分析

（一）区块链在金融领域的主要应用场景

随着区块链技术的深入应用，其共识机制、智能合约、可追溯、不可篡改、分布式节点记账等优势，在金融实际业务场景中得到了体现，很多优秀的案例产生。根据区块链在金融领域的业务场景，主要有三类场景：跨机构信息互通、产品溯源、存证保全。

1. 跨机构信息互通类场景

区块链跨机构信息互通类场景，主要解决传统跨机构线上或线下交易过程中的信息失真、多主体交易标准不统一、数据与真实业务流程脱节、交易操作人员工作量大等难题，通过区块链搭建跨机构的信息交互网络，实现金融业务线上化，提升业务效率，简化业务流程，增强风险控制水平。在区块链跨机构信息互通领域，金融业内已有多个成功案例。贸易金融相关场景，比如国内信用证、福费廷、保理、保函等产品；供应链金融相关场景，比如应收、应付账款的融资管理；信息共享相关场景，比如客户黑名单共享等；跨境结算相关场景，比如跨境直连清算、见证业务等产品。

2. 区块链产品溯源类场景

区块链产品溯源类场景，主要利用时间戳、共识机制等技术，实现数据在区块链账本中不可篡改以及可完整追溯等，有效解决数据单点存储问题，同时为产品溯源体系的建立提供技术支持，打破信息孤岛，防止恶意串货导致的商业竞争问题。区块链产品溯源在金融行业已成功实现多笔案例，主要有基于区块链的人民币冠字号流通、风控过程中利用区块链技术追溯商品物流信息等。

3. 区块链存证保全类场景

区块链存证保全类场景，可为司法鉴定、公证、仲裁、版权保护、科技金融打造存证、增信、鉴真的区块链基础设施。可以利用区块链分布式节点记账、共识机制等特性，实现证据固化和永续性保存。金融领域存证保全类应用场景，主要有金融同业电子合同、银行对接互联网法院的司法存证。以银行对接互联网法院的司法存证为例，由互联网法院、司法鉴定、公证、银行、仲裁、审计等社会可信度强的企业或政府机构组成联盟链，把交易摘要的 Hash 值通过全网共识并储存到联盟记账节点上，当发生纠纷时，任何联盟成员都可从区块链账本中随时取证，由于数据在上链过程中得到了全网节点共识，可信度高，数据记账后无法篡改，可以有效解决数据伪造、取证难的问题。

（二）区块链在金融领域典型应用案例分析

1. 背景概况

金融行业市场容量巨大。根据中国人民银行发布的《2018 年金融市场运行情况》，2018 年债券市场共发行各类债券 43. 6 万亿元，较上年增长 6. 8%；银行间市场信用拆借、回购交易成交总量 862 万亿元；银行间人民币利率衍生品市场累计成交 21. 4 万亿元。

金融的本质是信用，因为有了信用，才能够在不同的时间和地点以及不同的参与者之间进行资金的流通和配置。因此，金融业中介机构大量存在，包括银行、第三方支付机构、资产管理机构等。而区块链的本质也是一种提高作恶成本保证信用的技术手段，二者天然具备契合点。传统的金融业务 IT 架构采取的是中心化部署架构，毋庸置疑，在系统内部性能处理和各模块协同协作方面确实表现优秀。但伴随着金融业务市场的开放化，越来越多的金融业务需要在各个机构间流转或拆分，所以对机构间分布式 IT 架构的需求也愈加旺盛。区块链是典型的分布式 IT 架构，所以无论从本质上还是 IT 架构上，金融无疑是区块链最好的落地场景。

2. 典型应用案例

区块链技术在泛金融领域中的应用旨在提高交易效率和建立跨架构间的信用空间。按照特性维度可分为四大象限，即高效而不互信、互信而低效，既不互信又低效以及既高效又互信。其中既不互信又低效的场景，可谓区块链技术在金融场景下的最佳实践。四大业务领域，即支付清算、数字资产、贸易金融与征信是区块链应用的重点。

（1）案例一：Ripple－跨境支付

在跨境支付业务中，很难在境外所有银行都建立备付金账户，从而实现两个银行间的清结算，往往需要建立多方代理关系，通过多级代理行实现最终的资金转移。支付指令传输则通常依靠 SWIFT 协议完成。

传统的跨境支付涉及机构众多，中间业务处理流程长。一笔跨境支付交易需要经过开户行、对手行、清算组织、境外银行（代理行或本行境外分支机构）等多个组织。在整个交易流程中，银行间转账存在大量对账操作，如果涉及多家代理行，则还要涉及代理行路由途径设计。通常来讲，每笔业务需要在路径上的每家银行至少停留 24 小时，涉及支付处理、接收、财务运营和对账等大量成本，麦肯锡《2016 年全球支付报告》数据显示，通过代理行模式完成一笔跨境支付的平均成本在 25～35 美元，是完成一笔国内支付成本的 10 倍以上。最终用户（付款人）的平均成本达到转账金额的 7.68%。

对于支付服务提供方而言，由于办理业务的收付汇与结售汇之间存在一定的时间周期，可能会承受短期汇率波动带来的微小损失。此外，汇率的高频波动还会影响市场主体对其经营收入和营业利润的准确测算。跨境支付效率低、外汇流动性差，是目前跨境支付业务中面临的突出问题。

引入区块链可以给支付清算带来以下优势。

首先，在跨境支付方面，流程更简洁，效率更高。各金融机构可以联合起来成立一个联盟链，基于区块链技术可以共同生成一个分布式的账本系统。

其次，区块链可以降低操作成本，为点对点支付提供可能性。没有第三方机构的参与，可以提高信息传递效率，降低信息传输以及错误频率，提高交易速度，降低交易成本。

最后，提高交易速度。区块链往往使用点对点的网络结构进行布置，有助于简化流程、提高结算效率。同时，可以实现全天候、24 小时转账支付，减少资金闲置时间。

Ripple 是世界上第一个开放的支付网络，同时是去中心化的免费货币支付系统，基于去中心化理念，构建了支付和清算系统，是能在全球范围内完成多币种快捷低廉的转账业务，自动完成交易和清算，并将交易记录到分布式数据账本（RCL）上的清算网络。其支付网络支持多种货币甚至是加密数字货币，包括美元、欧元、人民币、日元、比特币，交易确认在几秒以内完成，交易费用几乎为零。

该系统有如下优势：

①不收取任何转账费用，所需成本几乎为零；②货币多元性，支持各国法定货币之间的交易，也能处理各大数字货币之间的交易；③交易效率高，交易时间为 3 ~ 5 秒，支付处理速度快；④Ripple 和全球 100 多家金融机构达成合作，用户基础扎实；⑤Ripple 为金融机构提供服务支持，既解决银行间支付清算问题，又不会损害银行自身利益。

Ripple 面临的挑战：

①交易可追溯性差，其匿名性特性，导致无法追溯，存在非法交易的可能；②Ripple 币是网络中的支撑货币，数量有限，存在投机的可能，影响市场交易。

（2）案例二：基于区块链技术的数字票据交易平台

票据是交易过程中的债权债务的表现，是一种信用工具。票据业务中有很高的流动性，从而滋生了很多违规操作，存在管控漏洞。从票据交易场景来看，整个流程分成出票、流转和承兑三个阶段。

传统票据市场依赖中心的商业银行，一旦中心服务器出现故障，票据市场随之瘫痪。而且，由于一些票据是由单个机构发放的，缺乏市场流通性，票据信息的封闭性造成市场上一票多卖以及虚假商业汇票的问题。

2018 年 1 月 25 日，根据中国人民银行总行的安排部署，由上海票据交易所、数字货币研究所牵头，中钞信用卡产业发展有限公司杭州区块链技术研究院承接，会同 4 家商业银行（工商银行、中国银行、浦发银行、杭州银行）研发的“基于区块链技术的数字票据交易平台”实验性生产系统成功上线试运行。

该平台采用联盟链技术，参与各方以联盟链节点的形式经许可后接入数字票据区块链网络。不同的节点根据角色和业务需求被授予不同的操作权限，包括投票权限、记账权限和只读权限等。数字票据发行后以智能合约的形式登记在联盟链上，并在链上进行交易撮合。

该平台具有以下优势：

①交易撮合主要由商业银行和参与机构链上共享数据自行完成；②在这个系统中，传统票据生命全周期的功能能够全部实现，包括出票、背书转让、贴现、转贴现、托收等；③该系统基于“同态加密 + 零知识证明”，开发了一套隐私保护方案，支持信息在交易对手方可见、监管方具有看穿能力，并有强大灵活的监管隐私保护机制，实时获取当前进行的交易的详细信息，监控可疑或异常票据业务，并通过操作权限或系统参与方的准入权限等限制保证数字票据的金融安全。

随着参与方增多，交易性能未来极有可能面临极大挑战。

（3）案例三：区块链贸易金融服务平台

从 2017 年开始，部分国内银行面对贸易金融业务中的诸多痛点，开始思考建立银行间业务联盟的问题，即将传统的信用证、保函、福费廷、保理、票据等业务区块链化，以联盟链的形式建立银行间交互网络，使各个银行以平等、共享的原则加入，还可引入业务涉及的其他机构，例如海关、税务、司法、工商参与共建生态。生态一旦建成，不但可以解决银行间报文收发的问题，同时可以帮助银行、监管机构识别贸易背景真实性，跟踪信贷风险，建立以中国银行业为基础的业务标准、报文标准、技术标准。

区块链贸易金融服务平台由中国银行、民生银行、中信银行三家银行牵头，同时建立银行间贸易金融服务平台，支持国内信用证业务以及福费廷业务。平台已稳定运行2年，交易额接近300亿元。

①国内信用证

针对传统信用证业务流程在信用证开立后大多以纸质形式传递，安全性低，校验难等问题，区块链贸易金融服务平台利用区块链技术链接多家银行，实现电开，并能准实时送达，链上主体通过相互授信建立头寸管理和轧差机制，实现信用证链上实时写入、实时读取以及实时验证验押，从而减少票据、信用证的在途时间，加快资金周转速度。同时，信用证的变化可以实时被其他相关行、企业及第三方获取，保证各方信息透明，确保相关方利益。通过引入区块链技术，信用证信息实现了链上安全、快速、可追溯地传递，并且可支持中文报文，在国内信用证结算中可以取代SWIFT，从而构建了自主安全可控的国内信用证交换体系。

2017年7月，中国民生银行推出了基于区块链的国内信用证信息传输系统（BCLC）。通过平台，信用证的开立、通知、交单、承兑报文、付款报文各个环节均实现线上化，缩短了信用证及单据传输的时间，报文传输时间可达秒级，大幅提高了信用证业务处理效率，同时区块链的防篡改特性还提高了信用证业务的安全性。BCLC系统将银行连接成一个网络，使信用证业务全过程变得更加透明可追踪，各个节点都能看到整个信用证业务的办理流程和主要信息。

国内信用证具有两个优点：第一，实现了从信开到电开、从纸质寄单到电子交单的转变，降低了时间成本和邮寄成本；第二，企业客户可以实时查询完整的业务链条进展情况，增加了业务透明度。

但业务和单据的真实性目前依赖交易行的背景调查，未来可通过引入物流、国税等相关机构，使真实性得到保证，降低风险。

②福费廷交易平台

银行间福费廷业务主要利用线下撮合方式，效率低、风险高。跨机构资产金额较大，需要满足行内层层审核、授权管理需求，导致交易时间长、效率低。大部分跨机构资产交易撮合人都是产品经理，依赖产品经理的私人朋友圈，监管部门无法收集线下撮合信息，违规现象经常发生。

在线下撮合交易过程中，大部分利用的是一对一的机构买卖方式，基本不涉及多方的资产拆分，导致无法体现数字资产的最大价值。

基于 BCLC 技术与业务的积累，中国银行、民生银行、中信银行联合设计开发的基于“分布式架构、业务环节全上链、系统衔接全自动”的区块链福费廷交易平台（BCFT）于 2018 年 9 月成功上线。

平台采用联盟链的形式，由三家银行基于行业通行的业务流程共同开发。平台依据银行间交易业务场景，利用区块链应用层功能，独创 Business Point 管理端，有效衔接银行多层级组织管理架构。系统为福费廷业务量身打造预询价、资产发布后询价、资金报价多场景业务并发、逻辑串行的应用服务流程，保障了系统的兼容性、通行性、灵活性和拓展性。

福费廷交易平台有以下优势：①通过密钥身份认证、资产核心要素验证、智能信用评级等方式确保资产信息真实、唯一、有效，有利于规范交易、稳定市场价格、便利化操作和节约交易成本；②平台集合了资产发布、资金报价、Offer 要约、债权转让等一系列环节，实现了“一站式”服务，能够有效避免意向达成后交易拖延的情况发生，最大化缩减交易成本，提升融资效率；③将交易核心数据统一化、标准化后“上链”，通过智能合约、共识机制、分布式数据库，配合 Business Point 定制开发，在求同存异的前提下，使核心交易环节高度一致化，极大地降低了多交易主体之间在文本、要素、流程匹配方面的“无效摩擦”，让平台成为跨行间福费廷交易的“润滑剂”；④平台数字化程度高，其块链结构、多节点存储、状态可追索、数据可共享、唯一性不可篡改、加密安全保障高等诸多与生俱来的优势，使上述难题迎刃而解。

（4）案例四：智慧保险数据平台

基于区块链技术构建的数据流通服务平台——中保信数据服务平台是一种基于区块链技术应用于保险机构的大数据可信流通和管理工具。平台利用区块链技术对数据流通进行授权管理、流程监控，为流通数据的不可篡改性、隐私性、安全以及质量可控性构筑前提，并在此基础上提供保险业务决策支持、营销和运营优化、风险管理等增值服务。在数据确权、安全流通的前提下，各参与方通过部署在本地的中保信数据服务平台成为流通网络中的节点，平台各个节点间的信息互通形成流程一体化、服务标准化的高效管理、全面监管的数据流通服务网络。

智慧保险数据平台有以下亮点：①中保信数据服务平台采用分层、模块化复合结构设计，可灵活应对各种应用环境和应用场景；②打破传统保险向互联网 + 保险服务转型的信用和安全藩篱，实现互联网与保险业的深度融合。

该平台也面临一些挑战：

①行业级数据流通平台的推动和应用受到行业内每一位成员的影响。保险公司对数据所有权的敏感和安全性顾虑使其不一定愿意接入平台，从而影响平台的规模和应用价值；②一些公司可能有与投保客户关系减弱的担忧。区块链应用同时需要配套新的经济激励模型，对参与者实施新的激励，从而激发参与者的热情。

（5）案例五：中企云链产融平台

在传统供应链金融中，针对中小企业的贷款发放而言，金融单位需要花费大量的人力、物力、财力去审核企业的各种资质和交易背景真实性，由于其背景调查成本高，所以融资难度高，融资成本也相应增高。

中企云链，是由中国中车联合中国铁建、国机集团、航天科技等多家大型央企倾力打造的基于互联网的供应链金融服务平台。其通过聚集众多央企资源、金融资源，为其他企业提供免费供应链金融管理服务，致力于打造大中小企业融通发展、实体产业和银行协同发展的互联网产融服务共享平台。

在当前供应链金融垂直电商模式的基础上，中企云链创新推出一种“N 家银行 + N 家核心企业 + N 家上下游企业”的全线上“N + N + N”供应链金融平台模式，既不同于当前部分产业集团建立的供应链金融模式，也不同于银行等金融机构建立的交易银行供应链金融模式。相较于部分产业集团自建平台，该平台具有以下优势：一是不局限于单一核心企业供应链，具有明显的资金比较优势；二是资产丰富、风险分散，有利于满足监管部门防范资金风险、分散投资的实际要求；三是具有规模优势，可以为企业级用户提供综合、全面的一揽子解决方案。

中企云链创新推出“云信”产品（一种可拆分、流转、融资的电子付款承诺函），为企业间应收应付往来款清算提供新选择。

核心企业首先从银行等资金方获取授信支持，然后由核心企业根据其所属子企业规模大小、经营状况，由核心企业分配并在中企云链平台设定所属子企业可使用“云信”的最高额度，其可分配的总额度即该核心企业取得的银行授信额度。核心企业通过向供应商支付“云信”来支付货款，供应商收到“云信”后有三种选择：一是选择部分或全额继续持有；二是选择部分或全额向平台进行保理融资变现；三是选择部分或全额继续支付给其他企业，促进“云信”在产业链企业间的广泛应用。

区块链技术尚处于发展的初期阶段，技术的迭代速度很快，其两个核心技术，即共识算法和加密算法，都存在很大的优化和完善空间，基于此的科技创新在很多领域没有先例，其适用性、安全性有待优化。

（三）区块链应用于金融领域的前景展望

1. 区块链技术在金融领域应用的问题

（1）安全性问题

区块链技术以链式结构保存数据，多个节点参与系统共识记账，主要的安全算法是哈希算法和公钥算法，它在数学上相对安全，但随着高性能计算机的发展，例如量子计算机等，很多当前的加密算法有可能被破解，这是区块链面临的安全风险。区块链网络中的节点通常运行在不同的机构内部，旨在通过区块链智能合约保证全网数据一致性，一旦出现错误或恶意代码，需要同时协调多方机构，无法像中心化系统那样通过关闭系统进行快速修复。

（2）技术框架成熟度问题

区块链底层技术架构尚不够成熟，与现有技术体系的融合集成还存在一定困难，主要体现在开发工具配套不完善、可扩展性较差、升级维护不灵活、与现有的金融运维治理冲突等。

(3) 缺乏统一的技术标准

目前区块链行业形成了百链齐发的形势，但是每个区块链系统从底层链、虚拟机、智能合约到应用都形成了一套专属的标准，导致区块链之间无法互联互通。在跨机构应用区块链时，使用任何一方的区块链技术平台都会遇到较大的阻力。

(4) 法律效力问题

现阶段，区块链承载业务记录的难以篡改特点、智能合约的法律有效性尚未完全得到认可，仍存在法律上的不确定性。一旦出现纠纷，仍然存在责任主体认定难问题。

2. 区块链技术在金融领域应用的前景展望

近年来，区块链技术发展迅速，成为当下最受瞩目的信息技术之一。业界大部分人认为，区块链技术将有希望进一步实现流程的自动化，提升金融交易的透明度，从而对保存金融业务记录、核算会计和支付的结算方式产生深远影响。国内各大金融机构和科技公司都纷纷试水各种区块链应用场景。

3. 区块链技术创新发展

区块链技术作为“价值互联网”的重要基础设施，正在全球范围内引起技术创新和模式创新的热潮，参与区块链技术研究的主体不断增多。而区块链技术的不断迭代更新，使其吞吐量和存储能力得到进一步提升，安全稳定和业务连续性等问题得到较好的解决，尤其是符合金融行业发展的联盟链技术的发展，为区块链技术大规模应用提供了基础。

我国的区块链技术正经历着加速发展的过程，金融机构应当积极拥抱区块链技术，投入区块链业务场景模式创新中，抢占新一轮产业创新的制高点，增强竞争力。

(1) 新技术融合发展

区块链技术在一定程度上可以解决价值传递过程中真实性、唯一性、完整性的问题，降低价值传递的风险，提高价值传递效率，实现机构间协作的信息化，这将衍生出大量的创新合作项目，构建创新创业新环境。区块链技术与物联网技术、人工智能技术、云计算技术的融合发展，将加速技术成果的落地。

人工智能的发展以海量大数据为基础，区块链可以确保数据的安全性和可信性。二者一旦深度结合，就可以构建安全的智能学习环境，比如符合多方安全要求的多方安全计算模型已经有了初步的研究成果。

区块链与物联网技术的结合，利用区块链链上数据不可篡改的特性，可以在很大程度上提升上链信息的可信性，确保线下实物准确向线上映射，提升系统总体上的可信性，进而应用于更多场景。

（2）区块链应用场景深化发展

区块链技术作为金融科技的前沿技术之一，已在证券、信贷融资、保险、租赁、支付清算、金融交易等细分领域落地应用。目前区块链的金融行业应用还处于初级阶段，以私有链和小范围的联盟链为主，因其体量小、使用场景单一而比较容易被创造和管理。从构建小联盟入手，催熟一些相对成熟的产业区块链的落地应用，以此作为试点进行推广，有助于整个产业的发展和成熟。

区块链在金融行业的快速普及落地，必然出现一批相对同质化的应用场景，例如区块链贸易金融应用中，建设银行、民生银行－中信银行、银行协会、交通银行纷纷推出相似的贸易金融区块链业务。在区块链技术与金融业务结合发展初期，同质化竞争一定程度上有利于促进技术进步和服务质量的提升，而长期来看，相同区块链金融场景很有可能由 1～2 个大的联盟组织合并统一，也有利于行业的繁荣发展。不同区块链应用场景也会并行发展，金融行业会出现多个不同场景的联盟链，比如供应链金融联盟链、贸易金融联盟链、跨境支付清算联盟链等。不同的联盟链存在，有利于业务场景的隐私隔离，同时又能保持一定的灵活性。

（3）与行业外资源协同发展

由于区块链的价值得到认可，除金融业外，越来越多的行业在构建区块链应用场景和提出解决方案。从应用范围看，由于大多数产业场景都涉及交易，存在降低成本、提高效率、改善产业环境的需求，区块链技术也就能在大部分产业场景中落地应用。

所以，区块链在金融领域应用时，除了金融联盟内部需要通力合作，也要积极与外部资源合作，通过跨链等技术打通与海关、物流、仓储、税务等部门的联系，形成真正的数据闭环，推出真实可信的金融业务。

七 平安金融壹账通金融区块链应用探索与案例

（一）区块链在金融领域的主要应用场景

金融壹账通是平安集团旗下的金融全产业链科技服务平台，基于人工智能、区块链、云平台、生物识别等先进技术，结合服务、风控、运营等场景，为银行、保险、投资等全行业金融机构提供端到端的金融科技解决方案。由金融壹账通区块链团队自主研发的 FiMAX 区块链产品，已在贸易融资、资产证券化、供应链金融、再保险等 14 个业务场景中实现了大规模的应用。

在贸易融资场景中，金融壹账通打造多个国际化、重量级的区块链贸易融资网络，消除贸易融资欺诈、降低金融风险，并实现跨地域的全球互联；在资产证券化应用场景中，金融壹账通上线 ALFA 智能 ABS 平台，通过参与方布置节点、信息同步传输、授权加密等机制实现底层资产信用穿透，解决信息不对称问题，提升 ABS 产品的交易率；在供应链金融场景中，金融壹账通打造基于区块链的“壹企链”产品，成功赋能嘉兴银行等中小银行，与福田汽车集团共同打造“福金 ALL-Link 系统”，借助区块链技术优势直击上下游多级供应商、经销商的融资难题，着力加强汽车全产业链的协同合作；在再保险场景中，与保险壹账通联合打造 Genesis 再保险平台，应用区块链技术记录保险资产生命周期，实现链上的保单份额切割、智能匹配和交割，提升再保险产品流动性。

1. 贸易融资

（1）行业痛点

贸易融资行业信息化程度较低，常依赖大量纸质证明文件，人工录入和核验易产生差错且效率低下。此外，行业的参与方和业务环节众多，信息零散、传递时效性差，造成数据孤岛。而申请融资时常由单一参与方发起，信息来源单一，不仅融资申请方难以自证清白，银行也难以对数据进行有效核验，造成较高金融风险，企业也面临较高融资成本。

（2）区块链应用效果

应用区块链技术可有效推动行业信息化发展。所有贸易信息都进行电子化处理，以结构化的数据形式存储在区块链上，区块链特性可保证数据在层层流转中不被篡改、可追溯，这不仅可降低操作风险，也能大大降低人力投入。采用智能合约等技术，可简化贷前调查、贷中审核、贷后管理等贸易融资流程，大大提升效率。

区块链网络可覆盖贸易融资中各环节参与方，其分布式架构意味着多方拥有同一账本，可有效打破数据孤岛，打通贸易数据流。多源头数据的交叉验证，不仅有助于企业自证清白，银行也可更快速便捷地核实贸易背景，有效降低贸易欺诈风险，提升银行风控水平。此外，银行间数据的打通，可以有效避免企业凭同一张贸易单证进行重复融资及融资诈骗。

2. 供应链金融

（1）行业痛点

在以核心企业为重心的产业链条上，80%以上是中小企业，它们常面临账期长、资金周转难等困境，但又难以从银行获得信贷融资。传统的供应链金融业务虽旨在解决中小企业融资困境，却往往只能覆盖核心企业及其一级上游供应商和一级下游客户，难以进一步延伸，无法实际解决融资问题。

（2）区块链应用效果

区块链可以很好地解决供应链金融的痛点，通常被应用在供应链金融应收账款融资场景中。第一，区块链可以打破供应链条各级供应商相对割裂的状态，将上下游企业、核心企业、银行等参与方接入区块链网络中，打通全链条数据流。这不仅可以使银行更全面地了解供应链条并进行融资风险评估，也有助于核心企业增强对供应链末端企业的掌控能力。

第二，应收资产可作为数字资产上链，其确认、流转、融资、清分等流程可通过智能合约等技术简化，降低成本并提升效率。链上资产还可进行拆分和多级流转，推动资金流在链上移动，实现核心企业信用的多级穿透，银行可获取更有保障的优质资产，降低金融风险，更可有力解决链上多级供应商、经销商融资难、融资慢的问题，提升全链条周转率。

就供应链整体而言，区块链解决方案还有利于提升产业链的协同合作能力，增加链属企业与核心企业的黏性，从而实现整体效益的提升。

3. 资产证券化（ABS）

（1）行业痛点

资产证券化（ABS）的传统痛点在于产品结构设计与融资流程复杂，须通过发起人、证券公司、评级机构、会计师事务所、律师事务所以及经销商而最终发行，投资人无法触及资金池资产状况，导致资产定价困难，进而导致投资信心不足，市场流动性差。

（2）区块链应用效果

利用区块链技术可以实现 ABS 交易链条上的信息穿透，帮助建立信任机制。应用区块链将节点部署到每个参与主体上，利用区块链公开透明和分布式的特性，参与各方可以“看透”底层资产，实现资产信息的真实与公开化，有效防范风险。各参与方可实时进行信息的交互共享，对资产历史信息、实时表现进行全程监测，使 ABS 行业不再依赖主体信用评级，利用区块链技术实现资产公允定价，促进 ABS 市场的发展。

区块链技术有利于 ABS 市场的效率提升，即通过同步传输 ABS 信息流数据，改变传统点对点单向传输模式烦琐及低效的状况，实现网状式共享，提升信息传输效率。

4. 再保险

（1）行业痛点

再保险在中国市场仍处在初期发展阶段，存在诸多痛点。首先，国内再保险机构的信息化程度比较低，业务数据录入、核对主要依靠手工完成，易产生误差从而造成账面不平；其次，交易双方匹配、询价议价和条款协商等过程，均经由线下沟通完成，效率低下且人力成本极高；最后，交易信息不对称，再保公司无法直接接触原保单的被保险人，只能通过直保公司获取相关的信息，存在隐瞒潜在风险的情况。此外，直保公司难以同时接触到多家再保公司，因此需要通过中介公司寻找交易对手，交易成本增加且效率低下。这些痛点使得再保险交易成本高企，困难重重，阻碍了再保市场的迅速发展。

（2）区块链应用效果

应用区块链技术可有效推动行业信息化发展。交易的信息化、自动化减少了人工成本，同时避免录入时产生错误。同时分布式存储的架构，可以实现多方实时对账，避免出现账面差错。

通过公开透明的区块链平台，交易方可寻找交易对手并进行点对点的交易，消除了中间环节，大大降低流程和成本。智能合约技术可为再保和直保公司自动匹配相符的交易询价单，减少了业务人员的沟通成本，从而提高交易的效率。

最后，基于区块链可实现原始保险资产穿透，解决信息不透明的痛点。直保公司在承接保单的时候将保单具体信息上传至区块链，再保公司不仅可实时获取业务更新通知，也可以更加全面地评估风险，确定更合理的保额和赔率。当每一个符合分出条件的保单出险后，智能合约自动触发再保赔付，可实现实时结算。

（二）区块链在金融领域典型应用案例分析

1. 区块链跨境贸易融资网络

（1）应用场景概述

随着贸易全球化的发展和世界经济的整体复苏，跨境贸易业务规模不断扩大，但应收账款、存货以及预付账款的巨大金融潜力未得到充分挖掘，使得企业面临融资难、供应链周转效率低的困境。

一方面，传统贸易融资业务信息化程度较低、业务流程复杂、流程协同低效，导致整体效率低下；另一方面，跨境贸易参与方众多，跨越不同管辖区域，导致数据割裂零散、难以验真。监管机构与金融机构无法有效验证贸易背景，过于依赖申请人所提交的材料，导致贸易欺诈、重复融资风险频发。

区块链具有的防篡改、可追溯、信息加密分享等特点，使得业务中各个参与方能够自行将信息加密上链，不同信息源的数据实现交叉验证和快速流转，变“自证”为“他证”，提高信息真实性和可信度，优化贸易融资信息传递及实现流程协同，提高了融资效率，且能有效降低风险。

（2）应用/产品概况

区块链跨境贸易融资网络由包括 eTradeConnect 贸易联动、天津口岸区块链验证试点、IFAB 智慧贸易融资网络在内的多个跨区域、跨维度的区块链系统链接组成，在发挥区块链技术优势的同时，进一步形成网络效应，实现商流与物流信息的双流合一、跨地区贸易融资业务的信息交流和联动。

①eTradeConnect 贸易联动

该网络由香港金管局牵头、7 家在香港的国际银行共同发起成立，并由平安金融壹账通负责设计、开发及部署，一期已有 12 家国际银行加入。该网络通过平安金融壹账通自主研发的 FiMAX 区块链解决方案，有效解决贸易融资业务中数据隐私与数据共享间的矛盾，打破数据孤岛；同时，凭借领先的 3D 零知识证明技术，银行可对加密后的融资信息进行验证，大幅降低重复融资风险，而区块链系统所带来的信息数字化和业务流程自动化，也会显著提升流程效率。

此外，该区块链网络还与覆盖 14 个欧洲国家的 we. trade 欧洲贸易融资平台达成合作共识，将共建亚欧经贸数字走廊。

②天津口岸区块链验证试点

平安金融壹账通以中国海关总署“科技兴关”战略为指导，建立了天津口岸区块链验证试点项目，助力海关以及跨境贸易各参与方实现“两提两控”的目标。该项目基于区块链打造链接跨境贸易各参与方的网络，应用 FiMAX 先进密码学方案，在隐私保护的前提下实现数据共享，打破跨境贸易中的数据孤岛。系统运用 3D 零知识证明技术，交叉验证加密后的各源头数据，并根据验证后的信息生成通关中的重要单据，降低各方的操作成本和操作风险，构建实现贸易便利化的基础设施。

数据的联通和互相验证可提升贸易真实性和可信度。金融机构可获得多来源的可信数据，以更好地进行风险评估，降低金融风险。对各类优质企业而言，可在享受到更好的通关服务及金融服务的同时，提升全流程的业务协同率，实现降费增收。

③IFAB 智慧贸易融资网络

为解决贸易融资各参与方的痛点，金融壹账通联合中小银行互联网金融联盟（IFAB），共同打造了基于区块链的 IFAB 贸易融资网络。该网络链接内地各银行和中小企业，旨在通过区块链技术帮助企业与银行更好地开展贸易融资业务。银行自有企业客户可通过本银行的银企端接入 IFAB 网络，客户数据保存于银行单独的系统中，不在银行间共享；而新企业用户则可通过 MarketPlace 认证后接入网络，IFAB 网络可根据其业务特点及自身情况自动匹配银行，帮助其获得更好的融资体验，银行亦可高效获客。

该网络应用 FiMAX 区块链全加密框架，无论是银行还是企业，所有数据都由拥有方自行加密后上链，消除数据隐私泄露的风险。针对网络中的每一笔贸易，交易双方皆可通过可授权加解密技术在链上共同验证相关信息，保证贸易数据真实，不仅为企业后续融资提供有效凭证，也帮助银行识别贸易欺诈，降低风险。系统应用 FiMAX 的 3D 零知识证明技术，使银行可在数据全加密的情况下对贸易凭证发起的融资进行超额融资验证，有效防范超额融资风险。IFAB 贸易融资网络在提高融资效率、降低金融风险的同时，最大限度地保证了用户数据的独立性和隐私性。

将来，IFAB 贸融网络还将与资产证券化（ABS）平台无缝链接，使原始资产从生成、打包至证券化的全生命周期都记录在区块链上，保证记录的真实可信可追溯，实现信用资产的底层穿透，使银行收获新业务增长的同时高效率、低成本地回收资金。

（3）贸易融资网络生态效应

基于相同底层框架的区块链网络间的互联互通，能够极大地丰富区块链上的数据源和数据维度，来自 eTradeConnect 贸易联动的国际贸融数据、来自天津口岸项目的物流数据和通关数据以及来自 IFAB 智慧贸易融资网络的内地贸融数据，将能够对每一笔交易，进行不同维度的交叉验证，确保贸易及相关信息的真实性。

此外，网络的建立也将吸引更多网络和参与方的加入，使得链上数据能够跨越更多行业和地区，实现商流、物流和资金流的三流合一。多元化的区块链数据，将为链上业务提供更全面的信息源和更多维度的交叉验证，进一步提升区块链在应用中的价值，形成一个自我加强、自我完善，同时参与方数据隐私可控、利益能够得到保障的区块链贸易融资生态圈。

2. 南京市智慧医疗项目

平安健康险与南京市智慧医疗投资运营服务有限公司合作的保险快赔项目已应用了区块链技术。

该项目成立的背景是双方都想为南京市市民提供在线的惠民保险产品以及提供在线理赔等配套相关服务。

快赔项目用户使用场景：南京市市民登录“我的南京”APP 后，在保险频道相关入口可选择在线理赔申请，用户填写信息并授权平台查询其个人相关信息后提交，区块链会根据用户输入信息查询并返回该用户对应就诊医院的就诊信息。用户查阅并确认页面显示的就诊信息后补充其个人银行卡信息再次确认提交，区块链就会把该用户详细的就诊信息传送到平安相关中间系统，三目类别、字典映射对数据进行标准化后，再将标准化的信息流转到平安健康险理赔系统自动生成保案号，自动计算理赔额并进行理赔确认及赔付相关的流程。

该区块链项目与南京市数十家医院系统打通，这些医院的数据均已接入区块链并可实时调用。未来计划接入上百家医院，为南京 800 多万名市民提供在线便捷的保险服务。

在线快赔相比传统理赔的优势是：无须提交纸质材料，人工智能审核，赔付急速到账。

3. 智慧农业管理平台（平安产险）

平安产险推出国内首个全产业链保险深度介入的产业扶贫“平安扶贫保”模式，以“真扶贫、扶真贫、精准到户、建档立卡、小步快跑”为扶贫工作原则，采取聚焦1个优势产业、发展1个核心企业、带动N个贫困户的“1+N”产业帮扶策略，在贫困高发地区落实产业扶贫工作。平安产险自研智慧农业管理平台，通过“金融+科技”聚焦农业产业链前、中、后期的核心难题，推出智慧扶贫、智慧灾害管理、区块链产销平台等系列解决方案。

（1）借助区块链技术，提升品质管理

智慧农业产销平台将为特色农业产业开放区块链端口，借助区块链分布式数据库识别、传播和记载信息的智能化去中心化以及防伪防篡改的特性，配合田间物联网传感器，打造农产品溯源平台，进一步提升溯源的公信力。同时，基于区块链的信息共识机制，建立品质监测体系，逐步实现科学精细化生产，为标准化、规模化生产奠定基础。

（2）通过生产链条溯源，提升品牌附加值

智慧农业产销平台为每一包农产品生成唯一的溯源标签，可支持地方特色农产品实现“从田间到3423餐桌”的全流程溯源，为上市销售的农产品建立溯源标签，让消费者了解产品地缘出处、生产加工物流过程、种植农户收入增加额等全流程数据，再通过溯源保险为农产品做“保真”背书，为农产品建立绿色、高品质的形象标签，支持农产品品牌附加值塑造。

（3）基于大数据、AI技术搭建智慧灾害管理平台，提升防灾减损能力。

通过卫星遥感、大数据等技术搭建智慧灾害管理平台，建立AI智能作物识别、智能灾情预警等模型，支持精准识别农耕地块，并可为种植地区提供灾害预警，有效提升防灾减损能力。

（三）区块链应用于金融领域的前景展望

1. 数据安全与身份认证

每个企业都拥有一系列敏感数据，包括关键业务信息、商业秘密、客户信息和业务合作伙伴信息等，保证数据安全不仅符合企业自身商业利益诉求，也是打造企业公信力的基石，更是全球政策与法规的要求。近年来，随着数字化转型的深入，企业内部数据总量呈爆炸性增长，金融等数据密集型行业尤甚。金融行业企业在网络安全方面的支出呈逐年增长态势，数据安全保护已成为一大重要议题。

如前文所述，区块链技术的出现有力推动了金融行业数字化的进程，区块链分布式的架构和数据透明可追溯的特性有助于整合各业务参与方的数据流、构建信任体系，具备无限潜力。同时，正是这些特性使区块链给企业带来了数据安全隐患。首先，区块链的每一企业节点中都存储其他企业的数据，整体数据量倍增，如何高效存储、管理、监控数据就成为企业关注的重点。其次，应用区块链意味着不同企业之间需要共享数据，如何平衡数据隐私保护和数据共享也将成为另一个关注重点。

可以想见，作为一项不断进化的新兴技术，区块链在未来的发展中，必将着重解决数据管理和数据隐私安全问题。

在目前的区块链行业中，已有应用以零知识证明技术为首的尖端密码学技术，以实现对链上加密数据的验证。个别厂商已研发出高效同态加密零知识证明技术和可授权加解密技术，在保护数据隐私的基础上充分利用数据，使数据所有者对其数据拥有全面所有权和掌控权。应用密码学技术或将成为解决区块链数据隐私安全的重要手段。

最后，与数据安全需求相匹配的，是完善的身份认证系统，即在数据交换中，需要对参与方的身份进行认证，保证交易可靠，防范数据盗取。目前常用的数字证书体系是 PKI/CA 解决方案，通过发放和维护数字证书来实现身份认证和安全处理，具有完整性和优越性。若将区块链技术与 PKI/CA 解决方案结合，打造一套基于区块链的 CA 认证体系，结合尖端密码学技术，将为金融行业的数据安全与身份认证提供优秀的解决方案。进一步而言，该体系还可结合国密局国产算法的优势，打造国家自主可控、可监管、具备法律效力的区块链认证体系，不仅将在金融行业发挥极大作用，也将推动区块链技术的大规模应用。

2. 区块链网络生态

区块链数据加密共享、防篡改、可追溯、高效实时同步等诸多特性，与金融领域业务流程长、参与方众多，数据量大且繁杂的特点有很高的契合度。随着技术的成熟和各个瓶颈的突破，由区块链驱动的系统也逐步在贸易融资、资产证券化等多个金融领域投入实际业务，赋能金融机构。

然而，尽管区块链技术已进入商用阶段，但如何保证源头上链数据的真实性，仍然是一个无法回避的问题；此外，在金融领域中的应用，如何覆盖多个业务场景，形成资金流闭环，也是一个需要面对的挑战。

解决这两个问题，需要的是多维度、多参与方、多数据源的联通和交叉验证。这意味着，在安全可控、隐私得到充分保护的前提下，接入网络的参与方越多，信息的维度（如商流、物流和资金流）越丰富，区块链在金融领域的应用将更为精准且更具有价值。而不同区块链系统间的联通，金融领域各参与方的接入，需要一套互相联通、接入门槛低，且能够明确数据所有权、系统主导权争议的完善的解决方案。

目前行业中应用较多的 BaaS（Blockchain-as-a-Service，区块链即服务）平台并不能完全满足这两方面的需求。传统 BaaS 平台通常由一个账户体系产生链并产生节点，在扩展性方面有较大局限性；传统 BaaS 平台由平台方主导，节点服务器和系统入口均不同程度受平台方控制或影响，数据所有权与系统主导权较易存在争议，难以吸引同等体量参与方或网络接入，不利于区块链网络生态的扩展。

BNaaS（Blockchain-Network-as-a-Service，区块链网络即服务）解决方案或将能为此提供完善的解决方案。BNaaS 强调多账户体系组网，且支持客户基于本地 IT 环境的区块链节点迅速部署，从而实现区块链的轻量化高效对接，满足业务方不同的技术建设需求，同时弱中心化的网络能够打消客户对区块链分布式架构体系的顾虑。

此外，完善的 BNaaS 网络还应当具有 MarketPlace 的功能概念，为区块链参与方提供一个快速、低门槛的接入方式。通过 MarketPlace，参与方不仅可以发布新的区块链网络，并在 MarketPlace 中营销自建网络，也可通过

MarketPlace 加入已有的商业区块链网络，成为生态圈的参与方之一。

在 BNaaS 这类解决方案的支持下，区块链网络在金融领域的应用将能够实现规模化，用在广度与深度上扩张。在广度上，将有更多相同领域内的区块链系统实现互联互通，在链上提供更为完整的数据与用户画像，进一步加强业务协同与风险管控；在深度上，区块链将能串联起多个金融应用场景。例如贸易融资与资产证券化的串联，能够将原始资产从生成、打包至证券化的全生命周期都记录在区块链上，显著增强资产证券化业务的信息透明度。

随着区块链在金融场景中应用的不断发展，这一网络也将逐渐形成一个可自我加强、自我完善，同时参与方隐私可控、利益能够得到保障的区块链生态圈。

八　蚂蚁金服区块链应用探索与案例

（一）区块链的基本原理与技术进展

区块链是一种在对等网络环境下，通过透明和可信规则，构建不可伪造、不可篡改和可追溯的块链式数据结构，实现和管理事务处理的模式。区块链技术的发展和应用将对技术、经济、社会等多个层面产生积极影响。

从技术层面看，区块链并不是一种单一的技术而是通过多种技术组合创新形成的一种新型计算架构，包括 P2P 网络技术、加密算法、共识机制和智能合约等。区块链技术能让数字世界像物理世界一样真实可信，让记录在区块链上的数据、资产、合约与规则真实、可信、可追溯且不可篡改。由于消除了信任不足带来的阻力，区块链可以极大地提升社会、经济网络中的协同效率。

从经济层面看，区块链分布式系统脱离当前第三方机构的信用背书，实现双方价值交换，能够有效降低交易成本，提高交易效率，排除交易中人为的干扰因素，从制度上防止任何一方的抵赖。

从社会层面看，区块链技术创造了一种全新的信任方式，通过技术，使得价值交互过程中人与人之间的信任关系能够转换为人与技术的信任，促进构建新型的社会结构、商业模式、人际关系。

区块链系统功能架构包括基础设施层、平台层和应用层（见图9）。基础设施层包含公有云、私有云和数据中心。平台层包括存证平台、智能合约平台、共识机制、块链存储、隐私保护、合约引擎，以及系统服务、跨链服务、BaaS 平台功能。应用层包括商品溯源、互助保险、食品溯源、生活租赁、公益平台、供应链金融等。

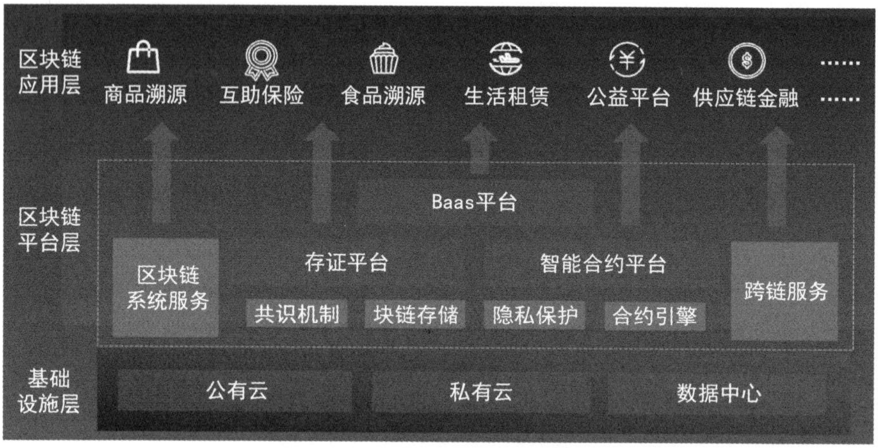

图9　区块链系统架构框架

区块链具有去中心化、可信性、高效性、智能性、匿名性等特征。一是去中心化。区块链无须依靠中心化系统即可帮助很多企业多方协作，这是区块链最主要的特性。二是可信性。区块链模式的分布式特性、多方共识特性、不可篡改特性保证了整个数据资产的可信性。三是高效性。区块链通过可信的方式进行数字化，使其成为高效的可在线上完成的工作。四是智能性。在区块链上附加智能合约可编程的资产，通过资产的流转来实现管理上的优化及其他业务领域的创新。五是匿名性。由于节点之间的交换遵循固定的算法，除非有法律规范或者特殊领域应用的需求，各区块节点的身份信息可以不需要公开或验证，信息传递可以匿名进行。

区块链技术经历从数字货币 1.0 到以智能合约为特征的 2.0 阶段，正在迈向以广泛应用为代表的 3.0 阶段。区块链 1.0 发展阶段主要以比特币及其他类似加密数字货币为代表，实现了点对点的去中心化支付系统功能。区块链 2.0 在加密数字货币技术基础上发展出了智能合约或者称为可编程的金融功能，可以对金融领域的使用场景和流程进行梳理、优化。区块链 3.0 全方位提升了区块链 2.0 的性能和扩展，使区块链技术在金融领域以外的应用变成可能。当前，区块链整体发展处于 3.0 的早期探索阶段。

科技企业和金融机构围绕区块链技术进行积极布局。2016 年以来，区块链技术快速发展，成为全球科技企业和金融机构角逐的焦点。包括蚂蚁金服、工商银行、民生银行等在内的科技企业和金融机构纷纷布局，并在全球占据重要位置。全球领先的知识产权产业媒体 IPRdaily 发布的《2018 年全球区块链专利企业排行榜（TOP100）》[①] 显示，阿里巴巴以 90 项专利数排名第一，IBM 和 Master Card 分别以 89、80 项专利数排在榜单第二、三名（见图 10）。其中，阿里区块链专利申请大部分出自蚂蚁金服。蚂蚁金服自研的区块链平台目前已经具备金融级平台所需要的高性能、高可靠和高安全的技术特点。

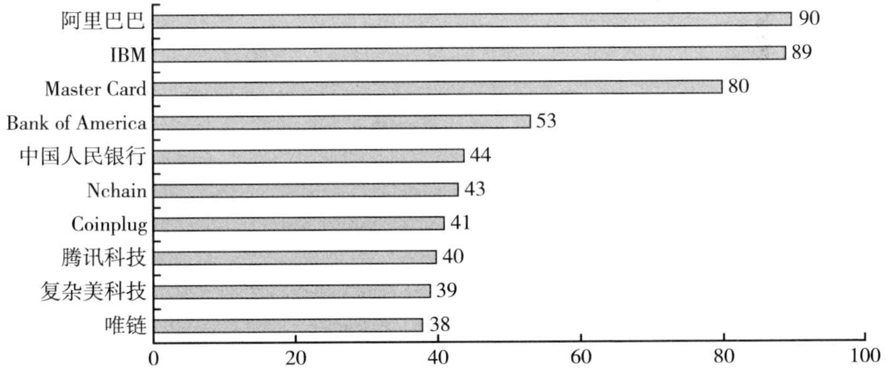

图 10　2018 年全球区块链专利企业排行榜

资料来源：IPRdaily：《2018 年全球区块链专利企业排行榜（TOP100）》。

① 榜单以 Incopat 和 Patentics 为交叉检索工具，选取截至 2018 年 8 月 10 日的中、美、欧、日、韩以及 PCT 专利申请公开数据为统计样本。

（二）区块链在金融领域的主要应用场景

区块链技术的不可伪造和不可篡改的属性，为去中心化的信任机制提供了可能，能够有效解决金融行业中存在的信息不对称问题，并可以显著提高效率和风控水平、降低运营成本。区块链与金融的结合将改变金融基础架构，具有广阔的市场应用前景。IDC 数据显示，2018 年全球区块链支出为 15 亿美元，预计 2022 年总支出将达到 124 亿美元，复合年增长率 76.0%，其中银行业支出排名第一，其次是离散制造、流程制造、零售和专业服务业，前五大行业总支出占 58.4%，行业分布较为集中。2018 年中国区块链市场支出达 1.65 亿美元，预计到 2022 年将达到 16.7 亿美元，年复合增长率高达 78.3%。其中银行业支出规模约为 7600 万美元，占总支出的 46% 以上，居第一位（见图 11）。区块链在金融领域的应用主要体现在跨境汇款、供应链金融、保险理赔等多个方面。

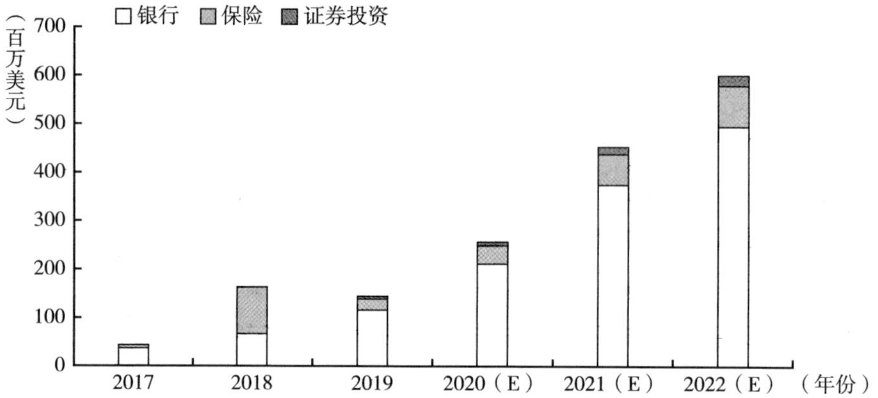

图 11　中国金融行业区块链市场支出规模

资料来源：IDC，《中国区块链金融行业应用，2018～2022》。

跨境汇款。区块链与跨境汇款的结合，可以解决传统跨境汇款存在的结算效率低下、结算费用高昂、资金利用率低、安全性低、标准设立不平衡等多种问题，实现更高效的交易和有效的监管，并重构信用体系。区块链可以应用于支付的交易、清算、结算的三个标准化过程，全面改造支付清结算系统，并将在多个应用方向发挥巨大价值。麦肯锡测算，从全球范围来看，区块链技术在 B2B 跨境汇款与结算业务中的应用可使每笔交易成本从约 26 美元下降到 15 美元，其中约 75% 为中转银行的支付网络维护费用，25% 为合规、差错调查以及外汇汇兑成本。

供应链金融。区块链与供应链金融的结合，可以解决供应链金融发展过程中遇到的三大问题：一是传统的供应链金融实践通常只能服务到核心企业的直接上下游，较难触达供应链条上末端的小微企业，小微企业融资难、融资贵问题突出；二是金融机构在贸易背景核实、可靠质权、回款控制等方面的操作与风险成本均较高，而贸易链条中的企业或平台又难以自证，金融机构开展供应链金融业务的成本、风险和收益较难平衡；三是金融机构开展供应链金融业务通常仅从金融风险与收益的角度切入，较少与企业自身供应链管理优化相结合，甚至在某些方面形成干扰，造成核心企业参与意愿度低，业务较难开展。

区块链技术可以促进企业与企业之间、企业与金融机构之间的可靠协作与信任，提升中小企业的融资效率，降低小微企业的融资成本，加速实现普惠金融。供应链金融坚实的市场基础为区块链的应用创造了巨大的空间，包括蚂蚁金服、中企云链、联易融、招商银行、浙商银行等企业积极推动供应链金融领域的区块链解决方案的研发和应用。普华永道测算，我国供应链金融的市场规模将保持平稳增长，预计到 2020 年，我国供应链金融的产值将会达到 15 万亿元。图 12 显示了蚂蚁金服应收账款区块链方案架构。

保险理赔。保险行业的飞速发展带来产品的复杂多样性和运作流程精细化，但由此引发的对流程的透明度、行业大数据的整合需求越来越大。区块链与保险行业的结合，从风控、运营、再保险等方面全面改进企业的运行效率和商业模式，创造了以互助保险为代表的新业务模式。区块链对保险行业的改造价值主要体现在四个方面：一是基于区块链的可信存证系统以及自动执行智能合约，增强用户信任；二是创建多方维护的共享透明账本，加强保险数据整合分析，提高保险机构间的协作效率；三是区块链可以作为保险资产证券化产品的登记交易系统，提供可信记录及追溯的能

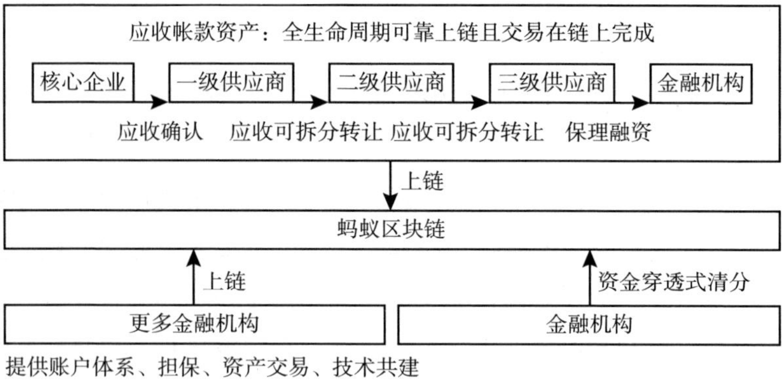

图 12　蚂蚁金服应收账款区块链方案架构

力；四是区块链可以大幅度减少保险公司对中介代理服务人员的需求，大幅降低运营成本。

除跨境汇款、供应链金融、保险理赔之外，企业也在积极探索区块链在反欺诈、证券交易、数字货币、电子票据等领域的应用。从整体上来看，金融领域仍然是区块链技术的最佳实践地，但其应用仍处在早期阶段。

（三）区块链在金融领域典型应用案例分析

蚂蚁金服、网商银行等多家企业看到了区块链技术对数字经济的价值与意义，一方面致力于突破区块链技术大规模应用的技术瓶颈，另一方面积极稳健地探索真正具有价值的应用场景。

蚂蚁金服区块链技术和解决方案为政府、企业和普通居民提供覆盖跨境汇款、供应链金融、电子票据、司法存证、商品溯源等多个领域的服务，并已经在多个社会生活和商业场景中实现大规模应用。蚂蚁区块链自诞生以来，始终立足于实现在性能、隐私保护、跨链互联等区块链领域的技术突破。其中最有代表性的就是蚂蚁金服高性能高安全区块链平台。

蚂蚁金服高性能高安全区块链平台经过多年的积淀与发展，已达到金融级水平，体现出独特的高性能、高安全、全球性部署的特点。核心技术方面，在共识机制、可验证存储、智能合约、可信计算、隐私保护、跨链交互等领域取得了重大突破。在2018年世界互联网大会上，经过包括多位图灵奖获得者在内的全球院士评选，蚂蚁金服区块链荣获“世界互联网领先科技成果奖”，是迄今为止唯一的区块链奖项。

截至目前，蚂蚁金服高性能高安全区块链平台已在30多个应用场景落地，大幅提升业务效率，降低业务成本，促进数字经济快速发展（见图13）。2018年6月，香港版支付宝AlipayHK上线基于电子钱包的区块链跨境汇款服务，可以实现跨境汇款3秒到账服务。据中金公司测算，通过AlipayHK进行跨境汇款，每年每位菲佣可节约500港元，若应用于整个在港菲佣群体（目前共有201090人），以全部转用AlipayHK来统计，每年可共节约大约1亿港元，见图14。

图15显示了蚂蚁金服区块链BaaS技术平台。

（四）区块链应用于金融领域的前景展望

区块链的本质是信任链接的基础设施，有望重构生产关系，重塑金融产业生态。

区块链将重构金融基础设施和金融服务。以区块链、大数据、人工智能、物联网为代表的新一代信息技术将共同成为未来金融的技术基础设施。特别是区块链凭借去中心化、可信性等优势，与金融行业的业务需求高度重合，未来不仅有望重塑跨境汇款、供应链金融等金融服务业务，也将重构新一代的金融基础设施。区块链可将现有金融体系的基础制度和交易规则固化在底层协议中，推动底层逻辑的标准化和自动化、高层业务应用的分布化，实现去中心化的价值安全转移，可大幅降低行业风险、经营复杂度和管控成本，进而有效提升金融机构运行效率、降低行业准入门槛。

金融机构与科技企业的区块链业务合作有望深入。区块链解决的核心问题是在信息不对称、不确定的环境下，建立满足经济活动赖以发生、发展的“信任”生态体系。区块链技术的特征决定了其适用于多主体参与、大额低频、缺乏互信且互联网化较低的金融业务。虽然包括招商银行、工商银行、

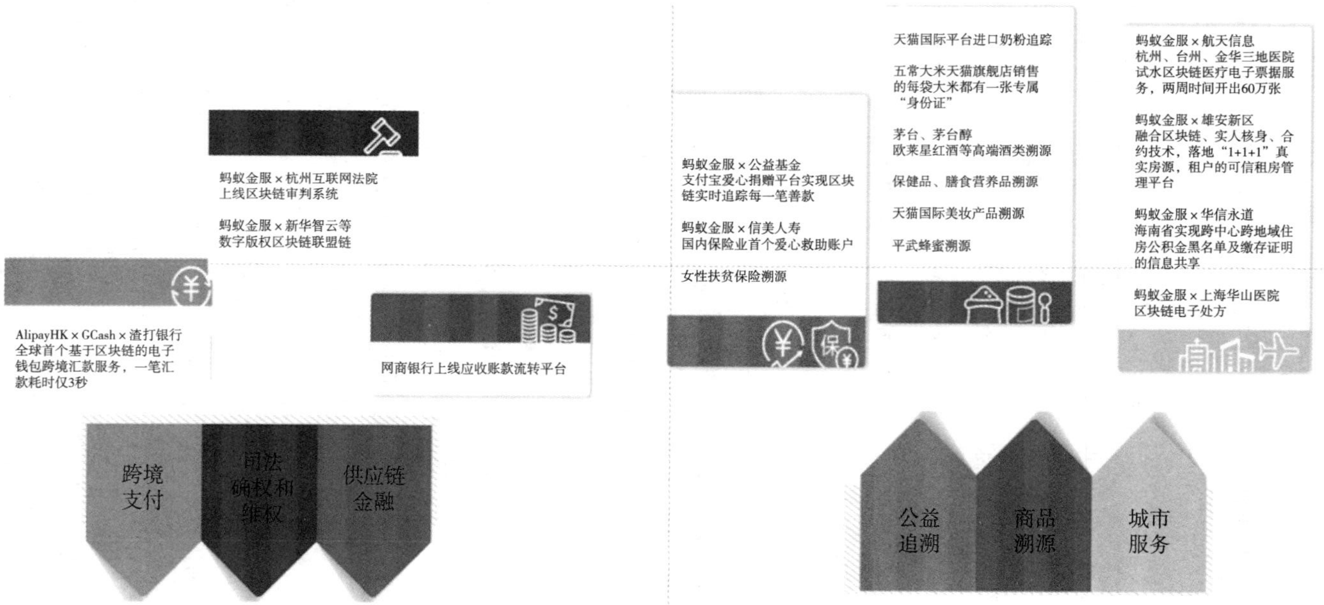

图13　蚂蚁金服区块链技术应用场景

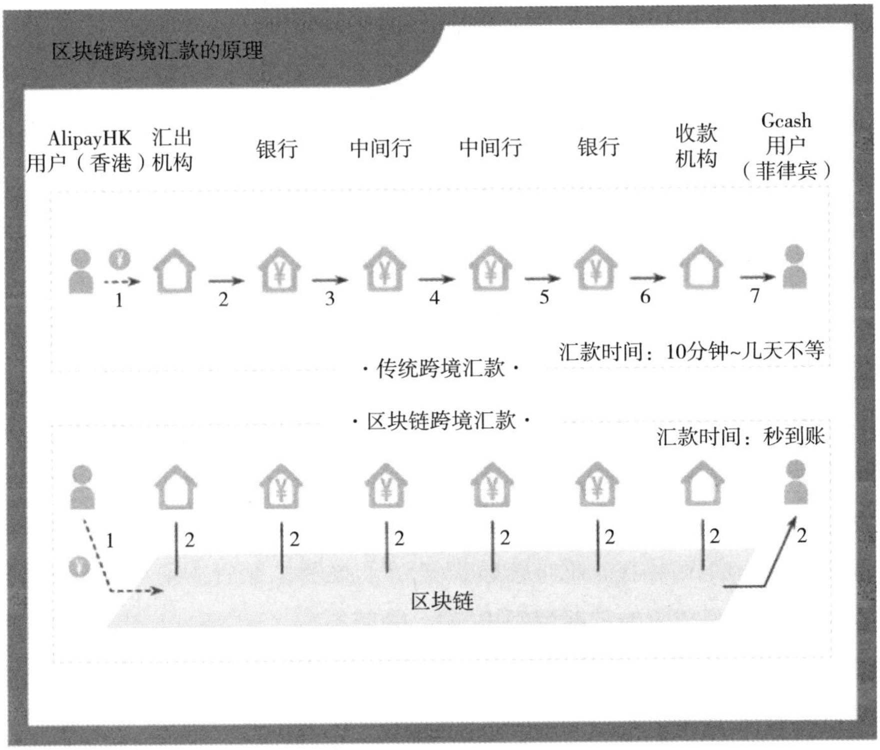

图 14　蚂蚁金服区块链跨境汇款原理

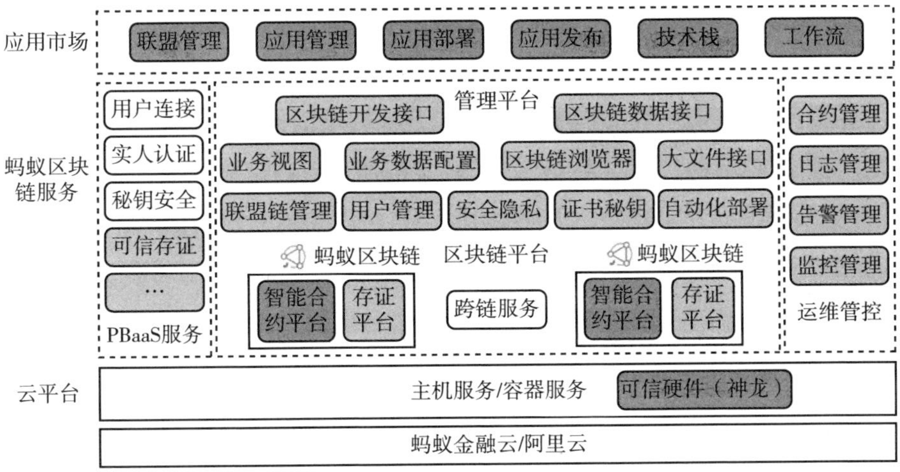

图 15　蚂蚁金服区块链 BaaS 技术平台

汇丰银行等金融机构均已开始试水区块链，但仍面临经营状况相对独立、应用成本高、基础设施能力不足等多重限制。而科技公司凭借多年的技术积累和实施经验，与银行联合通过试点应用等方式推进核心技术应用，有望为区块链在金融领域的应用打开新的局面。

供应链金融将成为区块链应用落地的主战场。从发展现实来看，供应链金融是区块链落地成果最为显著的领域，包括蚂蚁金服、工商银行、平安银行、网上银行等在内的多家科技企业及金融机构均有布局。在沪深两市金融业类的企业中，多家银行在半年报和年报中提及区块链，其中供应链金融是与区块链技术关联次数最多的领域。从未来市场需求看，利用区块链技术可以解决供应链金融服务于中小企业的融资难题，包括多层级信用穿透难、核心企业准入门槛高、下游融资风险大、国际贸易融资产品少及跨地区服务能力弱等问题。中国中小企业协会数据显示，以贸易融资中应收账款融资为例，2018 年全国应收账款融资需求超过 13 万亿元，仅有 1 万亿元融资需求得以满足，且主要由大银行服务于超大型核心企业的一级上游供应商，而处于供应链长尾端的中小企业有着近 12 万亿元的融资缺口。

金融领域的区块链法律法规和标准体系日趋完善。区块链与金融行业的结合决定了其将面临严格监管。区块链的不可篡改、可追溯、公开透明的特性，反而更易于监管接入，获得更加全面实时的监管数据。随着区块链技术的不断发展和应用的日趋成熟，行业监管制度体系将进一步完善。与此同时，在产业生态和场景落地需求的拉动下，区块链标准体系将逐步完善，形成对区块链应用的“社会共识”，打通应用通道，防范安全风险，并激发更多的技术创新。

产业发展与业态创新篇

Industrial Development and Business Innovation

B.6

金融科技推动银行业转型升级

中国金融学会金融科技专业委员会 等*

摘　要： 信息科技在银行业不同阶段中，从支撑业务逐步转变为引领业务发展，发挥了越来越重要的作用，特别是到了目前金融科技发展阶段，银行业加快金融科技应用的探索和实践，业务与技术深度融合，银行业产品、服务和经营模式不断创新，数字化、智能化、多元化转型不断深入。银行业将进一步加大新技术的前瞻性研发和储备，新兴银行业态升级迭代不断加快，银行业开放生态进一步完善，逐步建成泛金融服务生态圈。

关键词： 银行业　金融科技　转型升级

* 参与单位：中国金融学会金融科技专业委员会、中国工商银行、平安集团。

一 银行业金融科技发展历程回顾

经过多年的发展，银行业信息化建设在科技基础建设、生产运行管理、应用研发及科技管理等方面取得了长足的发展与突破，信息科技为银行业的改革发展与经营转型提供了关键的支撑。随着云计算、大数据、人工智能等新兴技术的快速发展，各类新兴技术对金融领域产生了深远影响。在金融监管、科技创新、市场竞争等因素的共同作用下，金融服务与新兴信息技术正加剧融合，以金融科技（FinTech）为标志的科技创新使金融服务变得更加高效，金融科技已成为当前银行业科技发展的新标志。

（一）银行业金融科技发展历程四阶段划分

一是电子化阶段。1993 年，国务院在《关于金融体制改革的决定》中明确指出“加快金融电子化建设”，中国银行业也开始跟随探索电子技术在业务中的应用。在国务院的统一部署下，中国人民银行和银行业金融机构共同深入探索行业电子化建设之路，通过传统 IT 软硬件的应用来实现办公和业务的电子化、自动化；通过持续运用现代通信技术、计算机技术等开展金融业务和管理，成效显著。各大银行除先后加入中国人民银行的电子联行系统外，还在一些大中型城市建立了各种形式的自动化的同城票据交换系统，极大地提升了服务工作效率，提高了业务的自动化水平。在这个阶段，IT 公司通常没有直接参与金融公司的业务环节，IT 系统在金融体系内部是一个很典型的成本部门。

二是信息化阶段。银行业在利用现代通信网络技术的基础上，更加注重数据库技术的应用。中国银行业尝试以现代通信网络和数据库技术为基础，将银行业务数据逐步集中汇总，提升服务水平和管理水平。同时，信息化的意义也不再局限于银行业本身，而是将银行信息与社会信息打通。在实操层面上，国内各大银行纷纷推出网上支付系统，如中国银行率先推出网上银行系列产品，随后中国建设银行总行正式推出了网上银行业务，之后又开通了网上个人外汇买卖、证券保证金自动转账等业务。而招商银行的“一卡通”及“一网通”网上业务更是丰富，包括网上企业银行、网上个人银行、网上证券、网上实时支付等功能。以上案例充分说明，在信息化阶段，信息技术已广泛渗透到金融经营管理的各个机构、各项业务、各个环节。

三是互联网金融阶段。银行业的移动互联网技术和业务深度融合，出现网络化发展趋势，包括系统整合、业务流程再造、金融系统互联和信息共享、信息安全保障和风险防控体系建设等，标准化体系建立成为这一阶段的关键任务。同时，移动互联网技术的发展催生出大量新的业务模式、载体和业态。在这个阶段，银行业的“互联网金融”效应使社会融资结构变得多样化，提高了金融资源的配置效率，释放了“信息技术红利”。

四是智能金融阶段。金融基础设施建设是金融体系的基础，也是银行业健康发展的基石。信用环境、法律环境、金融监管、消费者保护等方面的建设为金融科技的发展奠定了基础，大数据、云计算、区块链、人工智能、移动互联网等新一代信息技术在提升金融效率、改善金融服务方面的影响则日渐显著。金融科技目前已全面融入支付、借贷、保险、证券、财富管理、征信等金融领域。如文因互联 CEO 鲍捷博士于中国国际大数据产业博览会智能金融发展分论坛所分享的那样：智能金融是技术的革命，原来是传统业务旧模式的升级与扩张，而现在是基于原业务的重构，对传统环节进行标准化和自动化构建，从而创造出全新的商业模式。

（二）银行业金融科技发展历程三阶段划分

一是银行信息化阶段。银行经历了业务手工操作到单机处理，到区域互联，再到大机集中和网络金融的发展道路，并通过 IT 大集中和大数据积累的模式，将银行服务持续提升，实现了运营集约化、管理现代化、服务信息化。

二是信息化银行阶段。通过信息的集中、整合、共享、挖掘，使银行整个经营决策和战略制定从经验依赖向数据依据转化，从根本上改变了银行信息化基础上的经营管理与服务模式。

三是金融科技全面发展阶段。随着大数据、人工智能、云计算等新技术加速迭代，在转型发展的外在要求、内生需求以及技术变革驱动的作用下，银行业加快了金融科技应用的探索和实践，经营模式和服务模式正发生着深刻变革，新技术对金融的创新驱动推动力突显，在丰富金融产品、创新金融机构服务模式、降低成本方面发挥了重要作用。

二　2018年银行业金融科技发展的主要情况

2018 年，面对金融科技快速发展的时代背景，国内银行业加快金融科技应用的探索和实践，通过制定转型战略规划，明确数字化、智能化转型路径，改革组织架构变革和研发流程，加大外部合作，充分利用新兴技术对传统金融业务进行流程改造、服务升级，并加快基础架构转型、金融产品和服务模式创新，重点推动人工智能技术应用，实现对客服务、业务运营等领域智能化、自动化，更好地提升金融服务和效率，助力降本增效，对外合作方面加大 API 等技术应用，打造开放银行，建设金融生态圈。

（一）2018年银行业金融科技特征

战略层面，高度重视金融科技，提升为发展的核心战略。在前期披露的国有六大行 2018 年年报中，共提及“金融科技”一词 131 次，各大商业银行纷纷将金融科技提升到核心战略的高度，为了抢占金融科技发展制高点，银行业纷纷加大资金和人才投入，加速布局。

实施层面，内化外联加强合作，持续提升金融科技能力。一方面银行业拥抱科技变革，建立金融科技子公司，优化原有的科技研发流程和机制，通过吸引优秀人才，建立灵活激励机制，鼓励技术创新应用，快速内化提升金融科技能力，同时探索金融科技能力向外部输出；另一方面与外部金融科技公司建立战略合作关系，成立联合创新实验室，共同搭建金融科技创新平台，开展创新技术研究、金融服务模式优化、创新产品孵化，合作更加广泛，迅速补强技术和创新能力方面的短板。

技术层面，稳步推进架构转型，夯实基础架构支撑。瞄准云计算、分布式等关键底层技术，逐步推进银行传统的集中式架构向分布式架构转型，加快推进系统全面“上云”，实现竖井式应用向组件化、层次化应用体系的演变；建设云计算、大数据平台，为银行业数字化转型提供强大的基础技术支撑。

落地应用层面，深化新技术应用，建设更加开放的金融生态圈。按照智能化、场景化、开放化、生态化的发展目标，2018 年人工智能技术应用范围更加广泛，不仅对传统的金融业务和服务转型升级，还借助人工智能技术，打造智能网点，提升客户体验和运营效率，运用物联网技术创新运营管理模式，节约运营成本；不仅对银行业自身实现革新，还拓展服务边界，打造开放银行，通过开放自身 API 接口，与各平台服务商建立合作，输出 SaaS 产品，将金融服务场景与各行业场景打通穿透，建立开放共享、合作共赢的金融服务生态圈。

（二）2018年银行业金融科技发展的主要情况

银行业科技与业务融合成果显著。利率市场化导致银行业竞争加剧、利润下降，银行业需要走向以科技为驱动力的专业化发展道路。随着时代的发展，银行业传统的集中式架构已无法满足日益增长的 IT 能力需求，需要借助金融科技持续推动多方位、全流程业务布局。金融科技与银行业务的结合在以下层面有明显提升。第一，应用范围广泛。金融科技的应用已成为主流，充分渗透到资产端和资金端，在风险控制、支付清算等业务环节也有了诸多实践。科技与金融的融合正在由表及里逐渐深入，为银行业提供了全流程、多样化的优化方案。第二，客户服务精准化。金融科技的应用将客户行为从线下转变为线上与线下并重，并在平台和场景中获取银行业客户数据流量，再通过大数据，全面系统地分析客户需求，不断完善客户画像，形成线上线下多触点、一体化的精准服务体系，以提升客户忠诚度。第三，投资热度持续升温。受益于近年来金融科技快速发展与国内资本市场日趋成熟，金融科技在银行业应用受到资本方持续关注。

金融科技在银行业应用卓著。移动互联、大数据、云计算、区块链、人工智能等新技术发挥各自优势，共同为传统银行业的智能化转型升级奠定重要基础。移动互联为金融行业提供了高速的通信网络设备；大数据丰富了营销和风险管控手段，找出客户的个性化服务需求并提供相对应的服务；云计算降低了传统银行业的成本，并为客户提供更加灵活的架构；区块链技术则利用去中心化的数据存储特征支持多方同时访问分布式分类账本，进一步减少中间交易环节，降低交易成本，提升支付结算的交易效率。数字技术的日新月异为银行业带来了前所未有的革新机遇。

银行业金融科技应用程度呈现结构化差异。主要体现如下。第一，民营互联网银行走在银行业前列。传统银行多年的风险控制思想、相互制衡机制、谨慎运营原则的良好作风，往往使得创新想法从提出到上线需要经过层层审批和确认。而民营互联网银行资产规模较小，有优势率先采取金融科技助力银行转型与创新。第二，发达地区银行业与金融科技的融合度较高。与发达地区相比，其他地区存在观念僵化、人才匮乏、技术落后、资金不足、运营无方等困难与挑战；此外，发达地区的金融科技公司较多，银行在应用过程中有更多的合作选择，以提升应用程度。第三，部分农商银行积极探索金融科技应用。互联网金融的发展是不可逆的趋势，农商银行则面临区域产业结构简单、传统市场萎缩、无法吸引城市客户等问题。为了改善当前劣势，部分农商银行积极探索金融科技的引入与应用。

金融科技应用的保障机制建设逐步完善。我国金融科技在银行业的应用正处于不断探索和逐步成熟的过程中。随着在银行应用的不断深入，金融科技在业务、技术、网络、数据等方面也面临着一些风险与安全挑战。因此，传统银行业应尊重金融科技发展的内生需求，结合自身发展阶段以及当地的监管要求，主动寻求保障机制的逐步完善，可从以下几个方面展开规划。第一，部门调整方面。部分银行具有较高的灵敏度，可提前布局，科学合理规划组织架构，设立专门负责人工智能、大数据、云计算、区块链的科技部门，同时建立灵活的人才激励机制，以吸引更多科技人才加入到传统银行业中。第二，技术管控方面。传统银行业须将大数据与人工智能的实时风险控制环节嵌入到产品设计流程中，促进目前以人工管理与事后干预为主的风控模式，向以机器学习为核心的新一代风险管理架构转型。第三，监管机构方面。在当前科技迅猛发展的形势下，金融科技给金融机构带来巨大效益的同时，也由于存在黑箱等问题面临着监管方面的巨大挑战。国家持续关注金融业务风险与技术风险叠加后产生的扩散效应，在风险监管方面已出台各项法律进行行业保护，未来金融监管方将持续加大细分领域的立法程度，并完善技术化监控手段，例如运用监管沙盒等机制，对金融创新产品进行科技监管，从容应对科技风险，从源头提升监管效果。

银行业研发采取多种发展路径。第一，内部研发。主要适用于大型商业银行。银行内部借鉴金融科技产业的创新思路，通过已有的信息科技部门，或成立金融科技子公司，自主研发金融产品，以便更好地控制技术、人力和资源。但存在开发与维护成本高、开发周期较长、创新阻力较大等问题。第二，投资并购。银行将自身资本注入金融科技公司，形成紧密的合作关系，作为自身外部金融科技研发基地，缩短技术研发应用时间。第三，积极合作。银行积极联手政府、学术机构、科技公司等第三方机构，整合各自优势资源，合作开展科技攻关工作。对于银行来说，采取合作的方式，无需投入大量成本，开发时间较短，可以快速推向市场，但是存在合作双方关系货币化、磨合困难、潜在文化冲突等问题。

三　2018年银行业金融科技典型应用案例分析

（一）智能风控

工商银行的融安 e 信，通过与国家部委、第三方数据公司在风险信息方面的合作，建立了国内最大、最权威的国家级金融信息平台，信息涵盖全国所有工商注册企业。该产品面向行内，已与 16 条业务线对接（包括信用卡、贷款等），在业务运营的事前、事中环节发挥作用，累计预警风险交易 408 万笔；面向行外，已服务于国内外 200 余家金融同业、2 万余家企业，践行普惠金融，助力诚信社会建设。

中国银行在事中风控系统中，结合原有风险防范经验，充分利用大数据与人工智能等新技术，全面采集客户在线交易数据、积累客户行为信息，建立相应的规则与模型，搭建了全流程反欺诈体系。在反洗钱领域引入 MPP 分布式数据库，进行反洗钱及内控合规数据集市搭建，协同人工智能平台的分析模型共同实现反洗钱交易分析的智能化。大数据风控方面，基于图数据库技术，已完成客户管理关系图谱绘制，重点关注潜在客户风险信息收集与提示、客户财务报告真实性评估等场景，通过大数据平台的“内外部数据 + 人工智能平台”的算法实现对客户风险的智能识别。

平安科技运用机器学习模型结合推荐算法，结合专业的财务分析框架以及历史粉饰案例画像生成财务粉饰风险指数，辅助平安银行打造智慧风控平台。

兴业银行借鉴当前互联网时代新型工作模式，构建了功能紧贴业务、快速迭代优化的信用风险管控体系，批处理能力解决了人工无法完成的反复查询操作，并设定了合理的预警模型，在发现异常的第一时间系统将自动进行风险报警提示，大大提高了风控的覆盖范围。

（二）人工智能、生物识别、图计算等技术应用于多个业务场景

工商银行利用 RPA（Robotic Process Automation，即机器人流程自动化）提供了一种以较低的成本快速实现业务需求的解决方式，并广泛应用于运营管理、客服营销、风险管理、年检等领域，快速实现业务提升自动化效率，降低运营风险。依托工行机器学习平台，通过一站式模型训练、发布，建立在线模型优化体系，具备“在线实时更新、超高维特征、可视化模型训练”等特点，改变了以往模型构建过度依靠专家经验、建模周期较长等缺点，实现了机器学习在反洗钱建模领域的应用和推广，能够持续提升监测精准度，从而提高反洗钱工作质量。同时，利用机器学习技术形成的智能推荐服务，能够有效提升长尾客户的营销能力，也可以快速扩展到各个渠道，降低营销成本。工商银行企业级生物识别平台包括人脸、虹膜、指静脉、声纹等生物特征安全管控、服务调度功能，具备多生物特征统一管控、统一服务能力，

输出身份鉴别和智能感知服务。应用于门禁管理系统、产品营销等。

建设银行使用各种机器人、智慧柜员机、存取款机、VTM 机、外汇兑换机、多媒体机等智能化设备取代大堂经理和工作人员，充分运用人工智能、生物识别等金融科技成果，可承办 90% 以上传统网点业务，打造全新体验的全自助银行智能服务平台。

招商银行基于生物特征识别技术，融合人脸识别、指纹识别、操作特征识别构建了一套多维度生物特征认证体系，为用户身份认证提供方便灵活有效的解决方案。在招商银行 APP 5.0 中综合应用指纹登录、人脸识别、语音搜索等生物识别技术，使手机银行能够读懂客户的指纹、声音、人脸等自然语言。

平安银行利用 AI 技术，打造以“SAT（社交 + 移动应用 + 远程服务） + 智能主账户”为核心的零售银行服务体系，在零售线下业务场景中，用于客户销售、客户服务、风险控制，以降低风险，提升客户服务满意度。

平安科技利用人工智能技术在贷前审查阶段，将银行信贷审批专家的经验规则融合至 AI 模型中，识别目标企业财务信息是否存在粉饰，预警贷款潜在的风险，大幅降低银行人工审核成本，帮助银行为借款人做出正确授信决策，实现贷前审核自动化，保障交易安全，提高审批效率；在贷中审批过程中，辅助银行业务人员进行风险名单和风险特征全覆盖的扫描，合理防范目标企业骗贷风险；在贷后管理过程中，24 小时监控目标企业及其关联企业财务粉饰风险，通过风险预警机制，全面掌握企业发展动向。

民生银行采用机器学习和图计算分析用户数据，利用打分分析实现恶意用户预判，对部分恶意评价较高的用户进行人工审查，极大地压缩了人工审查的筛选时间，提高了审查的准确率。

光大银行借助机器学习、生物识别等技术重构自身业务和服务流程，推动银行网点向智能化转型，全面上线智能柜台，实现网点 100% 覆盖，使之成为该行重要的网点服务渠道。在大堂引入基于 1∶N 人脸识别技术的 VIP 客户识别，实现 VIP 客户的精准识别，提升客户服务体验。

兴业银行采取网点智能化、厅堂一体化、人员标准化等一系列措施，促进营业厅人力结构优化和用工效能提升。通过对银行柜面业务运营体系和客户服务流程等进行智能化改造，改善客户体验，优化资源配置，降低运营成本。

（三）招商银行“智慧营销平台”

招商银行“智慧营销平台”实现由传统数据营销向事件营销转型。将客户行为变化作为基础，通过大数据分析和洞察，打造以客户体验为核心的实时互动营销平台体系，以实现招行营销决策科学化、营销管理流程化、营销业务精准化和资源投入最佳化。平台依托大数据对现有客户建立全面分析视图，分析客户行为改变、人生阶段变迁、产品周期变化和外部事件刺激四大类事件对客户需求带来的变化，以此开展基于“事件驱动”的主动营销。事件营销成功率比传统数据营销高5~10倍。未来平台将基于客户在各渠道的行为数据、交易数据等实时数据，使用流式处理技术识别客户行为，在几十秒内将商机推送至渠道，实现实时场景营销。

（四）平安银行移动门户

平安银行面向零售、对公、同业分别打造了口袋银行、口袋财务、行e通三大移动门户。

口袋银行APP是平安银行零售银行移动金融服务平台，面向零售客户提供智能客服。口袋银行还应用了智能投顾，根据客户的交易记录与风险偏好，为客户提供个性化的产品投资组合方案，并支持客户一键申购与调仓；不仅如此，通过对客户行为的大数据分析，还可做到预测每一个客户最可能要使用的下一个功能或产品，并通过APP推送、呈现，实现“千人千面”，让客户充分感受智能化、个性化的体验。截至2018年底，平安口袋银行注册客户数达6225万户，2018年12月的月活跃客户数2588万户，同比增长74.6%。

口袋财务APP是平安银行对公一站式移动金融服务平台，广泛应用成熟的科技创新成果，包括生物识别、OCR（图像识别能力）、一键理财、一键融资、资产全景图、跨 PC 屏连接、云签约、大数据等多种科技能力，服务整个对公业务体系，做到一点接入，享受银行全渠道全方位服务，一站服务，全面覆盖企业综合服务需求，一键操作，极致智能体验。2018 年末，口袋财务累计注册开通客户已达 28 万户，全年交易金额超过了 8300 亿元。

行 e 通平台是平安银行运用互联网技术为同业及其客户提供多种金融产品和服务，如柜面互通、贵金属、理财产品、结售汇、保费代收付、同业代销等产品。行 e 通以“帮助中小银行提升产品服务能力及市场竞争力，推动农村和欠发达地区金融服务”为出发点，利用“B2B 和 B2B2C 业务模式”打造平安银行为中小银行及其客户提供一站式服务的互联网平台，有效提升了中小银行的市场竞争能力、业务创新能力、客户需求响应能力和服务水平。2018 年末行 e 通平台累计合作客户达 2079 户。

（五）平安云

平安云是金融行业内最大的云平台，涵盖平安 95% 以上的业务公司，支撑 80% 的业务系统投产，作为平安服务的综合输出平台为全行业提供 IaaS、PaaS、SaaS 整套云服务。平安银行利用集团云技术建设银行私有云（IaaS），将云开发存储从资产性支出转为经营性支出，实现轻资产转型，提供海量弹性的、低成本的计算能力，支撑业务爆发式增长。

（六）平安银行大数据平台

搭建了大数据采集、大数据分析、大数据应用、大数据展现一体化的大数据基础平台，充分整合了集团数据、行内数据、外部数据等各类数据源，使用了 Hadoop、Spark、Kafka、ElasticSearch 等主流大数据技术，目前主要应用于信用评估、风险防范、智能决策、产品推荐、精准营销、自主报表领域。

（七）开放银行

浦发银行突破传统物理网点、手机 APP 的局限，开放产品和服务，嵌入到各个合作伙伴的平台上，浦发银行与生态圈伙伴结合双方的优势资源，进行产品和服务快速创新，形成金融 + 教育、金融 + 医疗、金融 + 制造业、金融 + 社交等各种跨界金融服务，满足企业和个人各类金融需求。

（八）平安银行搭建基于区块链的供应链金融

将供应链应收账款的确权、流转、融资、到期支付等全流程入链，利用区块链技术甄别供应链的资产质量，实现资产信息链内的公开和可追溯。平安银行供应链应收账款平台（SAS）截至 2018 年末业务累计交易量突破 100 亿元，已为 111 家核心企业及其上游中小微企业提供金融服务支持。

（九）工商银行建设智能金库

作为银行业首家智能金库，通过物联网 RFID（射频）技术识别物品身份，以信息流作为载体，将实物与对象信息绑定，仓库运输设备采用非接触式红外光传输技术进行识别传输，对款箱封装形式的现金本外币、贵金属、有价值品、重要空白凭证等贵重物品实现“进得去、出得来、记得住”的流水化作业、智能化管理，通过程序进行任务下达，以设备任务代替人力，实现金库的智慧运营管理，能够有效防范金库内部管理风险，提高业务运营效率。

四　银行业金融科技发展趋势展望

从信息技术发展趋势来看，一是渐进式发展仍是主流。信息技术从萌芽到热炒再到最终实现大规模产业化运用，一般需要一段成熟度发展周期，其间需技术自身不断进化革新、逐步积累，实现由量变到质变。二是不确定性将成为常态。根据因果关系、基于过往经验、立足当前现实，对未来做出准确判断的模式，已经难以适应数字化时代的快速变化，呈现出不确定性的发展趋势。三是数据驱动、万物互联、人工智能是大势所趋。物联网技术使万物互联成为可能，云计算技术使计算资源高度共享，大数据技术使海量数据中蕴含的价值得以展现在世人面前，人工智能技术通过算法与模型的发展，使大数据分析结果能够指导决策甚至预测未来，一系列新兴技术的持续发展、互相促进、交替商用将带来人机交互方式、数字化信任体系等领域的持续革新。

从金融科技发展趋势来看，一是金融业态升级迭代的速度将进一步加快。传统商业模式、组织方式和方法论面临消费升级、共享经济、生态重构等颠覆性冲击，传统银行、科技企业之间的边界日益模糊。金融业态将会在银行业和科技企业的共同推动下，伴随技术更新迭代不断创新，加速变革。二是国内银行业构建金融开放生态的步伐将进一步加快。国有大型商业银行纷纷明确提出了智能化、数字化战略，工商银行的“智慧银行”、农业银行的“金融科技 +”、中国银行的“科技引领数字化发展”、建设银行的“TOP +”、交通银行的“智慧化转型”，表明大型国有商业银行的智能化、数字化转型大幕已经拉开。股份制银行数字化转型步伐更快、更加多元，不仅通过内部开展金融科技创新、广泛开展科技合作及直接投资金融科技公司抢占发展先机，还采取构建综合平台、发展互联网交易银行、提供综合金融服务、打造金融开放平台等模式，积极推进数字化转型，培育面向未来的竞争优势。

从重点工作看，开放式银行建设、泛金融服务生态圈完善、线上线下融合、新技术的前瞻性研发和储备成为发展重点。

一是顺应 API（Application Programming Interface，即应用程序编程接口）经济发展浪潮，不断深化开放式银行建设。银行将通过逐步开放账户、支付、产品、数据等金融服务，改变银行向客户及合作伙伴交付数字化产品和服务的模式。API 经济是基于 API 技术所产生的经济活动的总和。各个组织、企业把自己的服务通过 API 等技术开放给外部客户，实现不同组织与企业间的整合，持续创造新的商业价值。开放式银行就是基于 API 等技术实现银行与第三方之间数据共享的平台合作模式。商业银行通过开放 API 端口，把金融服务开放给外部客户，客户可以跳过银行，通过调用 API 来使用银行提供的服务。开放式银行为银行业的加速转型带来新的可能。它不仅为消费者提供了更大的金融服务获取自由，还拓展和优化了银行的传统业务。

二是泛金融服务生态圈渐趋完善。通过服务体系的开放共享，银行将和各类场景、上下游商家及合作方不断融合，产生全新的商业模式，在紧密融合中实现多方共赢。银行通过 API 的开发、金融能力与金融数据的开放和共享，实现银行与银行、银行与非银行金融机构、银行与跨界企业间的数据共享与场景跨界融合，极大地拓展了银行服务的生态圈，是银行业发展的重要契机。

三是线上线下融合是渠道转型的重要发力点。随着线上服务的逐步完善，银行传统业务已经基本完成线上平台转型升级。同时大量线下业务需求仍然是主流，因此线上线下协同将是发展必然趋势。一方面，人们的金融服务需求随着生活方式的改变呈现出新的特征，需要一种与生活方式融合更紧密、更便捷、更智能、更全面的金融服务，大数据、人工智能和云计算改变了风险甄别的成本和效率问题，移动互联网也改变了客户对金融的认识，使得银行具有更低的获取客户成本，效率得到提高。另一方面，传统的线下银行经过多年的深耕市场，拥有庞大的网点机构与众多的客户经理等多层级人员，能更好地贴近市场、贴近客户，并且能够加强商业银行与客户之间的联系，面对面沟通能够帮助银行更好更快捷地建立起与客户之间的信任关系。因此，加强线上线下业务的融合，利用互联网可进一步提升客户体验、提高运营效率。

四是新技术的前瞻性研发和储备不断加强。银行业在基础性技术研发方面仍缺乏核心竞争力，未来区块链、云计算、人工智能等技术的研发和运用仍是智能金融深化的必然趋势，要不断加强相关技术的研发及储备。

B.7

金融科技推动证券业快速发展

中国金融学会金融科技专业委员会 等*

摘　要： 信息科技在我国资本市场的发展中始终扮演着不可或缺的角色，在金融科技的不同发展阶段，证券业借力科技，帮助行业机构不断提供更加智能化、数据化、精准化和专业化的服务。特别是以互联网、大数据、云计算、人工智能、区块链为基础的金融科技不断推动业务创新与变革、资本市场监管科技的发展。目前，以金融科技驱动证券业发展已是行业共识、大势所趋。

关键词： 资本市场　金融科技　监管科技

一　证券业金融科技发展历程回顾

“金融科技”这一概念出现的时间不长，但金融与科技渗透融合的历史悠久，在这一历史演进过程中，二者相互影响、相互推进。放眼全球，这一历程可以追溯至100年前。纵观中国证券期货业发展，自1990年开始，金融科技从最初的1.0时代迭代演进到了目前的3.0时代。

在金融科技1.0时代，证券期货行业积极利用在中国刚刚兴起的计算机、电话通信、卫星通信等技术，通过购买成熟的软硬件产品、加大基础设

* 参与单位：中国金融学会金融科技专业委员会、中国证监会信息中心、上海证券交易所、深圳证券交易所。

施投入等方式，满足证券业各机构对日常基本办公和特定工作的信息化需求，实现业务办公的电子化、自动化，替代人工完成证券登记、交易、结算等业务，实现了交易结算等关键业务的电子化和自动化；随着计算机、存储、光纤通信等技术的迅猛发展，上海、深圳证券交易系统在短时间内达到甚至超过世界水平、宽带高速交易网络覆盖全国、投资者数量和交易量猛增，在这一时期，科技进步极大地推动了证券期货业的快速发展。

金融科技 2.0 时代是从 2000 年开始的。2000 年 3 月，证监会率先发布了《网上证券委托管理办法》，鼓励和规范互联网证券期货业务发展。证券期货行业根据办法要求，进一步完善技术平台的各项功能，实现平台的流程互通和数据共享，为更高层次的信息化需求提供基础保障；积极利用互联网和移动设备为投资者提供线上服务，简化业务流程，优化产品界面，改善用户体验。同时，充分发挥互联网及移动互联网技术优势，使证券期货服务可以低成本、便利地提供给投资者，并推出更多创新性服务，科技进步促使证券期货业实现了跨越式发展。从网上交易量的占比（从 2000 年的不足 2% 到 2018 年超过 90%）就能看到投资者对互联网金融的欢迎程度。

金融科技 3.0 时代是从 2017 年开始的。其特点是大数据、云计算、人工智能、区块链等一系列新兴技术，初步应用于证券期货基金业务，通过收集更全面的数据信息，构建更丰富的应用模型，从而实现各类数据分析服务。金融科技以变革传统金融的智能型、便捷性和低成本为切入点，对证券期货机构以“中介、通道”功能为核心的传统金融业务带来了巨大冲击。

目前，证券行业金融科技在大数据、人工智能等新兴技术应用方面还处于初步阶段，投入不足、人才短缺以及金融科技创新过程中出现的新风险也在一定程度上制约了证券业金融科技战略的实施。为聚焦行业金融科技创新发展，经证监会批准，深交所成立了证券期货业金融科技研究发展中心（深圳），并于 2017 年 12 月 4 日揭牌运营。相对于银行业，证券业在金融科技的运用方面还存在一定差距。然而，金融科技在证券业应用前景广阔，可以助力行业机构提供更加智能化、数据化、精准化和专业化的服务，提升运营效率，以金融科技驱动证券业发展已是行业共识、大势所趋。

二　2018年证券业金融科技发展的主要情况

（一）证监会大力推动金融科技在证券业的应用

证监会高度重视运用大数据、云计算等先进技术在资本市场的应用发展，并从技术和管理机制上不断深化改革，全力推进我国资本市场金融科技和监管科技的应用发展。

一是持续推动行业数据治理和大数据技术研究工作。证监会制定出台了行业数据分类分级指引等技术标准，指导行业机构做好数据分类分级和安全保护；开展了行业数据模型编制工作，对行业数据资产给出全面、准确的描述，相关方法论及应用已被纳入 ISO 38505；研究建立了“基于数据模型的数据挖掘工程方法”，指导大数据挖掘分析工作。这些工作为行业金融科技应用和证监会监管科技建设奠定了良好的数据和技术基础。

二是研究制订行业金融科技发展的相关监管意见。2018 年 2 月以来，证监会起草了《关于促进证券期货业金融科技健康发展的指导意见（征求意见稿）》，旨在提出金融科技的发展促进措施，明确金融科技应用的合规风控底线要求和监管机制，引导行业机构在“合规先行、风险可控”的前提下，加快推动人工智能、大数据、云计算、区块链等现代科技在各业务领域的落地应用，增强自身业务差异化、特色化发展能力。

三是全力以赴开展证监会监管科技能力建设。科技监管战略是证监会党委部署提升系统单位监管效能的重大举措。2018 年 8 月，《中国证监会科技监管总体建设方案》正式发布，明确了七大重要分析方向，包括行政许可类辅助分析、公司信息披露违规及财务风险分析、经营机构违规行为及财务风险分析、证券期货服务机构尽职行为分析、市场运行分析、违法交易行为分析。在这七个分析方向下又设定 32 个应用场景，同时还完成了关联账户分析、财务报表分析、实体画像分析、交易异常检测分析、舆情分析、金融文档分析等六大基础分析工程方法的建设。

四是强化行业基础设施建设助力金融科技研发应用。近几年，证监会组建了上交所的证券信息技术研究发展中心，深交所的证券期货业金融科技研究发展中心，大商所、中金所、上期所的行业信息技术测试中心和中证信息的行业信息安全联合实验室等 6 家行业级信息技术中心，组织行业内外力量，开展现代科技在证券期货行业应用的技术研究、风险评估、研发测试和验证运用工作，搭建行业金融科技开发测试平台，向行业共享工作成果，提供公共信息技术服务，助力行业机构信息化建设，推动行业未来共同向应用人工智能、大数据等新兴技术开展探索。

五是加强跨界合作共同促进金融科技应用发展。国际上，不断深化与国际组织的合作，加入国际证监会组织金融科技联络组和指导组，从全球视角研究金融科技的应用发展和监管协作，与国际货币基金组织建立中长期技术合作框架，并通过会议、培训等方式开展交流合作。在国内，证监会与工信部积极推动建立金融科技产业发展联盟，旨在搭建证券期货机构和科技企业的需求对接平台，推动资本与技术深度合作，促进金融科技的应用发展。

（二）行业机构借助金融科技实现快速发展

从最新的调研情况来看，证券期货行业机构在金融科技 3.0 应用方面已经开始行动。部分机构抓住了金融科技对行业转型发展的重要机遇，充分发挥自身的优势，从战略、机制、创新研发、新技术应用等方面对金融科技 3.0 进行了整体布局和具体实践，初步形成了行业机构在金融科技 3.0 时代的核心竞争力。

一是人工智能和大数据应用范围逐步扩大。行业机构在信息统计、数据分析、审计查询、对外信息服务等工作基础上，引入先进的数据挖掘和人工智能技术改进现有业务模式。深交所建设了大数据平台，实现了从人工判断到大数据智能分析的转变；中国结算建设了以智能客服为核心的多层次客户系统；证券期货基金经营机构主要应用于投资咨询顾问、客户服务管理、客户信息挖掘、客户行为预测、产品推荐、交易模型预测等业务领域。

二是云计算技术应用稳妥推进。考虑到资本市场数据和业务的重要性和敏感性，对网络安全要求很高，证监会鼓励证券期货基金经营机构通过建设私有云设施，提升 IT 设施的使用效率、降低成本。同时，推动交易所等市场核心机构为行业经营机构建设行业云，提供信息技术测试服务、行情服务等。目前，上交所可以向行业提供行情云服务，上期所提供测试云服务，深证通提供托管云设施。

三是区块链技术开展局部应用试点。目前，行业机构暂未上线基于区块链技术的生产业务系统，区块链技术在证券期货行业仍处于摸索应用阶段，部分机构已经在探索区块链技术与现有业务相结合的应用模式，积极推动区块链技术的应用验证。例如大商所已开展了场外市场仓单系统的原型试点等。

三　2018年证券业金融科技典型应用案例分析

（一）深交所企业画像科技监管

为进一步发挥科技在信息披露监管、重大事项审核、财务异常识别等方面的作用，提升监管工作的智能化水平，深交所自主研发了企业画像系统并于 2018 年 8 月上线。企业画像的模块包括公司速览、股权股东、信息检索、标签分析、重组审查、年报审查和企业图谱等。

企业画像将零散的、非结构化的监管信息汇总提炼成可被机器识别和反复利用的基础数据，通过内外部数据融合，形成可有效反映企业基本特征的页面，帮助监管员快速了解公司。同时，企业画像系统涵盖了经监管实践验证的 441 个标签，可根据标签运算结果实时提示公司财务、业务等方面的异常，形成企业风险画像，辅助信息披露审查等重点业务，提高监管效率。此外，企业画像运用大数据、人工智能、机器学习、深度学习等前沿技术，探索了科技化、智能化监管应用，提高了线索发现能力。

（二）上交所金融云

上交所金融云采用国内领先的云计算技术，建设行业云计算平台，为行业用户提供计算、存储、网络、安全等云资源服务及大数据、人工智能等金融中台和行业云应用软件服务。主要服务于上交所及证券监管机构，券商、基金公司、期货公司等行业用户，行业应用软件厂商。目前已完成金融云同城双活站点建设并正式运行，并为超过20家用户提供云服务。

（三）海通证券金融云

海通证券金融云在符合合规性、安全性、可用性的前提下，通过使用OpenStack框架，构建出具有一定服务能力和金融架构特征的IaaS到SaaS的金融云平台。在此平台基础上，立足海通证券的经纪业务、投资业务、资管业务，发挥海通证券在行业的龙头地位优势，在利用技术平台进行业务能力输出的同时加强海通金融生态能力的建设，进一步构建上下游业务、资金、风险、信用信息等的分享和交换平台。

（四）上交所大数据平台和新监察系统

大数据平台作为上交所内数据基础设施，承担核心业务数据存储、加工、分析功能，为业务部门和下游系统提供数据资源，目前，可以提供所有核心业务数据的在线存储；输出700+下游接口文件，提供300+应用报表功能；为市场监察、债券监管等提供数据服务。

同时，新一代监察系统合并了第三代实时监察系统（3GSS）、历史分析系统和异常交易调查与跟踪系统三个系统的功能，并在此基础上新增市场运行监测和舆情监测等功能，解决系统割裂和数据分散问题，提升监管智能化水平，解决易用性和可视化问题，并通过大数据平台的运算和存储能力来解决性能和容量问题。

（五）国信证券的小信智能客服机器人

国信证券在2015年就开始布局智能客服机器人——小信智能客服机器人，在对国信证券现有的几十万条客户常见问题和答案进行智能信息分析的基础上，安排了专门的团队对机器人进行了训练，并通过大数据对不同客户进行画像，对客户提出的问题进行信息推送，提高了客户服务的精准度和满意度。现在智能客服机器人已上线国信证券官方网站、微信公众号、金太阳（开户）等渠道。2017 年 7 月至 12 月，小信智能客服机器人受理用户的在线咨询约 6 万人次，问题识别率为 95%，回答准确率超过 80%。

（六）深交所 FDEP 及金融云

金融数据交换平台（FDEP）是由深交所自主研发、自主运营的连接众多金融机构的行业专业通信平台，为资本市场的参与者提供安全、高效、便捷的数据交换服务。该平台系统性地解决了整个行业在业务高速发展与创新中所面临的网络连接与数据交互问题，实现了“一点接入，全网通达”的高效模式。FDEP 适时地进行了香港节点的建设及跨境业务的拓展，正逐步发挥联通国内与国外市场金融基础设施的重要作用。

深交所金融云布局全国重要金融区域，已建成 7 大云计算中心，并形成“核心系统服务平台”“互联网服务平台”“数据服务平台”三大基础资源平台，现提供 IT 资源外包、行情云、灾备、私有云、开发测试、数据存管、证券桌面、AI 算力、安全等 9 项服务，覆盖行业 240 余家金融机构，包括行业协会等市场核心机构，证券、基金、期货、信托、第三方销售等持牌金融机构，已经成为国内证券行业乃至资本市场重要的 IT 基础设施之一。

四　证券业金融科技发展趋势展望

金融科技在促进证券期货业创新发展的同时，监管部门也必将进一步加强监管，强调“合规先行、风险可控”的基本原则，确保证券期货业金融科技的健康发展。金融科技在证券业的发展呈现如下特征。

一是行业金融科技创新应用继续快速发展。行业各机构将继续以金融科技应用为发力点，对产品和服务进行移动化、平台化、场景化、智能化、数字化改造。集中资源聚焦大数据、云计算、人工智能等相对成熟、业务影响面大的技术，推动数字化技术应用和业务运营转型，加快推动人工智能、大数据、云计算、区块链等现代科技在各业务领域的落地应用。行业金融科技应用水平将不断提升，业务差异化、特色化发展能力逐步增强。

二是行业金融科技应用将从“重发展轻风控”转向“发展与合规并重”。金融科技本质上是金融，其不改变证券期货业务本质，监管部门正在抓紧制定金融科技相关的监管意见，将引导行业机构在应用金融科技提升业务效能、增强智能服务能力的同时，利用现代科技强化业务合规和风险监测能力，构建“业务防火墙”。行业金融科技应用必将在促进业务发展和保障风险可控之间做出动态平衡，逐步走向促进业务发展与合规风控并重。

三是监管科技建设全面加速实施，资本市场监管能力大幅增强。证监会将全面推进监管科技能力建设，利用前期探索研究的六大基础分析能力，结合重点监管任务，抓紧推动基础平台和重点应用系统建设，开展上市公司、拟上市公司及私募公司的画像系统建设，对上市公司、拟上市公司等市场参与主体进行多维度的分析，识别披露合规性、财务舞弊、财务经营、关联交易、债券违约、业绩变脸、负面舆情等多类风险，大幅减少监管人员人工处理的时间和难度，监管工作效能必将不断增强。

当前金融科技的创新变革不仅给资本市场各领域环节带来了深刻冲击，还为资本市场创新发展带来新的价值空间。证券业金融科技作为资本市场和科技的深度融合趋势如下。

一是助力证券业数字化转型，提升市场运作效能。资本市场对数据采集、分析处理与发布要求非常高，以人工智能、大数据为代表的数字化技术能大大提升这种数据分析处理的能力。因此，通过数字化转型，一方面可以使得资本市场的交易结算处理等领域环节的运作更加自动化、智能化与便捷化，另一方面也为市场参与者提供更丰富的个性化、专业化的服务，提升用户体验，从而大大提升市场运作的效能。

二是实现技术与业务的深度融合，推动业务创新与变革。金融科技的创新变革带来的冲击是全方面的，改变了工作与思维方式，进而对资本市场的外界环境带来巨大的冲击，从而给市场的业务模式、产品模式和组织模式带来新的变革机遇，为证券业机构进行战略转型提供了新动力。例如，智能投顾、智能合规审核、智能化合约、各种移动化的服务请求等创新业务纷纷涌现。

全球金融危机之后，各国监管机构为加强风险管控，纷纷出台了系列新的监管法规与监管措施，提出了更高的监管要求。例如要求市场机构需要更加了解自身的客户、自身产品风险，提升风险的识别能力等。面对这些监管新需求，这同样也需要市场机构进行组织业务上的转型，引入新的方法技术与手段，来满足新的合规与风险防范要求。不仅如此，市场监管机构面对日益复杂与隐蔽的市场违规行为和市场风险预警，同样也需要利用现代科技，实现监管模式的转变。

三是协作共享的创新机制与生态体系将进一步完善。资本市场是一个多方参与、共同协作的市场，构建协作共享的创新生态体系，促进经验成果的分享、推广和应用，是推动证券业创新发展的必由之路。一方面，行业机构通过合作建立共享实验室，加强关键技术、重点项目的攻关研发；另一方面，通过提供开放式 API、开源软件和共享平台等方式简化业务集成流程。随着金融科技的快速发展，以金融云平台为代表的行业领先基础设施即将建成使用，从而营造行业技术生态圈与具有较大规模集聚效应的用户生态圈。

B.8
金融科技重塑保险业态

中国金融学会金融科技专业委员会 等*

摘　要： 金融科技重塑保险业传统价值链，从产品、渠道、运营、风控等方面进行传统业务升级、场景化定制、业务创新，促进保险业快速发展。特别是大数据、区块链、人工智能、物联网等新兴技术在保险业的深入应用，业务与科技深度融合、数字化转型驱动保险行业产业升级、打造新型保险运营生态，并推动保险监管科技的发展。

关键词： 保险业　金融科技　技术应用

一　保险业金融科技发展历程回顾

（一）总体概况

金融科技发展带来的大量去断点、去人工，使得保险运营效率提升的同时降低了相应的成本。金融科技通过重塑保险业传统价值链，从产品、渠道、运营、风控等方面切入提升效率，创造新的行业机会和商业模式。

从全球保险金融科技产业的布局看，2017 年年初时全球保险金融科技公司已经达到了 1700 家，融资总额已经接近 350 亿美元。2016 年至 2017 年

---

* 参与单位：中国金融学会金融科技专业委员会、平安集团、中国人民大学国发院金融科技研究中心。

间，保险金融科技的创投市场迸发出非凡活力，健康险领域以及数据型的科技公司成为最大的投资热点。据统计，以大数据、人工智能技术为驱动的科技公司也获得较高的关注。UBI（Usage Based Insurance）也是备受关注的领域。在全球的保险金融科技中，61% 在做价值链条的赋能；30% 在去中介化；9% 在颠覆性创新。大多数保险金融科技在现有环节中的赋能是为业务提升效率。

从我国保险金融科技发展情况看，2012 年至 2017 年底，我国保险金融科技行业发生股权交易超过 350 笔，交易总额达 230 亿元。2017 年，我国保险金融科技行业发生 43 起融资，总额达 16.08 亿元，全行业的企业融资次数和金额虽略微下降，但大额融资事件数量相较于前几年明显增多。但国内保险金融科技市场发展整体慢于全球市场，绝大多数重要融资集中于 A、B 轮，以互联网渠道为基础的销售和比价平台是热门领域。中国经济的稳健发展和国民保险意识的逐步唤醒，为保险业发展提供了良好的条件，银保监会在纠偏的同时又提供开放的市场环境对保险业进行金融科技的孵化，促进了保险金融科技的发展。

中国的互联网保险发展始于 1997 年中国信息保险网正式运行，诞生首张网上投保单开始。互联网保险的诞生，促使了保险金融科技的大量应用场景产生，互相推进，井喷式发展。互联网保险对于去中介化的保险金融科技，主要体现在为客户服务提升的赋能，如在售前为促进首次交易而做的免费风险评估，制定合理承保方案，续期续保行为；在契约成立后，基于了解客户诉求的场景化服务。

我国保险行业相比银行信贷和证券行业在推进金融科技应用方面相对落后。究其原因，主要是保险业务包含销售、承保、核保、理赔、服务、风控等诸多相互独立的环节，过程相较于银行业更为复杂，且具有非实时性；而且保险行业过去的同业竞争也更注重产品自身和规模，近几年才逐渐将工作重心转向科技应用。但当下，保险业科技应用的发展空间十分广阔，国内领先的保险机构也已在云计算、大数据、物联网、人工智能、区块链等领域开展金融科技的探索和创新实践，并取得了积极成果。

（二）发展历程

保险金融科技1.0时代始于2012年左右，这一阶段的改造主要在于利用信息系统等技术手段替换传统业务的运营模式，通过互联网平台实现前端渠道、产品销售和基本客户服务的线上化。据统计，2012年至2015年间，我国互联网保费收入占比从0.72%上升至9.20%。截至2016年底，76%的保险公司通过自建网站、移动APP、与第三方平台合作等不同方式开展了互联网保险业务，互联网保费收入从2012年的106亿元增长到2299亿元。

保险金融科技2.0时代是从2015年开始的创新阶段，这一阶段的核心在于保险场景化定制，根据具体场景需求输出具有针对性的保险产品。同时，大数据、人工智能、物联网等技术，也逐步开始在保险业务的局部环节发挥作用。目前，阿里巴巴、滴滴、携程、淘宝、京东等知名平台均致力于结合互联网的业务场景进行保险个性化产品定制，例如退货运费险、账户安全险、航班延误险、酒店取消险、单车骑行险、外卖准时险等。场景保险的发展也可分为1.0阶段与2.0阶段。在1.0阶段，通过大数据技术实现了定价环节的个性化；而在2.0阶段，保险各环节的运作已开始深度运用大数据、云计算、人工智能等新兴技术，从条款、定价、销售、服务等多个方面对传统保险服务模式进行重塑，技术的加持也实现了更加精准高效的风控、理赔，场景保险从早期互联网场景延展到更多线上线下垂直细分行业场景中。

保险金融科技3.0时代是创新发展阶段，即利用保险金融科技优化现有服务链，进而帮助保险服务以一种非显性的姿态延伸至未曾覆盖到的市场，进入保险生态系统创新发展的新阶段。近几年来，保险金融科技的高速发展推动了保险行业的销售渠道变革、消费场景创造，实现了保险业务的科技重构。目前，许多发达国家得益于优异的经济环境和宽松的监管环境，已进入保险金融科技重构阶段。这里的“重构”不仅是保险金融科技在渠道、营销、产品定义方面赋能，更重要的是重构整体的业务模式，创造出与传统保险业务模式不同的商业形态。相对地，包括中国在内的许多亚洲国家受制于高度严格的监管环境，在保险金融科技方面进行发展和创新的脚步较为缓慢，因而我国尚未完全步入保险金融科技重构阶段。

二　2018年保险业金融科技发展的主要情况

截至2018年10月，互联网保险领域共发生融资事件31起，数量同比增长了55%；30家保险创企获得了资本支持，相比2017年同期也大幅增长。从融资金额来看，数额都偏大，金额均在千万、亿级别。其中融资过亿的创企达到了9家，分别是新柳数据、爱保科技、评驾科技、金融壹账通、灵犀金融、风险管家、十一贝、明觉科技、悟空保。不同于以往几年的云存储、大数据、人工智能、区块链等技术学术理论阶段，2018年，这些技术都陆续找到落地场景。

（一）保险金融科技在保险业务中的应用情况

大数据+保险。目前，大数据已成为保险行业的重要战略资源，是保险产品创新的主要动力和内在要求，正不断促进保险业的数字化发展。数据的连接、流通、标准化是保险业生存和发展的依托，因而，目前众多保险企业均以大数据应用为导向实现转型升级，在传统领域难以和大企业抗衡的中小企业正抓住这一良好机遇，不断开发贴近客户需求的创新产品，实现灵活转型，提升自身市场竞争力。越来越多的保险企业和中介落实数据经营模式，通过大数据技术建立基于数据的精准营销体系、改造业务和管理流程、提升风控水平和运营效率、分析市场并优化目标用户体验。

在客户服务方面，朝着智能定制化方向发展，融入具体场景，针对消费者多样的保险需求提供精准匹配的产品、实现关系圈分析、客户线上行为分析等。具体言之，即通过图形方式展示保险参与人的关系网，建立基础数据并用于业务拓展、理赔欺诈识别、客户关系洞察、业务集中度分析、网络关键人分析等众多场景；对客户线上行为数据进行收集和分析，提升运营管理水平，优化客户服务体验，挖掘销售机会。

在保险公司运营方面，大数据可以实现监管升级从而防控风险、保护消费者利益。具体操作流程是，通过大数据安全风控与保险监管结合，引入多维度的保险相关数据，开发基于监测、分析、模型拟定、欺诈定型、监管科技等全流程管理模型，加大保险监管科技在风险防范和处置方面的应用。同时，还可实现实时保费查询等功能，为保险公司提供高时效性的核保保费统计结果以及业务经营最新进展和洞察。

区块链 + 保险。近几年，区块链技术凭借其去中心化、不可篡改等特性得以广泛应用，然而其能否克服法律和监管的障碍，成为保险业的标准配置尚无定论。目前许多保险公司和新兴互联网公司正在积极探索并致力于推动区块链技术成为保险业变革的新力量。例如，将保险索赔置于不可篡改的总账下，实现辨识欺诈、防控风险的功能；通过分布式账本实现去中心化，提供共同记账的可信方法，提高操作的交互性，降低交易和记账成本；通过智能合约形式载录保单从而提高工作效率，并且能够保证再保险合同的信息安全，可缩减信息量并简化保险人和再保险人之间的支付流程。

2018 年 3 月，上海保险业完成了国内首个再保险区块链技术应用实验。该实验由上海保监局牵头，多家直保机构、再保机构及科技金融机构合作完成，运用区块链技术搭建公司间再保险交易平台，针对三类直保合约与临分业务，以超过 10 万条真实业务数据完成各场景全流程实验。该实验的重要意义在于：一是验证了再保险实务应用区块链技术的可行性，基于区块链技术开发的再保交易平台可以完成磋商签约、分保、账单交换、理赔处理等各交易环节，并可整合成为统一的多链交易生态系统；二是验证了区块链技术处理公司间再保险交易具有独特的优越性，分布式存储、共识协议等技术实现了交易平台“去中心化”，实现了提高交易效率与保护商业秘密的平衡，哈希防篡改与共同存证技术确保了业务数据信息的完整准确以及可验证可追溯，有利于规避交易纠纷并增加交换数据的颗粒度，智能合约技术大幅提高了再保账单处理的效率性和准确性。

人工智能 + 保险。人工智能保险行业发展涵盖了电子化时代（2006 ~

2015年)、自动化时代(2015~2018年)、智能化时代(2018年以来)三个阶段，迈入智能化时代后，人工智能对保险业带来的影响不可小觑。其发挥作用的范畴包括保险客户服务、保险公司风控、资金运作以及诸多核心业务，降低了大量人力成本。其借助基因检测，通过智能设备等技术手段搜集被保险人的健康数据，对数据进行整理分析后，能够推算出相应的身体健康状况和生命周期特征，更有利于调整考验产品结构、实现主动有效管理；而针对再保险领域，能够充分发挥其身份快速识别、欺诈检测、自动化理赔的功能优势，提升公司的风险监测和管理能力，降低再保险业务的审定难度。

当下，人工智能推进保险业变革主要有三种趋势：第一，通过物联网传感器提供的源数据实现个性化保险定价；第二，通过智能客服、平台验证身份等方式提供高效率的个性化服务，提升客户的保险购买体验；第三，实现更加迅速、具有针对性的保险理赔，同时降低欺诈发生的可能性，这也是人工智能在保险领域中的应用重心，且目前效果显著。但人工智能的应用仍面临诸多障碍，如目前尚处于监管空白地带，缺乏行业运作的统一规范；保险业数据孤岛现象严重，降低了人工智能的利用质量；在建设安全壁垒、确保客户和公司的数据信息安全方面仍有不足；技术应用广度和深度尚具有一定局限性等。

物联网+保险。物联网能够很好地感知场景、用户及其动态变化，加强行业与用户之间的互动性，我国在此方面探索的典型例子是一种个性化新型车险——UBI(Usage Based Insurance)。该险种规定需缴费用由驾驶人的实际驾驶时间、地点、里程、驾驶行为的安全性等因素所决定。继原保监会提出积极稳妥推进商业车险条款费率管理制度改革之后，财产保险公司商业车险费率厘定自主权被逐步扩大。正是此次商业车险的市场化改革，加之我国在车辆数据获取技术、通信技术和大数据技术等方面已初步成熟，为UBI提供了在中国发展的土壤。同理，在寿险领域，通过可穿戴设备，根据感知到的健康状况提出保费缴纳和返还建议；在产险领域，可以感知设备运行状况、开机时间等情况，实现风险管理和预警。

（二）保险金融科技赋能打造“保险新零售”体系

“新零售”概念指代线上、线下的高度融合，自2017年起，许多互联网公司相继提出此概念，希望利用互联网的先进技术管理线下场景，实现零售业再造。可以说商业零售的变革过程，是从实体零售发展到虚拟零售，再到实体与虚拟零售相融合的新零售。新零售破除了线上、线下单边发展的界限，实现了新技术与实体产业的完美融合。而所谓“保险新零售”，是指融合线上与线下需求和资源，以降低成本、提高效率、提升体验为核心，依托互联网先进技术升级原有业态结构、改造保险营销的体系，即从产品销售端转向用户需求端、从金字塔销售体系转向全场景全方位销售、从追求销售利润转向服务增值。保险行业的零售本质和产品标准化，也奠定了向新零售转型发展的较好起点。

保险新零售体系能够促进保险消费升级，通过打造线上、线下一体化的场景保险，创造出包括购物、餐饮、社交、娱乐等各个方面的新零售场景，提供更加专业化、精细化、多样化、个性化、具有互动性的服务以及对应的风险解决方案，提升整体服务价值从而激发更多客户对于保险的需求。这一模式的关键优势在于保险消费体验效果和整体效率的提升，这也顺应了当下保险业发展的核心趋势，即推动供给端的效率革命和消费端的体验革命。同时，大数据、人工智能等新技术也赋予新零售以更多能力。例如，通过数据分析技术实现数据驱动的客户个性化需求识别，深入挖掘客户信息，及时提供产品反馈，将保险业务服务化。

（三）保险金融科技的生态化建设

在内部需求、外部环境与机制的共同作用下，生态圈战略已成为帮助保险公司管理用户、经营风险的重要手段。生态圈是行业价值链各环节参与者实现紧密合作的联盟，其精髓在于通过“保险+场景+数据”的方式聚焦用户端到端的金融需求，以此拓展用户的一切关联需求。从用户潜在痛点出发，挖掘一系列解决客户痛点的场景和机会点，从而将产品与服务全方位、无缝地插入客户旅程端到端的相关场景中，满足客户全方位的需求。

通过打造保险业的互联网生态圈，可以实现海量数据的记录，为公司带来多元化的用户场景，并通过大量、优质的用户数据挖掘客户的潜在需求、促进产品的精准定价。同时，实现端到端的价值链数据打通，保险公司得以获取全面的数据信息从而打造精准的风险预测体系，提升公司风险经营能力。由众多参与者组成的价值链的端到端覆盖体系，在提供一体化解决方案的同时，还显著压缩了中间环节的成本，提高了工作效率。从用户的角度，其只需通过一个互联网平台，便可在各环节之间无缝切换，获得丰富多样的产品与服务，解决许多与生活相关的问题，十分便利。

目前，互联网生态圈正从以下几个方面逐渐改变保险公司的传统运作模式：从行业面面俱到，到聚焦核心；从以销售为主，到聚焦服务，以用户为中心，强调用户体验；从业务条线独立运作到聚焦业务之间的融合，通过向零售、对公、电商等业务的拓展，加强各业务条线紧密联动；从保守风控到聚焦创新。保险公司可切入的生态包括汽车互联网生态、智慧城市生态、农业互联网生态、大健康互联网生态、综合金融生态、科技生态等方向。规模较大的保险企业可以充分利用优势，同时切入多类生态，协同发展。

作为保险主体风险方的保险公司，2018 年在智能客服、人工智能风控模型、闪赔等以科技赋能服务方面进行落地。从获取投资的科技企业来看，主要集中在保险智能营销、保险智能保顾、UBI 等，具体如下。

智能客服。智能客服是在前几年的在线客服基础上的升级，除了 24 小时在线外，同时应用大数据及人工智能技术，处理包括产品、投保、核保、保全、理赔、回访等诸多事务。同时，语音识别和拟真人化回复，让客户在交互过程中的体验更好。比较突出的有平安的智能外呼系统、华夏的“AI 小华”智能客服等。

人工智能风控模型。保险公司在风控上，从原有的规则穷举，到依靠机器学习和数据支持，逐渐发展成为人工智能型。比如众安的车险板块，通过结合自己和各个合作伙伴的数据源，建立了“数据魔方”产品；通过采集客户的驾驶行为、征信数据添加标签。众安摒弃了传统的保险 GLM（广义线性模型）的建模方式，引入机器学习的方法进行建模，并最终通过离线评分平台和实时评分平台进行风险评分输出。

闪赔。2018 年，极速理赔在车险定损和健康险理赔上体现突出。车险通过“交警 - 保险公司 - 法院 - 医院 - 维修”联通作业，通过 OCR 影像识别技术达到客户自助理赔申请，保险公司自动定损建议；健康险通过 OCR 影像识别技术，保险公司和医院通过区块链技术对接就医数据，系统自动理赔数据匹配，自动理算，自动核赔等一系列数字化和自动化，达到客户自助、系统自动的快速理赔结案赔付。比如平安“510 车险极速理赔”，就是利用大数据和图片识别技术建立了车险快速理赔。平安集团下的另一子公司平安健康的 e 秒赔的理赔技术已申请国家专利。

保险智能营销。保险智能营销的预期是以客户画像和客户消费行为为基本维度，通过海量数据验证模型，最终达到面对客户千人千面的精准化营销。2018 年包括平安、众安等保险公司，爱保科技、风险管家等科技及互联网保险经纪公司都有这方面的涉足。

保险智能保顾。智能保顾是大数据和人工智能技术的又一个结合。它是通过客户和机器的交互，根据机器对于客户咨询和提问的内容理解，进行类似“业务员”的保险保障方案建议。它有减少人工成本、花费时间短等优势。太平洋保险的智能保顾“阿尔法保险”就是其中的代表。

UBI。UBI（Usage Based Insurance）是基于用户行为的保险。它并非专属于车险，而是纵观全球，UBI 大多应用在车险领域。说到车险 UBI，就需要 OBD（on Board Diagnostic）车载诊断系统。UBI 是保险和物联网跨界合作的产物。根据 OBD 记录的不同用户的驾驶行为，结合用户所在区域、信用等标签数据，为客户提供差异化定价和服务的保险产品。相比美国等，国内 UBI 发展晚了将近 20 年，但就 2017 年、2018 年国内而言，也不乏评驾科技等科技公司涉猎，平安和众安的“保骉保险”也应运而生。

三　2018年保险业金融科技典型应用案例分析

（一）阳光保险通过区块链技术实现卡单可流转

阳光保险作为国内少数试水区块链技术的保险公司，已先后推出可实现积分互赠的“阳光贝”积分和国内首个可互赠的航空意外险微信电子卡单，实现积分和保险保障在客户之间的自由流转。用户在官网上购买飞常惠航空意外险以后，将获取一份可分享的微信电子卡单，在手机端即可查询到电子卡单信息，包括可使用的次数、有效期等，通过微信即能把卡单分享给好友，接收赠送的好友仅需填写身份信息以及航班信息，就可使用卡单，每张卡单内含 20 次合共 200 万元的保险保障。

由于航空意外险的理赔概率较低，多数情况下客户就算买到假保险也不太容易发现，因此逐渐成为了保险业造假的重灾区，而区块链的引入解决了传统互联网机制难以识别产品真伪的痛点。区块链平台的准入机制能够保证用户放心使用链上的产品，所有持有者、参与者都可以实现相互认证；区块链保单可以从源头保证卡单的真实性和唯一性，使用户能够追溯卡单从源头到流转的全过程，查验卡单的真伪；区块链的点对点传输机制，又能实现个人与个人之间的保险直联、同步与协作，持有者可以随时实现保险产品的共享、传播与普及。

目前，该公司还在开展区块链技术在其他项目领域的应用探索，如将个人保单信息和健康数据上传至区块链，用作个人保险证明、客户证明使用；再如可追踪、不可逆转的智能合约，由于智能合约须建立在完善的区块链应用功能之上，保险行业仍鲜少有企业尝试。阳光保险的负责人表示，区块链与保险业的结合将使客户拥有个人数据的自主权，保险企业也将更加了解客户，并注重产品的个性化和费率的合理差异化，在风控方面，道德风险也会得到更好的控制。区块链技术的介入，能够更好地保证保险业的公平、公正和安全，最大限度地满足客户的保险需求。

（二）车车科技推行“保险新零售”

车车科技公司自成立以来便专注于保险科技研究，为广大用户提供涵盖车险、健康险、意外险等100多款保险产品。2018年1月，车车科技宣布收购亚洲最大的保险经代集团泛华金控旗下的车险业务板块，增强了自身在覆盖网络、合约管理和牌照合规等方面的业务优势。泛华选择与车车科技合作也是考虑到其在保险科技领域的领先地位，且车险线上化交易的时机已经成熟。车车科技也验证了保险科技与线下基础设施的融合，符合当今整体商业的发展趋势。

互联网保险经历了官网电商直销、垂直交易平台的积累之后，在2018年全面迈入“保险新零售”元年。车车科技建立起“保险新零售”体系，从技术创新、基础设施、产品采购、合约管理、日常运维等层面打造端到端的在线服务流程，实现保险营销线上线下业务一体化，多场景销售、服务、保单管理标准化，数据驱动让用户可识别、可触达、可洞察，实现产品多元化和反向定制。

车车科技正致力于搭建线上场景给线上流量端提供保险产品的平台，且能通过为线下场景包括加油服务、洗车、维修保养、二手车交易等，实现保险的在线报价、支付、核保、出单的全流程闭环。通过与保险公司统一的对接服务，线上场景和线下场景帮助流量端实现保险一站式服务和流量变现。这一举措能够显著提升保险消费体验效果和工作效率，激发更多客户的保险需求，也顺应当下保险业发展的核心趋势。

（三）宁波探索布局保险科技生态圈

2018年3月12日，国内首只互联网保险产业投资基金——中互保（宁波）产业基金落户宁波电商经济创新园区，入驻老外滩保险创新港。该基金是目前国内资金募集规模最大、专业化程度最高的互联网保险专项产业基金，由海尔金控、宁波金控、赛富亚洲及其他社会资本共同出资设立，基金总规模为20亿元。落户当天，鼎红汽车保险销售股份有限公司、易雍健康信息咨询有限公司和二十一世纪保险经纪有限公司，作为首批签约公司与基金机构进行了现场签约。

该基金将主要用于投资布局于持牌互联网保险公司、互联网保险中介机构、保险科技公司以及大健康、大交通等互联网保险生态圈公司。其将为保险科技产业发展提供大量资本投入，对于带动宁波保险产业转型升级、优化国内互联网保险生态圈、促进保险业创新资本发展以及推动国家保险创新试验区建设具有积极战略意义。

2018 年 6 月 8 日，国内首个保险科技产业园——宁波保险科技产业园正式开园。其作为全国首个保险科技产业生态基地，依托宁波建设国家保险创新综合试验区的政策优势，立足保险产品与技术创新孵化、大数据中心和共性技术平台服务、生态联盟搭建等功能定位，着力引入培育一批功能性保险总部机构、保险科技机构和相关保险全产业链生态，旨在为全国保险行业高质量发展提供强大引擎和技术保障。目前，宁波市始终在主动顺应经济发展趋势，积极布局保险科技生态圈，为保险行业创新示范探路。

（四）平安“智能外呼”

平安“智能外呼”利用语音识别、语音合成、自然语言处理等技术，建立智能、坐席助手及智能质检等全流程、多维度智能客服应用，为保险行业提供智能销售服务；以人工智能机器人替代真人坐席，实现智能坐席对客户的自动外呼，按照预设的外呼逻辑与客户进行沟通，通过多轮对话、话术引导，达成电话外呼事务目标；以自然流畅的人机交互带给客户优质的服务体验，通过机器人外呼筛掉无意向客户，将真人客服资源更加有针对性地分配给有意向客户，实现人力和时间的更高效利用。该系统可批量、快速处理海量电话外呼作业，实现提高服务效率、优化客户体验、降低人力成本的智能客户服务方案。

（五）太平洋保险无人机智能定损

太平洋保险的无人机智能定损“太保 e 农险”产品是一款集移动终端

平台、无人机航拍技术、卫星遥感定损等多模块的保险运营管理体系。该体系主要包括三个技术模块：一是移动终端平台，实现与业务系统的对接；二是3S（RS + GIS + GPS）、卫星与无人机遥感技术，实现标的物的快速识别、自动定位、归属信息获取以及关联档案数字化存储；三是使用图像识别、光谱分析和机器学习等技术，实现机器自动受损分析和判断。“太保 e 农险”实现全流程智能化辅助、远程标的承保管理、高精度定损赔付等功能。2018年上半年，太平洋保险通过“太保 e 农险”赔付金额 1.5 亿元，积极助力智慧农业发展。

（六）太平洋保险的智能保顾“阿尔法保险”

“阿尔法保险”是业界首款定位于智能保险顾问的创新产品。该产品运用大数据、自然语言处理和智能推荐等技术，以公司上亿级保险存量客户数据为基础，以家庭为单位，通过分析客户基本信息、家庭结构、收入支出、资产负债、社保福利、生活习惯六大方面数据，从五个维度对家庭风险防御能力进行建模，测算不同家庭的家庭风险防御能力指数，并与全国保险客户进行横向对比，构建定制化、个性化的家庭保险组合计划，向家庭客户提供资产配置、保险保障等方面的建议。客户利用微信小程序就可以随时随地咨询“阿尔法”，随时随地了解基本保险常识，获得个性化的保险咨询报告。“阿尔法保险”上线当天，客户访问量就突破了 20 万，三日累计访问量突破 100 万，4 天达到 200 万。

（七）华夏保险“AI 小华”智能客服

华夏保险的“AI 小华”产品由语音客服“智语小华”和文本客服“小华 e 问”两大部分构成。“智语小华”是由华夏保险携手灵伴即时共同打造的智能语音机器人，该产品基于业界领先的自然语言处理、语音识别、语音合成等智能语音技术，结合专业丰富的保险客服领域知识库，为客户提供拟真人的智能保险语音服务。而“小华 e 问”则是华夏保险继“小华文本机器人 1.0”之后推出的第二代保险服务文本机器人，该产品基于全新的 AI

引擎，结合涵盖三千余条知识规则的庞大知识库，覆盖上万种客户问法，通过文本的方式智能回答产品、投保、核保、保全、理赔、回访等多个保险领域的常见问题，回答准确率高达93%。通过文本客服与语音客服，机器人辅助人工业务办理，为客户带来便捷高效的智能服务体验。

（八）众安X-Man智能营销平台

X-Man智能营销平台依托大数据、人工智能算法和机器学习等前沿技术，基于保险数据中的强身份要素信息，结合多渠道获取的目标数据，运用统计分析、规则推导、建模预测等技术，形成自然属性、社会属性、行为特质、风险偏好、客户价值等多个维度的标签，并通过设计的数据清洗、关联及同人识别逻辑，对用户进行多维度标签管理，创建以用户为中心的数据模型，完善用户数据管理标准，统一客户服务平台，从而实现目标客户精准触达；同时X-Man通过全流程效果评估和学习，进行自我调整和方案优化，全面提升保险公司和经代公司的服务质量、营销效率、二次营销等能力，有效解决了传统金融行业数据化运营粗放、渠道间信息不互通、用户数据不统一、精细化运营缺乏、营销方式单一且成本过高、精准营销能力不足等问题。

（九）众安和平安推出基于UBI的车险产品

保骉车险是一款基于多维度因子（区域、家庭、信用、驾驶习惯、行驶里程）定价的UBI车险产品，是国内首个以O2O合作共保模式推出的互联网车险产品。利用众安保险和平安保险的海量数据，通过车载诊断系统（OBD）、高级驾驶辅助系统（ADAS），以及多通道场景式理赔服务体系等科技创新驱动，根据用户的驾驶习惯等多维度因子，为客户提供差异化定价和精准服务。众安聚焦车险服务，将汽车用户、车险企业、汽车金融、售后服务等全产业链条打通，以轻资产的互联网模式打造汽车生态，形成从车险服务到汽车生态的全方位布局，为车主提供一站式、全场景的智慧汽车服务。

（十）平安健康险推出基于人脸识别的重疾险产品

“i 康保·重疾医疗”产品是平安健康险联合平安科技推出的一款结合人脸识别技术的 AI 医疗险产品，用户只需用手机拍摄正面照片，产品基于大数据及人工智能技术进行图像识别，对用户的 BMI（身体质量指数）进行计算，数据准确率达到 90% 以上，并参考国际标准，将 BMI 在 18 ~ 30 的人群视作健康情况较优，提供较低的保险费率，为用户提供定制化保险服务，提升用户体验。“i 康保·重疾医疗”产品不仅提高了保险风控水平，而且降低了用户的保险费用，解决了重疾险保额偏低、所保病种有限、缺少轻症赔付等普遍存在的诸多痛点，助力未来“AI + 保险”产品的快速发展。

（十一）太平洋保险“太好保”

太平洋保险“太好保”是一款结合图像识别、智能抓取、实时报警、智能管理等多种强大功能的智能风控平台。该产品以“科技减损”为目标，运用生物科技、人工智能、大数据等高新技术，依托专业的三路摄像头风控终端，可以自动获取驾驶员基本信息，智能识别疲劳驾驶（如打哈欠）、分心驾驶（如操作手机）、注意力分散、非当班司机和跟车过近等危险驾驶行为，面向驾驶员及时预警、实时提示，同时帮助企业客户管理司机，有效推进落实安全监管工作；同时，“太好保”通过对司机、车辆、车队、驾驶行为等多维度数据的抓取，建立起企业风险资料库，评定企业风险等级，为车队管理、承保政策制定、监管部门管理等多个方向的应用提供数据支持，有效降低事故发生率、出险率及保险公司赔付率。

（十二）平安集团基于图计算的车险反欺诈

平安利用图像识别技术、图计算技术及规则引擎技术，结合积累的海量车型、配件、厂商数据和反欺诈规则，输出车险智能反欺诈解决方案，将案件理赔的风险防控环境由传统的“人工经验拦截”模式，转变为基于大数据与 AI 技术的“智能拦截”模式。同时，基于平安车险理赔、承保等方面的海量数据积累，利用大数据 SNA 技术，研发 SAN 反欺诈社交网络模型，在车险理赔案件中车和人二者之间建立关联关系，并构建出车险理赔 - 社交异构分析图，同时基于欺诈风险规则，利用图计算的子图匹配、标签传播等先进智能算法，筛选出高风险网络，从而实现团伙欺诈风险识别。

（十三）中国人保财险的结案审计系统（CFR）

中国人保财险的结案审计系统（CFR）是一款对保险理赔已结案件进行审查，从中发现疑似漏损，并向理赔稽查人员自动推送线索的财产险全流程管理系统。该系统利用固化的业务场景专家经验，运用聚类模型、异常点模型、关联关系模型等多种数据挖掘模型，对理赔数据进行智能分析，探索、分析具有共性的欺诈场景，同时该系统还提供一套可自动甄别风险案件的管理系统平台，丰富漏损管控手段。通过利用 CFR 对高风险案件的持续监测，同时配合公司高素质的稽查队伍不断开展反欺诈工作，可极大打击欺诈行为，减少欺诈漏损，挽回公司损失；另外，利用 CFR 进行漏损分析，还可以发现理赔工作中的质量问题，如数据录入不规范，故意输入错乱数据等，通过将这些问题及时反馈到理赔管理中，规范理赔流程，促进理赔管理工作优化提升。

（十四）平安脑智能引擎

平安脑智能引擎是一款全方位、多层次地将技术与场景紧密结合的平台，从感知“大数据”开始，平安脑覆盖平安集团 30 年金融数据，通过对原始结构化和非结构化数据自动进行脱敏、标准化、整合、清洗等处理，形成抽象统计的各类合规标签指标，用于建立全方位、多维度的用户画像、产品画像、渠道分析和监控报告；再通过“认知”数据，利用深度学习、数据挖掘、生物特征识别等技术，快速实时分析与推理数据价值；最后做出“决策”，结合画像体系和 AI 算法，预测客户行为，监测风险，并制定专业的数据可视化方案输出分析结果。平安脑将智能感知技术、智能认知技术和智能决策技术融合于一体，提供多行业解决方案，包括智慧医疗、智慧城市、智能海关、智慧金融、智慧环保等领域，真正地让生活变得更简单、更智能。

（十五）众安 DMP 数据管理平台

众安 DMP 数据管理平台是众安建立的庞大数据生态系统，提供基于人群标签的数据服务，助力企业实现精准营销。该平台整合海量保险、金融、汽车等行业数据，引入机器学习平台模型算法，积累强大的数据挖掘分析能力，全面洞察客户，提供用户洞察报告。同时，对报表进行图形化界面展示，清晰呈现变化趋势；建立了完善的数据安全保护体系，确保数据安全。功能模块包含数据整合、数据挖掘与分析、数据应用以及可视化平台。应用场景包括数据整合和治理、人群洞察、精准营销等，帮助保险公司和经代公司完善保险客户画像和保险代理人画像，实现了全面的个性化智能产品推荐、渠道推荐和代理人推荐，从而进一步提升营销效果，提高公司运营效率，降低运营成本。

四 保险业金融科技发展趋势展望

（一）金融科技给保险业带来新发展

当前，我国社会的主要矛盾在保险领域则表现为保险服务未能发挥其全部功能，在保障经济健康发展与维护市场正常的运行秩序方面存在不足。充分利用新兴科技手段对传统金融保险业进行颠覆和改造，是提高保险业的服务水平和效率、保障未来发展的必然选择。

金融科技将重塑保险行业。新兴技术将会带来保险业金融创新，创造新的业务模式、应用、流程或者产品，对金融市场带来巨大的影响。保险业金融科技的发展趋势首先表现在其技术的进步，以硬科技、创新技术为中心进行技术迭代升级，完善技术基础设施布局，与人工智能、区块链等技术相融合，形成新的核心竞争力。同时，金融科技将跨越单纯的技术部门、金融部门、理论部门，深刻地融入实体经济各个领域，形成全方位的覆盖，造就全新的金融合作生态。金融科技将会加速渗透影响保险行业发展。首先是渠道的信息网络化，网络将成为保险产品销售的主要渠道，保险统计也将呈现互联网化；其次是保险经营管理智能化，金融科技将会重构经营框架，实现生产经营的降成本、提质量、增效率，如区块链在保险流程中的智能化、数据化运用；最后是保险业架构的变革，风险预估的可能性、保险主体和责任的重构都将改变保险产品与服务的体系。金融科技还将塑造新的保险行业经营生态圈。新技术会从原本最基础的代替重复劳作转为向生产运营的核心环节渗透，推动保险业自身运营的数字化转型，影响保险业的整体布局。通过在保险流程中引入人工智能、区块链、云计算等新技术，联动产、承、调、赔四个方面，减少人工参与和干预，提高经营的规范标准化。在技术布局进一步完善之后，未来的保险业将会呈现新的行业生态，大型企业合纵联盟，优势互补；新兴科技互联网企业加入战局，提高技术水平和行业活力。

金融科技给保险行业带来新挑战。以云计算、大数据、物联网、区块链为代表的金融科技，潜移默化地改变着金融领域的生产力和生产关系，成为金融服务领域的新武器。金融科技给金融业带来重要战略机遇的同时，也在数据保密、个人隐私、基础设施等领域提出了相应的挑战。金融科技与保险行业的不断融合，使企业对大量用户的行为数据和交易数据的采集更加容易。面对科技革新的压力，部分企业急于求成，盲目推广应用尚未成熟的新技术，而自身的数据管理和防攻击体系尚未完善，导致诸多数据安全问题。在采集数据并对客户进行精准画像时也往往难以掌握合理限度，对个人隐私安全造成威胁。除数据安全外，金融科技的发展也给技术基础设施的建设提出了更高的要求。改革开放四十多年来，我国保险业取得的成就是有目共睹的，但在制度基础设施和信息基础设施方面还存在一定的短板。新技术使金融数据的归集、处理、加工和利用能力不断提高，社会的信息成本逐渐降低。企业应当主动拥抱金融科技，以技术革新提高自身竞争力，充分发挥平台优势，注重跨地域、跨行业的数据互通共享，助力行业健康转型发展。

监管科技面临挑战。在金融科技为保险业发展开拓广阔空间的同时，也对保险业监管部门提出了新要求。监管部门应该坚持“积极地看待和认识、正确引导和鼓励、防范和化解风险”的总方针，认真研究、深化理解、积极应用，以技术革新提升监管效能，对市场变化做出快速应对策略，确保整个行业守住不发生系统性金融风险的底线。首先，科技应用与监管之间的时间差不可避免。当传统监管模式与新兴保险业态发生冲突时，监管部门应秉持“包容审慎”的原则，对新技术的利用需加以监督、引导，发挥指导灯塔的作用，探索保险领域和保险科技的发展量化基准，提供标准和参考方法。应给予新业态一个合理观察期，避免“一刀切”对行业创新造成不可逆的损害。其次，监管部门在鼓励支持保险行业应用新技术深化改革的同时，有必要继续完善保险机构的信息化管制，为保险业的信息网和生态网提供布局。最后，监管部门应强化保险监管科技支撑。在监管科技模式下，依靠大数据、人工智能和区块链等技术手段，实现实时、动态监管，不但能提前发现金融风险并预防其发生，也能实现同步监管跟踪，更能为事后监管提供强有力的证据依据。同时监管科技需要充分利用大数据进行监管，监管科技作为数据驱动的监管手段，必须打通地方与中央、中央各部门之间的数据孤岛，实现数据的实时共享。

（二）金融科技继续推动保险业转型升级

金融科技在保险行业的不断应用，进一步加深业务与科技的深度融合，保险业数字化转型驱动产业升级，打造新型保险运营生态，并推动保险监管科技的发展。

业务与科技融合将成为行业发展的主流趋势。随着大数据、人工智能等高新技术的蓬勃发展，科技将成为保险行业全面升级的核心驱动力。新技术的运用不仅创造了保险行业的增量市场，而且也推动了业务场景的快速落地，驱动保险生态的价值链重塑。科技不仅可以推动既有业态的改善，还可以促进创新业态的升级，促进保险的业务模式变革，增强行业风险管控能力，引领行业向科技化、智能化方向不断发展。科技将赋能保险行业数字化、智能化服务升级。有了科技赋能的保险产品通过场景化、碎片化的形式，确保保险产品的丰富化、定制化特色，以满足不同客户的多样化需求。保险业拥抱科技，还将显著提高保险公司的运营效率，降低经营成本，进一步提升互联网保险的风险防范能力，使互联网保险能在更多场景、更复杂的产品形态和服务等领域规避风险，实现稳步发展。

数字化转型驱动保险行业产业升级。保险行业“数据资产”理念不断加深，数据体系不断完备，行业内的数据开放和共享不断深化，推动了保险行业运营与服务的不断升级。保险行业的数字化转型伴随着大数据、人工智能等高新技术的发展而日新月异，是连接所有保险市场主体及商业行为的中枢，也是传递监管及市场规则的创新载体。数字化转型需要保险机构、监管部门和公众等多方参与者一起，集合领先技术充分赋能，共同推动保险行业良性循环。在保险行业产业升级中，首先通过对保险流程的各个环节进行深入渗透和融合，助力系统优化和升级。大数据、人工智能等技术将为保险行业打造强有力的底层支撑，助力核保、核赔、精算、风控、客服等各个环节实现智能化变革。其次数字化转型通过客户分群和精准营销，充分满足用户多元化的需求，促进营销效率和服务质量的大幅提升。最后数字化转型也进一步提升市场整体透明性，提高保险公司的风控能力，在效率提升及成本管控上发挥着巨大效用，确保高效运营和监管合规。

以技术驱动打造新型保险运营生态。新科技运用与业务场景紧密结合，基于业务需求进行定制化技术开发和落地，带来更多创新型的产品和服务，推动保险业的快速发展。利用大数据、人工智能、区块链等科技手段，促进保险行业向产品应用场景化、销售渠道多元化、服务智能化、消费市场扩大化方向蓬勃发展。在获客方面，通过大数据分析，建立渠道画像和客户画像，使得差异化的客户经营也成为可能。在营销方面，通过分析客户的行为变化，动态精准预测客户需求，进行数字化营销和智能分发，让隐性的消费需求转变为显性需求，从而提供精准化、全方位的营销服务。在服务方面，提供智能语音客服，为客户提供 7 × 24 小时的及时服务，提升客户服务体验，同时降低企业运营成本。在风控方面，运用大数据、人工智能、云计算、区块链等技术，进一步提升互联网保险的智能风控能力，帮助企业有效甄别欺诈行为，提高风控水平。通过对企业的端到端经营流程技术赋能，打造新型保险运营生态。

传统保险行业和科技公司合作共赢。保险行业与科技公司的合作已是大势所趋，由于技术创新的门槛高、投入大、周期长，因此保险公司更愿意与科技公司建立合作关系，利用外部科技能力助力自身科技能力的提升，以满足客户不断变化的多样化需求，并开拓新的市场细分领域。与科技公司合作将改进传统保险公司的运营模式，增强核心竞争力。目前，保险公司对科技的应用主要体现在降低运营成本方面，比如通过智能客服机器人，取代人工作业，从而实现业务的自动化和智能化。此外，精准营销、理赔反欺诈、产品研发、精准定价也是目前双方合作较多的领域，比如通过建立汽车知识图谱体系，实现车险智能理赔反欺诈，提高企业风控水平。

B.9
金融科技与支付清算融合发展综述

中国支付清算协会 等*

摘　要： 新世纪以来，伴随着社会主义市场经济深入发展，我国的支付体系实现了跨越式发展，在行业规模、服务水平、普惠程度以及支付技术应用先进性等方面都走在了世界前列。同时，近年来大数据、云计算、人工智能、区块链、物联网等技术的飞速发展，正在推动传统支付行业发生变革。本文通过探索金融科技与支付清算行业的深入融合，列举行业典型案例，分析分布式架构、云计算等技术与支付业务的应用情况，并提出一系列建议和展望，希望能增强业务支撑，优化用户体验，促进监管科技发展，提高智能风险防控能力，同时响应国家对外发展战略，推动支付服务国际化。

关键词： 支付清算　金融科技　监管科技

支付清算是金融和社会经济的重要基础设施，随着我国支付业务法规的逐步完善，支付服务主体的更加多样以及支付服务产品的日益丰富，我国支付体系建设取得了跨越式发展。据统计，在所有的金融服务中，大约85%的业务属于支付服务，支付扮演越来越重要的角色，成为我国核心的金融基础设施，是经济金融体系的重要组成部分，在服务货币政策实施、提升金融服务能力、推动国民经济健康有序发展方面发挥了极大的积极作用。

---

* 参与单位：中国支付清算协会、中国银联。

一 支付清算的发展历程

进入新世纪，我国支付体系发展大致可分为四个阶段，即支付体系现代化发展初期（2000～2005 年）、支付体系现代化基本实现（2006～2010 年）、支付体系现代化提升发展（2011～2015 年）和支付体系现代化调整规范（2016 年至今）。

1. 支付体系现代化发展初期（2000～2005年）

这一时期社会主义市场经济体制逐渐完善，市场在资源配置中逐步发挥主导作用，我国支付体系把加速社会资金流动、维护市场秩序、助力经济效益提升和经济增长方式转变作为发展目标。积极推动建立银行账户实名制、成立中国银联解决银行卡跨行交易结算问题、建设大额实时支付系统并成功上线，为现代化支付系统建设奠定了基础。

2. 支付体系现代化基本实现（2006～2010年）

这一时期我国支付体系建设取得了长足进步，对社会经济发展的促进作用日益凸显。2007 年联网核查公民身份系统的建立标志着我国银行结算账户实名制进入崭新的发展阶段；小额支付系统、境内外币支付系统、支票影像系统、电子商业汇票系统、网上支付跨行清算系统纷纷上线，极大地提高了我国支付系统的信息化水平，支付体系现代化建设取得了重大突破。

3. 支付体系现代化提升发展（2011～2015年）

这一时期经济发展进入新常态，支付体系积极拥抱新技术，其快速发展给经济金融带来深刻影响。主要表现在：2011 年中国人民银行发放了首批支付牌照，标志着我国多层次支付服务组织体系初步建成；2015 年《关于改进个人银行账户服务 加强账户管理的通知》以及《非银行支付机构网络支付业务管理办法》发布，我国多层次个人账户分类监管制度框架基本形成，基于Ⅱ、Ⅲ类银行账户和Ⅰ、Ⅱ类支付账户的无卡、移动支付方式为社会公众日常生活消费中的小额、高频支付提供了更为便捷、高效的选择；以移动支付、网络支付为代表的新兴电子支付的快速发展，场景化支付应用不断丰富，成为我国金融服务创新发展的一抹亮色。

4. 支付体系现代化调整规范（2016年至今）

在移动互联网快速发展的时代背景下，云计算、人工智能、区块链、大数据等技术的快速发展，推动传统支付行业发生变革。但新技术的飞速发展也给支付行业带来了新的挑战，增加了支付业务的风险和不确定性，也使严监管变得常态化。2016 年国务院办公厅发布《互联网金融专项整治工作实施方案》，中国人民银行确立了“鼓励创新与防风险并重”的原则，明确监管范围和监管手段，强化非银行支付机构的监督管理、不断完善机构准入和退出机制、推出备付金集中存管制度、实施“断直连”、加大检查力度等，促进支付行业健康可持续发展。未来，在合法合规的前提下开拓创新将是支付行业发展的主旋律。

二　金融科技助推支付行业不断创新

改革开放特别是党的十八大以来，我国支付行业日趋壮大，市场布局日益优化，在行业规模、服务水平、普惠程度以及支付技术应用先进性等方面都走在了世界前列。

支付产业规模持续扩大。近年来，我国支付业务基本以超过 10% 的年均复合增长率快速发展，特别是以“云闪付”、条码支付为代表的移动支付高速发展，使我国一跃成为全球最大的移动支付市场。支付业务快速发展产生规模效应，激发社会资本涌入支付行业，纵向上加速支付服务社会分工不断细化，横向上支付服务与电子商务、机具制造、介质生产、信息技术、咨询服务等行业不断融合，形成利益互联、相互推动的业态发展趋势，推动支付行业不断做大做强。[①]

支付服务组织体系更加多元。经过多年的发展，我国形成了以中国人民银行为核心、银行业金融机构为基础、特许清算机构和非银行支付机构

---

① 中国人民银行副行长范一飞在 2018 年中国支付清算论坛上的讲话。

为补充的多元化支付服务组织格局。目前，我国有4500多家银行法人机构、238家非银行支付机构、240多家财务公司为单位和个人提供支付服务；中国银联股份有限公司、农信银资金清算中心、网联清算有限公司等特许清算机构为银行卡等特定业务和特定对象提供差异化清算服务。随着支付服务场景化应用不断扩充，支付服务需求主体不断壮大，小微企业和百姓个人等长尾客户在支付服务市场中的重要作用日益凸显，影响程度更加广泛。

支付基础设施不断完善。随着我国经济金融、计算机通信技术发展和金融体制改革，我国支付基础设施建设取得突破性进展。第二代支付系统、人民币跨境支付系统、网联平台等重大系统相继建设完成，网络覆盖全国、走向世界。其中，大额支付系统在国内资金中枢地位举足轻重，系统性重要影响日益彰显，2018年全年处理业务金额达4353.48万亿元，日均17.28万亿元，[①] 成为全球第三大全额实时结算系统。人民币跨境支付系统覆盖全球各时区，连接全球6大洲89个国家和地区的参与者多达865家，跨境支付主渠道作用、助力“一带一路”建设纽带作用日益增强。

随着金融业务与大数据、云计算、人工智能、区块链、物联网等技术融合的逐步深入，金融科技在支付清算领域的应用渐趋成熟。大数据在反欺诈识别及精准营销应用普及速度加快，云计算在云支付业务的应用更加广泛，人工智能技术使得“智能支付、无感支付、智能清算系统、智能账户”成为现实，区块链驱动跨境支付和数字票据等产品创新，物联网为支付业务模式变革带来极大的想象空间。一是金融科技助推支付介质向数字化转变。随着人工智能技术逐渐成熟，支付介质正朝着数字化的方向发展。20世纪80年代，磁条技术、集成电路等推动卡支付走进人们的生活，现金、支票等传统支付工具逐渐被取代。进入21世纪，移动互联技术快速发展使支付要素“化身”为一串数字化信息，网上支付、移动支付等新兴电子支付方式成为

① 唐艳红：《数字科技将改变支付方式和支付形态》，《中国信息界》2018年第6期，第83～85页。

用户享受支付服务的新选择。近年来，随着技术不断进步，人脸识别、声纹识别、虹膜识别等各种生物识别技术推陈出新，生物特征开始用于标识用户身份，为数字支付提供了安全、便捷、高效的新支付手段。未来，物联网技术的快速发展，将为数字支付的发展提供新场景。二是金融科技促进支付场景与金融服务日趋融合。网络支付的发展使支付服务渠道从线下开始向线上迁移；智能终端和移动通信技术广泛普及可满足用户在任何时间、任何地点完成支付的需求，使线上线下商业服务和支付服务更加一体化，并将支付服务与商业服务场景紧密关联。同时，科技也正在推动支付产业加速向其他金融服务领域渗透，基于支付延伸的消费信贷、投资理财、保险等金融服务快速增长，支付与其他金融服务融合趋势日益明显。三是金融科技降低了支付服务成本，扩大了支付服务覆盖范围。科技应用使得支付设备成本不断降低，减轻了支付机构和商户的资金压力，减少了交易管理成本和风险防控成本。同时，科技进步进一步扩大了我国支付清算网络在广大农村地区以及世界各地的覆盖范围，拓展了支付服务半径，使得支付清算业务成为普惠金融和市场机构“走出去”的重要抓手。

三　2018年支付清算领域科技新发展和挑战

2018 年，金融科技在支付清算领域的应用渐趋成熟，对支付行业的发展产生了较大影响。云计算、人工智能、大数据和区块链等技术助推支付创新，进一步打破了原有的线上线下金融服务边界，将支付业务与服务场景紧密关联，支付与其他金融、经济服务融合趋势日益明显。

金融科技对支付行业带来的新变化主要表现在以下方面。

1. 金融科技极大地丰富了支付生态系统

一方面，科技创新推动支付产业链不断延伸，市场参与主体数量快速增长；另一方面，支付产品、支付方式和支付场景更加多元化，推动着支付清算向金融其他服务领域如理财、保险、信贷、投资等的渗透，使得支付清算与其他金融服务融合发展。同时，家居、传统交通、医疗等领域智能化程度不断加深，逐步形成新的支付场景，促进了新产业形态的逐渐形成。

2. 金融科技创新助推支付行业资源整合优化

部分市场主体在业务体系稳步发展的基础上，凭借其在金融科技方面的创新优势，不断进行资源整合与优化，引入战略投资者，在资本市场筹划上市，形成新的治理结构，进一步实现了资源的整合与强化。[①] 与此同时，实体企业以及其他金融和类金融机构以并购互联网支付机构等方式进入支付市场，希望通过支付接口达到资源整合的目的。

3. 金融科技提升支付行业效率

一方面，利用互联网、移动互联网、物联网打造平台经济模式，简化供需双方的交易中间环节，提升资金融通效率；另一方面，利用云计算技术构建跨层级、跨区域的分布式支付系统，提高支付业务的响应速度和支撑效率。大数据、区块链等技术也有望解决支付领域的一些痛点和难点，比如提升交易速度、降低交易过程中的沟通成本、降低运营风险等。

4. 金融科技提升支付安全

在支付行业快速发展的背景下，风险控制仍然是全行业的重中之重。人工智能、生物探针、知识图谱等金融技术手段的应用，使得支付风险防控更加自动化。风控手段逐步从人工审核、后验策略转向自动化决策、模型预测为主，通过基于多维度数据关联的用户行为分析、深度学习建模开展实时监控，可有效监测用户交易行为，降低支付欺诈风险，提升支付安全。

金融科技对支付行业带来的挑战主要表现在三个方面。

1. 从国家层面推动金融科技在支付行业应用的标准化建设

目前部分支付产品采用不同的支付标准，不仅影响客户体验，也为支付安全埋下隐患。为更好地发挥金融科技引领支付行业发展的作用，打通各个支付机构之间数据、标准的鸿沟，建立统一的行业标准，需要从国家层面努力推进和实现规则的标准化和技术的标准化。由全国金融标准化技术委员会

① 唐艳红：《数字科技将改变支付方式和支付形态》，《中国信息界》2018 年第 6 期，第 83 ~ 85 页。

主导的《聚合支付安全技术规范》在2018年8月开始征求意见，聚合支付标准呼之欲出。未来，包括二维码支付、聚合支付以及生物识别支付等各个层面的支付标准化建设也需要持续深入推进，促进行业向标准化、规模化、规范化方向发展。

2. 科技创新带来的支付安全隐患不容忽视

金融科技的发展使支付市场参与主体间的关联性越来越强、联动性越来越大，增大了单点风险演变为系统性风险的可能性。随着业务规模和客户数量的增加，数据安全、隐私保护、交易安全、身份认证等问题更加突出，风险的传染性和不确定性更强。同时，当前诸多技术发展和应用还处于初级阶段，技术本身也蕴含着一些风险亟待攻克。例如生物识别技术被视为支付的天然密码，但在当前阶段，单一的生物识别技术还很难完全抵御黑灰产集团的恶意攻击，需要支付机构搭配多种不同的技术手段进行身份的识别和验证。

3. 科技创新对现有监管规则和体系带来挑战

金融科技的应用对传统支付清算行业影响深刻，参与主体更加多元化，支付媒介更加丰富化，支付手段更加智能化。这些变化都给现有的监管规则和体系带来挑战，首先是监管部门尚需进一步理清金融科技的运行逻辑、风险的易发环节以及风险传导机制；其次是金融科技的技术性和专业性使得监管难度急剧加大，现行的监管手段很难防范高度虚拟化、网络化的支付手段带来的潜在风险，识别和防范支付跨界经营带来的衍生风险难度加大。

四　支付清算领域运用的主要技术

（一）云计算在支付行业的应用

目前，以云计算为代表的新一代信息化建设方案已在支付行业中落地实施，形成了支付云端化。从各大银行的实践来看，大致经历了X86化、虚拟化以及云化三个阶段。同时，非银行支付机构也在快速发展分布式数据库系统。

云支付是云计算技术在支付领域的最新应用，云支付定位于实现金融支付服务能力的“云化”，利用高速互联网的传输能力，将用户所有的交易数据和服务都放在“网络云”（大型数据处理中心）中，用户只需使用终端设备发送业务需求指令即可。① 云技术基于终端的连接，为用户提供定制化、个性化的支付渠道和支付方式。

在移动支付收单方面，腾讯云联合微信支付推出了移动收单 SaaS 服务云支付，提供收单和服务商、商户管理两大功能。服务商可不做任何软件开发，通过在网页上配置，即可帮助商户接入第三方支付。服务商也可使用云支付提供的 SDK 和 HTTPS 接口，将云支付集成进自己的系统中，为商户提供个性化的解决方案。

（二）大数据在支付行业的应用

随着大数据技术的不断发展，支付行业长期积累的海量数据价值被逐渐开发。把数据作为一种全新的资产形态，通过合理运用、科学管理来提高机构管理决策效率，探索数据价值挖掘和业务创新，已成为金融行业大数据时代发展的重要能力需求。中国银保监会 2018 年 5 月发布的《银行业金融机构数据治理指引》，明确要求银行业金融机构将数据治理纳入公司治理范畴，建立自上而下、协调一致的数据治理体系。目前，各大商业银行已开始将数据作为核心资产去经营。如建设银行建立了完善的数据管理和数据应用体系，通过成立大数据智慧中心为全行提供大数据应用支持；光大银行持续推进大数据资产管理工作，开展数据资产管理机制、数据资产库及知识库的建设。由于目前尚未有针对非银行支付机构数据资产管理的规范，相比商业银行成熟的管理经验，非银行支付机构数据资产管理尚处于起步阶段。

---

① 唐艳红：《数字科技将改变支付方式和支付形态》，《中国信息界》2018 年第 6 期，第 83 ~ 85 页。

未来，随着大数据行业发展环境的进一步优化，大数据技术将广泛应用于支付领域，以大数据为引擎的支付生态将日趋细分化和专业化。

（三）生物识别在支付行业的应用

2018 年 11 月，中国人民银行发布金融行业标准——《移动金融基于声纹识别的安全应用技术规范》，成为我国金融行业生物识别的第一个技术标准，意味着声纹识别技术得到金融监管部门的认可。

由于生物识别验证速度快、防伪性能好等技术优势，因此其在支付领域具有广阔的应用前景。从 2018 年“双十一”的数据来看，像刷脸、按指纹这样依靠生物识别技术完成的支付已达到 60%，国内消费者对新支付方式的接受程度要远远高于预期。

目前，随着活体检测、3D 图形、红外光线等技术成熟，人脸支付技术逐渐从实验室走入大众的生活中。如招商银行与依图科技、商汤科技合作在支付领域主要落地的有刷脸取款和身份验证；农业银行与云从科技推出 ATM 机刷脸取款；度小满通过与国内 3D 结构光摄像头头部厂商合作，实现了更高安全级别的人脸支付能力；2018 年 12 月，支付宝推出一款新型刷脸支付产品——“蜻蜓”，支持扫码、刷脸两种支付方式，全面兼容现有的收银系统。

（四）区块链在支付行业的应用

2018 年区块链技术主要在票据支付、跨境交易等领域有了一定的探索实践。跨境交易是区块链在支付领域应用的天然场景。基于区块链技术的跨境支付已经在 Visa、Chain、Ripple 等机构开始落地应用。2018 年，中国银行通过区块链跨境支付系统成功完成河北雄安与韩国首尔两地间客户的美元国际汇款，成为国内商业银行首笔应用自主研发区块链支付系统完成的国际汇款业务；招商银行借助区块链的强大底层技术，利用区块链去中心、分布式记账的特点，对支付系统进行了全新布局，推出了直联跨境支付清算平台；蚂蚁金服于 2018 年 6 月，通过区块链技术实现了香港支付宝 Alipay HK

和菲律宾 GCash 电子钱包之间的跨境汇款服务。

2016 年上半年，中国人民银行启动了基于区块链数字票据的研发，并于 2017 年 2 月测试成功，其一期项目——湾区贸易金融区块链平台已于 2018 年部署上线，进入试运行阶段。2018 年 8 月 17 日，“浙商链融 2018 年度第一期企业应收账款资产支持票据”成功发行，成为我国首单区块链应收账款 ABN。①

（五）物联网在支付行业的应用

物联网技术将加速支付行业向数字化方向演进，将资金账户和设备 ID 连接，有望实现万物皆可支付。物联网在支付行业的应用主要包括以下两方面：一是基于 RFID 无线射频识别技术的支付结算，主要应用于无人便利店；二是基于物联网 + 大数据 + 区块链 + 人工智能技术的支付闭环。

目前，物联网在支付行业的应用尚处于初级阶段，在国外，日本三菱 UFJ 金融集团打造对应物联网技术的支付系统。其与家电、汽车等各家厂商携手，让用户在网络下单后，以信用卡、虚拟货币等作为支付手段，只要让手机读取 QR Code 就能执行支付的功能。在国内，如支付宝以快捷支付为切入点，涵盖了收银、会员营销、兑卡券、卡券核销等一整套的支付服务解决方案，专门为商家量身打造移动支付应用客户端。现阶段正在加大对餐饮、超市、便利店、出租车、公共交通等支付场景的改造力度。

五　案例分析

（一）典型案例一：银联基于分布式多中心架构的跨行转接清算网络

银联转接清算支付网络历经多年建设，已建成覆盖核心支付、账户接入、受理接入、内容接入、服务、基础增值及运营 7 大业务领域的系统平

① ABN，全称为 Asset-Backed Medium-term Notes，即资产支持票据。

台，构建了线上线下、境内境外、机构与持卡人的产品及服务体系。

伴随支付产业的蓬勃发展，以及“断直连”政策的落实，跨行转接清算网络交易量大幅增长，对传统系统架构提出了严峻挑战。为此，银联重点推进转接清算支付网络分布式改造，基于 X86 架构和自研组件打造云计算平台，同步加快多中心建设。简述如下。

分布式架构。各应用系统、公共基础平台持续向分布式架构迁移，具备应用无状态化特征和横向伸缩能力，通过增加服务节点可线性提升整体性能。自主研发的分布式服务框架，实现了系统松耦合部署和分布式服务调用治理。

在联机系统架构方面，一是已经具备多地域、多中心多活的分布式可扩展架构部署能力，实现了跨中心的细粒度交易负载控制和全链路灰度、压测、定点回放。二是整合 SQL 和 NoSQL 数据引擎的优点，设计了特有的混合存储机制，有效地支撑了应用多中心分布式部署架构，大大降低了处理单笔交易所需要的硬件资源。

在批量系统架构方面，一是高效的批处理双层调度体系，可将单节点同步调度过程转化为节点群的异步并发调度过程，极大限度地提升了调度通信的效率并节省调度过程中的网络流量。二是多节点实时管理装置，能够及时发现失效节点和新增节点，并自动调整调度计划和数据存放计划，最大化保证系统 7×24 小时的正常对外服务。三是基于机器学习的智能化数据切分，对于给定要素维度的海量交易数据通过 Apriori 关联规则、X-means 主题聚类、HC 爬山寻优、DP 动态规划等智能化训练手段对全量数据进行垂直/水平切分，生成与数据库节点群的映射关系，从而支持系统数据库节点横向扩展。四是遗传算法的智能化任务切分，自适应于不同节点的硬件性能差异，实现“各节点量身任务分配”的目标。

云计算改造。基于多年技术积累，银联完成了云计算平台的自主研发。一是通过云硬件资源的集中管控，支持研发、生产等资源的统筹规划与精细管理，有效提升资源利用效率；二是通过云资源的灵活调配，应对突发交易流量、软硬件故障，确保业务连续性；三是完善快速交付平台，实现业务的快速上线及市场推广；四是通过安全体系建设，提升云防护能力，保障业务、数据的安全。

同时，大力推进转接清算支付网络各子系统向云计算平台迁移，操作系统、数据库、中间件等广泛应用了自主研发的产品和组件，大大提升了银联对关键技术平台的自主可控能力，降低了对大规模计算平台的总体拥有成本，结合弹性扩缩，实现基于业务层面的容量管理，保障系统的正常运行，支持业务的产能规划。

多中心建设。主要应用系统多活运行，交易量可在多个中心间进行动态负载调整。实现业务流量的多站点接入、资源集约化利用以及营销场景下的跨中心资源调度，整体提高全网云化技术程度。多中心建设提供了更加集约的灾备建设方案，根据业务连续性指标可支持双活、多活等多种灾备模式，使得系统处理能力能够突破数据中心级别的限制。

通过整体架构规划、设计和提升以及性能优化，转接清算支付网络具备了超大容量的处理能力，每秒处理能力可达数十万笔级别，日均处理能力可达数亿笔级别。系统在架构上支持横向扩展，支持根据业务量进行节点动态弹性伸缩，能够在外部无感知的情况下实现部署调整。

（二）典型案例二：银联基于微服务和组件化的云闪付 APP 体系

银联云闪付 APP 发布一年来，用户规模快速增长，使用场景不断丰富，市场影响力逐步扩大。在业务规模上，APP 注册用户突破亿级规模；在系统架构上，应用分层设计，推进微服务及组件化，充分利用云平台实现资源动态扩展，形成规模化集群部署；在系统容量上，通过优化全链路压测机制，定制化应用及服务监控工具，大幅提升了高并发业务量下的负载评估、监控及运营保障能力，目前系统已具备百万级并发处理能力及扩展能力，并在重大营销活动中得到验证。

微服务架构。在云闪付整体系统架构上，采用微服务化的设计理念。系统分层设计，前后端分离；业务分类分级，拆分解耦；服务结构独立，提供基础服务和原子服务，与语言、工具无关；应用无状态化设计，数据缓存支持横向扩展能力，核心功能支持单元化部署能力。

APP 基础技术框架和业务组件建设。在 APP 技术架构上，采用分层和插件化的设计模式，底层 APP 框架中集成业务无关的网络、安全、动态加载等技术公共库；中间层业务组件则是抽象出各业务模块可复用的公共组件；上层实现各业务功能的 UI 页面与业务流程。业务模块与公共技术模块和基础组件解耦带来的收益明显，一是支持在不影响业务情况下快速引入新技术提升产品性能和智能化水平，二是业务开发更加专注功能需求，无须关心底层技术性能与安全性。

Native + H5 + RN 的混合架构模型。云闪付 APP 采用 Native + H5 + RN 的混合架构模型，对于安全性要求高的基础组件或界面渲染要求高的业务功能用 Native 实现，对于业务简单且主要为表单操作的功能用 H5 实现，对于业务灵活多变、交互流程不固定的功能用 RN 实现。产品的上层业务功能多采用 H5 + RN 的技术方案，脱离了平台相关性，提升了研发效率，易于维护，有助于在线快速提升产品的用户体验。

敏捷开发。云闪付 APP 研发过程采用敏捷开发，相比传统瀑布式开发流程的繁杂过程，更加注重开发效率，使得项目有着更强的适应性而不是预设性，高度响应需求的变化。

持续集成。云闪付 APP 在技术方案上采用分层与插件化，各模块开发独立并行，为持续检验模块质量与进度，需引入持续集成，让开发小组的每个成员频繁集成他们的工作成果，并通过自动化测试去尽快地探测潜在的错误，自动分析现有代码的状态并发布相关报告，最终提高软件开发的效率和质量。

持续运营。技术方案和研发流程为云闪付 APP 的质量提供了保证，但用户体验的提升还需要高效和强有力的运营手段做支撑。通过灰度发布，形成逐渐放量的过程，使产品获得更大范围的外部测试，使产品的问题及早暴露，降低产品升级成本。通过 APP 运行监控，检测并发现界面慢交互、网络延迟、线程卡顿等异常情况，帮助维护人员及时定位、解决问题。基于安卓 DEX 动态加载技术实现云闪付 APP 的热修复功能，在用户无感知情况下通知已安装的APP下载补丁进行问题修复，快速减少缺陷损失，提升用户体验。

数据支撑。随着大数据技术的不断发展，移动端产品呈现出运用大数据来帮助了解用户、提升服务质量的技术趋势。通过数据分析，开展用户行为分析，清楚刻画用户画像，精准挖掘用户需求。结合越狱检测、ROOT检测、模拟器检测等技术，将用户行为与终端设备关联分析，识别问题用户与设备，降低欺诈风险，帮助从源头进行风险防范，提升合法用户在营销活动中的参与体验。

（三）典型案例三：银联支付标记化服务系统

中国银联开展了基于支付标记化的支付信息安全保护方案的研究，并研制了中国银联支付标记化服务系统（简称“银联TSP系统”）。

1. 统一的支付标记化规范和体系

银联TSP系统实现了兼容现有支付模式的支付标记化方案，支付标记的格式与卡号格式一致，可以兼容现有交易报文的传输。在路由判断上，通过支付标记BIN与卡BIN相互区分，可以在跨行交易环节保证支付标记被识别、被处理；在发卡行交易授权上，由于转接网络将支付标记还原为卡号，发卡行可以延用原先基于卡号的相关处理，而无需额外的系统改造。因此，支付标记化技术几乎不改变现有产业各方的角色和功能，极大地方便了技术的普及。

支付标记化方案主要涉及两个流程，即支付标记申请和支付标记交易（见图1、图2）。

2. 面向收单机构和商户的安全支付方案

支付标记化技术通过在交易环节中用一个替代值（即支付标记和支付标记有效期）替换传统的银行卡信息，实现敏感信息的脱敏处理，这样商户和收单机构只能接触到支付标记，无法存储和泄露卡号信息，从而在源头上杜绝了银行卡信息泄露的可能，是移动互联网时代保护用户信息的有效手段。

图1　支付标记申请流程

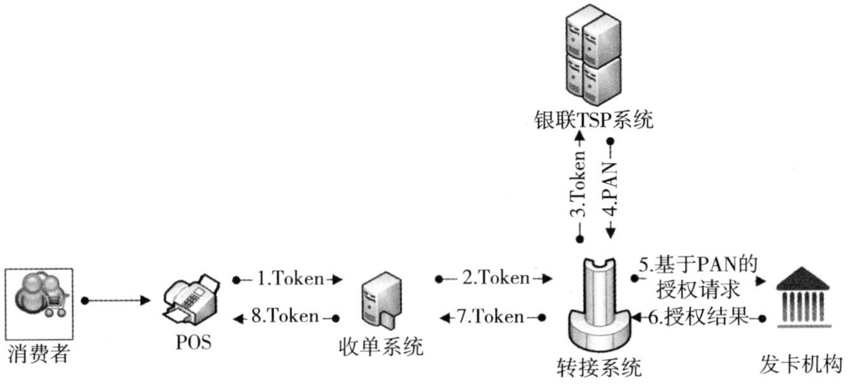

图2　支付标记交易流程

3. 面向发卡机构的 Token 技术整体解决方案

银联 TSP 系统实现了 Token 方案的全部功能，从 Token 发卡、交易域控检查、交易验证、风险控制、Token 生命周期管理等全部联机交易功能，以及基于 Web 的 Token 远程管理平台，支持发卡机构对本行卡 Token 进行全生命周期管理，现已覆盖全手机、HCE、大商户等 Token 的发卡模式。

4. 支付标记化的关键技术

交易环节中用虚拟卡（支付标记 Token）信息替换传统的银行卡信息，实现敏感信息的脱敏处理。针对每个 Token 设置个性化的预控属性，将 Token 与特定的交易场景相绑定，并在交易环节进行验证。与卡号相比，每一个 Token 只能在限定的范围内使用，避免 Token 被跨渠道滥用，极大地降低了 Token 信息一旦泄露后带来的潜在风险。同时 Token 格式与卡号格式一致，由银联 TSP 系统进行管理及去标记化，可以在现有的支付网络体系中兼容，减少系统改造的代价。

在Token分配过程中，使用了一套灵活高效的分配方案。通过设计Token号段及存储控制机制，实现根据不同业务场景分配Token号的功能，并且在系统出现异常进行高可用切换时能够保证Token号分配的唯一性。在存储控制机制的基础上开发出了一套灵活扩展的海量数据存储方案，解决了海量Token数据的高效存储和查询问题。同时，能够根据存储控制表高效地进行已分配Token号的清理和回收利用，极大地提升了系统的处理能力，满足业务快速发展的需求。

为保证系统的高可用性，研制了一种双活系统间可靠的数据同步方案，包括部分数据同步与批量数据同步两部分，具备触发式数据同步机制，基于时间戳的防“脏写”双向数据同步机制，能实现交易触发、存储转发、实时监控三重机制保证数据同步的一致性和可靠性。此外，在实时同步出现异常的情况下，系统可以自动重新进行数据同步，如重发一定次数后仍然同步失败，系统将同步失败的记录转移至待手工同步表并进行告警，提供人机界面进行再次同步。

银联TSP系统是对支付标记化国际标准与我国银行卡支付产业发展需要的结合，是银联实践国际标准的典型案例。伴随EMVCo对支付标记化标准的持续更新，结合境内的支付业务需要，银联TSP系统也在持续更新迭代优化。在首期实现的支付标记化申请、支付标记化交易处理等核心基础功能上，根据实际业务需要，逐步引入支付账号参考号（PAR）、Token派生（用Token申请Token）、Token共享等新增技术功能，目前系统功能保持与国际标准同步。

六　支付清算的发展展望

一是持续增强业务支撑能力，优化用户支付体验。金融科技在支付行业应用的前半程，主要集中在前端产品、应用层面上。未来，应探索利用分布式、云计算等技术重塑支付基础设施，提升计算、存储等资源的水平拓展能力，有效应对支付业务瞬时高并发、多频次、大流量的特点，保障支付清算高效稳定运行。[①] 依托物联网、生物识别、人工智能等新型的技术手段，打通零售端的各个场景和环节，促进场景开放共享，全面拓展综合金融服务业务场景，为消费者提供投资理财、消费信贷、财务资金管理、供应链融资、营销服务等多层次支付服务解决方案和更广泛的便民、惠民支付服务市场空间。

二是加强监管科技建设，以智能风控为核心，提高行业风险防控能力。监管科技旨在利用现代科技成果优化监管模式、提升监管与合规效能。当前，运用科技手段“赋能”监管已经在世界各国监管层达成共识。一方面，监管部门需要增强自身的数据和技术能力，同金融机构及支付企业开展良性合作，逐步探索、实现监管数据的实时收集、监管报告的自动化更新、违法行为的及时监测和风险预警的准时送达；另一方面，有能力的市场机构应强化新技术合理选型，建立支付数据安全防护机制。以大数据分析为基础，以人工智能、生物识别、区块链等技术为支撑，加快提升用户安全赋能、风险价值挖掘、智能反欺诈、智能身份认证等能力，达到精准化识别、自动化拦截和智能化处置异常交易和违规行为的目的，有效防范非法洗钱活动和支付欺诈事件，为支付行业提供高附加值的风险防控服务。

三是积极响应“一带一路”倡议，推动支付服务国际化。“走出去”是我国支付行业具备并保持国际领先水平的必由之路。随着我国与世界的交流和合作越来越紧密，“一带一路”大规模基础设施建设渐次推进，带来了沿线国家（地区）和我国相关主体的贸易需求和支付服务需求。当前，我国以移动支付为代表的新兴支付业务在市场规模、应用场景等方面的发展均处于世界领先水平，成为彰显我国金融服务产业国际竞争力的新名片。支付企业应深入研究相关国家（地区）的支付市场特点，积极谋篇布局，利用金融科技成果扩大服务、技术和标准的输出。同时，积极融入境外市场，提高跨境移动支付服务水平，着力打造开放式的合作平台，为“一带一路”沿线国家（地区）民众提供高质量、多样化、多渠道的支付服务。

---

① 李伟：《金融科技赋能支付提质增效》，《中国支付清算》2018 年第 9 期，第 4 ~ 8 页。

B.10
金融科技与供应链金融发展综述

中国民生银行

摘　要：　本文简要回顾了供应链金融在国内外的发展历程，分析了近年来在宏观经济下滑的态势下，供应链金融业务的发展趋势和面临的问题与挑战。同时，详细分析了中国民生银行“应收E”线上供应链产品的业务应用和技术实现，对产业互联网和供应链金融的未来进行了展望，指出了供应链金融智能化发展的新特征。

关键词：　产业互联网　新供应链金融　“应收E”

一　供应链金融发展历程

在经济全球化的背景下，生产分工模式逐渐从传统的单一企业产供销一条龙模式向分散协同的模式变迁，从而催生出新型产业供应链形态。为了提高供应链整体的竞争力，企业供应链金融的管理需求日益迫切。供应链金融作为适应国际贸易新形势的产物，是贸易全球化催生出的贸易融资模式。商业银行以贸易金融为基础，通过产品集成与业务创新，满足企业供应链整体金融服务需求，带动了业务的发展。

在国际范围内，我国供应链金融发展较晚，自20世纪70年代起步，从票据贴现、贸易融资到解决方案设计，已逐步向线上供应链金融平台方向发展。我国供应链金融大体上经历了三个阶段。

1. 第一阶段：线下化的1+N模式

在互联网尚未开启的时代，商业银行传统的做法是根据核心企业的信用评估，对 N 个为核心企业提供服务的上下游中小微企业提供融资授信支持。此为线下模式，其特点是效率低，风控能力差；此外，由于未实现信息流的共享，以及物流、资金流的对接，商业银行对贸易背景、存货的真实性不好把控，较难核实重复抵押、重复融资等问题。

2. 第二阶段：线上化的1 +N 模式

将传统的线下供应链金融搬到了线上，通过 ERP 系统对接供应链上下游及相关方，金融机构方可随时采集核心企业和产业链上下游企业仓储、付款等经营信息。结合互联网技术的应用，线上供应链金融使在线协同更为高效，作业效率显著提高。然而，目前初步实现物流、资金流、信息流和商流的汇聚和整合，核心数据依然掌握在个别企业手上，对其上下游小微企业的控制力不足。这种模式下的金融产品供给过于单一，金融机构对产业端的行业洞察不足，导致对场景、企业客户经营状况不够了解，造成金融机构的风控能力不足。

3. 第三阶段：平台化的 N +1 +N 模式

随着互联网技术与业务的融合发展，建设综合性的服务平台代替核心企业，为平台上的众多小微企业提供信用服务，同时有相应数量的资金提供方及相关服务商提供资金与服务支持。让中小微企业的采购、生产、加工、分销、配送等经营性行为都完整地呈现在系统中，同时引入物流、第三方信息等企业，搭建服务平台为企业提供配套服务。此类发展模式改变了从前以融资为核心的供应链模式，转变成交易过程以企业为核心。在这个模式中，不断构建场景化服务，不断收集基于交易场景的底层数据，在以此为基础构建的大数据与征信系统共同作用下，供应链金融可实现对产业全面渗透，从而真正实现小微企业和不同风险偏好资金的无缝对接，达到资金可高效周转，提升运营效能的目的。

二　2018年供应链金融新发展和面临的挑战

正如中国人民大学教授、经济学博士宋华所说：供应链金融作为一种微观金融活动，发展状态像一个天平，天平的两端是资产和资金，天平的梁是产业供应链信息，而支撑整个天平的底座就是风险管控。

近年来，受经济下行影响，为实现供给侧改革加速产业升级以及缓解中小企业融资难、融资贵问题，国家多个部委陆续出台了一系列的政策，倡导以现代供应链体系建设为依托的产业升级和以服务实体经济为导向的供应链金融发展。

从发展趋势来看。随着金融科技的发展，商业银行纷纷启动了数字化转型。金融与科技深入结合，为供应链金融业务的重构与创新注入了新活力。借助大数据、云计算、区块链、物联网、人工智能等新技术，实现信用资产化、信用数据化，改变传统金融机构对核心企业信用以及对抵押担保的依赖，将中小微企业真正纳入到供应链金融的体系中，实现真正意义上的普惠金融。

从面临的挑战来看。首先，金融服务的行业定制化不足。随着整个社会向数字化深度转型，现有商业银行标准化的金融产品难以满足产业链客户的个体及行业差异需求。同时，国内金融机构间的同质化竞争加剧，且倾向于保护自身利益的金融服务流程也难以满足产业链客户对服务体验的更高要求。其次，金融与产业融合度不足。没有金融赋能，产业得不到发展；没有产业基础，金融则是无源之水。众多核心厂商由于在整个产业链上居于龙头地位，往往闭门造车研发金融产品和金融技术，忽视了金融风险的管控，引发了一些金融乱象。2018 年以来，监管部门大力去杠杆调结构、金融监管趋严、货币政策紧缩，再加上经济环境不景气、贸易摩擦等多重因素叠加下，众多明星供应链公司（年富供应链、润泰供应链、金银岛等）却频繁“爆雷”，且有愈演愈烈的趋势。虽有外部因素的干扰，但究其本质，“爆雷”的企业都存在风险管控能力不足的问题。诸多金融机构则在缺乏与产业深度合作的情况下一厢情愿地推动产业金融。如此各自为政，往往导致了资源掌控力度十分薄弱，风控管理模式简单粗放，使得业务拓展乏力，风险居高不下。

三 案例分析：以民生银行“应收 E”医药应用为例

（一）案例背景

1. 医药行业进入改革深水区

一是医药行业“两票制”改革，医药配送商流动性需求凸显。2018 年国家大力推行医药行业“两票制”改革，即药品从药厂卖到医药配送商开一次发票，医药配送商卖到医院再开一次发票，以“两票”替代过去常见的七票、八票，减少流通环节的层层盘剥，提高行业集中度，减少流通环节，降低药价，促进医药分家。

在多票流转的医药流通模式中，资金的垫付由大包及省代来承担。“两票制”实施后，大量大包及省代等中间环节退出，该政策促使医药流通行业整合加快、行业集中度提升，医药流通核心企业面临降本增效的更高要求，垫资的职能将会加重，对银行的融资需求大幅增长。

二是市场对医药行业“带量采购”政策反应强烈，引发资本市场医药股价持续走低。2018 年 9 月 11 日，国家出台医药行业“4 +7 带量采购”试点政策，即以“国家”为单位进行药品的集中采购，主要目的是以量换价。“带量采购”普及之后，药品的渠道费用将大幅压缩，医保基金的支出将更有效率，倒逼企业加速转型，重视研发，对药厂影响深远。由于我国重销售、轻研发的现状，资本市场对整个医药行业产生负面影响，2018 年下半年医药股价持续走低。

2. 案例企业——瑞康医药基本情况

瑞康医药成立于 2004 年，属于民营企业，2011 年 6 月深交所中小板上市。瑞康医药为山东省第一大医药流通企业，根据中国医药商业协会统计，其在医药商业百强排名中由 2011 年的第 28 位上升至 2017 年的第 10 位，在诸如民生银行新供应链产品的支持下，2018 年上升至第 7 位。

一是积极响应国家“两票制”改革，瑞康医药完成医药流通渠道的全国性布局。面对“两票制”改革，瑞康医药响应国家号召、把握政策机遇，提前布局全国医药行业渠道收购与整合，已发展成为业务网络覆盖全国31个省份的医药流通行业大型企业。在医疗器械耗材直销领域，公司的增长尤为迅速，在全国处于领先地位。

二是“两票制”实施后，瑞康医药作为医药配送商资金压力激增。瑞康医药作为医药流通行业的一家民营企业，其下游是强势、分散的医院客户（从全国范围看，二级以上医疗机构覆盖率超过80%，基层医疗机构覆盖率超过60%），交易采用赊销的结算方式，账期长；而上游采购账期短，特别是一些紧俏商品通常会采用预付方式，因此瑞康上、下游存在账期错配，尤其是“两票制”后流动性资金压力巨大。

三是2018年瑞康股价持续走跌，严重影响了资本市场的融资能力。2018年下半年瑞康股票价格下降约40%，严重影响其在资本市场的融资能力，主要原因：其一是2018年整个资本市场处于低迷状态；其二是“带量采购”之后，引发医药行业股价的持续走低；其三是市场对“两票制”后瑞康医药大量收购导致的流动性资金压力的负面反应。

3. 传统金融服务合作模式局限性

瑞康医药为民生银行青岛分行存量客户，在传统风控逻辑下仅有2亿元的信用融资，远远无法满足新的医药行业政策下瑞康医药高速增长的融资需求；作为一个民营企业，如何盘活其100多亿元下游众多医院的应收账款，成为瑞康医药在银行获得增额授信的唯一希望。但是由于医药流通行业的特点，传统线下的应收账款保理业务难以开展，其表现主要如下。

一是医院确认难。传统应收账款融资业务在应收账款转让时，往往会要求买方对转让事实进行确认，但医院作为强势买方难以配合对其应付账款的确认。

二是资金不闭环。根据医药行业惯例，医院付款根据其自身结算银行确定，且一般为国有银行，医院回款途径固定且难以改变，民生银行无法直接掌控回款，造成资金回流风险。

三是信息不对称。瑞康下游医院上千家且遍布全国，且医药行业发票数量巨大，传统的保理业务中调查应收账款交易的真实性难度巨大，信息不对称、不完整，贸易背景真实性难以核实。

（二）案例详情

民生银行瑞康“应收 E”项目于 2018 年 9 月 27 日正式上线，截至 2019 年第一季度末，民生银行助力瑞康医药盘活应收账款 10.31 亿元，瑞康医药经营流动性得到了持续改善。“应收 E”模式也受到了医药行业及银行同业的高度赞誉和广泛认可，被 SAP 中国研究院誉为“全球供应链最佳实践”。

1. 新供应链金融方案——“应收 E”

“应收 E”是基于对融资主体下游多个优质买方赊销模式的交易背景下，通过系统直连、官方数据验证、多维风险模型、回款资金自动归集等科技手段，建立智能化应收账款融资全流程风险管理模式，为企业提供流动性资金支持。其适用于买方优质且分散、自身应收账款余额较高的客户。首先，民生银行系统通过银企直连、网上银行等功能实现与瑞康医药 ERP 系统（即其 SAP 系统）直接对接，获取其与买方医院的交易信息及应收账款信息，经过自动筛选接收合格应收账款的转让/质押，并通过有效的线上/线下方式通知买方质押/转让事实；其次，民生银行结合回款资金搭建智能的、动态的应收账款池，根据池内资产计算可融资金额，瑞康医药可通过网银自动提款；最后，借助技术手段验证贸易背景真实性及辅助买方付款的回流与监控，实现各参与方数据交互及相关环节分工作业的线上化。具体的业务结构如图 1 所示。

一是智能化风险管理手段。借助大数据、第三方数据校验、应收账款全生命周期跟踪管理等技术手段，建立多维的风险模型与风险预警体系，系统实时与瑞康医药交互传输与医疗机构的购销合同与发票，借助数据清洗及逻辑控制模型自动校验贸易背景真实可溯。

二是有效转让确认与第三方资金自动归集。通过有效的通知方式，首次突破了强势优质买方的应收转让确认难题；在强势买方不能变更回款账户

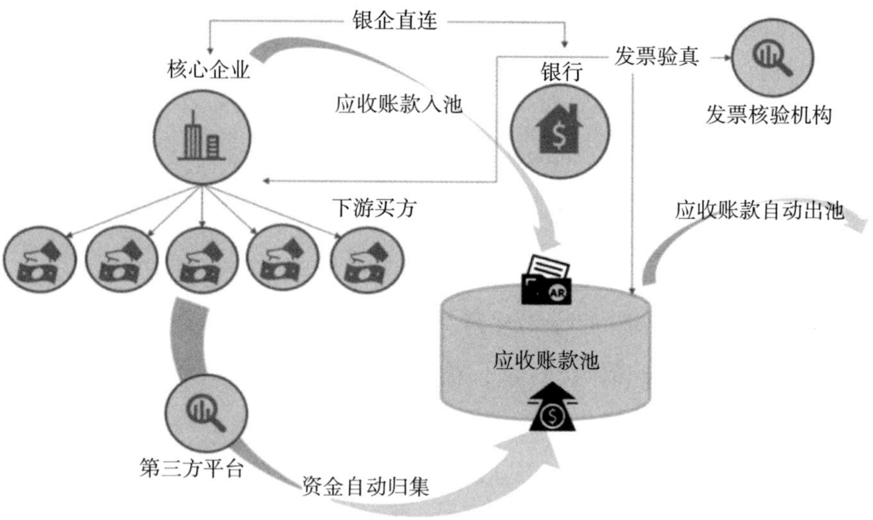

图1 业务结构

时，通过与第三方资金归集技术公司的合作，将指定买方的回款自动归集至民生银行指定账户，通过系统直连方式获取买方原始入账明细，与融资客户推送的付款信息进行交叉核验，确保精细化管理，回款及时、足额、到位。同时，对于匹配的信息，系统自动完成应收账款核销。

三是应收账款池智能化动态管理。设置完整、明确的应收账款出入池标准，对系统不能自动处理的应收账款，按规则进行人工处理，配合系统自动预警条件设置，保证风险信息的及时传递。同时考量发票自身的真实性、重复性，交易逻辑的符合性，提示客户剔除已注销、逾期、出现纠纷、退货的应收账款，帮助客户监控应收账款的质量。

2. 其他综合服务方案

本着全方位、综合化的服务理念，一是通过“应收 E”模式为瑞康医药解决上下游融资需求；二是民生银行为瑞康医药及其上下游企业提供应收账款池管理、账户资金归集管理及结算等综合金融服务；三是进一步深度开发瑞康医药上下游客户，基于瑞康医药应收账款池为其上游中小医疗器械供应商提供在线银行融资，扶持中小企业，助力行业良性发展。例如，对公电子账户的应用：瑞康子公司及上下游客户遍布全国各地，且下游医院居于优势地位，使上下游实体账户开立产生实际障碍，无法实现平台交易信息与资金信息的有效匹配；对公二类账户有效解决账户开立便捷性、三流信息匹配性的问题，且用于基于核心企业上下游真实贸易背景上的交易结算融资服务，更加安全可靠。

四 供应链金融的发展展望

展望未来，我们认为供应链金融业务的发展必然呈现两个特征。

（一）供应链金融的智能化

物联网、大数据、人工智能、云计算、区块链等新技术不断涌现，推动了金融行业供应链运营变革；整合创新各类信息、流程自动化、分析技术和活动，产生供应链和金融活动的决策智能化、主体生态化、活动服务化及管理可视化，实现金融推动供应链生态发展，借助于供应链运营金融生态得以拓展和增值。

（二）金融生态的形成

在目前供应链金融发展阶段，多数业务忽略了金融服务的多样性和生态性。多样性是指金融服务本身的多种形态，如银行、保险、证券、基金、信托、期货等，各种金融机构发挥着不同的作用，包括市场上筹资的货币资金，将其构建成更易接受的金融资产，满足客户的金融资产需求。生态性是指业态间金融机构，如何在把握全局供应链基础上，相互协同和融合。由于单一金融机构或金融产品较难满足产业供应链运行，因此需要不同机构和产品充分协同组合，为供应链提供全方位的金融业务解决方案，包括通过投资将分散的行业内中小企业聚合；通过基金、信托提供产业资金，结合其他融资服务促进产业供应链的顺利运行。这样才能满足产业供应链发展的差异化价值需求，促进产业供应链健康有序发展。

B.11
2018年投资管理行业发展情况分析

北京中科金财科技股份有限公司

摘　要：　改革开放以来，中国经济飞速增长、居民财富快速积累催生大量投资管理需求，叠加居民资产配置结构的渐渐改善，国内投资管理行业经历了蓬勃发展；近年来，技术创新又为行业发展注入了新的活力。大数据、云计算、人工智能等技术的不断发展，引领投资管理服务走向3.0时代，智能投顾成为金融科技在投资管理行业的典型应用。目前国内已经涌现出三类智能投顾玩家，一是独立第三方机构提供的智能投顾平台，二是互联网公司以及金融IT企业基于业务创新打造的智能投顾平台，三是银行、券商等传统金融机构推出的智能投顾平台。然而，国内投资管理的智能化探索仍处于初期，未来，科技与投资管理的深度融合将推动投资管理行业进一步向智能化、数字化发展。

关键词：　投资管理　金融科技　智能投顾

一　我国投资管理蓬勃发展的基本背景

（一）居民财富的快速积累为投资管理行业的蓬勃发展奠定基础

改革开放以来，中国的经济飞速发展，1978年至2018年，中国的GDP从3600亿元增长至90万亿元。与此同时，中国居民人均收入水平不断提升。2018年，我国城镇居民人均可支配收入达到3.9万元，同比增速为

7.8%，2008 年到 2018 年间复合增速约为 9.7%。

经济的增长带动中国私人财富不断增长。招商银行与贝恩公司携手发布的《2019 中国私人财富报告》中的研究结果显示：2018 年，中国个人可投资资产的总规模已经达到 190 万亿元；受宏观经济形势的影响，中国私人财富市场的增速相应放缓，2016 年至 2018 年间复合增速下降至 7% 左右。同时，招行与贝恩公司预测，到 2019 年，我国的个人可投资资产总额将达到 200 万亿元（见图 1）。

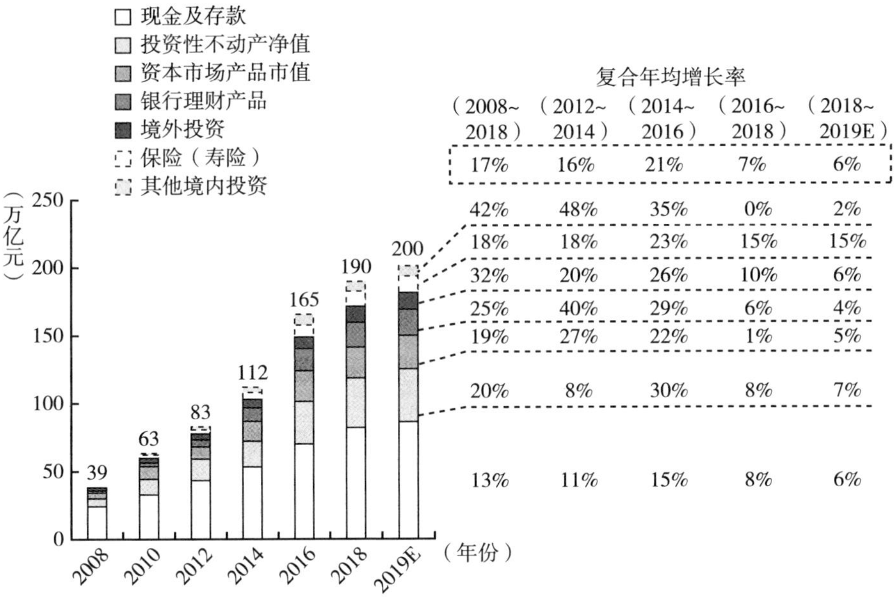

图 1　2008 年以来我国个人可投资资产总额情况

资料来源：招商银行、贝恩公司：《2019 中国私人财富报告》。

同时，招商银行和贝恩公司将可投资资产超过 1000 万元、1 亿元的个人分别定义为高净值人群和超高净值人群，根据其高净值人群收入－财富分布模型，2008 年到 2018 年间，我国的高净值人群从 30 万人增加至 198 万人，预计到 2019 年这一数值将达到 220 万人左右；超高净值人群数量则从 1 万人增加至 17 万人，预计 2019 年超高净值人群数量较 2018 年将再增 3 万人，达到 20 万人左右（见图 2）。就持有的可投资资产规模来看，2018 年我国高净值人群和超高净值人群分别持有 61 万亿元和 25 万亿元，高净值人群人均可投资资产达到 3080 万元。

居民财富的不断积累，催生了大量的投资管理需求，为投资管理行业的蓬勃发展奠定了坚实的基础。

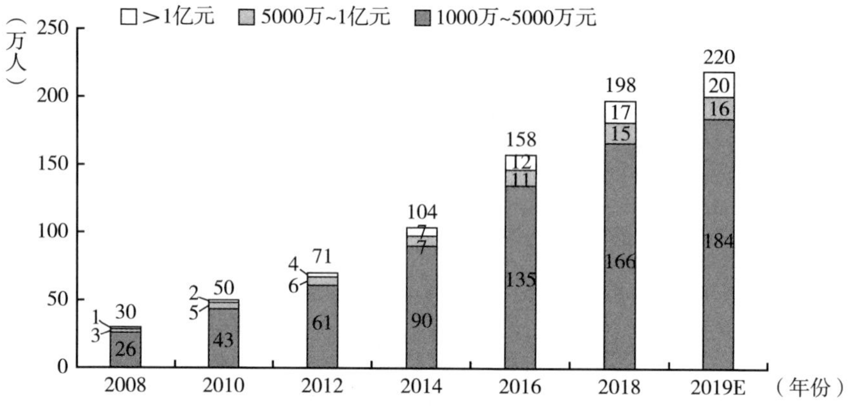

图 2　2008 年以来中国高净值人群数量情况

资料来源：招商银行、贝恩公司：《2019 中国私人财富报告》。

（二）中国居民资产配置结构的改善或将提高投资管理服务渗透率

长期以来，我国可投资标的不够丰富，加之国民的资产配置理念相对薄弱，国民资产配置形成了“轻投资、重储蓄、少配置”的特点，居民财富大量集中在了房地产和储蓄领域。美银美林（BAML）研究结果显示，中国家庭财富有 57% 和 23% 分别集中于房地产和储蓄；相比之下，美国家庭的资产配置较为分散，其房地产和储蓄在资产配置中合计仅占 39% 左右，剩余的大量财富分布在基金、债券、退休金计划、股权投资等多种金融投资产品上。

据此判断，中国居民在金融产品领域的投资潜力仍有待释放，资产配置结构的改善或将提高投资管理服务渗透率，为行业蓬勃发展带来机会。

事实上，我国居民财富从房地产和储蓄向金融产品投资流动，从相对集中到逐渐多元均已经显现端倪。

一方面，房地产资产配置比例的下滑对居民财富向金融产品流动起到促进作用。由于房地产的投资属性受到房价上涨预期降温、房地产调控政策升级的掣肘，房地产配置比例预计会出现下滑。首先，中国人口红利拐点消失以及劳动年龄人口下滑或将进一步拉低住房购买力，房价上涨预期受到抑制。中国发展研究基金会报告显示：预计从2010年至2020年，中国劳动年龄人口将减少2900余万人。人社部的预测也显示：2030年以后，劳动年龄人口会出现大幅下降的过程，平均以每年760万人的速度减少。其次，房地产行业调控力度加强，在强调房地产回归居住属性背景下，限售、限购、限贷等政策不断推进，房地产的投资属性在一定程度上也面临政策压力。房价上涨预期降温，叠加房市调控加码，预计房地产配置比例或将有所下滑。由于资产配置中，房地产对金融资产具有挤出效应，随着房地产配置比例的下滑，金融产品投资比例会有所提升。

另一方面，随着金融市场不断发展，金融投资产品日益多样化，以及国民投资理财、资产配置理念逐步强化，金融资产配置比例得到提升，投资管理服务的渗透率或将迎来增长。

数据显示，2004年到2014年间，我国居民房地产资产占比从61.5%下降至53.8%；与此同时，金融资产配置比例从33.9%上升至40.7%。

（三）“80后”“90后”成为主力客户群体，投资偏好演变

目前，“80后”“90后”群体逐渐演变为投资管理的核心客户群体。“80后”“90后”群体对数字化、智能化的生活方式更为依赖，他们更倾向于通过数字化的专业投资渠道获取投资信息。根据腾讯、易观、券商中国联合发布的《90后投资者崛起和趋势报告》，“90后”投资者通常通过证券公司软件（51.5%）、财经或股票软件（50.2%）、门户网站或客户端（26.3%）以及论坛、股吧、贴吧（24.1%）等专业性较高的渠道获得信息。

在内容推送方面，腾讯等公司的调查结果显示：“90后”投资者对内容

的精准化、个性化以及速度有较高的要求。其调查数据表明：对于市场重要信息，约38.4%的被访“90后”投资者表示不怕被打扰，对推送的次数不设置上限；46.2%的被访“90后”投资者对精准化、个性化的推送有需求。

对于专属、私密的付费投资管理服务，“70后”“80后”“90后”投资者均有需求，其中超过40%的“90后”投资者需求迫切；对于证券类付费内容或服务，“90后”投资者的接受程度较高，超过80%的“90后”投资者表示愿意尝试付费服务，22%的认为可以视效果而定。

此外，在选择投资产品时，“80后”“90后”投资者更加关注购买、提现等操作是否方便，投资周期是否灵活，预期收益率以及投资门槛的高低等因素。

主力客户群体的变迁带来了投资偏好、投资习惯的演变，同时也对投资管理机构的产品及服务提出了更高的要求。

（四）金融科技发展促进投资管理服务智能化水平的提升

国内金融科技持续向纵深发展，2018年我国约有9家金融科技公司成功登陆纳斯达克、港交所、纽交所；同时，传统金融机构也不甘落后，通过自研、合作、外购等多元化方式拥抱金融科技；行业内创新不断，金融科技子公司、开放银行平台、智能投顾、区块链ABS等应用相继落地。

随着金融科技的不断发展与深化，投资管理的智能化水平也得到提升，大数据、云计算、人工智能等技术的应用，使得投资管理机构在客户洞察、投资决策模型、资产配置、风险控制、客户关系管理等多个领域的智能化水平得到提升（见图3）。

二　2018年投资管理行业新发展和面临的挑战

（一）2018年投资管理行业新发展

2018年，投资管理资产规模略微下降，AUM/GDP（资产管理规模/

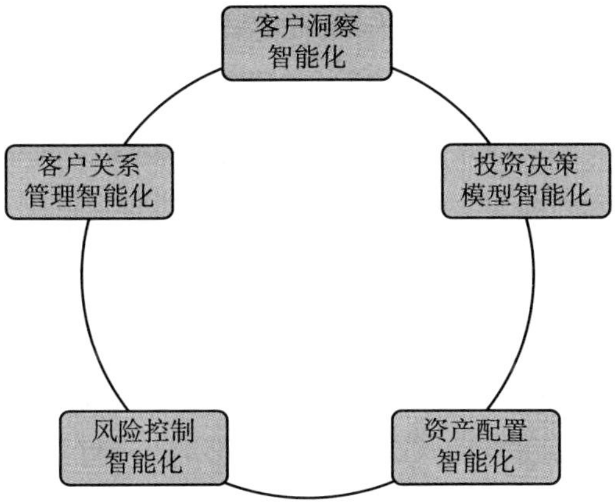

图3　投资管理服务中的智能化

资料来源：中科金财战略研究院根据公开资料整理。

国内生产总值）比重有所回落，不同类型投资管理公司分化较明显。数据显示：2013年到2017年间，广义的投资管理资产规模从39万亿元高速增长至124万亿元，年复合增长率约为33.5%；同期，AUM/GDP比重从66%上升至150%（见图4）。受监管新规实施的影响，2018年投资管理规模略微下滑，到2018年上半年末降至122万亿元左右，AUM/GDP比重下降9个百分点至141%。不同机构分化明显，银行理财、信托、券商资管的管理资产规模较年初分别下滑1.4%、9.6%、7.4%；而公募基金和保险资管的管理资产规模仍处于扩张之中，较年初分别上升了9.4%和5.2%。

投资管理对外开放提速，投资者结构改善以及市场配置效率提升可期。改革开放四十周年之际，我国金融领域的对外开放再提速。QFII、RQFII松绑，新增QDII额度和QDLP额度以及RQDII业务重启，外国个人投资A股限制放开等；看到中国市场的发展潜力和对外开放的决心后，海外许多知名投资机构进入中国市场。基金业协会备案显示："截至7月底，已有桥水、贝莱德、施罗德、安本、富达、景顺纵横、路博迈、安中、惠理、富敦、英仕曼、瑞银、元盛、毕盛14家全球知名外资机构获得私募证券投资基金管

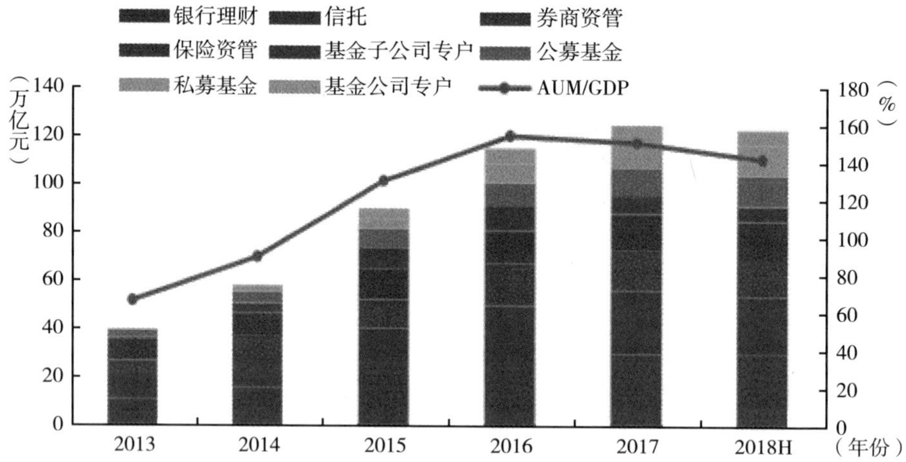

图4　2013年至2018年上半年投资管理资产规模及AUM/GDP比重

资料来源：同花顺 iFinD、广发证券。

理人牌照，已经发行了18只产品。”① 外资的进场对国内资本市场的多层次发展带来促进作用，将为投资者提供更加丰富的投资品类和投资标的，给国内投资管理行业的发展注入活力。

投资管理行业创新不断。首先，五大行试水理财子公司。理财子公司所发行的产品都是符合资管新规要求的，并且按净值化管理，母行则只是处置存量产品，不再发行新的理财产品；此外，理财子公司发行的产品投资门槛显著下降，1元钱即可购买原本门槛较高的固收、混合类理财产品；理财子公司的落地有望进一步吸引中低净值人群，增加投资管理市场活力。其次，投资管理行业拥抱金融科技。开放银行、无人银行、智能投顾、区块链ABS纷纷落地，尤其是智能投顾的快速发展，对投资管理行业降本增效大有裨益。

（二）中国投资管理行业发展仍面临四大挑战

我国的投资管理行业虽然成就斐然，经历了蓬勃发展，但是仍面临诸多

① 前瞻产业研究院：《2018年中国资产管理行业分析：百亿级市场规模，2019年真正迎来“大时代”》。

挑战。

首先，可投资标的不足。国内资本市场的发达程度与欧美市场仍有差距，完善的、多层次的资本市场体系尚未形成，进而导致国内资本市场中产品的种类丰富度欠缺；在仅有的可投资品类中，产品的同质化程度又较高。要保证投资管理行业的稳步发展，完善资本市场多层次体系、扩容可投资标的势在必行。

其次，金融大数据的质量与开放程度有待提升。金融数据是许多投资管理决策的基础。从海量数据中沉淀出有效数据是投资管理行业进一步发展的必然要求，但是许多先进的大数据分析、算法等技术掌握在少数互联网巨头、技术型企业手中。同时，国内监管规定，金融机构数据不得提供给第三方使用，因而大量的金融数据掌握在了银证保等传统金融机构手中，互联网公司手中握有大量的用户行为数据。如果无法解决数据质量、数据开放的难题，数据与技术的分离将成为掣肘投资管理行业发展的关键因素。

再次，投资者教育任重而道远。国内资本市场投资者以散户居多，其资产配置理念相对薄弱，对交易成本关注度不足，大多数投资者更为关注短期利益，具体表现出短线操作多、追涨杀跌的行为特征。而投资管理行业中诸如智能投顾等创新，所秉持的是长期的价值型投资、被动投资、资产配置理念。这两者所存在的冲突，有可能成为阻碍投资管理行业快速发展的因素。

最后，监管层面的因素。2018 年，中国历经了 15 年的“一行三会”金融监管格局出现变革，金融稳定发展委员会、中国人民银行、银保监会、证监会构成了新的“一委一行两会”金融监管新格局。200 多部金融监管政策相继出台，宣告金融业的“严监管”正在逐渐常态化。在大资管新规的基础上，2018 年理财新规、信托资管新规、证监体系私募资管新规相继出台；私募基金监管日趋严格，互联网资产管理整治力度加大，监管部门对基金公司进行窗口指导，要求分级基金提前完成转型，有些基金产品因含有“人工智能”而被拒绝备案。“严监管”从长远来看将规范行业发展，有利于防范系统性金融风险，但是短期来看对投资管理业务的发展带来不确定性。

三 金融科技在投资管理中的典型应用：智能投顾

（一）智能投顾的定义

智能投顾是智能投资顾问的简称，也被称为机器人投顾（Robotic Advisory）。埃森哲指出：目前主流的智能投顾模式的理论基础是马克维茨提出的现代投资组合理论（Modern Portfolio Theory，MPT）、资产定价及行为金融学理论，基于这些理论，结合投资者的投资目标、财务状况、风险偏好水平等，运用云计算、大数据、机器学习等技术构建的数据模型和后台算法为投资者提供数字化、自动化、智能化的投资管理服务，包括资产配置建议、交易执行及税收盈亏收割等增值服务。①

（二）智能投顾的分类

就实现手段而言，人机交互、量化投资、全程无人工体现出了智能投顾最显著、最本质的特征，同时这也是智能投顾服务与传统投顾服务最根本的差异所在。但是由于技术的发展与落地不可能一蹴而就，均存在渐进性；同时，人工服务在亲和力、灵活性上确实具有优势，因此，目前的智能投顾并非完全依靠机器而存在，人在智能投顾中仍扮演着辅助性角色。

根据人在智能投顾服务中参与程度的不同，当前智能投顾的主流模式有三种，即以机器为主的智能投顾、以人为主的智能投顾以及人机结合型智能投顾（见表1）。

根据投顾服务的涉入程度，以机器为主的智能投顾可以进一步分为投资推荐型智能投顾、财务规划型智能投顾和智能分析型智能投顾三类。其中，投资推荐型是智能投顾的经典模式，其自动化操作贯穿客户投资的全部过程，从协助客户完成信息评估开始，到提供大类资产配置的建议、执行交易，

① 埃森哲：《智能投顾在中国：直面挑战、把握机遇、决胜未来》。

表 1　主流智能投顾的三种模式

类型	具体模式	国外代表公司	国内代表公司
以机器为主	投资推荐型：提供评估、配置、交易、调整的全流程自动化服务	wealthfront charles SCHWAB SigFig Betterment	蓝海智投 理财魔方 弥财
	财务规划型：覆盖财富管理与日常开支规划	mint.com	—
	智能分析型：以数据分析为主，不涉及交易及日常维护	estimize KENSHC	百度股市通 iFinD
以人为主	社交跟投	motif INVESTING covestor	雪球 股票雷达
人机结合	线上智能工具＋线下资深顾问	PERSONAL CAPITAL Vanguard FutureAdvisor	摩羯智投 7分钟理财

资料来源：根据公开资料整理。

再到日常管理维护等；此类智能投顾以海外的 Betterment、Wealthfront 以及国内的蓝海智投、理财魔方、弥财等公司为代表。相较于投资推荐型模式，财务规划型智能投顾的覆盖范围更加广泛，该模式结合了投资客户的理财目标和日常的开支需求，为客户提供全方位的财务规划服务；该类以 mint 公司为代表。与前两种模式不同，智能分析型智能投顾通常不为客户提供具体的投资策略自核设计，它主要是以大数据分析为基础，为用户更新市场动态提供投资建议；KENSHC、百度股市通、iFinD 等均提供此类服务。

以人为主的智能投顾通常表现为社交跟投，此类智能投顾通过分享一些专业投资顾问、业余投资高手的持仓情况和投资业绩，为普通投资者提供参考借鉴；此类投顾以 Motifinvesting、covestor、雪球、股票雷达等为代表。

人机结合型智能投顾具体表现为“线上智能工具＋线下资深顾问”的模式，人机结合型智能投顾通过提供广泛性的线上投资顾问服务，识别出高净值群体并将其引至线下，再为其提供一对一的、深度的增值服务。

PERSONAL CAPITAL、FutureAdvisor 以及摩羯智投、7 分钟理财等公司均采用了人机结合型智能投顾模式。

（三）科技创新驱动投顾服务走上智能化的3.0时代

1. 大数据、云计算、人工智能等技术的发展推动投顾服务走向3.0时代

智能投顾是科技驱动金融创新的典型应用，智能投顾的演进与计算机技术的发展紧密相连。在传统投顾时代，即投顾的 1.0 时代，在数据处理及分析阶段也会应用计算机技术，但是机器及技术在整个决策流程中起到的辅助作用较弱，投资组合还是通过人工构建和管理；互联网的发展与普及促使投顾服务迈入 2.0 时代，投顾服务的部分节点转移到互联网端，从而实现了服务客群向中等净值人群的扩张，但与传统投顾时代相同，在线投顾时代的资产配置建议、投资组合构建仍然以人力为主；大数据、云计算、人工智能等技术的出现和发展，则推动投顾服务走向智能化的 3.0 时代（见图 5）。

云计算、大数据、人工智能等技术是智能投顾模式诞生的基础。随着金融市场的不断发展，多维度、高频词的金融数据以及交易数据爆发式增长，传统的人工数据处理能力在海量数据面前黯然失色，但从另一个角度看，云计算、大数据、人工智能等技术为智能投顾的出现提供了底层技术支持（见图 6）。与此同时，高性能计算机、智能芯片等硬件不断升级，云计算技术快速发展，人工智能算法模型也不断优化，为智能投顾的落地提供了坚实的技术基础。大数据、云计算、人工智能与现代投资组合理论的结合，造就了一个“投资策略生成（ISM）–量化投资策略–智能代理（IA）”的完整智能化投资决策系统，从而实现低成本、高效率、个性化、动态调整的投资组合配置。①

2. 智能投顾依托算法基础提供投资管理全价值链服务

就服务流程而言，智能投顾符合典型的投资管理价值链。以智能算法为基础，智能投顾能够提供包括客户分析、大类资产配置、投资组合选择、交易执行、组合再选择、税收管理及优化、组合分析等全价值链服务，其中投

① 华创证券：《智能投顾深度：得场景者得天下》。

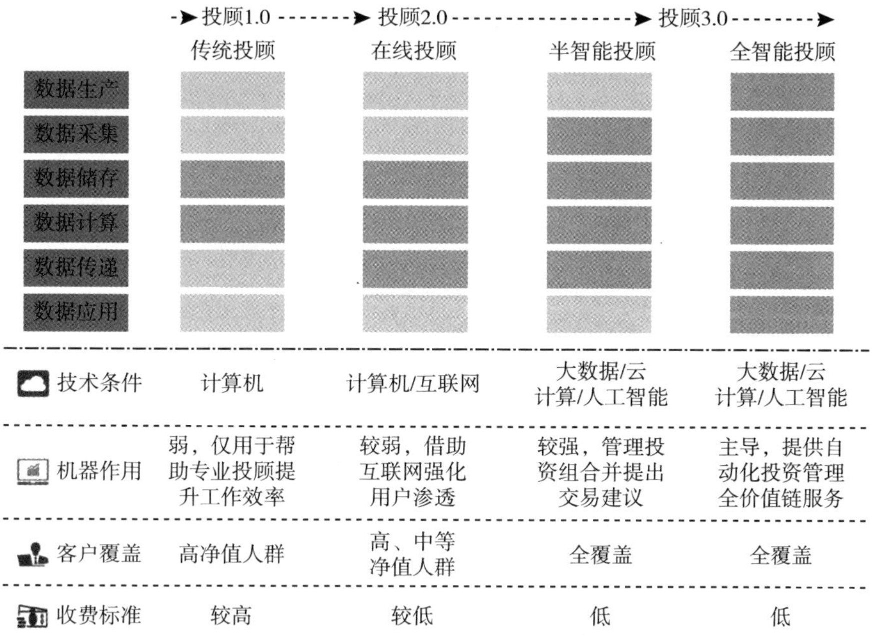

图5　科技发展驱动投顾服务走向3.0时代

资料来源：华创证券。

资组合选择是核心环节，而交易执行则既可以由机器自动完成，也可以由投资者按照智能分析结果来自行完成（见图7）。

投资者获取智能投顾服务的流程如图8所示。

3. 智能投顾优势突出，高效低费助力实现普惠金融

相较于传统的投资顾问服务模式，智能投顾优势突出。智能投顾个性化、专业化、数字化、智能化的投资管理服务吸引了高净值人群，同时其低门槛、高效率、低成本的优势，对中低净值客户同样具备吸引力。

埃森哲研究显示："智能投顾费率较传统投顾具有优势，智能投顾的平均管理费率在0.25%～0.5%，而传统投顾服务的费率在1%～3%。"①

智能投顾具有较好的时效性，能够7天、24小时监控市场变化并予以

① 埃森哲：《智能投顾在中国：直面挑战、把握机遇、决胜未来》。

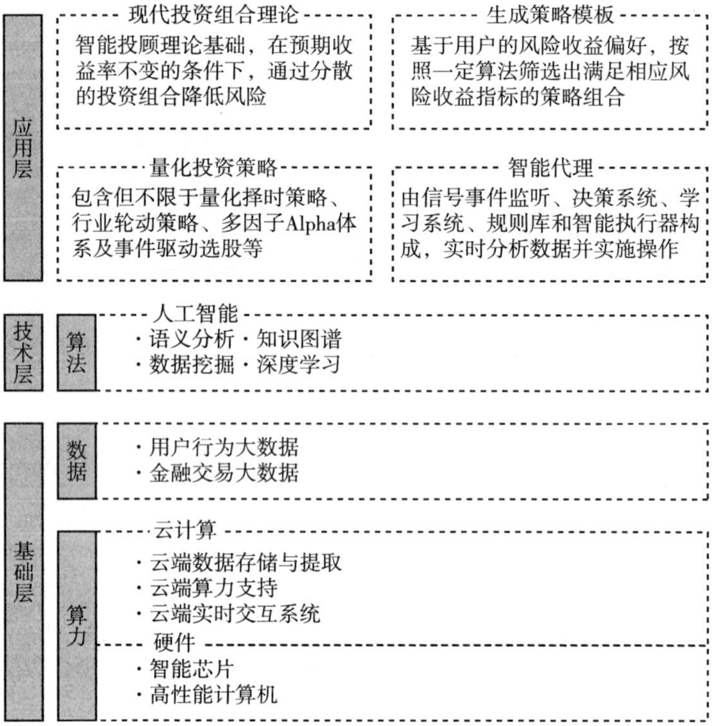

图6　云计算、大数据、人工智能等技术为智能投顾提供的底层技术支持

资料来源：国美基金、华创证券。

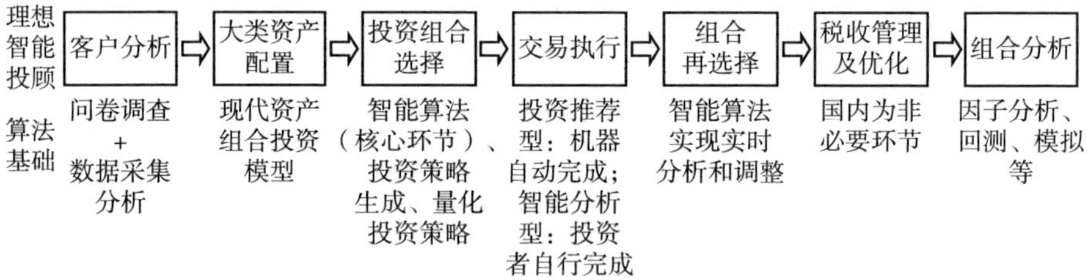

图7　智能投顾依托算法基础提供投资管理全价值链服务

资料来源：慧辰资讯、华创证券、中科金财战略研究院。

相应反应；它严格遵守现代投资组合理论，在充分收集分析投资者个人及市场数据的基础上给出投资建议，资产配置更为分散，在严格控制风险的同时满足投资者的多样化需求，能够理性客观地做出决策，克服情绪干扰。此

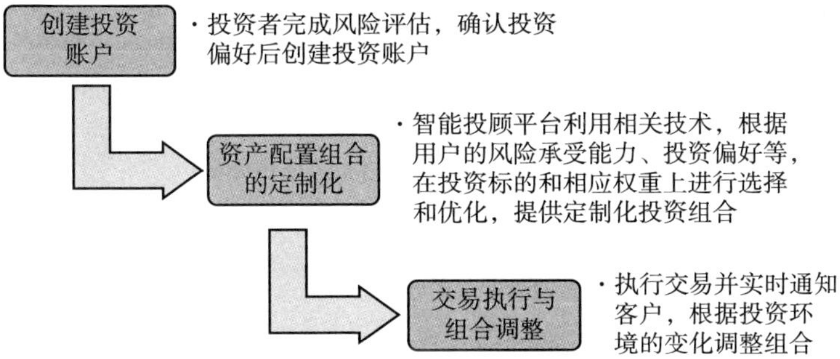

图8 投资者获取智能投顾服务的流程

资料来源：中科金财战略研究院根据公开信息整理。

外，智能投顾借力大数据、算法等技术，不仅有效简化了决策流程，还通过电子问卷、主动建议、自主咨询等服务从前中后台最大限度地保障整个服务流程的流畅性，可有效节省用户的时间与精力，带来更优质的服务体验。

智能投顾凭借其高效、低费、广覆盖的服务，能够用科技手段真正促进“普惠金融”的实现。智能投顾与传统投顾对比见表2。

表2 智能投顾与传统投顾对比

指标	传统投顾	智能投顾
投资门槛	高，国内外平均在100万美元及以上	极低，甚至可实现零门槛
覆盖客群	仅针对高净值人群提供服务	覆盖高、中、低净值的大多数人群
服务模式	一对一人工服务	有限人工或无人工服务，线上服务
服务内容	全方位、个性化财富管理	智能资产配置及自动多样化投资
管理费率	高，平均费率在1%～3%	低，平均费率在0.25%～0.5%
服务透明度	低	高
时效性	弱，无法实现全程实时监控	高，7×24小时实时监控市场变化并响应
资产配置	配置范围有限	配置范围广，可实现分散投资
风险控制	一般，存在道德风险	高，严格遵守现代投资组合理论
客观性	一般，易受主观情绪影响	高，完全基于大数据与人工智能输出投资决策
用户体验	一般，流程烦琐，沟通不便	较佳，服务流畅，沟通充分

资料来源：中科金财战略研究院根据公开资料整理。

（四）国内智能投顾起步晚、发展快，三类参与者角逐

中国的智能投顾大致在2015年、2016年开始出现，相比欧美国家和地

区起步较晚，但是中国的智能投顾发展较快（见图9）。Statista 测算结果显示：“中国智能投顾管理资产规模在2017年已经达到289亿美元，年增长率高达261%。预计到2022年，中国智能投顾的用户数将突破1亿，管理资产规模将突破6600亿美元。”①

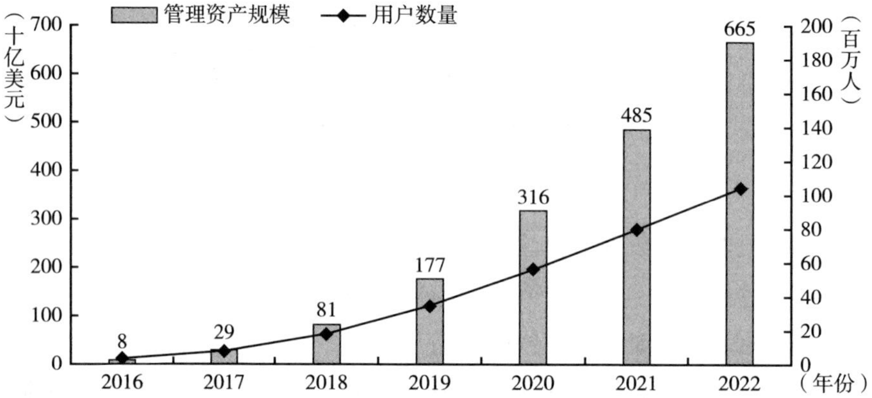

图9 2016～2022年中国智能投顾管理资产规模及用户数量

资料来源：Statista、埃森哲。

经过近几年的发展，目前国内涌现出一批智能投顾公司及平台，按照开发主体的不同，大致分为三类：一是由独立第三方机构提供的智能投顾平台，目前在国内智能投顾市场占据主流地位，以蓝海智投、投米RA、理财魔方、弥财等为代表；二是互联网公司以及金融IT企业基于业务创新打造的智能投顾平台，这类主要依靠自身积累的流量优势和技术底蕴实现向智能投顾业务的扩张，主要以京东智投、同花顺iFinD、雪球财经等为代表；三是银行、券商等传统金融机构在拥抱金融科技中推出的智能投顾平台，如中国平安的“平安一账通”、嘉实基金的“金贝塔”、招商银行的“摩羯智投”、广发证券的“贝塔牛”等（见表3）。

① 埃森哲：《智能投顾在中国：直面挑战、把握机遇、决胜未来》。

表3　国内的三类智能投顾平台

平台名称	上线时间	投资门槛	费用	产品特色	资产配置范围
独立第三方机构提供的智能投顾平台					
微量网	2014.06	无,但各策略会给出最低配置金额建议	订阅策略按月收费,每月租金0~3000元不等	以量化投资和社交投资为核心的股票、期货策略平台;投资者绑定交易账户后,可一键跟单	A股
资配易	2014.06	0	投资收益的20%	提供A股交易策略,策略模板、交易指令等均由机器建模并自主执行	A股
胜算在握	2014.07	0	普通会员免费;金牌会员180元/月;钻石会员660元/月	提供针对A股市场的自建组合或跟随组合、黑马股票、解套专家、仓位优化等智能投顾服务	A股
钱景私人理财	2014.08	0	0	根据用户风险偏好、财务状况、家庭结构等因素,定制理财配置方案,并提供一站式购买流程操作体验	以国内公募基金为主
理财魔方	2015.03	0	0	客户定位中产阶级,以严格的风险控制为主要导向,均以国内基金构建投资组合	以国内公募基金为主
财鲸	2015.08	0	0	主打海外主题资产配置,与美国嘉维证券合作	多只海外ETF
蓝海智投	2015.10	5万美元	0.4%	主打海外资产配置,可实现美股开户、全球配置、自动交易、自动风控等一系列智能投顾功能	多只国内ETF和QDII、多只海外ETF
弥财	2015.10	5000美元	0.5%	主打海外资产配置,提供虚拟体验;可提供自动再平衡等功能	多只海外ETF
7分钟理财	2015.10	0	0	“理财机器人+真人资深投资顾问”,依托微信平台提供私人管家式投顾服务;不生产或买卖理财产品	基金、私募、P2P、银行产品、保险等
投米RA(宜信)	2016.04	0	0	投资者可以根据自己的主观判断选择合适的投资风格	P2P网贷产品、全球ETF投资组合

续表

平台名称	上线时间	投资门槛	费用	产品特色	资产配置范围
慧理财	2016.07	2万元	0	以量化策略选股为切入点，结合宏观面、基本面、技术面和市场情绪等因素进行建模形成策略	A股、期货、债券基金等
互联网公司及金融IT企业基于业务创新打造的智能投顾平台					
蚂蚁财富	2015.08	0	0	定位小白理财群体，自动理财	各类基金产品，以及蚂蚁金服旗下产品
京东智投	2015.08	0	0	主要依托京东金融丰富的产品线，提供定制化的智能投资组合	固收、票据、基金、保险等领域中京东金融覆盖产品
同花顺 iFinD	2016.03	0	0	实时结合情境对大盘重大拐点作出判断、筛选高胜率投资机会，在情境变化时自动切换策略	A股
蛋卷基金（雪球财经）	2016.05	1000元	按产品不等	旗下斗牛二八轮动、安睡二八平衡等具有自行调仓的性质，可提供类似智能投顾的服务	A股、美股、港股
商智智投	2017.06	0	0	通过个性化推荐、智能演算、智能择时、优选β、交易优化、一键调仓等工具，在可控风险下，实现客户投资理财目标	国内公募基金
银行、券商等传统金融机构推出的智能投顾平台					
中国平安“平安一账通”	2016.01	0	0	依托集团优势，全面整合平安银行、保险、投资全领域金融服务	平安集团旗下各类基金、票据、P2P网贷理财产品
嘉实基金“金贝塔”	2016.04	0	0	背靠嘉实基金，主打服务于国内投资者的社交组合投资平台	A股、嘉实基金各类产品
广发证券“贝塔牛”	2016.06	0	0	嵌入广发证券易淘金APP，提供股票和大类资产配置（以ETF为主）两类智能投顾服务，支持一键下单	A股、多只国内ETF

续表

平台名称	上线时间	投资门槛	费用	产品特色	资产配置范围
招商银行"摩羯智投"	2016. 12	2 万元	按产品不等	嵌入招行 APP,根据投资者的投资期限和自身风险承受等级,匹配投资组合并制定其目标——风险策略	以国内公募基金为主
江苏银行"阿尔法智投"	2017. 08	2000 元	按产品不等	创新性地覆盖了保险、贷款产品,将投融资相结合,提供组合产品一键购买、在线贷款一键申请模块	银行理财产品、基金、保险、贷款
工商银行"AI投"	2017. 11	12 万元	按产品不等	根据客户选定的投资风险等级及投资期限,为客户量身推荐基金投资组合方案及完成购买	国内公募基金

资料来源：中科金财战略研究院根据公开资料整理。

（五）典型公司介绍

1. 同花顺 iFinD

早在 2009 年，同花顺已经开始探索人工智能在金融投资领域的应用；2013 年同花顺推出 i 问财；2015 年斥资 1000 万元成立人工智能资产管理公司，并将智能投顾板块添加到了 iFinD 数据终端的投研 BBC 模块中；2016 年 5 月，同花顺 iFinD 智能投顾正式在同花顺 i 策略平台亮相；2019 年 3 月 20 日，同花顺人工智能资产管理公司的第一只私募基金产品——同花顺阿尔法一号私募证券投资基金成功备案。

iFinD 智能投顾面向个人用户免费开放，基于对 iFinD 金融数据库、舆情监控系统、i 问财知识库等的深度学习来构建动态的资本市场知识图谱及其投资决策模型。iFinD 通过对市场实时信息（即"情境"）的抓取和分析，不断对大盘重大拐点做出判断、筛选高胜率投资机会，为用户提供 A 股市场投资建议（见图 10）。未来，随着资本市场知识图谱越来越完整、"情境"收集得越来越完善，iFinD 智能投顾对资本市场的理解也将愈加深刻与完善。同时，在技术服务方面，同花顺构建了 AI 开放平台，将领先的智能语音、自然语言处理、智能金融问答、知识图谱、智能投顾等多项 AI 技术运用于银行、证券、保险、基金、私募等行业，为各类用户提供智能化解决方案。

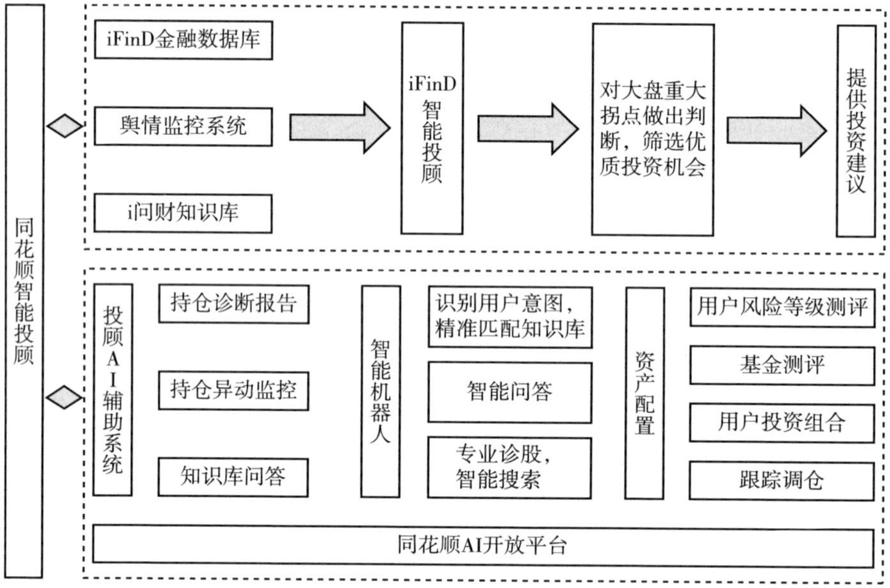

图 10　同花顺智能投顾布局

资料来源：兴业证券。

2. 摩羯智投

招商银行一直不遗余力进行创新。1995 年，其“一卡通”为国内银行业踏进银行卡时代做出了贡献；2003 年“金葵花理财”的推出带领国内银行业进入财富管理时代；在智能投顾领域，招商银行在国内也是先行者，2016 年 12 月，招商银行推出“摩羯智投”，试水智能投顾，引领银行理财业实现传统理财时代向智能机器人理财时代过渡（见图 11）。

摩羯智投主打公募基金组合配置服务，运用了机器学习算法，其重要特征之一是人机结合，用户过往的投资行为、产品偏好、个人信息的分析由机器学习算法完成，另外其人工服务中融合了招商银行十余年的银行、财富管理、基金研究等领域的经验。

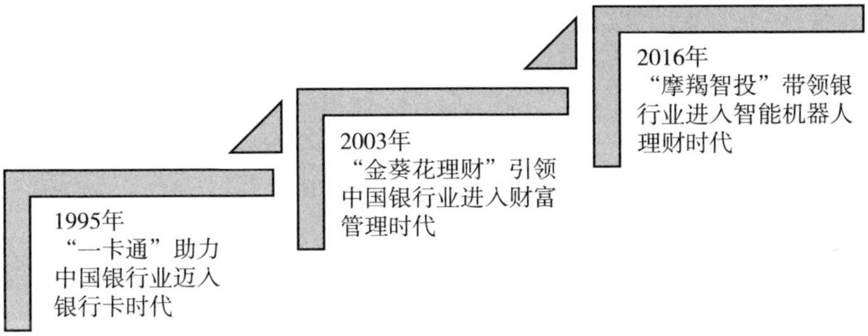

图 11　2016 年招商银行推出“摩羯智投”，试水智能投顾

资料来源：中科金财战略研究院根据公开信息整理。

摩羯智投在流量和技术上均具有一定优势。首先，招商银行的私人银行业务在国内首屈一指，2018 年私人银行业务规模排名前三位的是招商银行、中国银行和工商银行。年报数据显示：“2018 年末，招行私人银行客户数量 7.29 万户，较上年末增长 8.19%；管理的私人银行客户总资产 2.04 万亿元，较上年末增长 7.03%；户均总资产 2795.92 万元。”[①] 领先的私人银行业务为摩羯智投的发展提供了沃土。技术是不少传统金融机构的薄弱之处，但是招行重视技术内功的修炼，布局金融科技，打磨深度学习能力，为摩羯智投的发展保驾护航。数据显示，到 2018 年 4 月，摩羯智投管理的资产规模达到 112 亿元，增长迅速（见图 12）。

3. 理财魔方

2015 年 3 月理财魔方正式上线，客户群主要定位于中产阶级群体，基于大数据和智能算法，为客户提供包括收益追踪、投资优化、资产配置的一站式移动互联网化的投资管理服务，现在覆盖的标的主要是国内的公募基金（见图 13）。理财魔方将风险控制置于首位，通过纯机器运行的用户分析和投资管理两套算法系统，对用户的真实风险偏好进行评估，为每个用户定制回撤底线并配置资产组合，保证投资组合在用户心理底线之上运行，帮助用户真正实现长期持有以获得收益。目前采取零

① 资料来源于招商银行 2018 年年报。

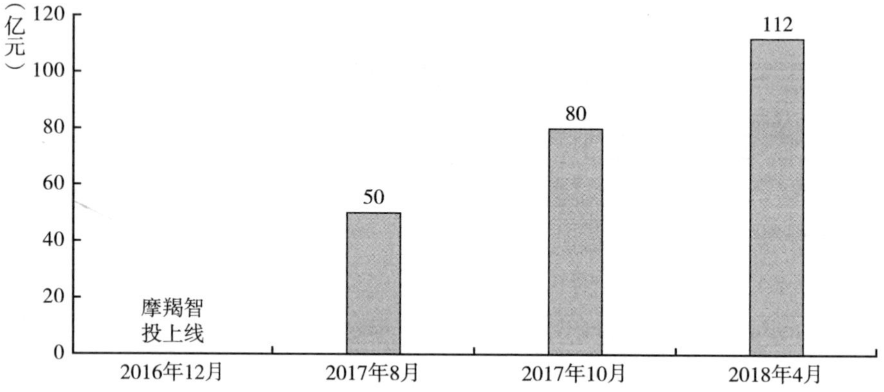

图 12　摩羯智投管理资产规模情况

资料来源：中科金财战略研究院根据公开信息整理。

投资门槛和零管理费率的模式，未来或通过向高端客户提供其他增值服务进行收费。

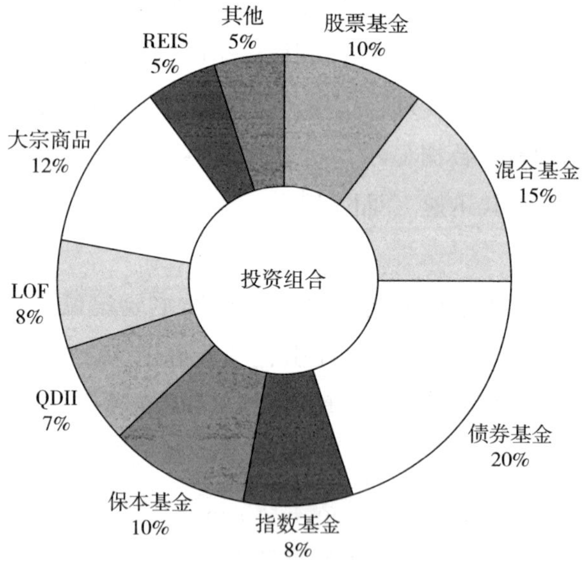

图 13　理财魔方投资标的覆盖情况

资料来源：理财魔方官网。

理财魔方自成立以来潜心磨炼核心技术，在数据抓取和标的智能筛选模型领域的优势已经建立。在数据方面，理财魔方团队核心成员多来自百度，在垂直搜索抓取方面经验丰富，为其排行榜和资产组合配置业务都起到了有力的支撑；在算法方面，理财魔方主要采用因子分析法，通过 Jensen、Sortino、Sharpe 等多测度挖掘风格稳定基金，且目前正在用深度学习的方法试图根据金融数据去反向构建影响基金业绩表现的因子，在金融模拟和算法模型上领先于业内多数公司（见图 14）。

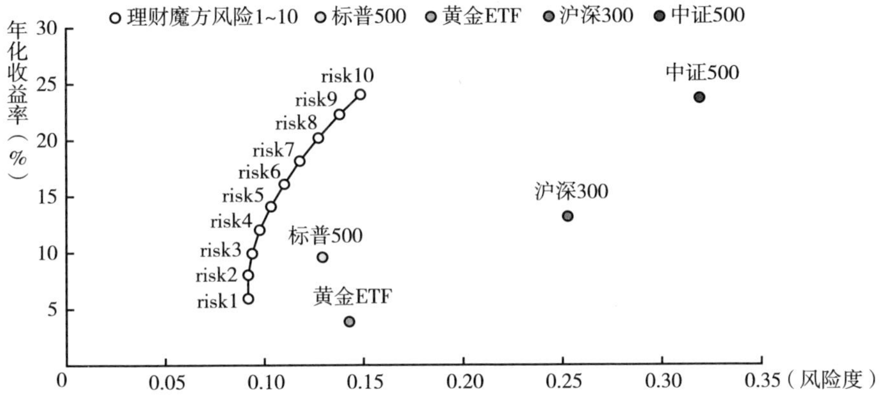

图 14　理财魔方基于 MTP 为用户提供匹配最优组合

资料来源：理财魔方官网。

四　投资管理的发展展望

（一）差异化产品和服务助力行业发展

金融业严监管的常态化将加快投资管理行业回归本源，其本质、核心是解决资金空转、多层嵌套、刚性兑付等问题。解决了这些问题之后，需要考虑的就是如何增长。从业务增长角度来看，我们认为新时代、新背景对投资管理行业的客户洞察、投研能力、产品和组合设计运营效率、风险控制能力、客户管理技巧等各个领域均提出了更高要求，投资管理机构仍需要不断修炼内功，进而减少甚至避免机构之间的同质化竞争，通过为用户提供差异化的产品及服务获得竞争优势，满足用户需求，推动行业发展。

（二）被动投资产品的吸引力有望增强

被动投资在全球市场的影响力正在逐步增强。晨星的研究结果显示：在过去超长时间的牛市中，美国主动股票型基金 10 年间净流出 1.26 万亿美元，被动投资的股票型基金同期净流入 1.35 万亿美元。

目前中国被动投资份额大约占比 7% ~10%，未来被动投资在国内市场发展潜力较大，原因在于，一方面，投资者结构在转变。养老金、FOF、保险、银行理财等长线机构陆续入市带来了大量的配置需求，加之中国金融市场对外开放的提速，外资加速进入中国市场，投资者结构有望优化。另一方面，投资者的投资理念也在转变。随着股票数量的增加以及市场有效性的提升，投资者越来越难以通过主动投资得到超额回报，银行理财、互联网金融等产品收益率持续走低，部分投资者会选择被动型产品作为配置工具。

（三）科技与投资管理加速融合，行业数字化、智能化水平进一步提升

科技发展给投资管理行业带来了许多变化，也成为投资管理机构的制胜法宝。通过大数据、云计算、人工智能等技术的应用，实现产品、服务、运营、风控等领域的创新，投资管理行业的数字化、智能化水平将继续提升。目前，智能投顾在中国的实践仍处于探索阶段，随着科技的不断发展及落地，国内投资管理行业有望向半智能投顾、全智能投顾时代迸发。

参考文献

［1］招商银行、贝恩公司：《2019 中国私人财富报告》。

［2］腾讯、易观、券商中国：《90 后投资者崛起和趋势报告》。

[3] 广发证券：《资产管理行业：国际经验与国内展望》。
[4] 前瞻产业研究院：《2018 年中国资产管理行业分析：百亿级市场规模，2019 年真正迎来“大时代”》。
[5] 埃森哲：《智能投顾在中国：直面挑战、把握机遇、决胜未来》。
[6] 华创证券：《智能投顾深度：得场景者得天下》。
[7] 德勤：《2019 年投资管理行业展望机遇与挑战并存》。
[8] BCG：《2018 年全球财富报告：借数据分析之力，打造财富管理优势》。

B.12
大数据征信行业发展情况分析

中国人民大学国发院金融科技研究中心 等*

摘　要： 随着大数据的兴起，征信行业发生了巨大变革，大数据使得征信的数据来源更加多元化，数据的存储和处理方式也变得多样化，丰富的征信产品使得征信服务更加广泛。本文基于大数据和征信业务发展历程，系统梳理了相关政策法规，探讨大数据时代征信业发展面临的机遇和挑战，行业发展促进大数据和征信的融合，也推进建立与征信相关的规则制度来确保信息安全，提高管理效率。同时，以国内外多个机构的典型发展案例研究行业发展现状和趋势展望，以便让大数据征信更好地服务于征信市场，推动互联网金融征信的标准化建设、保障数据信息安全。

关键词： 大数据征信　数据共享　信息安全

一　大数据征信的发展历程

（一）征信行业与大数据融合发展历程

在我国，真正伴随信用经济而开展的征信活动在清朝末年已经起源（主要是一些钱庄开展此项活动），在民国初年随着银行体系的建立，主要

* 参与单位：中国人民大学国发院金融科技研究中心、中国金融学会金融科技专业委员会。

从事资信调查活动。从 1990 年初期，中国人民银行开始推动金融信用领域征信。1996 年，中国人民银行在全国推行企业贷款证制度。1997 年，上海资信有限公司成立，经中国人民银行批准在上海市进行个人征信试点。1999～2002 年，银行信贷登记咨询系统投入使用，实现地、省、总行三级数据库联网运行。2003 年，国务院批准中国人民银行设立征信管理局，地方征信机构设立并迅速发展，中国人民银行为征信业监督管理部门。2005 年，银行信贷登记咨询系统顺利升级，在全国范围内建成集中统一的企业信用信息基础数据库。2008 年，“管理征信业”成为中国人民银行征信管理职责的一部分，促进了社会信用体系的建立。2013 年 3 月，国务院发布《征信业管理条例》，其是我国首部征信业法规，内容包括适用范围、征信监管体制、征信机构、征信业务规则、征信信息主体权益、金融信用信息基础数据库、监督管理、法律责任八个方面。2014 年 6 月，国务院印发《社会信用体系建设纲要（2014～2020 年）》，提出建立社会信用基础性法律法规和标准体系，征信业得到进一步发展。2015 年 1 月，中国人民银行印发《关于做好个人征信业务准备工作的通知》，其中包括依托互联网巨头、金融巨头成立的征信机构、传统的和民营的第三方征信机构四类，强调上述机构要严格遵守《征信业管理条例》和《征信机构管理办法》，切实做到依法合规。2015 年 7 月，中国人民银行等十部门发布《关于促进互联网金融健康发展的指导意见》，提出信用基础设施建设的必要性、培育互联网金融配套服务体系的迫切性，鼓励各机构依法申请征信业务许可，为推动大数据征信的发展营造外部环境。2015 年 7 月，国务院印发《促进大数据发展行动纲要》，其中最引人注目的就是开放政府数据和推动产业创新，鼓励大数据在征信业的应用和发展。2015 年 9 月，国务院办公厅印发《关于运用大数据加强对市场主体服务和监管的若干意见》。2018 年 2 月 22 日，中国人民银行官方网站发布公告《设立经营个人征信业务的机构许可信息公示表》，我国第一张征信牌照终于在经过三年多的酝酿后出炉，获得这一牌照的是百行征信有限公司，第一张征信牌照的下发意味着征信的网络大数据时代即将来临。

目前，我国已建成征信业的规范体系，不断加强征信市场的规范管理，保障信息主体的权益，促进我国征信业的健康、可持续发展，更好地满足个人和企业的融资需求（见表1）。

表1　我国征信业的规范体系

时间	规范体系名称	主要内容简述
2013年3月	国务院发布《征信业管理条例》	是我国首部征信业法规、征信法制建设的基石。内容包括适用范围、征信监管体制、征信机构、征信业务规则、征信信息主体权益、金融信用信息基础数据库、监督管理、法律责任八个方面
2013年12月	中国人民银行出台《征信机构管理办法》	贯彻建立健全社会征信体系的要求，确立征信经营活动遵循的制度规范和监管依据
2015年1月	中国人民银行印发《关于做好个人征信业务准备工作的通知》	批准芝麻信用管理有限公司、腾讯征信有限公司等8家机构做好开展个人征信业务的相关准备工作，包括依托互联网巨头成立的征信机构、依托金融巨头成立的征信机构、传统第三方征信机构、民营第三方征信机构四类。强调上述机构要严格遵守《征信业管理条例》和《征信机构管理办法》，切实做到依法合规
2015年7月	中国人民银行等十部门发布《关于促进互联网金融健康发展的指导意见》	提出推动信用基础设施建设，培育互联网金融配套服务体系，鼓励有条件的机构依法申请征信业务许可
2015年7月	国务院印发《促进大数据发展行动纲要》	提出加快政府数据开放共享，提升治理能力；推动产业创新，培育新兴业态并助力经济转型，鼓励大数据在征信业的应用和发展；强化安全保障，提高管理水平
2015年9月	国务院办公厅印发《关于运用大数据加强对市场主体服务和监管的若干意见》	提出几项主要目标，即提高政府运用大数据能力，增强政府服务和监管的有效性；推动简政放权和政府职能转变，促进市场主体依法诚信经营；提高政府服务水平和监管效率，降低服务和监管成本；实现政府监管和社会监督有机结合，构建全方位的市场监管体系

（二）大数据对征信业的影响

随着征信服务的不断发展，征信机构必将面临海量数据的采集、处理和利用的过程，服务品类也会越来越多，传统的信息技术势必难以应对越来越复杂的应用环境，难以满足用户对快速定制化的服务需求。因此，需要利用大数据相关的新技术和新平台来支撑全国征信系统对于海量数据的采集、处理和利用过程。同时，发展大数据征信是市场、行业、业务、技术的需要。

市场需要。2014 年，清华大学中国与世界经济研究中心发布《征信系统对中国经济和社会影响研究》。此报告称，2012 年征信系统促进中国 GDP 增长 0.33%，促进中、小微企业新增贷款 370 亿元和 6750 亿元，促进新增就业 142 万人。因此，大数据征信服务在国家发展进程中发挥着重要而不可替代的作用，其中对中小微企业融资和发展的促进作用更加巨大。

行业需要。征信行业在国内目前还是一个新兴行业，市场潜力巨大，发展前景广阔。随着 2013 年 3 月《征信业管理条例》的正式出台和 2013 年 12 月《征信机构管理办法》的正式实施，市场涌现出一批商业化征信机构。征信机构可以建设自己的大数据征信体系，并将这一体系推广应用至整个征信行业，占领征信的战略制高点，引领整个行业的发展，同时更便于今后征信行业内的信息交换和平台整合。

业务需要。在征信业务方面，我国目前的企业征信报告服务主要还是沿用传统模式，普遍存在服务周期长、服务效率低等一系列弊端。伴随着新技术的发展和商业模式的创新，征信机构需要对传统的业务模式进行创新。大数据征信的到来将能有效地改变传统的业务模式，同时优化征信的业务流程，提高业务管理水平。

技术需要。业务模式的创新离不开新技术的使用，新技术在征信行业的应用是必然趋势，尽早开展新技术在征信行业的应用，对征信行业的健康有序发展都具有重要意义。通过新技术应用，征信机构可实现多渠道信息的有效整合，并对征信业务流程进行再造与创新，充分保障征信数据的质量。

二　2018年大数据征信新发展和面临的挑战

随着大数据概念的兴起，大数据征信火热起来，征信机构利用更加广泛的征信数据开展征信业务，从不同的数据维度使用全新的技术方法，创新性地推出征信产品，应用在社会的各个领域。当然新的发展也带来了新的挑战，征信行业可谓机遇与挑战并存。

（一）大数据征信的新发展

1. 大数据征信发展中的可替代数据

征信机构在采集金融信用信息、贸易信用信息、公共信息这些传统的信息之外，还会采集水电煤等缴纳情况信息，国外一般将这部分信息单独拿出来，称为可替代数据。可替代数据最初应用在征信领域是为了帮助那些没有或只有较少信贷记录的人获得信贷。它的价值与信贷信息无法比拟，但可以作为传统信用信息缺失时的替代品，为授信机构衡量弱势群体信用状况提供参考，帮助没有信贷记录的弱势群体建立信用档案，提升信用评分预测水平，推动普惠金融发展。科技发展而产生的海量数据并不都是可以成为可替代数据的，美国政治经济研究理事会提出可替代数据的“3C”标准：信息的信用性质（Credit-like）、覆盖度（Coverage）和集中度（Concentration）。信息的信用性质越明显、覆盖人群越广、集中度越高，则其作为信用数据的价值越大。目前最广泛应用的数据主要是水电煤、通信等缴费信息。其他还包括公共信息（缴税、法院判决等）、社交信息、电子商务信息、支付结算流水信息、互联网平台产生的信息、物联网产生的信息等。

在大数据时代，征信机构加大对可替代数据的采集，在全国范围内，征信系统采集了部分省市的公共事业信息。随着社会信用体系建设的加速推进，由地方主导的公共信息平台建设采集了部分可替代数据，这些地方平台在省内与公共事业机构建立共享机制，采集公共事业缴（欠）费信息、电信缴（欠）费信息、地铁逃票记录等。非传统征信机构对可替代数据的采集和提供相关服务更加积极，比如这些机构通过互联网或手机填写个人身份、学历、收入等信息，并经授权后与外部数据连接，实现信息验证。同时与一些机构合作获取银行卡消费记录、电商平台购买记录、手机缴费信息等，并搜索授信方在互联网上的其他公开信息，将这些信息进行交叉验证，汇总分析，建立了基于大数据平台的新信用风险评估模型，对外提供授信方信用风险评估服务。

2. 大数据征信信息技术分析

征信业务本质上是信用信息服务，表现为专业化的第三方机构通过采集、保存、加工及整理企业和个人信用信息，并在此基础上对外提供信用信息查询、信用评价等服务。现代征信行业与信息技术紧密结合，征信业务需借助信息技术平台，平台的功能在于采集数据、发布信息、增值服务等。大数据涉及整个征信服务过程，对征信过程的信息流进行整体分析，整理可以概括出征信业使用的信息技术具体领域。

当然，大数据征信的发展还需要其他信息技术提供基础保障。

一是需要根据企业内部环境来制定 IT 战略目标，并根据战略目标来指导征信业务的开展。

二是征信业务的过程是大数据技术应用的过程，同时也对信息技术基础设施和相关活动提出了具体的需求。

三是技术相关部门需要通过对新信息技术的利用过程来支持对数据价值的挖掘。

四是通过大数据商业模式对数据的利用过程实现业务价值，从而实现企业的战略目标。

从信用信息的采集、处理以及使用过程分析，大数据技术及商业模式应用的过程可以涵盖以下几个方面。

一是信用信息来源。信用信息来源即信用信息的采集。这里涉及的信息技术主要有数据、信息安全、网络通信等，包括元数据标准、接口规范、通信协议等。

二是信用信息处理。信用信息处理是信用信息整理、分类、加载、存储、校验等方面的标准。这里涉及的信息技术主要有数据库、用户界面、编码字符、数据中心资源利用率、信息安全等。

三是信用信息应用。信用信息应用是信用信息采集、加工、处理、发布等各个方面所需要的技术支撑标准。这里涉及的信息技术主要有数据、网络通信和信息交换、信息技术服务、大数据、云计算等。

四是信用信息开发。信用信息开发是对各类增值产品的开发、接口软件的开发等，对应信息技术领域有软件工程、文档处理、用户界面、编码字符等。

此外，围绕征信业务还有底层系统的运维及信息化项目的管理，对应信息技术领域有信息技术服务、计算机及外围设备等。

目前，大部分市场机构已经开始利用大数据技术及大数据（比如身份信息、个人的日常行为信息、主体的交易信息等）向社会提供服务，主要应用在信用风险管理和市场营销方面。比如部分电商平台及电信公司开始尝试向互联网金融公司或者其他授信机构提供信息，帮助识别借款人身份，防止欺诈，管理信用风险；有些征信机构通过一些电商或者第三方支付机构的数据，为授信机构提供相关网上交易信息、支付流水信息等，作为评价企业信用风险的重要依据。此外，有些征信机构也会利用大数据对市场进行宏观分析，辅助授信机构战略决策。其利用大数据对整个市场的发展、舆情、相关主题等进行研究分析，并提供给授信机构使用。

大数据征信正在获得社会的广泛关注，征信行业也在发生着巨大的变化。构建动态大数据征信体系，有利于加快企业运营效率，降低企业信用风险损失，其未来具有巨大应用前景。

（二）大数据征信发展面临的挑战

大数据征信的快速发展也带来了前所未有的挑战，主要体现在以下几个方面。

1. 征信业法律法规

我国现有征信行业的规章制度主要是服务于传统金融领域，能否满足大数据时代征信业务的规则要求，尚未得到市场的验证。大数据在使用过程中可能涉及敏感信息，比如个人隐私、商业机密等，目前，未建立配套的法律法规制约这些数据的采集、整理、加工、分析和使用，因此还需要进一步完善相关的法律法规，从征信的立法层面来规范大数据的处理过程，为大数据征信的发展提供有力保障。

2. 信息安全和个人隐私保护

隐私一直是征信发展中令人诟病的问题，某些数据机构通过霸王条款（比如先授权才能使用服务）或者隐藏条款（比如在不显眼的地方标注条款且内容晦涩难懂）来允许他们对采集到的用户信息进行随意的分析，达到他们想要进行的商业活动。例如各大互联网公司通过采集、分析用户在网上留下的痕迹来推送广告，这种行为在欧美国家是不允许的，在国内却是很正常的事情。另外，信息的存储与合理使用也是一大隐患，市面上的数据机构大多没有很强的安全意识，用户的信息很容易被他人获取，这些隐私数据在被加工分析之后，相关人员基本变成了“透明人”。

因此大数据时代，一是需完善制度设计，规定信息提供者、征信机构、信息使用者的权利、义务和责任，同时保护信息主体权益。明确隐私保护范围，确保信息依法使用。二是加强技术防护，运用先进的技术手段，将安全防护覆盖到信息的采集、存储、加工、使用、传递、销毁全流程，防止信息主体的隐私信息发生泄露。

3. 征信业监管技术和水平

为适应大数据时代的征信监管需求，征信管理水平要与大数据征信同步发展，政策的制定要充分考虑到大数据的特点，监管人员要具有相应的知识和能力。然而，我国行业监管尚未发育成熟，行业标准尚未统一，行业规范以及行业职业道德等内容尚未完善。

因此，在注重市场培育的同时，需要加强行业监管，防范信用风险。监管部门一方面要研究符合大数据和征信业务的规则，使大数据征信有法可依；另一方面要探索合理的监管措施，建立部门间联动的合作监管机制，引导和推动行业自律，以行业自律促进大数据时代下征信业的有序发展。

4. 数据处理技术和能力

如何有效处理海量的大数据，是大数据发挥作用的重要环节。大数据的专业性很强，所需处理人员和设备要求都很高。数据采集、存储、计算等都需要当今世界最先进的技术。目前一些大型征信机构采用多层次的数据挖掘技术，运用私有云平台，对海量数据进行处理和研发，减少主观判断，提升风险预测的准确性。当前，我国的多数征信机构仍处于成长期，尚未掌握数据处理的核心技术，技术能力和储备有待提升。

征信机构需要培养专业的数据处理人才队伍，同时要跟进大数据时代发展的脚步，采用最先进的技术方法和专业的工具，建立符合实际的业务分析模型来更好地服务社会大众。

5. 大数据共享机制

目前，大数据征信在我国尚处于发展阶段，各个行业、各个机构对于数据的标准并没有统一，且各大渠道信息相对闭锁，数据的分散也在一定程度上制约着征信的发展。新时代，习近平总书记作出“抓紧建立覆盖全社会的征信系统”“推进数据资源整合和开放共享”等重要讲话，李克强总理批示要“建设互联网信用系统、打破信息孤岛”。因此应当抓住时机，建立信息共享机制，推进数据融合，提升大数据的整合能力，打破资源间的信息孤岛。

6. 统一的信息规范和信息标准

大数据征信在发展过程中，面临信息规范和标准不统一的突出问题，导致各信息系统间难以进行信息交流和数据共享，存在数据重复采集现象，导致数据和信息处理工作量的增加，造成数据的不一致，同时制约了征信数据资源的有效利用。建立统一的信息规范和标准有助于提高业务管理水平，减少人员成本，降低由于不规范的业务操作带来的损失。

三　大数据征信典型案例分析

随着大数据、云计算、人工智能的崛起，数据的采集、存储和计算能力突飞猛进。拥有海量数据的征信机构，通过对大数据的深度挖掘，开发出灵活多样的征信产品来满足大数据时代的社会需求。下面通过对大数据案例的分析来简单概述大数据征信的应用。

（一）典型案例一：ZestFinance 公司信用评分

ZestFinance 公司进行深入的数据挖掘和模型开发，来帮助那些信用记录缺失的人争取信用。它的数据来源非常广泛，主要包括结构化数据和非结构化数据。结构化数据则是传统的征信体系决策数据，非结构化数据则来源宽广，比如申请人的 IP 地址，它可以用来反映申请人的家庭地址或者工作地址；电子邮件的用户名，它可以反映一个人的行为特征或者社会特征；书写时是否大量地使用大小写，是否能够正确地分清大小写，通过这种极端的变量来预测个体的行为及心理特征；其他类似的信息来源还包括申请人在 ZestFinance 网站上停留的时间（这在一定程度上反映了人们对信用申请的谨慎程度与还款诚意）、申请人是否拥有预付款或已付全款的手机等。ZestFinance 公司利用对这些数据提取变量，利用预测分析模型，如欺诈模型、身份验证模型、预付能力模型、还款能力模型、还款意愿模型以及稳定性模型，进行集成学习或者多角度学习，并得到最终的消费者信用评分（见图 1）。

ZestFinance 公司的做法是：第一步挖掘尽可能多的变量；第二步寻找这些变量之间的关联关系。在关联性的基础上将这些变量组合成更大的变量，然后将这些大的变量放入不同的数据模型进行处理。每一个数据模型给出一个独立的结论，再把这些结论绑定，最终整合成自有的信用分数。

ZestFinance 的评分模型更新并细化的速度很快，从 2012 年至今，差不多每一个季度就会新推出一个新的信用评估模型。最早，ZestFinance 只有信贷审批评分模型，目前已经开发出八类信用评估模型，包括市场营销、助学贷款收债、法律收债、次级汽车抵押贷款等，用于不同信用风险评估服务。在汽车金融、消费者贷款、商业贷款、电信、抵押和保险行业都有成功的案例。

（二）典型案例二：ZestFinance 公司关联关系计算和图谱展示

为了在关联关系更加复杂隐蔽的现实情况下，深入挖掘关联群中的核心企业或核心个人，ZestFinance 公司根据所采集的有效信息，比如基本信息、投资、担保、实际控制、高管、家族等关系类数据，运用大数据方法整合出信息主体之间更深层次的关联关系，并通过关系图谱进行直观展示。

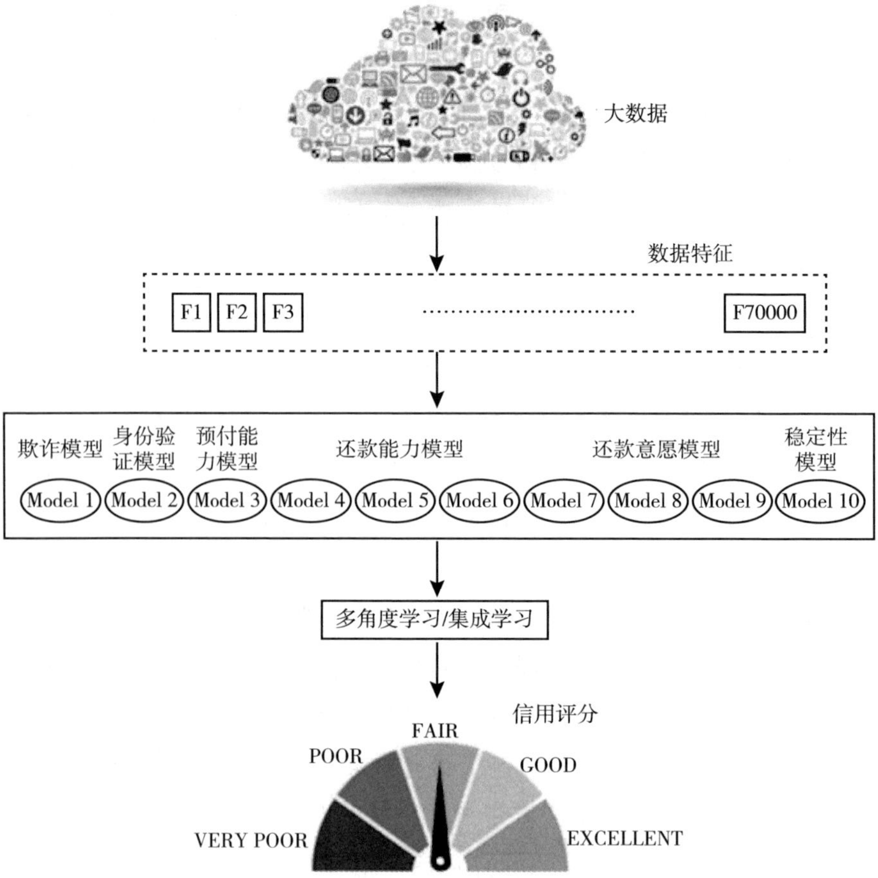

图 1　ZestFinance 的信用评分方法示意图

ZestFinance 公司的做法具体可以分为五个阶段，分别为源数据存储、数据处理、数据建模、数据预算和结果查询阶段。

源数据存储阶段。采集所需要的信息主体标识数据，比如投资、担保、实际控制人、高管、家族五类的关系数据，以及信贷信息数据，总量级在亿级，存储在 Hadoop 的 HDFS 上。

数据处理阶段。主要工作任务是对源数据进行加工处理，将数据内容按照建模的要求进行梳理、提炼和归整。技术上采用 Hadoop 的 MapReduce 的运算框架，将非常庞大的任务拆成多个小的计算任务。

数据建模阶段。主要工作任务是将处理阶段整理好的数据导入到图形数据库中。图形数据库可以将有效的关系数据进行网络结构构造、存储，存储后的数据，每个关联节点都会以网络形态保持着连接，方便之后的关联查找和计算。

数据预算阶段。主要工作任务是基于图形数据库中创建的网络结构的数据模型，按指定的关联层级要求进行关联关系的预计算。主要是通过图形计算引擎自有算法对 Spark 上的模型数据进行多次迭代计算，算出所有的关联关系，并将结果放到查询库中。

结果查询阶段。采用 HBASE 的存储和查询技术，其存储的是预计算阶段算好的关联关系的结果数据，因此只提供对外的查询服务，只要申请的查询条件符合指定的关联层级，即可在 HBASE 中快速查询到关联关系的结果数据，否则任务转交给计算阶段去处理。

其可以非常直观地展示信息主体的关联关系图谱，并供用户查询。通过找出企业与企业间、企业与个人间、个人与个人间存在的直接或间接的资本和经济利益往来等关系，为授信机构风险管理、信贷管理等多个部门和场景的关联关系识别工作提供关系线索，同时也为金融系统信用风险防范和监管部门维护金融稳定提供数据服务。

（三）典型案例三：芝麻信用

芝麻信用是蚂蚁金服旗下的第三方独立征信体系，2015 年央行首次批准包括芝麻信用在内的八家机构进行个人征信业务的相关准备工作。其所需的信用信息主要来源于蚂蚁金服的互联网金融海量数据、阿里巴巴的电商交易平台反馈数据及与其合作的公共机构、商业伙伴提交的数据，还有各种用户自主提交的信息，相关信息涵盖信用卡还款、网购、支付转账、理财、水电煤缴费、租房信息、社交关系等。

数据收集完毕后，芝麻信用依托阿里云的大数据分析技术，整合分析用户的个人信息，构建一套独有的个人信用评估体系，即从用户的信用历史、行为偏好、履约能力、身份特质和人脉关系五个维度评价用户的还款意愿和还款能力，根据实际对五个维度指标予以加权，针对不同用户，经过相关计算得出该用户的芝麻信用分数。350～950 分是分值范围，分值与信用水平成正相关，即信用水平越好，分值就越高，也就意味着金融场景中的违约概率越低，从而可以给信用主体提供更高效优质的服务，且评分结果可以应用到其他平台上。

芝麻信用能取得卓越成效主要是依托于其海量的信用信息数据、强大的信息处理能力和评估方式、丰富的场景化应用。其通过云计算和大数据等新兴科技对数据深度挖掘，采取全新信用评估体系，提高信用评估的效率和准确性，且依托阿里巴巴的众多关系链，已经接通旅游、房屋、租车、酒店、交通、通信等多个生活领域，带来巨大便利。

（四）典型案例四：微信支付分

2019 年 1 月 9 日，互联网信用服务类产品“微信支付分”在广州举行的微信公开课 Pro 版活动上首次低调亮相。“微信支付分”在 2018 年 11 月前先在深圳进行灰度测试，目前已经扩大到北京、上海、广州等城市，作为常登录地的用户。其由腾讯旗下的财付通提供，可通过已接入微信支付的商户所提供的指定服务中申请开通，一个实名身份只能开通一个微信账号的“微信支付分”，是基于微信支付大数据对个人消费、守约等行为的综合计算分值。

“微信支付分”服务协议显示，该分数由身份特质、支付行为、守约历史三个维度构成。其中，支付行为指与使用微信支付相关的消费等行为；守约历史指履行使用微信支付相关的历史记录等情况；身份特质指稳定的实名信息以及个人基本信息。目前，“微信支付分”尚处于初步发展阶段，仅接入免押借充电宝服务，部分品牌共享充电宝陆续开始支持用户通过“微信支付分”申请免押金租借的权益。由于“微信支付分”还未正式对外推出，微信方面没有透露已开通的城市名单，但预计 2019 年内将在全国实现全覆盖。

由于微信支付更倾向于小额高频的支付场景，相较于支付宝更加贴近用户的日常生活，根据2019年初微信官方发布的2018年微信数据报告，微信月活跃用户持续上升并已成功突破10亿人次关口，微信支付的强势也会直接带动“微信支付分”的能力，况且对于微信，建立信用体系是大势所趋，因而不少从业者猜测，“微信支付分”向出行、住宿、租赁以及金融等领域开放只是时间问题。

（五）典型案例五：聚信立

聚信立作为一家风控数据提供商，主要通过用户授权获得非传统风控数据，同时在综合学信网等互联网信息，对客户的风险特征进行描述，并形成个人信用报告提供给金融机构，供其后续做相应决策。目前，聚信立服务的金融机构超过1300家，包括传统的银行、消费金融公司、网贷信息平台等，日查询量已超过百万。

聚信立的主要服务领域是利用大数据帮助信贷机构判断借款人可能存在的风险因素，其经过借款人授权之后，用户个人数据被网页极速抓取技术所获取，并通过大数据对比分析等措施配合以交叉验证方式分析所抓取的相关信息，最终提供用户风险分析判断，提高信贷机构风控模型的精度。聚信立报告主要由信息验真、运营商数据分析、电商数据分析、其他数据分析四个维度构成，具体而言，即通过交叉比对验证用户是否真实存在；分析用户生活、工作、社交范围；分析用户的消费能力及消费习惯，判断还款能力等；分析用户在以学信网为主的各类平台数据，以此判断是否存在违约的风险。同时，为了更好地拓展商业范畴，聚信立也在不断根据客户需求及市场环境做出产品和战略调整，在数据整合和分析上做更多的深度产品开发。

（六）典型案例六：51信用卡

51信用卡以信用卡债务管理为基础业务，根据用户的信用卡数据、手机通话情况、相关登记信息、电商平台记录的购买行为等多维度交叉查验，确定风险等级与贷款资质评级。

51信用卡通过多态、多来源数据以及相关模型多维信息的交叉验证，对用户进行判定，从而明确其风险等级。风险等级体系构成主要来自四个维度：一是账单管理时间，信用卡有效存续时间越长，这也就证明了用户在很长时间内是有正常的收入来源以及消费，由此可以判定该用户风险越低；二是手机入网时限，入网时间越早，入网持续时间越长，一般可以判定该手机号码用户的风险较低；三是通话记录，通过通讯录中是否存在负面联系人以及近四个月有效通话记录数量的多少综合判断用户可靠程度；四是号码一致性，淘宝常用收货姓名及电话是否与申请人及预留号码一致判断用户的信用状况。

（七）典型案例七：Wecash 闪银

国内首家大数据征信公司闪银，是基于微信的大数据使用方式，借助微信的平台进行信用征集，实现快速授信、快速完成发放给个人用户的个人小额贷款。用户可直接在微信上提交社交网络地址，上传身份信息、资产信息、网银流水等资料，随后通过其评估模型完成个人信用评级，最快 15 分钟可以进行授信行为，授信后，提款、还款均可通过微信完成。其创新点主要在于套用大数据分析实现快速征信、授信，这一产品形态的出现，也使得小额贷款服务覆盖全体网民成为可能。

借助大数据技术，采用去人工化和社交计算的方式，精简了传统小额贷款的授信审批过程。首先通过抓取并对微信、微博等社交数据进行分析，尤其像粉丝群体使用的常用词汇等信息，一般性地确定用户职业范围及社会影响力，然后结合银行流水（一般资产信息需要由用户上传）进行交叉判断，并在信用模型中完成打分、实现评估。完成评估后用户也可以自由选择一个月到两年之间的借款分期，并申请借款提款，以上操作全部通过微信在线上即可完成，无需提供纸质的信用报告、工作证明，十分高效便捷。

四　大数据征信的发展展望

随着大数据、人工智能、机器学习等技术的兴起，中国的征信市场得到快速发展，大数据征信的诸多优势将对征信行业的思维方式、思考方法、应用场景、产品等各个方面产生重大影响，也为中国征信行业的发展提供了机遇和挑战。未来可以看到大数据征信在社会生活中产生的重大影响。

大数据征信的数据来源非常广泛，基本涵盖了与信息主体相关的各项因素，除了传统的征信数据以外，可替代数据为没有信用记录或者信用记录非常少的主体进入正规金融体系获得授信提供了可能，实现了覆盖全社会的征信建设，推进了普惠金融的发展。同时大数据征信还将对个人征信、企业征信、信用评级等方面产生深远的影响。届时将形成“一处失信、处处受限”的信用联合惩戒大格局，从而推进征信社会的健康有序发展。

风险与合规篇

Risk and Compliance

B.13

金融科技背景下的风险分析

中国银联 等*

摘　要： 科技的进步，给支付产业的发展带来了巨大的便利，但与此同时，给金融犯罪的滋生提供了土壤，金融犯罪和金融风险呈现非静态、非单一、非零散、非一家机构可以应对的特征。另外，技术的本源性风险和工程应用风险为金融科技监管带来了更大的风险治理挑战。金融科技的发展对金融风险防控促进的同时，也蕴含着新的风险问题。本文针对如何防范金融风险与技术风险，提出了三方面的建议，即通过加强金融安全犯罪治理与消费者权益保护、加强支付大数据风险监测行业平台建设、加大支持风控科技企业与人才能力建设，让金融科技为产业发展护航。

* 参与单位：中国银联、中国金融学会金融科技专业委员会。

关键词： 金融科技 网络犯罪 智能风控

一 金融科技背景下的金融风险新特点

近年来，科学技术正在改变我们的生活方式，在带来巨大便利的同时，也引发了许多新的犯罪形态，如跨境传销网络犯罪和电信网络诈骗等。随着新型网络犯罪的发生，大量黑色产业链和专业化犯罪团伙随之形成，如网络诈骗的“黑色产业”市场规模已高达1100亿元，成为我国第三大“黑色产业”，呈现蔓延快、复杂化、产业化与智能化的显著特点。

聚焦在金融领域，党的十九大提出未来发展要注重质量与效益，全国金融工作会议强调金融安全是国家安全的重要组成部分，国务院金融稳定发展委员会正式成立，以风险管理为支撑之一、注重平衡充分发展的纲领已经确立。金融业监管部门和银行卡产业各方加强管控风险、为业务发展护航。在我国支付系统是金融基础设施的重要有机组成部分，支付产业已在服务实体经济、推进普惠金融、保障社会民生等方面均发挥了至关重要的作用。经过多年的努力，我国支付产业已进入高速增长、创新发展的兴盛期，正在步入移动支付新时代。与此同时，支付领域的风险形态也正在发生急剧变化，暴露出了诸多亟须解决的风险问题，产业各参与方应认清新形势、分析新特征、采取新方法，严守风险底线，提升防控能力，促进支付产业在规范中创新发展。

央行管治金融支付市场乱象，推出清算、账户、收单等领域系列新政，同步收紧支付牌照，从最多时271张大减至247张。随着业务迁移，风险也逐渐向移动端转聚，部分传统欺诈风险将继续在创新业务中出现并表现出新特点，同时还有越来越多的新型移动欺诈风险将相继发生，并由于其匿名性和虚拟性等特征更难防治，威胁极大。金融犯罪和金融风险呈现以下四个显著特点。

一是非静态的、动态的风险。网络犯罪日趋严重、风险形势不容乐观。金融犯罪手段不断翻新，产业风险隐患有增多之势。市场主体不断增多，竞争态势不断加强，业务产品加速创新，以银行卡产业为例，产业各方尤其是部分第三方支付机构盲目提高风险容忍度，忽视完善风险短板，使得产业风险隐患在一定时期内仍有增多趋势。

二是非单一的、综合的风险。网络犯罪的形态较为复杂、涉及面较广，以涉及创新支付的移动支付为例，其风险呈现隐蔽性、复杂性、突发性、传染性、交叉性等新特点。从近期一些重大风险事件看，线上线下风险交织，欺诈、信用、合规风险融合。同时，金融科技本身也存在风险点。

三是非零散的、集团化的产业风险。网络黑色产业链逐渐形成并壮大，它们披上高科技公司的外衣，在灰色地带从事色情诱导诈骗等不法行为；它们利用系统和协议的漏洞，在盗用账户信息后控制系统和权限，实施金融资金非法转移等不法行为。2016 年 2 月，孟加拉国央行曝出被黑客盗窃 8100 万美元。

四是非一家机构可以应对、需要联防联控的风险。随着犯罪手段以及风险涉及环节的翻新与扩散，黑产团队将部分人员转移至境外，利用境内外不对称的信息作案，利用多个平台的技术手段，因此已经不是一家企业，也不是一个部门可以应对的，需要产业各方联手进行整治。

二　金融科技背景下的技术风险新特点

金融科技促成了金融与科技的深度融合。一方面，新兴信息技术在提升金融服务用户体验、改进金融业务运营效率、创新金融服务流程、拓展金融服务渠道等方面，发挥了至关重要的作用；另一方面，技术的本源性风险和工程应用风险，也更容易在业务驱动下产生叠加效应，为金融科技监管带来更大的风险治理挑战。

（一）架构日趋复杂增大了技术黑箱风险的概率

进入金融科技时代后，金融创新业务系统正在以全新方式综合应用云计算、大数据、人工智能、区块链、5G 等快速演进的新技术，这些技术其实是一个庞大技术栈的统称，技术之间彼此渗透融合，分布式和微服务设计下众多组件构建的运行环境，也使得业务系统的技术架构日趋复杂，即使是技术专家也很难全面翔实地理解业务系统底层技术的复杂细节。另外，以深度学习为典型代表的算法模型，其众多参数是神经网络在学习过程中自己确定的，甚至连模型开发训练人员也无法知晓模型参数的具体含义和无法解释整个模型的运作机制，当遇到精心设计的对抗样本时，自然也无法得出明确而又有针对性的模型优化方案。在技术架构复杂性与算法不可解释性叠加之下，金融科技创新产品容易招致技术黑箱风险，产品中存在的技术潜在缺陷较难在产品投产前或业务运行异常后及时地识别并修复，情形严重时可能会极大影响产品用户体验，进而招致创新失败。

（二）数据高度集中加大了数据不当使用风险的危害

进入金融科技时代后，金融交易信息全部转为数字化形式存储，生物识别技术深度应用于金融业务流程之中的趋势也日益显现。在此背景下，头部的金融科技企业或金融控股集团，容易凭借丰富的产品线布局和技术储备优势，汇聚大量的金融业务数据、用户行为数据和用户生物信息，客观上会产生多类数据汇聚的数据寡头现象，数据不当使用所带来的潜在风险隐患也更加凸显。如果数据全生命周期保护技术体系不健全，一旦因主观故意或客观疏漏造成海量敏感信息或隐私数据泄露，将直接损害客户的权益和机构的声誉，甚至可能威胁到国家金融稳定、经济安全乃至社会稳定。不同类别的用户数据不受约束地在企业内部或企业之间迁移或交互使用，极有可能侵犯到用户的知情权、选择权和隐私权，甚至引发数据鸿沟问题。

（三）应用平台化部署扩大了安全生产风险的影响力

进入金融科技时代后，为了降低业务创新的运营成本和应用开发复杂度，新兴的金融科技初创公司或中小型金融从业机构，往往更愿意购买云服务商云平台资源，通过多租户隔离的方式，获得资源的弹性扩展能力和池化管理能力，在保障服务高可用能力的基础上，进一步提高了业务上线发布的效率。但是，受制于云服务商在平台研发、运行管理、安全服务等方面技术能力的差异和云服务商用户自身对应用业务连续性保障能力认识与技术储备上的不足，应用部署在云平台上，也并不意味着安全生产可一劳永逸、万无一失。从过去几年实际情况看，云服务中断事件并不罕见，部分事件造成业务服务中断的时间甚至长达 24 小时。如果提供金融服务的机构将大量业务系统平台化部署于公共云或行业公共云之上，一旦发生较长时间云平台服务中断事件，如果机构也未做好云服务中断的应急预案和技术准备时，就容易引发金融业务聚集性安全生产风险，单个平台出现安全问题就可能“牵一发而动全身”，其影响的波及面和破坏力有可能远高于原有金融机构孤立性业务系统安全生产事件。此外，考虑各机构间的安全意识、防控水平参差不齐，风险洼地效应明显，如果平台租户隔离存在缺陷或漏洞，还有可能通过短板机构应用对平台本身或平台上其他机构应用实施跳板攻击，同样会引发波及多家机构的聚集性安全生产风险。

（四）算法缺陷与同质使用问题提升了不合理决策的破坏能力

进入金融科技时代后，几乎所有金融业务系统，都或多或少引入一定程度的人工智能算法，辅助做好业务决策与风险预测评估工作。但在很多情形下，金融机构业务运营部门可能会专注于人工智能算法所带来的业务效率提升优势，而忽视算法的固有不完备性与概率性预测缺陷。如果对于算法潜在缺陷缺乏对应的风险防控管理体系予以限制，那么因算法技术性问题做出的不合理决策有可能直接传导至业务领域，引发资金交易风险。另外，在诸如量化交易、智能投顾等与金融市场高度相关的金融科技应用场景中，如果不同机构对于不同类型产品使用的算法策略趋同，还有可能因算法同质化加剧投资行为的顺周期性，进而因不合理决策加大金融市场的波动性，引发金融交易的羊群效应，从而影响金融市场的稳定运行。

（五）过度盲从新技术带来了创新结果不确定的风险

进入金融科技时代后，金融业务与技术紧耦合带来的金融创新的巨大潜力，在激励广大金融机构与科技企业新技术应用研发创新热情的同时，过分迷信新技术、过分依赖技术实施业务创新、为应用新技术而应用、在新技术未成熟时就开始疯狂炒作等非理性行为也随之变得普遍。如果在开展金融科技创新项目时，对新技术了解不深、掌握不透，在应用时张冠李戴，滥用技术，有可能既浪费了大量开发实施资源，又带来了创新结果不确定的风险。

三　金融科技与新背景下金融风险的相互关系

（一）金融科技对防控金融风险的促进作用

金融科技以科技为金融赋能，以云计算、人工智能等技术提高金融获客效率、增强业务支撑能力、改善风险防控策略，低成本高效率地提供自动化、规模化、智能化的金融服务，切实将科技驱动力转换为金融生产力，满足新时代变化的金融服务需求。智能风控将成为平衡风险防控和客户体验的关键。机器学习、人工智能已在风控领域崭露头角，推动风控步入更加智能化和机器化的时代，成为打造无感式支付的前提和基础，随着人工智能成为移动设备的标配，未来在风险事前、事中、事后环节拥有广泛的应用前景。

大数据成为风控核心基础。全面、多维、海量的数据，伴随着强大计算能力形成的大数据分析架构，将颠覆基于少量样本进行分析的传统风控模式，为构建快速、瞬时、高效的风险监控、拦截、处置机制建立了基础。支付产业的新型风险迫切需要新型智能风控体系加以应对，因此，要加强产业多维度大数据的应用，形成交易数据、支付场景、设备环境、行为特征、用户身份等关键风险防控信息交叉验证，以提升风险识别分析能力。未来还将有更多智能科技在风控领域扮演关键角色。生物识别、区块链、物联网等前沿技术不断突破，在支付产业及其风控领域得到扩大应用，被消费者在各类场景广泛接受和使用，同时也很可能被支付领域犯罪黑产所用，成为各方角力的主战场。

（二）金融科技蕴含新的金融风险问题

第一，金融业务交叉风险逐渐增强。金融科技促使跨市场、跨行业、跨机构的金融业务相互交叉嵌套，使得信用风险、流动性风险等传统金融风险呈现外溢效应，风险扩散更快、破坏性更广，增加了风险防控难度。一旦发生风险事件可能产生“蝴蝶效应”，引发金融市场震荡甚至带来系统性风险。

第二，业务创新合规性风险不断加大。金融与科技的深度融合使金融服务更加数字化、虚拟化，为传统金融业务披上了一层神秘的面纱。部分机构在利用技术创新业务模式、提升服务效率、改善用户体验的同时，在一定程度上简化了业务流程、削弱了风控强度、掩盖了业务本质。这些做法可能违反监管规定和内控要求，危害用户资金与信息安全，偏离了金融健康发展的轨道，给企业经营带来较大的合规性风险。

四　金融科技防范金融风险与技术风险的建议

（一）加强金融安全犯罪治理与消费者权益保护

在加强金融安全犯罪治理与消费者权益保护方面，有以下四项任务。

一是建立完善跨行业的打击网络犯罪实验室和情报共享平台，打通人与卡的关联关系，提供人卡关联信息查询服务。

二是以人为本，充分保障与维护消费者权益，开展相关立法保护机制建设，尤其是加快持卡人消费争议交易的诉讼处理。

三是建立完善网络安全的社会责任体系，加强网络安全犯罪的监督与检举制度建设。

四是实现对网络黑色产业链的深入分析与有效打击管理。

（二）加强支付行业大数据风险监测平台建设

面临复杂多变的风险，迫切需要加强行业之间的大数据风险监测平台建设。

一是从体系、系统、模型、数据、价值、收益、影响力等多个维度设计相关的评价指标体系。

二是从维护银行卡品牌权益与风险权威性的角度，监管部门应要求第三方支付机构严格落实账户管理要求和风险控制要求。

三是完善行业内风险相关数据和共享机制，加强联防联控平台的落地实施。

四是鼓励金融机构及企业建立完善覆盖支付各类欺诈的风控模型，并支持海量交易的计算，尤其是合规风险、欺诈风险、信用风险与营销风险，应用我国自主密码算法保护交易数据。

（三）加大支持风控科技企业与人才能力建设

风险防控是综合业务与技术的一项综合性工作，对于参与其中提供产品和服务的企业要求较高，对于相关复合型人才的需求也较高。

一是国家创造鼓励风控科技企业与风险防控产品发展的有利政策环境。

二是国家开展针对智能风控产品的风险评估与技术检测体系建设。

三是通过监管，有效规范大数据征信企业发展，促进国家基础征信数据的合理授权开放，鼓励有能力的金融机构发展成为领先的大数据征信公司。

参考文献

[1] 葛华勇：《推动支付产业规范创新发展》，《中国金融》2018 年第 7 期。
[2] 刘鑫：《金融科技为个人金融业务赋能》，《中国信用卡》2018 年第 3 期。
[3] 方兴：《如何构建数据时代的数据安全体系》，https：//www. secrss. com/articles/289。
[4] 洪延青：《以风险管理思想统筹设计关键信息基础设施保护工作》，http：//www. sic. gov. cn/news/91/8405. htm。
[5] 中国人民银行：《中国金融业信息技术“十三五”发展规划》，2017。
[6] 上海市人民政府：《上海市科技创新“十三五”规划》，2016。
[7] 陈章：《如何规制新型网络安全犯罪》，人民网，2017 年 9 月 21 日。
[8] 刘贵辉：《网络攻击对金融行业的影响及对策分析》，《西南金融》2017 年第 6

期，第 72～76 页。
[9]《中国人民银行关于加强反洗钱客户身份识别有关工作的通知》（银发〔2017〕235 号）。
[10] 崔光耀：《盘点 2017：网络安全向纵深迈进》，《中国信息安全》2018 年第 1 期。
[11] 郭旨龙：《网络犯罪的定量评价机制》，《法律和社会科学》2016 年第 1 期，第 230～254 页。
[12] 柴洪峰：《银行卡支付结算体系建设与发展》，搜狐网，2018 年 1 月 8 日。
[13] 潘光伟等：《中国银行卡产业发展蓝皮书 2017》，中国金融出版社，2017。
[14] 刘以秦：《数据黑产调查：猖獗内鬼、黑客师徒与“灰色暴发户”》，《财经》2017 年 11 月 3 日。
[15]《金融科技带来金融业务交叉风险等新安全问题》，http：//ifinance. ifeng. com。
[16] “National Security Strategy of the United States of America 2017”, 2017.

B.14

金融科技对现有监管模式的影响

清华大学金融科技研究院*

摘 要： 金融科技作为独立发展的金融信息技术力量，逐渐形成了脱离于传统金融机构和金融体系、突破了既往金融业务的模式，使得原有金融业务的边界模糊化，极大增加了金融监管的难度。基于此，本报告分析了金融科技背景下监管面临的挑战，以及金融科技对传统金融监管模式的影响，并以“监管沙盒”和“合规科技”为应用方向，以蚂蚁金服为典型案例，深度剖析金融科技对监管模式的影响，最后从建设“技术驱动型”金融监管体系和加强金融数据标准法制化等方面，对我国监管模式提出了具体的发展建议。

关键词： 金融科技　监管沙盒　合规科技

一　金融科技背景下监管面临的挑战

巴塞尔委员会（BCBS）将金融科技（Financial Technology，FinTech）定义为新技术支持的金融创新，它能够创造新的商业模式、应用、流程或产品，从而对金融市场金融机构或金融服务的提供方式造成重大影响①。根据

---

* 参与单位：清华大学金融科技研究院、浙江蚂蚁小微金融服务集团有限公司。

① BCBS，“Sound Practices：Implications of FinTech Developments for Banks and Bank Supervisors，” https：//www. bis. org/bcbs/publ/d431. pdf.

2017 年安永（EY）发布的《金融科技采纳率指数》（*EY FinTech Adoption Index*），金融科技已经被主流市场所接受，金融科技已经成为新的时代潮流。

从全球各国的发展状况来看，金融科技呈现多业态、交叉性和爆发式的特点。多业态不但指传统的银、证、保的互联网化，还指 P2P 网贷和众筹等全新的业态；既包括了金融产品的互联网创新，也包括了营销渠道创新和服务模式创新。交叉性既指互联网平台直接开展金融业务，也包括金融产品和服务融入了社交和 O2O 等元素。爆发式是指互联网金融由于能够巧妙利用互联网技术和平台进行获客，面对庞大的市场容量，其用户数量和业务往往能取得爆发式的增长①。金融科技作为独立发展的金融信息技术力量，逐渐形成了脱离于传统金融机构和金融体系、突破了既往金融业务的模式，这些极具“破坏性”② 和“替代性”的新技术使得原有金融业务的边界模糊化，极大增加了金融监管的难度。金融科技给传统金融监管模式带来的新挑战，主要表现如下。

监管规则的制定滞后于金融创新，导致出现监管真空地带。传统的金融监管以银行业为中心，采用事前制定监管法律法规，并要求金融机构遵守规则，监管机构负责对违法违规机构进行惩罚。传统的金融监管框架主要基于对历史经验的总结，即在发生的金融乱象基础上总结教训进行立法立规，来防范过去发生的金融危机的重演。由于金融监管机构的预见能力有限，金融科技创新活动产生的新的商业模式、生产关系很难适用于既定的监管规则。在该种模式下，由于金融创新的不断出现，事前制定的规则必定落后于社会发展。P2P 网贷是金融科技创新的典型代表，其业务模式与传统金融存在较大差异，难以找到传统金融下的参照物。P2P 行业自 2007 年引入中国，至今已十年有余，在国民经济中扮演着相当重要的角色，而针对 P2P 网贷行

① 参见武长海、涂晟《互联网金融监管基础理论研究》，中国政法大学出版社，2016，第 124 页。

② “破坏性”一词是中性的，是指新的商业模式对旧商业模式的存在构成重大挑战，并逐步统治市场，占据大部分市场份额，最终取代旧的商业模式。参见许多奇《金融科技的“破坏性创新”本质与监管科技新思路》，《东方法学》2018 年第 2 期，第 4 ~ 13 页。

业专门的监管规则《网络借贷信息中介机构业务活动管理暂行办法》才于2016年颁布。早期监管缺位，加之网贷行业进入门槛低、民间融资需求巨大，给自融、网络诈骗带来了可乘之机，整个网贷行业规模剧增但是鱼龙混杂。2014年初，累计成立的P2P网贷平台数量不到1000家；到2018年7月，已有累计超过6000家P2P网贷平台成立；但截至2018年8月，累计超过4000家P2P网贷平台已停业。

金融科技的混业经营和跨区展业，对传统金融监管框架形成挑战。金融科技往往是跨界融合或者混业经营的产物，会使得原有金融业务的边界模糊化，加大了金融监管的难度。我国现有的金融业监管框架主要是依照银行、证券与保险公司、基金公司来划分的，但当前已呈现金融混业经营之势。伴随着金融科技的发展，金融混业融合的趋势加速了，现有的分业监管体系无法有效进行金融监管，缺乏应对机制和措施。金融科技依托互联网技术进行展业，突破了时空和地域的限制，也对现有金融监管框架形成一定冲击。我国现有的金融监管体系除了“一行两会”主导的垂直监管体系，还存在一套地方金融监管体系。属地监管跨区经营是现有监管体系面临的最大问题，地方金融监管侧重于区域风险防范，但由于金融科技业务天然存在跨区经营的特性，地方金融监管机构很难开展有效的监督。以互联网小贷为例，根据《关于小额贷款公司试点的指导意见》的规定，小额贷款公司的审批与监管权力在各地金融办（或相关机构），而其实际业务的开展范围却在全国。

传统金融监管缺乏对新技术的应对能力。随着互联网、大数据、云计算、人工智能和区块链等技术不断与金融融合，新型的金融科技商业模式大量涌现，而既有的金融监管体系缺乏必要的技术而无法对其进行有效监管。现行的金融监管体系更多采用现场检查以及通过财务报表和合规报告等方式对金融机构进行监督，而缺乏技术能力对底层风险进行穿透。以诱发2015年股灾的HOMS系统为例，配资机构运用HOMS的子账户管理系统，能够把一个信托账户拆分成多个独立的账户单元，各个账户的投资指令均由配资机构统一汇总发送至证券公司。在该系统下，证券监管机构只能追踪到配资机构，而无法穿透至下面的实际参与交易的投资者。

二　金融科技对监管模式的影响

金融科技的核心技术能否促进金融业的健康发展，在很大程度上取决于监管模式的创新①。作为新兴的金融业态，金融科技尚未有固化的经营模式、成熟的规制机制与监管体制。

首先，在监管应对上，金融科技的发展缩短了监管者识别和处理风险的时间，不利于进行信息搜集和制定策略，政府直接干预的方式已经很难达到有效监管的目的②。其次，在监管对象上，金融科技所造成的服务迁移和应用场景多样化可能要求监管机构更多地依赖基于活动（而非主体）的监管，增加其所需要重点关注的活动、重新设计许可制度，以便在适当的情况下将新型服务提供商纳入监管范围。例如，若允许移动银行在远程开户环境中进行从“了解你的客户”（Know Your Customer，KYC）转向“了解你的数据”（Know Your Data，KYD）的新型客户尽职调查，其标准和流程应当如何进行；又如，在投资者依赖机器人财富顾问（或智能投顾）时如何确保投资的合理性；再如，以区块链为底层技术的电子代币，其发行和转让应当遵循何种金融活动的规制。

（一）金融科技在监管中的应用

目前，监管机构如何更好地将监管原则应用于新技术和商业模式所创造的新环境成为当务之急，如果现有规则为空白抑或依据旧有规则进行解释，其后

① 参见武长海、涂晟《互联网金融监管基础理论研究》，中国政法大学出版社，2016，第124页。

② 参见武长海、涂晟《互联网金融监管基础理论研究》，中国政法大学出版社，2016，第124页。

果有可能是新的商业模式不受监管或造成监管的不确定性①和模糊性②，这将对金融科技创新企业的成立、融资和运营带来诸多的挑战。基于金融科技带来的监管挑战，各国都在监管模式上进行了开拓，其中两种应用做法即为“监管沙盒”和“合规科技”。

1. “监管沙盒”

“监管科技”的发展为监管机构进行虚拟化、封闭性、多元化的技术型监管或监管测试提供了可能性，并且能够为监管活动中的各方提供强有力的数据和隐私安全保障。“监管沙盒”探索与重塑监管理念和范式。对于创新带来的监管挑战，诸多新的监管理念正在涌现，例如，为应对技术革命带来的第四次工业革命③，世界经济论坛（World Economic Forum）于2018年提出了敏捷治理（Agile Governance）的理念，这个理念要求适应性（Adaptive）、以人为本（Human-cantered）、普惠性（Inclusive）和可持续性（Sustainable）的政策制定。在金融监管领域，适应性的监管意味着在金融立法机构、金融监管机构和被监管机构之间合理分配金融规则制定权，政策和规则制定不再局限于政府监管机构，还包括更多利益相关方，从而使得政策和规则制定更具有普惠性和“以人为本”。同时，监管机构需要建立可持续的、实时的监控机制和不断升级的管理技术，从而确保长期的可持续性。类似的理念也体现在公共领域的实验主义治理（Experimentalist Governance）中，其含义是指当事人通过“共同学习”来实现对可能方案的探索以应对政策和规则的不确定性，包括建立框架性目标、将自由裁量权下放、定期报告和评估以及定期修订框架目标，从而“改变现状”、挑战权威④。除此之外，还有

① 参见武长海、涂晟《互联网金融监管基础理论研究》，中国政法大学出版社，2016，第124页。

② 参见武长海、涂晟《互联网金融监管基础理论研究》，中国政法大学出版社，2016，第124页。

③ 参见武长海、涂晟《互联网金融监管基础理论研究》，中国政法大学出版社，2016，第124页。

④ 参见武长海、涂晟《互联网金融监管基础理论研究》，中国政法大学出版社，2016，第124页。

为解决监管滞后探索新的途径的包容性监管①、应对监管介入的时点难题的试验性监管②，等等。

这些理念的内核总体上都指向构建更多元、主动、包容和实时的监管，监管者期待不断演进的新技术和金融监管手段共同构成金融科技创新的供给侧驱动因素③，在支持金融科技创新的同时抑制金融风险和保护金融消费者权益成为金融监管者所关注的问题。为了更有效地测试和探索监管规则的边界、更全面地理解金融科技产品、更好地为金融科技公司提供良好的金融监管环境，以“监管沙盒”为代表的新型监管手段就此应运而生了。

“监管沙盒”（Regulatory Sandbox）最早由英国提出，它是指由英国金融行为监管局（Financial Conduct Authority，FCA）设立的一个安全空间，使金融科技初创公司、创新企业或金融机构可以在监管机构的监督下在受控环境中进行实时实验，FCA 会对测试过程进行监控，并对测试情况进行评估，以判定是否给予正式的监管授权，在“监管沙盒”之外进行大范围推广。这一工具一经推出就受到密切关注且备受推崇，澳大利亚、新加坡、中国香港、阿布扎比、巴林等地都已经着手探索和建立本国（地区）的“监管沙盒”制度。

金融监管将“立法、行政和司法权力集中于一个实体”④，金融市场对法律治理的诉求，不仅仅限于明晰权利义务关系等简单的合同法律治理，也不仅仅限于许可、处罚、定罪量刑等行政和刑事法律的执行，对监管机构依据其在组织、动员、资源调配等方面的优势提供公共产品和服务以减少交易

① 参见武长海、涂晟《互联网金融监管基础理论研究》，中国政法大学出版社，2016，第124页。

② 参见武长海、涂晟《互联网金融监管基础理论研究》，中国政法大学出版社，2016，第124页。

③ 参见北京市金融工作局、中关村科技园管委会、北京市科学技术委员会联合发布的《北京市促进金融科技发展规划（2018～2022年）》。

④ 参见〔英〕菲利普·伍德《国际金融的法律与实务》，姜丽勇、许懿达译，法律出版社，2011，第415页。

费用、促进市场创新、提升风险控制能力和损失救济能力等具有更高要求。[①] 金融监管更具有引导、扶持金融市场发展的服务功能。

在“监管沙盒”的设计目标中，除了促进创新和控制风险，还强调了对企业的服务功能。例如，香港保监局（HKIA）在其推出的“监管沙盒”机制中提到，“保监局将考虑让个别保险科技项目在沙盒的环境下试行，让保险公司收集足够的数据，向保监局证明该保险科技的应用可大致符合守则、指引和其他规管做法的相关监管规定。保险公司可在新的保险科技项目推出市场前的受控环境中，获得实际的市场数据和用户体验的信息”。其“监管沙盒”侧重点在于营造环境让金融公司更好地改进产品。又如，尽管企业在合规申请、组织消费者等方面需要承担一定的费用，但在整个测试过程中，被测试企业通常不需要向监管机构支付费用，新加坡 MAS 特别明确指出整个过程没有管理费用[②]，这一点对于初创企业而言是十分重要的，而且通过测试后的经济收益也远远大于前期的这些测试投入。当然，“监管沙盒”不能被用作逃避适当监管的工具。

英国 FCA 在最初设计“监管沙盒”制度时就阐明了这一制度对于被测试企业的益处，包括减少企业的政策不确定性，为企业增信、强加获得投资的机会；获得消费者对新产品或新服务的反馈；加强与监管机构的沟通，减少企业时间成本等。因此，在申请条件之中，FCA 要求企业对于测试的需求必须是真实的，即该创新并不容易适应现有的监管框架，因此将创新推向市场十分困难或成本高昂，或申请主体将受益于早实时环境中使用沙盒工具进行测试，或申请公司没有其他方式可以参与 FCA 或实现测试目标，或完整的授权过程对于短期可行性测试太过昂贵或困难。

截至 2019 年 1 月，英国已经进入第五批沙盒的申请阶段。根据 FCA 的

① 参见冯辉《公共产品供给型监管：再论金融监管的理念变革与法制表达》，《政治与法律》2018 年第 12 期，第 23 ~ 35 页。

② MAS, “Understanding and Applying to the Sandbox,” http://www.mas.gov.sg/Singapore - Financial - Centre/Smart - Financial - Centre/FinTech - Regulatory - Sandbox/Understanding - and - applying - to - the - sandbox.aspx.

报告，参加英国沙盒应用的第一轮公司，包括区块链公司和初创团队，有90%已经“走向市场”①。2018年，咨询公司德勤对参与英国FCA监管沙盒的用户企业进行了一项调查，受访企业对沙盒制度整体上表达了积极的态度。监管参与、与真实客户一起测试独特模型的机会以及增加的市场信誉是申请主体的一些主要原因。例如，Tramonex是2016年6月第一批加入英国沙盒监管测试的公司之一。在项目期间，Tramonex积极与FCA针对产品对监管方和受众客户的多方影响保持实时沟通交流。2017年2月，该公司获得了FCA颁发的首张“小型电子货币机构”执照。Tramonex的联合创始人认为此次与FCA的合作不仅增加了对监管立法的理解，也使其更加深刻地理解了FCA处理企业牌照和注册申请的背后逻辑。

特别需要指出的是，“监管沙盒”的建立并不需要修改法律来运行这一机制，因为每个“沙盒”所涉及的只是其监管机构可使用的“一般（general）”监管权力。

2.“合规科技”

随着技术的不断发展，监管科技（RegTech）开始逐渐进入金融机构和监管机构的视野。部分金融机构（以及类金融机构等）已经开始利用新的技术进行合规管理，降低合规成本，提升经营效率。而金融科技的发展同样也要求监管部门必须将新的技术手段运用到监管实践中。金融行业与技术在不断创新融合，监管机构如果仍旧使用原有技术手段进行监管，必将滞后于市场，监管效能将会大打折扣。

结合国际上对监管科技的实践与探讨，通常将监管科技分类两大类，即合规科技（Compliance Technology）和运用于监管端的监管科技（Supervisory Technology）。英国FCA早在2015年就提出了“监管科技”的概念，将其定义为“是金融科技的一部分，重点关注能够更有效实现监管目标的新技术”。从FCA对监管科技的定义不难发现，这个定义偏向于从金

① FCA，“Regulatory Sandbox Lessons Learned Report 2017，” https：//www.fca.org.uk/publication/research－and－data/regulatory－sandbox－lessons－learned－report.pdf.

融机构的角度来看问题，即利用新技术帮助企业更好地满足监管要求，降低合规成本。2018 年 6 月，BIS 发布报告 *Innovation Technology in Financial Supervision（SupTech）—The Experience of Early Users*，该报告认为“监管科技是监管机构使用新技术来为监管提供支持的过程”，这个定义的核心是监管机构。

合规科技（CompTech）包括主要侧重于帮助金融机构通过技术的手段来降低合规成本，通常应用在自动化数据报送、身份识别（KYC 和反洗钱）和风险管理等方面，特别是在 KYC 监管方面，合规科技近年来发展迅猛。近年来世界各主要国家都在不断加强对金融机构 KYC 的监管力度。2010 年至 2016 年间，美国的监管机构对金融机构的 KYC 违规罚款总额超过 1600 亿美元，欧美地区的监管机构近十年来对金融机构因违反反洗钱法律法规所开出的罚单总额超过 3420 亿美元。

运用于监管端的监管科技（SupTech）一方面要解决监管机构如何获取全面、精准的监管数据问题；另一方面则要解决在获取了海量数据之后的数据处理和分析问题，即主要侧重于数据收集和数据分析两大方面。监管科技在数据收集方面的创新包括能够让监管机构实时对金融机构的业务进行监控，并能够直接抓取数据。监管科技在数据分析方面的应用则包括通过对大数据的分析识别、检测内幕交易和操纵市场等行为、利用机器学习的算法识别洗钱行为、结合另类数据对系统性金融风险进行预警等。

（二）典型案例分析：“蚂蚁风险大脑”

蚂蚁风险大脑是基于蚂蚁金服十余年的风险攻防经验，利用人工智能、大数据、云计算和区块链等领先科技手段，融合各地金融监管实践而建立的智能监管科技系统。蚂蚁风险大脑为传统监管方式装上“千里眼和顺风耳”，可根据蛛丝马迹提前感知风险，以便监管部门主动采取措施，防止风险的蔓延。截至目前，蚂蚁风险大脑已与北京、天津、上海、重庆、河北、福建、广州、厦门、温州、西安、贵阳等 11 地签约合作；2018 年，蚂蚁风险大脑已协助各地金融监管部门进行 1.2 万次风险企业识别，辅助发现了 1400 多家疑似非法集资平台，其中28%已被立案查处，预计减少损失逾百亿元。

蚂蚁风险大脑能够协助各地监管部门对类金融机构进行多维度的风险排查，实现涉众风险、经营风险、合规风险等全领域动态扫描，通过知识图谱挖掘，让监管部门拥有“透视眼”，发现关联机构间的潜在风险，从根源处识别出疑似金融欺诈团伙。还可以帮助监管部门构建地区及行业整体风险指数，快速识别地区及行业的风险“水位”，掌握宏观金融风险趋势变化。

蚂蚁风险大脑还探索性地将区块链技术与金融监管结合。所有金融行为全部“上链”，多方同时在线并形成协同机制，对风险进行准实时识别和穿透式监管。它像人脑一样自主学习和进化，快速适应各种新型风险。蚂蚁风险大脑帮助监管机构实现金融风险“早发现、早预警、早处置”，防止小问题、小风险演变为区域性、系统性的金融风险。

在防控金融风险的同时，蚂蚁风险大脑也在探索用科技的力量增强金融服务实体经济能力。2019 年 4 月，其在温州率先实践融“金融监管”和“金融服务”于一体的创新模式，在辅助政府排查金融风险的同时，助力化解中小微企业融资难、融资贵问题。蚂蚁风险大脑致力于协助金融监管部门打造实时穿透式的金融风险监测的“雷达罩”、金融风险防范的“防火墙”、金融风险处置的“灭火器”、中小企业融资的“助推器”。

1. 蚂蚁风险大脑的三大核心价值

（1）防风险：协助对非法金融活动打早打小

蚂蚁风险大脑目前主要在三个方面助力地方金融监管部门防范和化解风险：一是协助地方监管部门实现对非法集资、传销、金融诈骗等非法金融活动的早发现、早预警和早处置；二是对跨界的金融产品和经营行为进行关联分析，实现风险穿透；三是协助监管部门处置金融案件，实现案件线索溯源和团伙挖掘。

（2）管机构：助力金融监管手段数字化发展

蚂蚁风险大脑智能监管科技系统目前涵盖了小额贷款、融资担保、P2P网络借贷、私募股权基金、投资公司、地方交易所等十多种新型类金融机构的风险评估体系，同时监测识别超范围经营、跨地域经营的高风险企业，最终实现对每家被监管类金融机构的非法金融活动、业务风险和合规风险的判断评价，并成为监管部门“管机构”的重要抓手。

（3）促发展：助力创造可信的金融环境

蚂蚁风险大脑目前与多个省份的金融监管部门共同成立“金融科技创新实验室”，共创“监管 + 服务”模式，助力监管部门利用科技能力为类金融机构的创新提供支持。例如，在协助管控好类金融机构风险的前提下，利用金融科技能力向金融机构输出风控服务及相关的技术与建模能力，为机构提供资金、账户安全防控以及反洗钱等技术服务，提升金融服务实体经济能力。

2. 蚂蚁风险大脑的四大核心能力

（1）数字化动态监测

蚂蚁风险大脑数据来源主要为互联网公开数据，涵盖了企业工商、法院、舆情、广告等 5 大类 60 多个维度企业数据，同步囊括蚂蚁金服十几年来在业务风控中积累的黑色产业链数据。风险大脑可实现全天 24 小时对社交平台、媒体、垂直网站等全网公开信息渠道进行风险舆情探测；实时对工商司法行业等多个公开公示信息源进行整合，构建机构画像及其关联图谱，对机构风险进行深度挖掘。并且为了保护平台的数据安全和隐私，风险大脑采用区块链、密码学等前沿技术，实现数据的加密共享计算，保障数据安全可靠。

（2）智能化监测预警

蚂蚁风险大脑在上述挖掘的风险特征基础上，对已知风险企业的工商股权风险、监管合规风险、司法涉诉风险、产品运营风险、网络舆情风险、企业关联风险、经营信用风险、非法涉众风险等进行特征分析和建模。比如，针对已“爆雷”的 P2P 企业，蚂蚁风险大脑会分析这家企业近期产品变化、广告宣传、用户活跃度、用户评价、企业关联等，并进行实时监测，通过分析出来的风险特征来进行建模。

蚂蚁风险大脑针对新型风险采用无监督异常检测技术，从海量企业中自动挖掘在区域、行业、近期业务活动、关联网络等方面存在异常和异动的企业，提醒监管机构关注与研判。比如，蚂蚁风险大脑发现一家P2P企业收益率和发标频次突变、网络舆情热度骤升，会重点关注该企业是否存在资金链断裂风险；再如，蚂蚁风险大脑用知识图谱和时间序列挖掘企业动态演变过程，若企业初期以实体经营为主，后期突然转变从事区块链等高科技业务，会第一时间进行预警借高科技为名的非法集资风险。

（3）穿透式识别隐患

蚂蚁风险大脑采用大规模实时图计算引擎和深度机器学习平台挖掘企业风险信息和风险团伙，对企业风险进行识别预警，提早进行金融风险防控。

蚂蚁风险大脑在数据整合和分析基础上，通过产品化对区域和行业风险进行全方位多维度可视化分析，蚂蚁金服利用强大的知识图谱挖掘和异常群体识别方法，让隐蔽性风险可视化，实时风险预警和智能快速指挥处置。同时产品通过模块化封装能快速跟金融监管机构进行业务和数据融合，融合本地监管特点防控金融风险。

蚂蚁风险大脑识别企业有效信息和风险特征，聚合为结构化、动态化的标签画像和知识图谱。例如，从企业网站、APP、招聘启事等信息精准挖掘企业实际经营业务和活跃地，识别异地经营和超范围经营；从投放在网络的理财广告中分析出平台收益率和违规宣传痕迹；通过股权关系、活跃地、历史变更等，识别明显或隐蔽的企业关系链；从垂直论坛发言中识别正负面舆情，并进行真伪判断。

此外，蚂蚁风险大脑利用知识图谱推理技术，能找到在营企业与已暴雷、严重失信企业的关联，或者非法集资企业与养老项目的关联、P2P企业与地产金融企业的关联等。

（4）一体化联合处置

为了更好地做好金融风险防范，蚂蚁风险大脑还探索性地引入最新的区块链技术与风险大脑结合，监管机构未来将作为区块链节点成员基于智能合约实时执行监管规则。

蚂蚁风险大脑将地方金融监管机构、监管科技平台和相关企业的行为“上链”，记录在同一个账本上，不可篡改，更有助于信息的准确和透明，多方同时在线并形成协同机制，形成统一的联合处置机制。

3. 人工智能技术在蚂蚁风险大脑中的价值

提高风险识别率。人工智能技术具备将非结构化数据转化为结构化数据的能力，极大地扩展数据分析的维度，为风险防控决策提供更充分的判断依据，进而提高蚂蚁风险大脑对金融风险的识别率。

实现风险预判。蚂蚁风险大脑的人工智能技术，可通过对海量数据的深度挖掘，形成规模化知识图谱，并基于复杂逻辑链进行自动推理，从而在结合监管对象有关业务数据的情况下，可以帮助监管部门预判交易欺诈、信贷违约、流动性缺口等潜在风险。

提升风控效率。蚂蚁风险大脑中运用了深度学习技术帮助训练虚拟机器人，以快速学习人工分析经验，并用于分析数据作业，为工作人员提供风控决策依据，优化人力资源配置，并降低人为操作风险。

自我迭代适应风险环境变化。在风险环境发生变化时，蚂蚁风险大脑的人工智能拥有较强的自我学习、修正与适应的能力，可通过不断迭代快速提高对于金融风险的防范和化解能力。

三　金融科技背景下监管模式发展建议

（一）研究以行为监管为导向的监管范式

金融科技业态呈现多元化、混业化、场景化、生态化的趋势，在此背景下，很难区分传统金融模式中直接金融和间接金融的业务边界，传统的分业监管、机构监管模式容易出现监管失能和监管僵局状态。因此，需要探索以行为监管为导向的新的监管范式，可考虑借鉴证券监管的思路，强化金融消费者权益保护，加强信息披露制度建设。

（二）构建包容性的科学有效的监管制度

对于制度制定者而言，对于未来的判断和想象力直观地体现在监管理念和制度设计之中。对待金融科技，需要制度制定者、立法者和执法者重点考虑平衡创新和合法合规之间的关系，使监管的包容性和有效性在实践中实现灵活、动态平衡。包容适度创新的制度理念、以法治为核心的制度体系和更加科技化的制度执行，是金融科技创新驱动发展的制度性基础和保障。

（三）探索中国式“监管沙盒”机制，建设“技术驱动型”金融监管体系

首先，明确“监管沙盒”机构的权限依据与边界，这是“监管沙盒”合法性的核心，同时对监管者的“放宽要求”进行明确和限制，明确制度放宽的边界、制定更加明确的监管方式，有利于预防权利寻租和被实验机构套利。各地区的监管沙盒均以监管部门规章的形式出台。

其次，分类试点沙盒，加强监管的科学性和协同性。初创型科技企业相较于成熟稳定的大型企业而言更具活力，但也更容易夭折，一般很难完全符合“入盒”的各项要求。因此，可考虑先设立一个行业性沙盒，在条件成熟之后再建立区域性沙盒，在不同沙盒之间建立共同合作和监督机制，并且互相承认沙盒试验后的结果，共同对沙盒创新的主体和理念进行推广和发展。在立法方面，可考虑由中国人民银行牵头，会同银保监会、证监会等中央金融监管机构，以部门规章的形式制定。在测试项目的豁免范围和边界，仅限现行金融监管机构颁行的各项规章，杜绝出现与国家法律和行政法规等上位法相抵触的情况。对金融科技公司进行穿透式审慎监管，由银保监会和证监会归口负责各类金融机构的业务行为，地方金融主管部门负责测试企业的日常管理，并按照常态化机制和“监管驾驶舱”“冒烟指数”等监管大数据，及时掌握和反馈“入盒”公司的最新动态。

最后，构建以技术应用为中心的监管科技制度体系。第一，强化计算机程序设计语言规则、数字化监管库等底层基础设施建设，实现监管规则向数

字化转型，这是最基础的一步。第二，建设以监管应用平台为核心的信息基础保障制度，监管应用平台是整合不同架构的业务系统、处理多源异构的监管数据、实现资源动态分配的重要载体，也是实现监管科学性、先进性、有效性的重要抓手。第三，实现监管数据的自动化采集。监管科技的本质是通过监测和分析金融大数据进行主动型、技术化监管。注意利用应用程序接口、系统嵌入等方式，使金融科技公司与金融监管机构之间实时数据交互传递，实现动态监测，早发现、早预警、早介入，使监管实现全流程覆盖，最大限度发挥监管的能动性。第四，构建监管协调联动机制，破除监管可能涉及的金融、通信、征信等领域之间的数据壁垒，真正实现监管信息的互联互通。此外，还应当积极参与国际合作，参与相关技术标准的研讨和制订，学习和借鉴国外先进监管技术和监管框架。①

（四）加强金融数据标准法制化建设

当前我国金融信息安全形势不容乐观，亟须制订新型金融业态的数据标准体系，进一步重视金融数据标准法制化建设。应着力提升数据共享特别是不同司法管辖区之间数据共享能力，提高数据质量，强化数据标准实施，探索建立金融数据标准监管评估制度，进一步强化数据隐私保护规则，确定对隐私保护的底线等方面开展金融数据标准法制化建设工作。

参考文献

［1］北京市金融工作局、中关村科技园管委会、北京市科学技术委员会：《北京市促进金融科技发展规划（2018～2022年）》。

［2］冯辉：《公共产品供给型监管：再论金融监管的理念变革与法制表达》，《政治与法律》2018年第12期。

［3］〔英〕菲利普·伍德：《国际金融的法律与实务》，姜丽勇、许懿达译，法律出

① 参见张永亮《金融监管科技之法制化路径》，《法商研究》2019年第3期，第127～139页。

版社，2011。
[4] 黄斐：《挑战不确定性：实验主义治理的逻辑与实践——评 *Experimentalist Governance in the European Union*：*Towards a New Architecture*》，《公共管理评论》2016 年第 1 期。
[5] 黄震、蒋松成：《监管沙盒与互联网金融监管》，《中国金融》2017 年第 2 期。
[6] 廖理：《全球互联网金融商业模式：格局与发展》，机械工业出版社，2017。
[7] 武长海、涂晟：《互联网金融监管基础理论研究》，中国政法大学出版社，2016。
[8] 许多奇：《金融科技的“破坏性创新”本质与监管科技新思路》，《东方法学》2018 年第 2 期。
[9] 徐忠、孙国峰、姚前：《金融科技：发展趋势与监管》，中国金融出版社，2017。
[10] 张永亮：《金融监管科技之法制化路径》，《法商研究》2019 年第 3 期。
[11] 周仲飞、李敬伟：《金融科技背景下金融监管范式的转变》，《法学研究》2018 年第 5 期。
[12] BCBS, “Sound Practices: Implications of FinTech Developments for Banks and Bank Supervisors,” https://www.bis.org/bcbs/publ/d431.pdf.
[13] EY, “As FinTech Evolves, Can Financial Services Innovation Be Compliant.”
[14] FCA, “Call for Input: Supporting the Development and Adoption of RegTech.”
[15] FCA, “Regulatory Sandbox Lessons Learned Report 2017,” https://www.fca.org.uk/publication/research-and-data/regulatory-sandbox-lessons-learned-report.pdf.
[16] HKEx, “Financial Technology Applications and Related Regulatory Framework.”
[17] MAS, “Understanding and Applying to the Sandbox,” http://www.mas.gov.sg/Singapore-Financial-Centre/Smart-Financial-Centre/FinTech-Regulatory-Sandbox/Understanding-and-applying-to-the-sandbox.aspx.
[18] World Economic Forum, “Agile Governance: Reimagining Policy-making in the Fourth Industrial Revolution.”

B.15
金融科技的创新管理机制研究

金融信息化研究所

摘　要：　金融科技风云变幻，创新层出不穷，“唯快不破”。一方面，国家高度重视创新，全球以英国为首的主要经济体也在创新管理机制方面频出新招；另一方面，传统的管理机制面临从未有过的挑战，从顶层设计、创新监管到市场和机构层面，亟须探索创新思路以应对这一挑战，以实现风险可控下的金融科技创新。基于此，本文提出在顶层设计上，强化战略规划制定与实施，构建体系化、高水平创新机构，向研究机构和科研人员放权，搭建创新与资源共享平台，开展多部委协作机制；在创新监管上，建立包容性创新管理机制，发展监管科技，加强数据保护；在市场和机构层面，强化行业自律，加强新技术运用能力，瞄准用户需求与技术发展前沿创新，培养和激励人才等。

关键词：　金融科技　创新管理机制　监管科技

在当前金融严监管、强监管的环境下，如何将金融和科技有机结合起来，实现创新和监管的平衡，在风险可控的情况下更好地服务实体经济，是当前金融领域的工作重点。而在全球金融科技创新大背景下，我国的金融科技应用突出，但因为过去监管存在空白和漏洞，可能有部分创新是为了监管套利，对这些需要有更加清晰、理性的认识。为此，本文梳理了我国和全球金融科技创新管理机制现状，针对目前金融科技创新管理中存在的主要问题和挑战，从顶层设计、创新监管、市场和机构三个层面提出了相应的管理机制创新思路。

一　我国现行金融科技创新管理机制

（一）国家对创新的制度机制安排

国家高度重视创新，中央政府决策部署，顺应数字经济时代融合变革的大趋势，不断深化改革，实施创新驱动发展战略，充分发挥我国应用创新优势，激发广大群众和市场主体的创新活力，按照“坚持市场主导、包容创业创新、公平有序发展、优化治理方式、深化开放合作”的基本原则，线上与线下、传统与新兴、引导与规范相结合，推动各类要素资源开放共享，提高资源配置效率，在更大范围内和更高层次上深入推进创新。

一是促进创新环境升级。主要包括深入推进简政放权、营造公平市场环境和优化服务便利创新等政策举措，从而充分激发创新活力。如加强社会信用体系建设，加快建立全国一体化政务服务平台，建立完善国家数据共享交换平台体系，推动数据共享应用先进案例经验推广等。

二是推动创新发展动力升级。包括加大财税政策支持力度、完善创新产品和服务政府采购、加快推进首套重大技术装备示范应用、建立完善知识产权管理服务体系等政策措施，从而极大降低创新成本。如建立完善知识产权评估和风险控制体系，鼓励和支持创新主体加强关键前沿技术知识产权创造。

三是推进创新主体升级。主要包括调动科研人员创新积极性、强化学生创新教育培训、健全农民工返乡创业服务体系、提升海外人才创新便利化水平、推动更多群体投身创新创业等政策举措，从而不断提升创业带动就业能力。

四是加快创新支撑能力升级。主要包括增强创新型企业引领作用、推动学术科研创新深度融合、加快科技成果转化的体制机制等政策措施，从而增强科技创新带动作用。如试点开展赋予科研人员职务科技成果所有权，促进产学研用融合对接。

五是促进创新平台升级。包括提升孵化机构和众创空间服务水平、搭建各类企业融通发展平台、深入推进工业互联网创新发展、完善“互联网+”创新服务体系、打造创新重点展示品牌等，从而全面优化创新服务。如扎实开展各类创新赛事活动，对其中涌现的优秀创新创业项目加强后续跟踪支持。

六是推动创新金融服务升级。包括引导金融机构有效服务创新创业融资需求、充分发挥创业投资支持创新作用、拓宽创新创业直接融资渠道、完善创新创业差异化金融支持政策等。如加快银行业转型，回归服务实体本源，提高风险识别和定价能力，运用科技手段，提供有针对性的金融产品和差异化服务。

七是推进创新载体升级。包括打造具有全球影响力的科技创新策源地、培育创新集聚区、发挥创新示范基地引导作用、推进创新国际合作，从而加快构筑创新创业发展高地。

八是加快创新政策落实。包括强化创新创业政策统筹、细化关键政策落实措施、做好创新经验推广等，从而切实打通政策落实“最后一公里”。如推进部际联席会议统筹作用，建立部门之间、部门与地方之间的高效协同机制。

（二）金融行业的制度安排

一是开展金融科技部际联席会议。由中国人民银行牵头，与证监会、银保监会联合相关部门就金融科技重大问题实现部际联席会议，开展金融科技多部门创新与试点。

二是推动监管科技发展。《中国证监会监管科技总体建设方案》正式发布实施，其中明确了五大基础数据分析能力，包括七大类 32 个监管业务分析场景，提出“十二大机制”，包括大数据分析中心建设原则、数据资源管理工作思路和监管科技运行管理等。证监会监管科技建设遵循“科技引领、需求驱动；共建共享、多方协同；统筹规划、持续推进；提升能力、创新机制”的总体原则，立足于我国资本市场的实际情况，在加强网络监管的基础上，通过云计算、大数据、机器学习等先进科技手段，提供全面、精准的数据分析服务，着力实现三个目标：完善各类基础设施及中央监管信息平台建设，实现业务流程的互联互通和数据的全面共享，形成对监管工作全面、全流程的支持；进行实时数据采集、实时数据计算、实时数据分析，实现对市场运行状态的实时监测，及早发现、及时处置各类证券期货违法违规行为；为监管提供智能化应用和服务，促进监管模式创新。其中监管科技 3.0 的工作核心是建设一个运转高效的监管大数据平台，综合运用电子预警、统计分析、数据挖掘等数据分析技术。

三是加强政策宣传，培育创新文化。2017 年，中国人民银行举办了以“科技创新驱动　金融普惠民生”为主题的金融科技活动周，全方位展示金融科技创新和普惠金融成果，促进金融机构不断增强科技创新意识，为社会公众提供安全、高效、丰富的金融服务。中国人民银行组织的银行科技发展奖设立了二十多年，作为行业的交流平台和协同攻关平台，充分发掘全行业先进的科技成果，同时组织行业共同探索研究共性问题，促进银行业形成合力，带动了行业技术进步，推动了金融业务持续发展。

四是探索联合攻关、协同创新的机制。中国金融学会金融科技专业委员会作为覆盖银、证、保和新金融业态的跨金融、科技的综合性研究平台，联合各方力量，为推动我国金融业形成科技核心竞争力，推出采取开放式原则组建的工作组机制，工作组作为非常设的松散组织，根据金融信息技术发展的特点和需求设立，会员单位根据自身特点和兴趣选择工作组，以工作组为单位开展联合攻关。

二　全球主要经济体科技创新管理经验

全球主要经济体监管机构积极推动监管科技发展。2015 年以来，以 FCA 为代表的英国金融监管机构积极参与监管科技生态（RegTech

Ecosystem）的建设：通过“监管沙盒”（Regulatory Sandbox）在可控的测试环境中对金融科技的新产品或新服务进行测试；通过“创新中心”（Innovation Hub）帮助被监管机构理解金融监管框架，识别创新中的相关政策和法律问题；启动金融科技加速器计划，和高新技术公司加强合作，提供资金或政策扶持，推动金融科技创新发展，加快应用落地。2016 年初，美国消费者金融保护局（CFPB）和货币监理署（OCC）发布了有关如何评估和应对金融科技和监管科技产品的指引，在鼓励金融科技创新的同时，也推动金融科技企业利用科技手段适应监管体系。

各主要经济体通过法规和原则来解决科技创新带来的伦理问题。2017 年，未来生命研究院（FLI）召开主题为“有益的人工智能（Beneficial AI）”的阿西洛马会议。法律、哲学、经济和计算机等众多学科和领域专家达成了共识，形成了 23 条人工智能原则，呼吁人们在发展 AI 时严格遵守这些原则，共同维护未来人类的利益，保障安全。美国计算机协会下属美国公共政策委员会发布文件，在其中阐述了关于算法透明和可责性的七条原则，致力于解决算法歧视。纽约市议会通过了算法问责法案，以解决算法歧视问题。欧洲议会投票通过决议，就《机器人民事法律规则》的制定提出具体建议，并要求欧盟委员会提交关于机器人和人工智能民事责任的法律提案。

三　主要问题与挑战

从顶层设计的角度看，近年来随着金融科技迅速发展，突破了传统的组织形式或商业模式，以机构为主的监管方式变得无效，出现了分业监管下的监管真空、监管套利等一些新问题，对原有的管理机制提出了新挑战，亟须金融科技领域自上而下的战略规划和多部门协调机制，以及科技部门与银行、证券、保险部门以及监管部门之间的信息交流平台。另外，从科研创新的主体看，还较多依赖国有的企业、科研院所和高校，因为体制机制的制约，他们缺乏动力去创新，或者即使创造了新技术，也难以像创新企业那样去打开市场。同时，科技管理的行政化问题在金融科技发展背景下更加严重，人才的评价、选拔、流动都按行政化的方式，行政人员常常领导和指挥专家；国家重点课题的申请经费和专业部门的项目经费都由财务人员审批甚至决定，其对金融科技发展的方向产生了影响。

从监管当局对创新的管理看，前些年，随着互联网金融的“野蛮”生长，很多是打着创新名义却行监管套利之实，甚至割投资人“韭菜”的事件频频发生。监管当局管理趋严，但对金融科技的管理基本还是用人工和制度，采用各种计划的方式，对新技术缺乏完整系统的理解，存在干预较多却又管理不到位的情况，使科技创新不能及时与金融互融、互动，在相当程度上遏制了金融科技发展的潜能。

从市场和机构层面看，创新最根本的动力在市场，但金融市场自身结构不规范，在金融科技冲击下，中小型金融机构结构不完整、不规范，经不起风吹浪打，而大型金融机构受限于体制机制问题，难以像新型金融科技公司等在技术上大幅投入、对优秀人才给予充分激励，无法吸引既懂科技又懂金融的复合型人才和优秀科技人才。从 IT 治理和风险防控角度看，业务逻辑与系统趋于复杂，风险更加隐蔽；同时，金融业务深植于信息系统，由于系统庞大复杂、高并发和系统关联性强等特征明显，风险一旦出现，会通过信息网络加速传播；此外，金融综合经营发展，使得金融业务交叉发展，交叉性、衍生性风险不断增多。金融科技创新很多是基于大数据进行的数据挖掘和重构，数据的高度聚集带来数据泄露和个人隐私保护等问题，尤其随着人脸和指纹等生物特征信息的收集和应用扩大，一旦信息泄露，因其不可再生，后果不堪设想。

四　管理机制创新思路探索

在顶层设计上，一是强化战略规划制定与实施，为金融科技创新提供长远指导。强化战略规划制定、执行、评估与优化的闭环，提升创新的战略管理水平。构建覆盖战略管理的全环节、全流程的战略规划与执行系统，系统覆盖方方面面，使整个战略既充分体现国家高层对金融科技发展的长远规划，又兼顾行业当前发展基础，并推进战略规划的有效执行。在执行过程中，对战略的实际运行效果进行评估，并据此进行调整，保证金融科技创新发展目标，提升战略的科学性、有效性。二是构建体系化、高水平的创新企业和机构，为金融科技创新提供组织保障。为系统推进金融科技创新，重视发展科技型中小企业，推动科技型中小企业数量扩张、规模做大、实力做强、结构做优；构建覆盖技术创新和金融科技理论创新的创新体系，如创新中心根据技术发展趋势研究未来金融科技概念；先进技术实验室则是推进原型系统验证，促进新技术的尽早应用；预先研究发展中心主要在前沿技术领域进行长期的探索性研究；下一代技术中心定位于瞄准客户需求发展创新的技术途径，为新需求带来的挑战提供系统集成的解决方案。三是向研究机构和科研人员放权，创建激励金融科技创新的环境。重视人才在金融科技创新中的重要作用，在管理中充分向研究机构、一线管理人员和科研人员放权，激发人才队伍的创新积极性和主动性。四是搭建创新与资源共享平台，为金融科技创新提供良好条件。大力推进创新资源、创新成果的内部共享及转化应用，提升成果利用效率。为有效整合各个研究机构的创新力量形成整体创新合力，建立一系列推进科技成果展示共享的机制，力求提高科技成果的利用效率。五是开展多部门协作机制。进一步加大交流力度，加强信息共享，采取多种有效措施推进不同部门间的合作，打破部门壁垒，建立有效资源整合模式和奖励制度。

在监管当局管理创新上，一是研究建立包容性创新管理机制，促进有价值的金融科技创新发展。管理的强度要随着金融科技创新发展进行适应性调整。在做好消费者保护和维护金融稳定的前提下，研究建立能够试错、容错、查错、纠错的包容性创新管理机制，区分真正具有信息科技含量的和以监管套利为目的的金融科技业务，给真正有价值的金融科技创新留有发展空间和一定的观察期，从政策及配套机制上给予其足够激励，使其可持续发展。利用“监管沙盒”等新工具，帮助管理者与被管理者加强沟通，促使管理者更好地制定、实施管理政策和规则，被管理者更好地理解管理政策和规则，合理确定管理的边界。二是研究新兴技术，发展监管科技，优化监管效能和风险监测水平。成立跨部门的管理工作组，持续跟踪研究金融科技的技术演进、业务创新和风险变化。完善数据收集和评估能力，在持续风险监测评估的基础上用数据支撑动态优化管理，实现智能风控，通过区块链技术强化留痕管理。建立金融科技负面清单，形成金融科技风险监测预警和早期干预机制。三是加强数据保护，强化消费者权益保护。建立严格规范的数据使用机制和脱敏机制，保持适度监管，达到相关金融科技企业发展与保护金融消费者合法权益的统一。

在市场和机构层面，一是在 IT 治理和风险防控上，强化行业自律，加强新技术运用能力。在监管提供的发展空间下加强行业自律，形成相对成熟的自律准则，促进行业的持续稳健发展；运用新技术加强金融科技风险识别、量化、监测和防范，推动金融科技创新与风险监管的动态平衡。二是在创新方向上，瞄准用户需求与技术发展前沿。把用户需求作为科技创新的基本出发点，积极开展应用导向的金融科技创新。根据国家战略和行业发展需求，对未来技术发展的预测等，根据自身的技术积累，提出满足需求的金融科技概念、技术途径，据此瞄准客户需求开展技术创新。同时把握科技发展趋势，积极开展基础研究和前沿探索，为未来金融领域的科技发展奠定基础。此外，着眼快速弥补技术短板和弱项，积极并购吸收外来科技成果，不断拓展新的技术发展方向，赢得更加广阔的空间。三是组建高水平人才队伍，从绩效考核等方面开展配套体系设计。一方面，采取多种措施吸收高水平人才，设立多样化的人才培养计划，提供虚拟学习、轮岗学习等不同的学习机会，提升人才水平；另一方面，人力资源部门可以共同参与创新机制的设计，在绩效考核等制度层面，鼓励员工积极投身金融科技创新。包括设立创新项目奖金、创新者绩效升级等，甚至可通过与员工签订对赌合约，约定创新项目达成既定目标，奖金翻番，创新项目失败，则扣除相应奖金。

参考文献

[1]《国务院关于加快构建大众创业万众创新支撑平台的指导意见》（国发〔2015〕

53 号）。
［2］《国务院办公厅关于推广支持创新相关改革举措的通知》（国办发〔2017〕80 号）。
［3］《国务院关于推动创新创业高质量发展打造“双创”升级版的意见》（国发〔2018〕32 号）。
［4］《中国证监会监管科技总体建设方案》。

B.16
监管科技创新应用与发展探索

中国支付清算协会 等*

摘　要： 近年来，随着金融科技的快速发展，金融风险形势发生新的变化，金融监管日趋严格，金融机构合规压力不断增大，监管机构也面临提高监管质效的迫切需求。在此背景下，监管科技作为科技与金融监管有机融合的产物应运而生，为提升金融监管水平、降低金融机构合规成本、防范化解金融风险提供了强有力的技术支持。本文重点介绍了监管科技的发展历程，从监管科技的兴起、监管科技的诞生与发展以及监管科技的主要技术手段与应用领域几个方面进行了系统阐释，分析了2018年监管科技在我国的应用情况，并综合给出了促进我国监管科技创新与发展的对策建议。

关键词： 监管科技　金融科技　金融监管　金融风险

一　监管科技的发展历程

（一）监管科技兴起的背景

1. 金融危机后金融机构合规成本不断提升

全球金融危机之后，各国金融监管当局纷纷出台监管政策及规则加强金

---

* 参与单位：中国支付清算协会、京东数科研究院政策法规研究中心。

融风险防范，加大金融机构监管强度和违规处罚力度。一方面，监管新规不断出台，使得金融机构需要投入更多资源和人力去理解和执行监管规则，追踪监管政策变动，增加了合规成本。例如摩根大通在2012年至2014年，增加了1.3万名合规人员用以应对政府政策规范的出台，占到公司全体员工的6%；每年增加合规成本20亿美元，约占全年营业利润的10%。另一方面，一旦金融机构没能及时跟进了解和贯彻落实监管要求，造成风险隐患，可能面临规范整治和严重的行政处罚。据CB Insights报道，2016年美国证券委员会累计执法868次，开出罚单金额高达40亿美元；2017年中国证监系统全年开具的合规性罚单达249张，罚没金额共计5.73亿元。为此，金融机构迫切希望借助科技手段增强合规能力，减少合规支出，在满足监管要求的前提下加快创新，提高自身的合规效率和市场竞争力。

2. 金融科技背景下金融风险形势日益复杂

金融科技驱动下，科技的力量赋能金融业务不断创新发展，但也容易带来金融风险和技术风险的叠加，使金融风险形势更加错综复杂，主要表现如下。一是传染性更强。金融科技衍生出更多跨界金融产品和服务，不同业务之间互相关联渗透，增加了金融市场的联动性，风险“牵一发而动全身”。二是隐蔽性更高。金融科技推动金融创新，增加了金融产品间的交叉性和关联性，导致监管“灰色地带”增多，风险更容易隐蔽从而很难被及时发现和有效度量。三是传播速度更快。金融科技推动服务网络化、数字化和智能化，既打通行业边界和产业链上下游，也打破风险传导的时空限制，使风险传播速度快速增长。金融科技带来的风险新形势，给金融市场参与主体带来新挑战，推动金融机构和金融监管部门以“科技应对科技”，寻求更加有效、便捷的技术方式适应金融市场的瞬息万变，从而更加准确地评估、预测和化解金融风险。

3. 传统监管技术手段难以满足信息时代下金融监管的新要求

随着金融业的快速发展，各国金融监管当局的职责范围不断扩大，监管压力与日俱增。特别是金融危机后，监管进一步趋严，监管机构更加重视审慎监管，也更注重对复杂的监管规则和监管流程的严格执行，提高监管的精确度和有效性。在现有监管资源条件下，监管机构监管压力增大，监管成本增加。与此同时，随着金融行业的数字化程度大幅提升，传统监管模式已难以适应金融创新的变革速度，现有的风险信息系统亟须升级改造。因此，监管机构迫切需要通过监管科技的运用，进一步提升监管能力，使自身从繁杂的监管任务中解脱出来，获取更加全面、精准的数据，提高处理效率和监管效能，更好地防范金融风险。

（二）监管科技的诞生与发展

监管科技的英文“RegTech”是“Regulation”与“Technology”的合成词。英国金融行为监管局（FCA）于2015年最早提出了监管科技的概念，将其作为金融科技（FinTech）的一个分支，并将监管科技定义为“运用新技术，促进达成监管要求”。此后，许多国家的监管当局和国际组织在政策文件中开始逐渐采纳了“监管科技”这一表述，并从不同角度给出了定义，例如，国际金融协会（IFF）认为“监管科技是更加有效和高效地解决监管与合规要求而使用的新技术”。监管科技在全球监管讨论中逐渐被广泛接受。

在我国，2017年中国人民银行金融科技委员会成立，明确提出“强化监管科技应用实践，积极利用大数据、人工智能、云计算等技术丰富金融监管手段，提升跨行业、跨市场交叉性金融风险的甄别、防范和化解能力”。我国在此首次提出“监管科技”一词，并强调了监管科技发展的重要性。

近年来，随着中央高度关注金融风险防控工作，并加大了金融违规处罚力度，许多金融机构也在积极探索监管科技应用，以更好地满足合规要求，降低合规成本。因此，目前讨论的监管科技范畴应该包含了“监管”和“合规”两个方面，即应用于监管端的监管科技（SupTech）和应用于金融机构合规端的监管科技（CompTech）。

由于当前全球监管科技仍然处在发展的初期阶段，各国发展情况差异明显，对监管科技的概念还没有形成规范统一的界定。一般认为，监管科技是基于大数据、云计算、人工智能、区块链等技术为代表的新兴科技，主要用于维护金融体系的安全稳定、实现金融机构的稳健经营以及保护金融消费者权益。

（三）监管科技的主要技术手段与应用领域

1. 监管科技的主要技术手段

大数据、人工智能、云计算、区块链、API、加密等新兴科技的发展应用丰富了金融监管手段，降低了金融机构的合规成本，为发展监管科技提供了技术支持。

大数据技术可以针对金融领域海量、多源、异构的数据信息，进行有效存储、整合与分析，实现结构化、半结构化和非结构化数据的深度融合，促进数据资源价值有效挖掘。人工智能技术可以提供数据智能化的分析判断能力，更好地实现身份识别、智能风控以及情景模拟、分析和预测。云计算技术通过资源共享和弹性调配，提供 IaaS（基础设施即服务）、PaaS（平台即服务）、SaaS（软件即服务）等多层次、自助化服务，为监管机构和金融机构提供低成本的计算和存储资源，是应对金融业务快速发展的有效手段。区块链技术凭借共识机制、不可篡改的特性，可以保障链上数据的真实可靠。API（应用程序接口）可以促进系统间的信息和数据交互，便于监管机构从市场机构获取数据和报告，提高检查监测效率。加密技术加快了内外部数据加密效率，提高信息交换速度，同时降低因人工操作处理发生的道德风险，节约合规成本。

2. 监管科技的应用领域

在各种前沿技术的支撑和推动下，金融机构和监管机构积极开展广泛探索：从应用场景来看，包括用户身份识别、市场交易行为监测、合规数据报送、风险数据融合分析、行业风险监测、金融机构压力测试、法律法规跟踪等；从应用主体来看，包括监管端和合规端两个领域。

监管科技在监管端的应用，主要是借助人工智能、大数据、云计算等技术，将监管政策和指令程序化，内嵌于各个业务系统，及时核查、预警，实现风险的主动识别与有效控制；利用智能程序算法代替传统人工监管，全时域、高效率地执行监管政策，进行审慎监管，提高监管机构的监管水平和监管效率。

监管科技在合规端的应用，主要是帮助金融机构进行市场行为监控、客户身份识别和背景调查以及压力测试，满足反洗钱（AML）、反恐怖融资（CFT）、“了解你的客户”（KYC）等合规要求，降低人工操作失误带来的操作风险，减少企业遭受处罚的经济风险，实现纸质报告流程的数字化和智能化，节约合规成本，促进监管合规目标的达成。

二 2018年监管科技在我国的发展情况

2017 年，监管科技真正进入我国监管层的视野，2017 年 6 月，中国人民银行印发《中国金融业信息技术“十三五”发展规划》，提出要加强金融科技和监管科技研究与应用。2017 年底，证监会提出 2018 年的四个重点方向，其中一个就是大力推进科技监管，提升监管智能化、数字化、科技化水平。2018 年，随着外部环境的不确定性增多，以及受到金融科技带来的新的技术风险和交叉传导的影响，“以科技应对科技”逐渐成为中国监管部门一个新的监管理念。监管者渴望获取更加全面、更加精准的数据，同时借助科技提高处理效率和监管效能。因此，监管科技开始了制度化和具体运用的尝试，进入了“探索”阶段。

（一）“两会”上的监管科技

在 2018 年初的全国“两会”上，全国政协委员、中国证监会信息中心主任张野表示，引导行业拥抱人工智能、区块链、大数据和云计算等新兴技术；推动监管科技技术和课题攻关，全面提升行业科技应用水平和自主创新能力。5 月 15 日，全国政协在京召开“健全系统性金融风险防范体系”专题协商会。全国政协委员、原中国保监会副主席周延礼在发言中表示，进一步加强金融监管能力建设迫在眉睫，要发挥监管科技作用，精准监管，提高监管人员的技术和能力，娴熟运用智能数字科技改进监管方式。

（二）金融行政监管中的监管科技

2018 年 5 月底，证监会科技监管专家咨询委员会在北京召开了第一次全体会议，会议关注人和科技深度融合的监管新模式，在电子化、网络化监管的基础上，进一步解决科技化、智能化监管问题，将大数据、AI、生物识别、深度学习等技术积极运用在行政审批、打击违法违规、上市公司监管等环节。

证监会正式印发了《稽查执法科技化建设工作规划》，其是资本市场监管执法科技化建设的重要里程碑。“执法科技”也将作为监管科技的重要实施手段而得到更多、更广泛的应用。工作规划提出全面建设覆盖证券期货稽查执法各个环节的“六大工程”，着力实现四个方面的目标。一是形成实时精准的线索流，提升主动发现和智能分析案件线索的能力，实现线索发现的智能化。二是形成办案管理的程序流，提升案件管理能力，实现执法工作的流程化、规范化。三是形成调查处罚的标准链，明确案件调查的证据标准和规则，以及处罚的裁量原则尺度，实现执法标准的规范化、一致性。四是形成智能实用的工具链，为案件调查提供先进的软件和硬件支撑，实现办案工具运用科技化。

2018 年 8 月 31 日，《中国证监会监管科技总体建设方案》已正式印发，完成了监管科技建设工作的顶层设计，并进入了全面实施阶段。此次方案的出台，为备受关注的“监管科技”提供了一个官方的颇为详细周密的设计蓝图：明确了三大阶段、五大基础数据分析能力、七大类 32 个监管业务分析场景，提出了大数据分析中心建设原则、数据资源管理工作思路和监管科技运行管理等“十二大机制”。9 月 27 日，证监会公布了《证券期货业数据分类分级指引》等四项金融行业标准，其致力于推进行业机构有效甄别合理化的数据使用需求、有效识别数据风险隐患、持续加强数据安全管理、建立健全数据管理制度、采取必要的数据安全防护措施、维护市场安全运行、保护投资者合法权益。12 月底，证监会又发布《证券基金经营机构信息技术管理办法》，明确治理、安全、合规三条主线，强化信息技术管理的主体责任。证监会表示，下一步将继续加强行业信息技术监管，引导经营机构充分利用现代信息技术手段完善客户服务体系、改进业务运营模式、提升内部管理水平、增强合规风控能力，更好地服务实体经济。

（三）自律管理组织中的监管科技

由于更加贴近市场主体和金融业务，自律管理组织在管理中其实有更好地运用数据和科技的资源禀赋。早在 2017 年，深交所就利用数据挖掘、人工智能等大数据技术，提升对股市债市、股票质押、融资融券、分级基金等重点业务和领域的风险监测能力。郑商所负责人曾表示：“郑商所非常注重推进科技监管、智能监管，通过充分利用大数据、数据挖掘等新技术，不断完善市场监察系统，强化异常交易智能识别、客户交易行为分析、实际控制账户分析等功能，提升监察系统智能化水平，进一步提高监管效率。”2018 年，在行政监管方的大力推动下，自律管理中的监管科技也取得了很大的进展，两个证券交易所是其中的典型。

2018 年 3 月 20 日，上交所就科技监管在上市公司一线监管中所发挥的作用及实施情况答记者问。据介绍，目前上交所已经建设了公司业务管理系统，上市公司信息披露业务办理、公告审核、业务流程管理等均通过系统完成，经过多次优化升级，功能日益完备，监管科技含量不断提高。特别是 2013 年上交所实施信息披露直通车以来，上市公司信息披露业务办理实现了完全的电子化，并在分红派息等重要业务操作方面实现了闭环管理，大大提高了信息披露业务办理和监管的效率，有力地支持了上市公司监管业务。上交所还介绍了运用机器学习技术开展投资者画像研究，运用知识图谱技术分析建立违法违规账户组的关联关系，应用文本挖掘技术侦测网络“黑嘴”行为的研究和探索。

2018 年 10 月初，深交所自主研发的智能监管辅助系统——“企业画像”一期正式运行上线。该项目应用功能包括公司速览、公司标签、股权股东、重组审查辅助、关系图谱、信息检索几大模块，运用了文本挖掘、云计算等信息技术，可以自动抽取、集中展示、智能提示不同的监管高频关注信息，有效帮助一线监管人员提升违法违规线索发现能力，提前防范和化解风险。

其他的自律管理组织也在积极倡导监管科技的运用。比如，中国支付清算协会联合亚太未来金融研究院、深圳市金融办发起设立监管科技研究院，深入开展监管科技研究，加强监管科技国内国外交流，探索监管科技解决方案，推动研究成果转化应用。北京市互联网金融行业协会在京举办闭门会，会议主题为“从 FinTech 到 RegTech，智能监管助力互金行业可持续发展”。中国互联网金融协会发布的《中国金融科技应用与发展研究报告 2018》指出，应做好新兴技术的前瞻研究，加快发展和有效运用监管科技，运用科技手段优化金融监管效能和风险监测水平。

（四）地方金融监管中的监管科技

地方金融监管资源相对紧缺，监管能力相对薄弱，对地方金融监管形成较大压力，因此运用监管科技成为地方金融监管的一个大方向。2018 年 12 月 8 日，北京市副市长殷勇在第二届中国互联网金融论坛上表示，在具体监管手段上，要加强监管科技的开发应用，提升“冒烟”指数等工具对金融风险监测预警能力，支持支付清算、登记托管、征信评级、资产交易、投资者保护等监管科技研发，推动相关项目在北京率先落地。在能力建设上，积极借鉴国际金融科技监管经验，开展金融科技监管国际合作，积极推动金融科技与专业服务示范区，探索沙盒机制，建设金融风险管理实验区。

2018 年，地方金融监管部门纷纷与科技公司合作探索监管科技的运用。7 月 2 日，深圳市金融办联合腾讯在深圳召开发布会，宣布双方建设的灵鲲金融安全大数据平台正式上线运行，同时还宣布双方共建的金融安全监管科技实验室揭牌成立，共同为打赢防范化解金融风险攻坚战研发监管科技“新武器”。10 月 30 日，河北省金融办与蚂蚁金服签署战略合作，双方将共建“河北省金融监管科技创新实验室”，依托于实验室，双方共同探索为河北金融风险防控、新技术金融监管应用等方面提供技术支撑，助力河北风险防控和金融监管创新发展。

在P2P风险处置中，地方金融监管部门也开始运用监管科技手段。2018年8月16日，广东省内第二批共7家P2P平台API实现与广东省网络借贷信息中介非现场实时监管系统（2.0版）的上线对接。据介绍，P2P非现场实时监管API接口可自动实时向非现场监管系统报送数据，提高P2P报送数据的真实性、完整性和时效性，做到P2P平台数据库与非现场监管系统实时对接，真实反映平台运营及风险情况，有效促进区域内互联网金融风险防控工作的科学化、精细化。

三　监管科技创新与发展的对策建议

（一）建立健全监管科技发展协调机制

建议在国务院金融稳定发展委员会的统一领导和组织下，由中国人民银行牵头建立监管科技发展协调机制，统筹管理监管科技的各项建设和协调工作。一是正向激励市场主体在合法、合规前提下积极创新。二是牵头管理监管科技体系中所涉及的数据整合和分析服务。同时，设立监管科技业务专家组，对数据分析服务提供业务指导和评价。三是加强“复合型”人才队伍的建设，重视对金融科技人才的培养规划。

（二）制订监管科技技术标准和应用规范

目前我国监管科技领域缺乏必备的技术标准和应用规范，以及相关的法律规范。国家和监管部门可以针对监管科技发展应用情况和趋势，制定完整的监管科技技术标准和应用规范，积极发挥标准的规范引领作用，有效规范市场进入和退出，为整个金融行业的发展提供有序、公平的竞争环境。同时加强标准间的协调，以形成合力，推动我国监管科技体系的建设与完善。

（三）加强监管规则代码化研究，推动监管科技嵌入金融业务全流程应用

现阶段监管科技的应用主要集中在自动化的监管数据采集和智能化的风险监测分析，未来应加强监管规则代码化的研究，利用自然语言处理、知识图谱等技术，将监管政策和合规性要求“翻译”成数字化监管协议，合理制定动态风险计量评分体系与分级分类风控规则，将风险防控机制嵌入金融业务流程，对交易行为进行实时监测和对数据实时分析提取，实现可疑交易自动化拦截与风险应急处置，增强对金融风险的早识别和预防处置能力。

（四）加强监管科技应用中的数据治理和信息保护

为推动监管科技发展应用，应着力加强数据治理模式探索和个人信息保护。一方面，统一金融数据统计口径和信息共享，建议由中国人民银行统筹建立一致的金融数据统计口径，解决数据信息归集和使用难等问题；同时组织管理数据共享工作，制定数据共享、数据脱敏制度和实施规范，对各类数据进行分级分类管理。另一方面，要对监管大数据平台中的敏感数据信息进行有效的安全保密管理，建立从下到上全覆盖的安全保密体系，确保信息采集、存储和使用的合法性，加强个人信息保护。

（五）强化新技术的风险防范和应用

首先，强化新技术风险防范。加强新技术基础性、前瞻性研究，建立健全监管科技应用校准机制，深入研判新技术的适用性和安全性，强化新技术合理选型，基于成熟、稳定的技术开展监管科技应用，防范新技术自身风险与应用风险，提升监管科技的可信性和可靠性。推动分布式架构转型，应对高并发的交易处理，调动系统资源的自主性和灵活性更强，提升计算能力，同时逐步实现自主可控。其次，加强大数据、人工智能应用。金融业务复杂，数据量大，维度多样。通过大数据技术，分析和把握监管和金融业务的规律性，实现数字化，并将其应用于人工智能，进行组合性分析、预测和判断，并嵌套在金

融业务系统中，推动风险识别端口前移，实现对风险的早识别、早预警和早处理。

（六）注重发挥行业协会的积极作用，构建多方参与的监管科技促进机制

一是开展监管科技研究。组织力量开展监管科技前沿基础、不同监管场景的解决方案研究，进行监管科技、合规科技技术标准研究，为监管部门提供有益参考并指导会员单位合规科技选型。二是搭建监管科技交流平台。发挥协会在监管和业界间的桥梁纽带作用，构建一个监管机构、行业协会、金融企业、科技公司以及研究部门等各主体良性互动的平台。三是建设行业风险监测平台。充分借鉴和利用新技术，联合会员单位采取共建、共享、共治的模式建设行业风险联防联控平台，辅助监管开展好行业自律，维护好市场秩序。

市场发展与国际比较篇

Market Development and International Comparison

B.17

金融科技市场投融资情况

中国人民大学国发院金融科技研究中心

摘　要： 近年来我国金融科技领域投融资发展势头迅猛，行业整体的融资事件、交易量、投资量、所处阶段等状态均表现良好，已经成为了全球最大的金融科技投资市场，也进一步推动了区块链、大数据、云计算、智能投顾等技术和产业的发展。目前国内外投融资市场业已发展成熟，金融科技投融资呈现出一种持续优化的积极状态，总体产业结构分布较为合理，且不断增长的交易规模、更高级别的并购活动以及交易的地域多样性，表明金融科技板块在全球范围内已经逐渐成熟。金融科技初创企业在世界范围内如德国、巴西等国的市场中正持续吸引着规模更大、更后期的融资轮；而美英等国和亚洲市场中已经接近成熟的金融科技企业则侧重于通过自行投资、收购等手段，扩张产品增量，扩大市场规模。

关键词： 金融科技　投融资　结构市场

一　金融科技市场投融资总体状况

埃森哲最新研究显示，2018 年中国成为全球最大的金融科技投资市场。2018 年，全球金融科技投资总额增长超过 1 倍，达到创纪录的 553 亿美元，中国市场贡献了超过四成（46%）的投资额，备受投资者的青睐。中国市场的金融科技投资总额增长了 8 倍，达到 255 亿美元，接近于 2017 年全球金融科技投资总额（267 亿美元）。新金融科技时代，通常称之为金融科技 3.0 时代，其拥有巨大的市场潜力和发展空间，数字资产量和智能投顾的规模量加起来达到了万亿级别。并且在未来的两年内，中国所拥有的总体资产管理规模预计将达到上百万亿级别，若金融科技渗透占比达到 10%，市场规模也将达到十万亿。且现下诸如机器学习、深度学习、数据挖掘、图像识别、人工智能（AI）等技术，越来越受到企业的大量关注，这些技术代表着未来的发展方向，也能够提供一种更有效的管理合规的方式，因此许多企业都在提前布局科技领域，以期能在未来市场争夺中占有一席之地，这将必然导致技术市场的投资体量不断攀升。

（一）金融科技行业融资事件、金额、阶段等状况

金融科技行业融资事件变化趋势同金融科技公司数量变化趋势基本相同：先增长，后下降。从 2008 年到 2018 年，金融科技行业发生的融资事件增长率经历了两个阶段，第一个阶段是从 2008 年到 2012 年，其中从 2008 年到 2010 年开始增长，在 2010 年达到最大值，增长率达到 240%，随后增长率开始迅速下降；第二个阶段是从 2013 年到 2018 年，其中从 2013 年到 2014 年开始增长，在 2014 年达到最大值，增长率达到 260%，随后增长率开始下降变为负增长。金融科技行业融资事件的变化趋势与金融科技公司数量变化趋势基本相同，2008 年到 2014 年一直持续增长，在 2014 年达到最

大值，然后开始下降。

2008 年到 2018 年金融科技行业融资金额的增长率变化趋势同融资事件的增长率变化趋势基本相同，也分为两个阶段，第一个阶段是从 2008 年到 2012 年，其中 2009 年增长率达到最大值，为 3700%，然后增长率开始下降，到 2011 年开始负增长；第二个阶段是从 2013 年到 2018 年，其中从 2013 年到 2015 年，增长率持续上升，到 2015 年达到极值，为 608.4%，随后从 2016 年增长率开始迅速下降。融资事件和融资金额在 2014 年均达到 10 年来的最大值。值得注意的是，虽然 2018 年融资事件数量较 2017 年下降了近 80%，但是融资金额却比 2017 年增长了 55.5%。

在金融科技行业融资阶段分析上，从融资事件的角度来看，天使轮和 A 轮的融资事件数量最多，均超过了 1500 次。从融资金额的角度来看，天使轮的融资金额最多，其次为 IPO/新三板、A 轮、C 轮及以后，均超过 400 亿元。特别地，IPO/新三板的平均融资金额超过了 3.8 亿元。

此外，排名前列的金融科技子行业融资金额变化趋势同整体行业变化趋势基本相同。排名前 5 位的子行业分别为 P2P、众筹、金融信息服务、互联网消费金融和金融基础设施，融资金额分别为 1841 亿元、1240 亿元、1051 亿元、921 亿元和 647 亿元，而这 5 个子行业的公司数量也均为前 5 位。P2P 行业融资金额一直保持较高状态，在 2015 年达到顶峰，超过 1000 亿元，2016 年则降到了近 500 亿元。众筹行业的融资金额在 2015 年以前一直保持较低水平，然而在 2015 年也达到了顶峰，金额达到 883 亿元，增长率达到了 14600%，随后开始下降，但在 2018 年后发生了较大增幅。

（二）不同投资主体商业策略视角下的金融科技投融资总体状况

在商业各个领域的具体实践中，与金融科技概念相关的计算机技术，包括大数据、云计算、区块链、人工智能等，已经广泛应用于各类金融服务业态，包括但不限于银行、证券、信用、支付等各个具体的金融服务领域，这些技术应用具有鲜明的诸如附加值高、创新性强、迭代周期快等特点。而现下金融科技在全球范围内各主要国家中都进入了高速创新发展阶段，因此对于全球范围内金融科技领域各项投资方式方法进行全面且深入的分析，助力各方市场参与主体迅速高效地识别和区分机遇与风险，有效地引导价值交换，必定会实现我国金融科技领域的健康良性可持续发展。就目前所处的阶段来看，所有有关于金融科技领域的投资，都在向以机构为管理主体的股权投资逐渐发展，并且慢慢成为具有高成熟度的主流的一种模式。在目前普遍的商业应用场景中，以投资主体的商业谋划和布局来细分的话，股权投资可以分为财务类投资和战略类投资两种。

在财务类投资的模式中，最主流的商业业务发展策略是基于持有投资目标公司的股权基础上，而取得其股权规模所对应的应分利润；以私募股权基金为主的投资各个主体普遍偏好投资已经形成了一定的规模、在资金流评估结果上较为稳定的企业，而且通常情况下并不插手公司决策，也不会主动参与投资目标公司的日常业务经营。而私募基金的管理人在现有的商业实践中，首先必须从基金持有人的利益角度考虑投资策略，因此会重点考量投资目标金融科技公司的周期性经营指标、未来融资计划等因素和条件，准确及时判断出合适的时机，进行退出、变现等投资操作，达到预期的投资收益。

战略类投资是一种具有深层次、多样化发展特点的投资模式。在选择投资目标金融科技企业时，由于投资的主体大多是从事金融科技相关的业务且资金实力较雄厚的大型企业或者各类机构，因此更倾向于投资与其本身主要营业范围、未来发展方向相符合的金融科技企业，对于短期的财务性数据、资金流以及业务规模等则不会过多关注。所以在现下商业实践中，大型企业、机构采取战略类投资模式，完成对目标金融科技公司的投资后，在通常情况下出于合理引导被投公司，使其逐渐契合机构原有的发展战略，协同促进各类业务板块之间的合作发展，实现未来获得的持续高额投资回报的目的，会组建专门的管理团队，参与被投公司日常的业务运营，并根据其具体的运营情况，给予相应的各类资源支持，其中主要是资金和数据资源。

二　金融科技投融资结构分析

根据《2018年恒昌全球经济发展和资产配置报告》，2017年全球金融科技融资依然保持强劲。2017年PE对技术型和金融科技型企业的兴趣不断增加。体现金融和科技两元素的结合造就金融科技企业的核心竞争力。金融企业把大数据、云计算、人工智能等技术，应用到金融核心的业务领域，如信贷、投资、保险和理财，推动金融业务向高效能转变。目前，很多知名PE公司在金融领域专业度高，重点投资金融科技企业较为火热。2017年下半年中国出现金融科技上市潮，进一步带动了全球金融科技融资额的上涨。

2018年8月，毕马威发布的报告显示，中国国内所有有关金融科技的投资交易量从2017年下半年的15宗增加到2018年上半年的34宗。报告认为，这是由于融资活动普遍增多以及融资交易数量破纪录所造成的。中国金融科技投资总额在2018年上半年中创造了历史，达到了151亿美元，近乎同2013年至2017年这五年间的中国金融科技类投资的累加总和持平；且2018年前三季度融资额已经远超2017年全年融资额。上述变化的特点是，监管不断加强，渗透式监管、动态监管不断强化。

（一）拟融资渠道结构分析

金融科技公司本身难以从传统渠道获得融资，大部分都依赖私募股权和创投基金“输血”。一旦市场流动性趋紧，投资机构的“造血”（募资）功能出现问题，金融科技公司的生存也将遇到威胁。而根据普华永道的《2018年中国金融科技调查报告》，从对未来的融资渠道展望来看，金融科技公司融资的首选依然是一级市场上的机构投资者。这也与它们所处的成长阶段和体量有关。耐人寻味的是，大部分金融科技受访者对于获得传统金融机构的投资均不抱太大的期望。其中，多方联合投资占比为67%，专业投资基金（含天使/种子/VC/PE等）占比为59%，政府产业基金占比为36%，科技企业占比为33%，首次公开发行（IPO）占比为31%，金融、科技以外的企业占比为26%，传统金融机构占比为23%，个人投资者占比为18%，被同业并购占比为8%。2018年，发展成熟的中国金融科技公司迎来了一波上市热潮。根据公开资料不完全统计，截至2018年7月，已有14家金融科技公司在境外证券市场首次公开发行（IPO），融资规模接近50亿美元。单家公司的融资额由600万美元至17.43亿美元不等。

（二）智能投顾领域投融资：充满机遇和挑战的新兴隘口

我国在智能投顾发展领域拥有着极大的优势，市场的需求使得智能投顾的应用在中国国内大有可为。在中国的巨额投资市场中，散户投资者所占投资者主体比例最大，智能投顾无疑是一种最适合散户进行投资的方式。且智能投顾是国内金融科技最先获得成功应用的典型代表，这使得其目前正处于一个快速发展阶段。由此可见，智能投顾需求的扩大，也是现下中国投资者将自己的固定资产不断地转移向金融资产投资的一种必然结果。智能投顾是新金融科技时代率先落地、成功应用的一个投资模式，为金融科技的规模化、市场化提供了重要的基础，相比于国外，多数发展智能顾投领域的科技企业都刚入场，处于其发展的早期阶段，因此目前国内智能投顾市场仍然存在着很大的发展空间。另外，“科技端+牌照端”是智能投顾开启资产和财富管理新篇章的主要实现手段。智能投顾的主要入场主体分布很明显，只有传统的例如银行等金融机构以及大型互联网平台类公司才能在智能顾投领域有所作为。

随着智能投顾快速崛起，在2017年，我国125家智能投顾公司总融资额超过250亿元；在2018年3月，杭州一家智能投顾创业公司智语科技完成来自浙大网新（10.53+6.80%，诊股）的1000万元Pre-A轮融资。本轮融资将用于产品研发、策略研究及市场开拓。致力于成为智能投顾领跑者的海纳智投也获得了A轮5000万元融资，投资方为曲江文投，其致力于基于金融量化模型的系列量化策略、智能阅读、智能选股、智能诊股、智能机器人问答和情感陪伴、投资者教育等产品功能，并快速积累了一定规模的用户和营收。从智能投顾服务自身优势来看，第一是简单化，智能投顾大大简化了投资方式和流程，可以实现“一键投资”；第二是低成本，智能投顾可以24小时无休工作，节省管理费，大大降低了成本；第三是低门槛，智能投顾可以有更低的进入门槛，较小的投资额可以吸引更多的客户；第四是客观化，智能投顾通过一系列的算法进行组合投资，更加客观，并可以更好地防范风险。

（三）消费金融：基于互联网金融整体下的风险控制和场景应用

在目前我国的经济发展中，消费已经成为经济增长的第一驱动力。与此相应，各类消费贷款占贷款总额的比例也逐年扩大。自2017年开始，我国的消费金融整体规模一直保持两位数的快速增长，特别是互联网消费金融领域，有望成为最具有增长力的金融消费领域。预计到2019年，将有可能超过40万亿元。

消费金融的高速发展除了市场需求的爆发，还有投资机构的资本助力。《中国消费金融市场洞察》报告显示，52家消费金融公司共356起融资事件中，经纬中国、红杉资本、蓝驰创投、源码资本和顺为资本最为活跃，都有超过10起投资事件，而且它们都是在多个消费金融细分市场进行布局，比如经纬中国就布局了汽车、医美、租房、家装和大学生市场。这些活跃的投资机构在布局细分市场时往往选择一到两家潜力企业进行多轮投资，重点扶持，比如蓝驰创投参与了孩分期的5轮融资和趣分期的4轮融资。从时间序列上看，融资事件在2013年以前都低于10起，2014年达到48起，2015年则出现了115起，所以称2015年为“井喷式发展元年”并不为过。2016年和2017年融资事件数量有所下降，但目前还维持在50起以上。可以预计，随着未来各细分领域的行业龙头逐渐显现，融资活动数量也会相应恢复到常态。而从各个消费场景看，汽车行业的融资事件最多（89起），其次是旅游（47起），大学生在政策收紧前也是受资本市场追逐的风口，但近2年已经销声匿迹。农业、医美、教育、租房融资事件数量相当，都在30起以上，家装和蓝领不论是消费金融相关的公司还是融资事件数量都较少。

（四）互联网保险：以融资增长强化技术创新和跨界经营

虽然现下的互联网保险呈现出一种高速发展的势头且较前几年有了一定幅度的增长，但是其市场渗透率和占有率依然极其低下的现存状态并没有得到根本性的改变。互联网通过扩大保险渠道，提升保险效率、增加保险供给等方式推动保险行业在信息化领域的发展；而由于互联网保险的出现和快速发展，在如今的网络环境中，各式各样的保险中介平台层出不穷，其在整体保险行业的所占比例逐年增大。自 2011 年到 2016 年的五年内，我国国内选择开展互联网保险业务的公司从 28 家快速上升到 110 家，以平均每年 16 家的数字高速发展。尽管如此，在现实中互联网保险的盈利机制却不够成熟和完善，如何赢利已成为互联网保险业务公司普遍面临的一道难题。应当看到纯互联网保险公司在大数据技术的应用、构建征信体系、掌握信息数据方面具有极为明显的优势，它们完全可以凭借其市场的高估值巨额融资以及高效的创新来扩展产品的市场范围，扩大产品的市场份额，但是其收益并没有随着产品增量的扩张而快速增长，盈利空间显得极其有限。

（五）大数据与云计算：底层技术支撑投资的充分必要性

大数据技术在金融领域的广泛应用对于推动金融监管科技的创新与发展几乎必不可少，其同时也为国家的监管体系的构建提供了关键且必要的技术支持。大数据技术可以看作是打造金融信用体系必不可少的基础之一，而云计算相对来说其关注度较低，云计算服务技术是金融科技 1.0 时代向 3.0 时代发展的主要推动力之一，其在 2013 年之前较受资本市场的欢迎，并且连年保持着较高的投资增长。而近几年随着金融科技 3.0 时代的稳固，大数据技术领域的行业市场规模在持续扩大，2017 年，其市场规模达到了 3000 多亿元。随着大数据国家战略的展开，其技术应用正在实现快速落地，大数据行业仍旧会保持一个高速增长的态势。

自 2011 年以来，大数据领域成功融资的企业数量逐年增加，2014 年进入快速上升阶段，并且在此后一直保持着稳步增长，2016 年，获得融资的展开大数据业务企业数量超过了200家，而在2017年，这个数字变成了183家，略微有些回落，但仍旧保持着一个较高的增长数量。大数据领域连续几年都获得了大量的融资，备受当下金融科技投资者们的欢迎。大数据产业格局日趋成熟，越来越多的企业走向了B轮甚至C轮的融资。此外，数据应用类企业占近半壁江山，其中特别是大数据的行业化应用和垂直化应用不断出现新模式。在云计算投融资方面，私有云、混合云市场非但还没有形成寡头，而且存在着非常多的可以纵深切入的方向，成为云创业和云投资的重点领域；巨头在公有云服务市场的布局基本完成，投资机构无从介入，目光转向私有云、混合云领域的创业公司；此外，云计算将继续重构传统IT，里面机会很多。

其中一个典型的例子是天云大数据，该公司于2018年上半年完成了1亿元人民币的新一轮融资，本轮融资由华映资本、曦域资本领投。天云大数据成立于2013年，是国内唯一能够同时提供分布式计算平台产品和AI平台基础设施的科技厂商。

（六）金融安全：推动金融业态重构，助力大数据征信体系建设

目前我国监管部门对于金融安全呈现出严监管、强监管的态度，要求企业必须提供更加安全且专业的数字化产品以及服务。且科创企业和其他投资者一直以来都对金融安全科技保持着极高的关注度。大数据征信被视为能否获取金融资产以及获取的资产多寡的一个重要参考，传统金融机构和互联网金融公司都对大数据征信有强烈的需求，因此，大数据征信业务在近几年也获得了投资者的极高关注。可以看出，未来的金融安全发展趋势具有以下几个特性：一是切实打破刚性兑付，多方位多手段将投资者教育落到实处，培养自担风险意识，防止盲目投资；二是注重科技注入，以科技驱动作为保障金融安全的新兴力量；三是进一步强调审慎监管，以防范系统性风险和防范监管套利为主，以监管的有效性维护一个稳定的金融体系。

2018年以来有多家大数据征信、风控技术服务公司获得市场青睐（见表1）。随着大数据、人工智能技术发展，征信体系的构建数据来源越来越

多元化、非机构化，传统征信体系已经无法适应时代发展的潮流；而构建动态大数据征信体系，有利于提高企业运营效率，降低企业信用风险损失，具有巨大的应用前景。

表1　2018年以来大数据征信企业融资事件列举

时间	事件
2019年2月	“三眼观学”获500万元天使轮融资，投资方为虎鲸文传集团，投后估值达5000万元。本轮融资资金将主要用于AI智能甄选体系的研发，以及征信数据的多元化拓展
2018年5月	个人征信数据服务公司91征信获数千万元的B轮融资，投资方为新三板上市公司银之杰。91征信的定位是解决个人征信问题的第三方技术服务公司，以分布式数据库的标准接口对接各家互金公司，成立征信联盟，实现个人征信信息的查询和共享，以解决互金行业多头负债的现象
2018年5月	大数据征信平台中诚信征信获4.5亿元融资，投资方包括中信资本、高瓴资本、博裕资本、三峡资本、万世资本、丹华资本、心元资本和聚百川等投资机构。此外，中诚信征信还发布了智能风控平台——万象智慧
2018年5月	“纵横商户钱包”完成数千万元天使轮融资，由野风集团领投，天使湾、曲速资本、须弥资本跟投。本轮融资后将用于搭建团队、完善大数据风控平台和拓展市场
2018年5月	企业大数据风控公司知因智慧完成千万元人民币Pre－A轮融资，由远毅资本领投
2018年4月	基于人工智能的大数据风控平台冰鉴集团宣布完成1.55亿元的Pre－B轮融资。本轮融资由游族网络领投，永睿投资跟投，原有投资机构继续加码跟投

资料来源：《中国征信行业市场前瞻与投资战略规划分析报告》。

三　金融科技投融资的中外市场比较

2017～2018年，全球金融科技市场融资额进入爆发期，2018年前三季度，全球金融科技一级市场融资金额共326亿美元，总交易笔数达到1164笔。其中，2018年第三季度全球金融科技一级市场融资金额为56.4亿美元，交易笔数为375笔。虽然由于2年以来早期融资项目数大幅减少导致第三季度的交易金额相比第二季度有较大回落，但总体而言，第三季度融资情况整体平稳，2018年已基本确定融资金额和交易数量创历史新高。总体来说，2018年第三季度，中国共计186笔金融科技融资事件，其数量占全球总数的 56.5%；后续的融资事件数量国家排行是美国、印度、新加坡和英国，其中美国和印度也仅仅只有 34 笔、29 笔融资。而融资金额上中国 486 亿元融资带来的优势同样明显，其占到全球融资总额的 63.7%；位列中国之后的美国、荷兰、德国、哥伦比亚虽笔数较少，但融资金额均较大。而其他的国家中，仅仅有 5 个国家的融资金额超过 1 亿美元，其余均不过亿。

Ian Pollari，作为毕马威的金融科技全球联合主管，他曾表示："不断增长的交易规模、更高级别的并购活动以及交易的地域多样性，表明金融科技板块在全球范围内走向成熟。金融科技初创企业在不同市场如德国、巴西，也正吸引更大规模、后期的融资轮；与此同时，美国、英国及亚洲市场中较为成熟的金融科技巨头则自行投资、收购，以实现产品和市场的扩张。"

（一）美国：金融科技投资规模及数量均创纪录

2018 年美国创业企业融资金额达到 995 亿美元，融资企业数为 5536 家。2018 年美国人工智能和金融科技领域风险投资金额双双创新高，人工智能领域公司融资 93 亿美元，比 2017 年大幅增加 72%。美国金融科技投资金额达到 110 亿美元，增长 38%。美国新晋独角兽企业数量达到 53 家，创新纪录。其中，旧金山融资金额创历史纪录，旧金山风险投资金额增加 55%，达到 280 亿美元，比 2017 年的 180 亿美元大幅增加。纽约都会区融资金额也创新高，达到 130 亿美元，比 2017 年的 120 亿美元有所增加。

（二）加拿大、巴西：持续扩大金融科技投资

2018 年，拉丁美洲成为金融科技投资的重大目标。巴西共促成 28 宗交易，总额达 5.56 亿美元。同期，加拿大共促成 119 宗交易，吸引 11.8 亿美元投资。

而随着本土化竞争日益白热化，包括蚂蚁金服、腾讯、小米在内的互联网巨头在海外的扩张速度正在加快。在印度、菲律宾、泰国等南亚及东南亚国家被"掘金"之后，以巴西为代表的南美洲也正在迎来自己的"投资热"。2018 年，蚂蚁金服宣布其投资 1 亿美元在巴西金融科技公司 StoneCo

的首次公开发行中，除了蚂蚁金服之外，巴菲特旗下伯克希尔－哈撒韦也参与到了此次投资之中。腾讯也曾以2亿美元首次押注巴西，其第一笔资金被投向了巴西本土公司Nubank，其主要是通过移动端为用户提供类信用卡支付服务。2018年1月，Nubank获得巴西央行批准向消费者提供贷款服务。巴西金融科技的蓬勃发展与其独特的金融生态系统密不可分。巴西科技金融生态系统具有以下几个特征。一是寡头垄断型市场格局。巴西的五大银行占据了整个市场贷款比例的84%，远高于印度和土耳其30%左右的水平。二是贷款成本高昂。巴西的贷款成本全球排名第三，贷款利率45%，存贷息差32%。三是网络渗透率较高。巴西拥有1.1亿网络用户，网络渗透率超过50%。同时，巴西也是继中国、印度和美国之后全球第四大智能手机市场。

（三）欧洲：2018年下半年投资稍显颓势，投资年度总额仍创新高

在欧洲各国中，英国2018年度的投资量达207亿美元，较2017年的56亿美元投资总额出现大幅度提升，在实质上变为年度欧洲金融科技投资的主要接收国——其中总额128亿美元的WorldPay收购交易贡献过半。在2018年上半年，英国金融科技投资总额超越美国，占据欧洲首位，欧洲吸引投资总额260亿美元，其中英国吸引投资161亿美元（约折合123亿英镑）。欧洲十大金融科技交易中有四笔发生在英国，其中包括Revolut筹资2.5亿美元，eToro筹资1亿美元，Flender筹资6000万美元，Moneyfarm筹资5400万美元。风险投资公司巩固了英国作为融资热点的地位，缓解了人们对脱欧后英国创业公司会受到损害的担忧。但是，第三、四季度投资显著回落，可能由于金融科技投资者受英国脱欧的不明朗因素影响而选择离场。此外，在英国，人工智能和机器自动处理仍然是投资的热门领域，《通用数据保护条例》（GDPR）的实施让监管科技（RegTech）正在迎头赶上。

在金融科技投资领域，德国作为老牌强国也取得了一定的进步。据德国巴尔科咨询公司的最新报告，2018年德国国内金融科技全年吸引投资总额达到11亿欧元，这一成就是历史上10亿欧元投资额的首次突破。德国金融

科技初创企业吸引投资比2017年大幅增长55%，而2018年第四季度投资额达3.53亿欧元，相比于去年同期甚至增长一倍。其中最大一笔投资由数字银行N26获得，由中国的腾讯集团和德国的安联保险集团联合领投的金额高达1.3亿欧元。联邦外贸与投资署总经理罗伯特·赫尔曼认为，这表明全球范围内的投资者对德国金融科技未来非常看好，同时也从侧面说明了德国金融科技的发展潜力、潜在可能性以及德国吸引科技投资的实力。

相较而言，法国金额科技投融资情况略有退步。2018年交易量仅为34宗，总额为2.94亿美元，较2017年的50宗和7.33亿美元大幅下降。其中较为突出的成绩有：法国金融科技企业Spendesk于2018年初宣布获得990万美元A轮融资，由Index Ventures领投，Michael Benabou、Laurent Asscher、Showpad联合创始人路易Jonckheere，以及Pieterjan Bouten参投。

（四）亚洲：借蚂蚁金服之力，吸引227亿美元投资

在2019年2月27日，《日经亚洲评论》在报道中写到，2018年亚洲金融科技公司共计融资298亿美元，这一数字几乎是北美同行的两倍，巨大的规模差异说明该地区已经被投资者视为给支付服务带来创新的先导者。在这一年里，亚洲金融科技交易量相比往年的382宗，略微降低了10宗，但仍有了372宗之多。投资量则同比增加了102亿美元，创造了227亿美元的新高，风险投资倾向和趋势最为明显，总投资量高达196亿美元。另一份数据显示，中国在2018年的亚洲金融科技投资中，以83宗交易和182亿美元总额占据了总交易量和投资量的绝对比例，而蚂蚁金服在第二季度所创造的140亿美元交易占据了较大比例，其对于整体规模的贡献不可忽略。

B.18
全球金融科技发展态势分析

中国人民大学国发院金融科技与互联网安全研究中心

摘　要： 近年全球金融科技发展的主要体现包括投资金额的快速增长、投资区域的全球化布局、细分领域的强劲发展几方面。在各国实践中，美国依托大数据国家战略形成全方位综合竞争优势，英国以前瞻性理念和灵活的监管制度强化创新优势，新加坡以积极开放的态度加快成长、迎接合作伙伴。在对全球金融科技发展进行区域比较的同时，分别从场景应用、技术驱动、规则保障、意识等方面分析未来金融科技行业的发展趋势。总体上，未来发展趋势是金融服务的强化与实体经济的跨界融合应用。在新的数字时代下，金融行业大力发展金融科技，广泛的数据采集为行业注入活力并催生更多新型业务模式、跨行业应用，提升金融机构的营销和风控水平，通过跨行业数据融合准确地匹配企业、个人金融服务需求，从而促进金融服务与实体经济更紧密的再融合发展。

关键词： 全球情况　数据经济　区域发展

一　全球范围内金融科技发展整体情况

投资金额的快速增长、投资区域的全球化布局、细分领域的强劲发展是近年全球金融科技发展的主要成果。首先，对金融科技的风险投资的增长速度，相比于其他领域遥遥领先。全球金融科技公司在 2014 年总共筹集到

122.1 亿美元风险投资，同比增长 201%。与之前 63% 的增长率相比，增速明显。伦敦、香港作为全球金融中心，亦非常重视金融科技，截至 2016 年，累计投资额已达到460 亿美元。其次，投资区域趋向全球化明显。2014~2015 年，投资最大集中在北美（约 32%），其次为欧洲（近 10%）和亚洲（近 7%），但在 2016 年，我国 FinTech 投资在全球占比首次超过美国跃居全球首位，46% 的国内投资额说明我国的 FinTech 布局范围越来越广。金融科技不仅仅局限于电子支付和发放贷款，渐渐发展到智能投顾、消费金融、保险等领域。2015 年美国证券交易委员会（SEC）批准上市公司 Overstock 通过区块链技术发行证券，凸显出区块链等技术的发展已进入金融底层技术架构。

（一）全球金融科技发展指数视角下的发展情况分析

下面以零壹财经全球金融科技发展指数编制方法即零壹 GFI（Global FinTech Index）确定指数标准，分析全球金融科技发展的具体情况。

零壹 GFI 是中国第一个金融科技指数，主要指标包括投融资成熟度、社会认知度、投融资活跃度等。该指标下的二级指数分为投融资指数和社会认知指数，其中投融资指数所占比例稍重。前者的三级指数分为投融资活跃度和投资成熟度，各占上级指数权重的一半。活跃度的四级指数指标由融资笔数和融资金额构成，成熟度的四级指数为获 C 轮及以后轮融资或上市公司占当期获融资公司总数的比例。而社会认知指数下的三级指数则由三大互联网巨头企业或软件——百度搜索、谷歌趋势和微信指数构成，其下的四级指数为互联金融或金融科技。

以 2018 年第三季度为例，2018 年，零壹 GFI 在 6 月达到峰值 266（纳入微信指数后为 254）后开始下降；8 月降至 3 月以来的最低值 169（纳入微信指数后为 152）。9 月，零壹 GFI 回升至 186（纳入微信指数后为 167）。2018 年 1 月至今，零壹 GFI 呈“V”型周期性变化（3 个月为一周期）。2018 年以来，投融资指数波动较大，3 月、6 月创下两个峰值，分别为 256 和 294。8 月为 3 月以来的最低值 128，9 月有所回升。第三季度社会认知指数略有下滑，9 月为223，同时也达到2017 年3 月以来的最低值。2018 年第三季度，全球投融资笔数逐月下降，致使投融资活跃度呈递减趋势。9 月较8 月下降幅度不大，原因在于笔数有下降的同时金额环比增长 97.8%。9 月投融资成熟度则达到了 2018 年以来的最高值——142。主要原因是，投融资笔数下降，但其 C 轮以上笔数波动不明显。9 月 C 轮以上的投融资笔数为 13 笔，占总轮次的 17.8%，为 2018 年最高占比。

（二）金融科技在全球范围内发展迅速且后劲强

如今，在全世界范围内，金融科技的发展特点可以概括为产业规模不断快速扩大、局部越来越广泛、细分领域轮动发展。具体来讲，全球金融科技投融资总额目前保持迅速增长的趋势，根据毕马威发布的报告《金融科技脉搏》，2018 年全球金融科技投融资次数为 2196 起，这一数据虽然同比只增长 1.4%，但融资金额高达 1118 亿美元，同比增长了 120%。就其流向而言，金融科技保持从纽约、硅谷、伦敦等中心城市向其他“洼地”延伸发展的整体态势，而其他细分领域虽起步较晚，却同样具有高速发展的态势，无论是从需求端出发的智能投顾、保险科技、监管科技，还是从底层技术出发的区块链领域，均具有将金融科技一波波递次推进的潜力。

（三）各类主体积极参与金融科技

科技公司与传统金融机构之间所存在的较大规模合作共赢空间，已经受到越来越多的行业人士关注。

一是包括交易所、商业银行等传统金融机构。技术创新往往由交易所推动，交易所通过直接投资科技企业的方法，加大合作力度，探索科技在金融领域的应用方式。商业银行对科技创新的态度有所不同，大多数银行持开放的态度，欢迎合作，但也有些银行故步自封，对科技创新持防御态度。

二是互联网科技企业等大型科技公司，它们大量吸收资金、引进人才和开展一系列的新技术研发项目。

三是监管机构，例如各国的中央银行和其他金融监管机构。在这方面，近些年欧美国家发展速度较快，在不断地研究和摸索金融科技如何影响经济社会的同时，也强调投资者保护与潜在技术风险的防范；以及以政策保障和资金供给的两种形式并行，共同扶持金融科技企业发展，并相应强调监管科技（RegTech）的重要性。

二　全球金融科技发展的区域比较

（一）美国：大数据国家战略维持综合竞争优势

信息技术首先在美国出现，之后美国又依靠强大的技术科研能力和互联网公司，一直引领全世界信息产业，在传统产业升级转型、金融科技创新领域等方面均位于世界前列。目前，最为前沿的金融科技、金融科技创业企业及大多金融科技商业模式都源自美国的创新。

美国的金融科技发展地域分布比较集中，最有代表性的是硅谷和纽约。美国的金融科技从硅谷起源，硅谷拥有相对成熟的金融科技专才，金融科技生态系统内完善的互连结构，使得创业企业能够从具备金融科技投资经验的大型风险投资基金中获益。德勤的一份调查报告显示，2016 年全球金融科技中心排名中，伦敦、新加坡、纽约和硅谷位列前四。纽约是全球金融中心，紧密依托华尔街庞大的资本基础和既有的金融市场专才，涌现了一批金融科技机构。硅谷的最大优势是科技创新，众多的金融科技独角兽企业在此孵化而生，而四大科技巨头 Google、Apple、Facebook、Amazon 也将持续在金融科技领域扩大投资。

美国顶级的金融科技公司有很多，比如总部设在芝加哥的 Avant 专注在线借贷领域，为介于优极信用和次级信用之间的人提供服务。截至 2016 年 8 月，其已融资 6.59 亿美元。在毕马威 2016 年公布的 FinTech 全球企业 100 强中，Avant 位列为全球第八位。此外还有一些企业在金融细分领域中较有影响力，比如专注于互联网保险的 Oscar health，以及专注于财富管理的 Wealthfronto。

同时，美国也是发达国家中最早将大数据战略上升到国家战略高度并给予制度保障的国家。在大数据国家战略中，宗旨始终围绕传统产业的转型升级，从而在数字技术革命中占据先机，金融科技创新作为其主要攻坚点予以重点部署，从而提供有力的政策支持。

另外，鼓励科技创新的监管理念为金融科技发展创造了良好的环境。美国政府在金融科技的监管态度上始终相对宽容并鼓励创新，其已经明确指出应将区块链技术视为重要的变革性技术，区块链技术必将促进开放并在未来于商业和政府业务中大量运用。而且美国参众两院对虚拟货币问题已经达成一致，认为监管者不应一味地否定，而应以注重完善制度规范来促进市场的良性进步。

（二）英国：以前瞻性理念和灵活的监管制度强化创新优势

自 2008 年以来，英国发展成为全球金融科技中心。近年来，英国 FinTech 产业快速发展。从金融科技渗透的行业来看，根据安永金融科技数据库统计，半数以上的英国金融科技公司聚焦于银行和支付，另有约 20% 集中在信用和贷款行业。其中，投资倾向于聚焦后者，这也反映了 P2P 作为替代性金融在英国贷款中的地位。

2015 年，伦敦是英国的金融科技中心，也是欧洲最成功的金融科技中心。伦敦活跃着历史悠久的大型银行的创投基金、聚焦金融科技的天使投资人、创投资本家，以及新型金融融资工具如众筹集资和 P2P 借贷等，都是金融新创公司早期阶段营运资金的重要来源。近年来，受益于国家政策，一些伦敦之外的城市凭借着逐渐成熟的商业环境以及较低的运营和生活成本吸引了越来越多的金融科技公司和人才，尤以曼彻斯特为代表，其是英国巴克莱银行和劳埃德银行的技术根据地，除了 AccessHay 和 DueCourse 等优秀的金融科技公司，还拥有众多加速器项目（Innovate Finance 等）以及活跃的投资机构（Forth Oest Fund、GMAF 和 MADAS 等）。

英国既是现代金融制度的发源地，又是欧洲乃至全球最为重要的国际金融中心之一，在其国家核心战略中一直突出其金融业具备全球竞争力的必要性，并始终引领全球金融监管改革的潮流。自全球金融危机爆发以来，为保持其金融业的全球竞争力，英国更加重视金融科技的创新，并将其视为重振传统金融部门的重要途径。由于尚不具备能与美国并驾齐驱的强大的数字技术产业支撑，英国金融当局从理念创新、监管制度创新及前沿技术应用创新等方面下手，塑造其独有的竞争优势。在引领金融科技潮流的理念创新方面，英国最先认识到数字技术创新对传统金融业的重要作用。

英国灵活和个性化的监管模式打造了一个友好的创新型现代金融生态。2014 年，英国金融行为监管局（FCA）设立了“创新中心”（Innovation Hub）项目，旨在扶持创新型金融科技企业的发展。FCA 从原创性、消费者受益程度、科研基础、需要扶持的程度四个方面入手，设定严格的筛选标准，并针对符合以上条件的企业建立特殊监管通道，通过主动帮助金融科技创业企业明确监管政策需求，大幅度降低企业的合规成本。2015 年，英国在此基础上进一步推出了“监管沙盒”（Regulatory Sandbox）制度，为金融科技企业提供“监管实验区”，为创业公司提供更优质的营商环境，进一步鼓励企业的创新，为其开创一个“安全区域”（Safe Place），在沙盒内对于参与测试的创新产品与服务适当放松监管要求。

在将新兴技术应用于金融科技领域方面，英国始终保持积极态度且已经取得先行优势，例如，为填补英国金融科技创新的技术短板，英格兰银行与全球顶级的科技公司开展合作研究，极大地加快了金融科技创新应用的步伐，使得英国金融科技发展走在世界前列。2016 年 6 月，英格兰银行首次推行了金融科技加速器项目计划，以期创造革新，该项目由分布式账本技术（Distributed Ledger Techno，DLT）、数据分析（Data Analysis）、机器学习（Machine Learning）和网络安全解决方案（Cybersecurity）四个大项构成。该加速器项目面向研发网络安全解决方案、隐私保护和区块链技术的科技公司开放。该项目在实践中可以验证，分布式账本技术可以提高金融行业的安全性和效率，以及中央银行如何凭借这些技术继续供给其他银行资金；在对大数据进行分析后，出现可以实时监控金融体系的管理方式，从而提前发现潜在风险，也会给央行的政策提供数据参考；通过网络安全验证可以快速准确的合成威胁情报，弥补安全漏洞。

（三）欧盟：以高标准数据安全壁垒推动金融科技创新发展

2016 年 4 月，欧盟通过了全球范围内最严苛的个人数据保护法规——《通用数据保护条例》，该条例于 2018 年 5 月正式生效，其虽然源于 1995 年欧盟的《个人数据保护指令》，但是也在各个方面结合实际调整良多。首先，全面加强个人数据权利保护。《通用数据保护条例》对个人数据授权的内容、方式和法律性质做出了重新定义，特别加强了数据主体对于自身数据的掌控能力；明确授予个人对其自身数据可行使的被遗忘权、删除权以及可携带权；对涉及特殊风险的数据提升处理要求和安全性规定，尝试在最大程度上减少利用处理数据可能给数据来源主体带来的各类风险，同时也明确数据主体拥有申请司法救济和获得赔偿的权利。其次，强化企业维护数据安全的责任。条例明确了数据处理者应当切实履行保护数据主体个人隐私权不受侵犯的责任；应当设立数据保护专员的机制；规定企业在数据采集和数据泄露时，都有明确告知公众的责任。提出数据采集最小化原则，要求数据采集与数据使用目的必须一一对应；限制企业针对个人的数据分析活动。最后，加强对数据违法和跨境数据转移的监管。通过设立较高标准的数据隐私保护规则，从而突破金融科技发展过程中关于数据与隐私保护争议的瓶颈和障碍，能够打造良好的制度环境，从而推动欧盟金融科技的不断发展和持续创新。

（四）新加坡：以积极的态度加快自身成长，以开放的态度迎接合作伙伴

根据 2018 年 8 月 21 日《新加坡联合早报》的报道，新加坡 2018 年上半年 FinTech 投资交易共计 25 笔，融资额达到 8.381 亿美元。其中，RegTech 和保险科技领域持续吸引更多投资，新加坡亦在促进区域金融科技合作中发挥主导作用，例如，新加坡金融管理局（MAS）与区域业者合作推出的监管沙盒，即为协助推动东盟金融服务创新和普惠金融发展所采取的创新监管方式。新加坡政府对于 FinTech 采取包容开放的态度，鼓励创新、

支持创业，使得新加坡在 FinTech 领域一直保持着友好的政策和法律环境以及稳妥的金融监管框架，同时还对人才赋予优厚的税收优惠和工作待遇。在技术方面，新加坡基础设施强大，互联网接入能力出众。比如，新加坡境内拥有光纤基础设施，该国移动订阅渗透率超过 100%，东盟简报指出这是“金融科技增长的关键因素”。上述因素促使新加坡金融科技项目蓬勃发展，成为亚洲金融科技增长中一份不可忽视的贡献力量。

在 2018 年上半年，新加坡金融科技行业的发展交出了一份满意的成绩。在创造就业方面，新加坡金融管理局局长拉维·梅农（Ravi Menon）在最近的一次讲话中表示，与 2016 年和 2017 年相比，新加坡的金融服务和金融科技领域净增加了 7800 个工作岗位。据估计，仅 FinTech 就贡献了近 2000 个在这两年中创造的净就业岗位。在专利申请方面，新加坡知识产权局于 4 月发起了 FinTech 快速通道倡议，为金融技术的发明提供快速专利申请和授予程序，而根据这项倡议，预计金融科技专利将在六个月内获得批准，而正常申请的批准时间至少为两年。在国际合作方面，新加坡与其他司法管辖区之间进行了几次合作和建立了伙伴关系，包括与日本金融技术协会（FAJ）达成相关交易、与印度开展金融创新方面特别是在跨境支付方面的合作，新加坡金融管理局还与越南国家银行、埃及中央银行和立陶宛银行建立了三个新的合作关系。新加坡金融管理局与中国香港、澳大利亚和英国等许多不同司法管辖区签署了许多双边金融技术协定。此外，新加坡金融管理局将与中国人民银行在金融科技和监管衍生品方面展开合作。

三　全球金融科技发展趋势分析

总体来说，未来金融科技行业的发展趋势是金融服务的强化与实体经济的跨界融合应用。传统金融发展存在过度集中于金融专业领域的问题，导致对实际市场和用户需求关注不足，对实体经济的发展支撑不够。但是金融科技来临以后，数据的广泛采集带来新的机遇、新的窗口，使得我们更可能跟更多的领域获得更多的数据去融合发展。跨行业的数据融合会产生更多的跨行业应用、新的技术发展方向、新的业务模式。具体来说，通过数据广泛采集与流通，促使金融数据来源更加多元化，可以使金融科技企业以更低的难度获得相关行业数据，具体可能包含电信、医疗、教育、出行、消费等方面，而其他行业数据一旦结合金额数据，金融机构营销和风控模型的精准度就能得到极大改善，金融基础能力能够得到更多其他行业资源的补充和支撑。通过跨行业数据融合则会在更多领域发现应用场景，从而以更多场景化的金融产品的出现回馈传统行业。同时，也能更加准确地匹配企业和个人的金融服务需求，以促进金融服务与实体经济更紧密的融合发展，如消费金融、供应链金融。

全球金融科技的发展趋势可从以下两个方面梳理：一是金融科技的未来发展应当有场景依托或者说是依靠场景应用来不断拉动；二是技术和规则也正在驱动和刻画着金融科技未来发展的轨迹和脉络。

首先，在场景应用方面，有三个主要的金融科技应用领域。第一个是客户层面。金融科技具有小微性、普惠性、包容性的特征，以其为代表的新金融与传统金融之间的关系，既是一种竞争的关系，又是一种合作的关系，金融科技在有些时候会对传统金融市场进行蚕食。这样的模糊性本身也为金融科技未来发展带来无限可能性。然而，面对这样的模糊性，如何正确看待金融科技的边界问题值得思考。第二个是产品层面。金融科技产品的简单化、标准化、广泛化是其特征，如何向合适的客户提供合适的产品就成为一个至关重要的问题了，“适当性原则”永远应当是金融市场的铁律，在金融科技领域也并不例外。第三个是市场层面。金融科技在农村地区的发展、新兴市场的起步引领以及如何通过“一带一路”走向全球是最近的热门话题，新金融最大的市场将会是新兴市场，以中国为代表的新兴市场也正呈现出一个超越全球、引领世界的非常好的发展趋势。

其次，在技术方面，金融科技的发展趋势就是技术驱动。如果没有技术的驱动，普惠金融的梦想其实是很难实现的。处于不同阶段的各类不同的技术正在通过不同的形态在不同的国家、不同的客户群体、不同的场景中逐渐得以应用。

最后，在规则方面，行之有效的规则体系是金融科技维持健康稳定发展的保障。在这一领域，包括中国在内的很多国家甚至是一些发达国家的监管能力都是相对落后的，监管技术的发展不够到位，管理人才尤其是全球性的管理人才匮乏。放眼全球，金融科技行业还没有一个相对统一的监管标准。

金融科技是随着技术发展、多元领域高度融合以应对生产阶段演进、生产力要求提高的必然产物，正如在《外交》杂志上，世界经济论坛创始人兼执行主席施瓦布论述的："人类进入第四次工业革命时代，人工智能、无人驾驶、物联网等领先技术将在多个领域改变人们的生活。在此背景下，全球化将不断深入，且越来越依赖于国家间数字和虚拟系统的互联互通，进入'全球化4.0'时代。"因此，未来金融科技的发展路径必将遵循高度互联的方式来设计、拓宽。

B.19
各国金融科技发展环境比较

中国人民大学国发院金融科技与互联网安全研究中心

摘　要： 金融科技发展环境包括金融科技人才环境、资本环境、供求环境、政策环境等多个子环境。金融科技具有颠覆传统行业的潜力，并因有大量的资本、优秀的人才和鼓励性的政策环境而迅速发展。本文介绍主要发达国家金融科技发展环境的基本情况，总结其共同之处，包括能够有效提高金融效率、促进经济增长，以技术为驱动力、以人才为行业发展关键，需要政府监管政策与发展政策的支持几方面，以期为我国的金融科技发展提供借鉴。最后结合我国当下人才环境、资本环境、供求环境、政策环境，为中国金融科技生态体系建设指明方向；同时，坚持稳定创新、统一协调、统一征信等主要思路，为金融科技的发展创造良好的环境。

关键词： 金融科技　发展环境　对比分析

一　主要国家金融科技发展环境基本情况

（一）美国

美国作为全球金融中心，引领着相关行业的发展，其绝大多数金融科技是开创性的。

美国金融科技起步早，也是基于其发达的金融行业和完备的金融科技基础设施。从 20 世纪 90 年代开始，网络银行、网络证券、网络保险、网络融资与网络理财等新兴金融模式在美国率先出现并快速发展。另外，美国金融科技创新领先。1988 年之前，美国主要进行了金融电子化；再到 2008 年，美国进行了金融信息化；2008 年金融危机至今，美国进行了金融科技化，采取“金融 + 科技”的进化路径。由此看来，美国金融科技在不同阶段一直处于全球的创新者和先行者地位。

1. 美国金融科技发展的人才环境：人才资源丰富

美国人才资源丰富，来自领先科技企业、领先金融机构、金融科技企业三方的人才数量庞大。金融科技专家主要来自著名高校、顶尖研究机构、顶尖科技企业。中高级工程师主要来自领先科技企业与创业型企业。初级工程师主要来自高校与培训机构。美国吸引金融科技人才的主要方式是为其提供高薪酬和巨大的发展空间。

2. 美国金融科技发展的资本环境：融资便捷

美国作为全球传统金融的融资圣地，同样也是金融科技融资的天堂，其融资在全球占据了绝大部分份额。根据 PitchBook 提供的企业具体融资数据来看，2015 ~2017 年美国的金融科技创业公司获得了 180 亿美元的投资。

3. 美国金融科技发展的供求环境：新金融需求不旺盛

美国传统金融机构规模大，基础设施完善，服务深入且覆盖面广。新金融科技企业要对抗传统金融机构的强竞争力，发展存在挑战。此外，美国的传统金融体系经过长期发展，金融消费者享受到的传统金融产品和服务种类已经较为健全，对网络金融服务的需求并不强烈。例如，美国信用卡市场较为成熟，其方便快捷的服务抑制了第三方支付的发展。Wind 资讯数据显示，2016 年美国人均持有 2. 9 张信用卡，七成美国人愿意承担利息，选择分期还款。同时，银行业也在顺应移动互联网时代的发展，积极推动自主创新，提供如信用卡的移动支付、手机银行等新型业务，让消费者在传统金融机构就已经能获得较好的金融服务，导致其对金融科技企业的创新型服务热情并不是很高。目前看来，在强大的传统金融体系下，金融科技企业只能在传统企业不涉足的领域里发展，生存发展空间较小。

4. 美国金融科技发展的政策环境：控制有余，发展不足

美国对金融科技的监管总体上并未跟上金融科技的发展速度。美国传统金融监管框架非常成熟完善，但对新金融科技的促进政策明显不足。与英国的“监管沙盒”政策、新加坡的创新中心政策相比，美国缺乏相关行业发展政策。

首先，美国双层监管与多极监管体制制约了金融科技的发展。一方面，美国实行联邦与州双层监管框架，由于金融科技业务本身是全国性的，因此金融科技企业需要到不同的州申请牌照，不利于跨州开展金融科技业务。另一方面，由于美国实行多级监管框架，许多监管机构共同监管金融科技企业，因此金融科技公司也需要到不同的监管机构申请牌照，不利于跨行业开展金融科技业务。

其次，美国对个人隐私保护的重视让其现行法规对金融消费者数据（如性别、种族、地址等）的使用加以限制，这也在一定程度上限制了金融科技的发展，因为金融科技企业需要通过大数据分析。

（二）英国

金融科技的发展重新奠定了英国作为全球金融中心的地位，同时推动了英国经济的增长。毕马威金融科技报告提供的数据显示，2018 年上半年，英国金融科技投资总额超越美国，同时占据欧洲首位，欧洲吸引投资总额为 260 亿美元，其中英国就吸引投资 161 亿美元（约折合 123 亿英镑），且欧洲十大金融科技交易中有四笔发生在英国，包括 Revolut 筹资 2.5 亿美元，eToro 筹资 1 亿美元，Flender 筹资 6000 万美元，Moneyfarm 筹资 5400 万美元。截至目前，有 50% 的欧洲金融科技初创公司诞生在英国，英国还向欧洲、中东以及非洲地区提供世界级的金融科技基础设施。

这些成绩离不开英国政府大力支持新兴的商业模式和新兴的颠覆性技术，尤其是金融科技行业的发展。英国金融科技行业的迅猛发展，主要得益于四个因素：一是大量的资本投资，二是大量的金融科技人才，三是伦敦作为世界贸易中心与金融中心的商业环境，四是以“监管沙盒”为特征的监

管环境。

1. 英国金融科技发展的人才环境：科技人才储备充分

伦敦是国际金融中心，也是欧洲大型跨国科技公司聚集地，有着从业人员众多、从业待遇优厚、从业环境优越、重视人才建设和人才的多样性等特点，金融科技人才丰富。伦敦的科技、商业及金融服务方面的人才数量位居世界前列，且一直通过高薪酬、良好的职业前景、伦敦优良的地理环境等不断吸引金融科技人才，同时有影响力的商会组织也非常重视对移民技能的培养，有利于储备金融科技人才。

2. 英国金融科技发展的资本环境：传统金融中心助力

英国拥有良好的金融科技投资氛围。例如，英国投资商包括很多天使投资人和股权投资者，会大力投资于金融科技初创企业，而庞大的证券交易市场也为公司上市带来极大便利，英国成为欧洲金融科技独角兽最多的国家。此外，金融科技加速器（如 Techstars、Dot Forge、Level 39 等）为金融科技公司提供办公条件、启动资金、商业运作指导等，也为公司的成长和发展提供了莫大的帮助。传统金融机构为了保持竞争力，也会与金融科技公司合作推出创新金融产品，推动金融科技行业的发展。在 2018 年的伦敦金融科技周上，会议总结出的英国金融科技产业发展的一大趋势便是银行和金融科技的合作将不断深化。大多数英国银行都有一个部门专注于与金融科技公司或专门为金融科技公司设计的加速器计划进行合作，例如巴克莱集团在 London Rise 设置的 Barclays Accelerator、HSBC 和 Bud、ING 的 Yolt 和 Natwest 以及 Carphone Warehouse 都是传统金融机构和金融科技行业有机融合、互相促进的例证。

3. 英国金融科技供求环境：环境成熟，支持创新

英国金融科技供求环境良好，有诸多原因。例如英国传统金融机构与金融科技机构的良好合作关系就较好地促进了金融科技企业的发展。此外，由于监管政策比较宽松、商业环境比较成熟以及运营成本比较低廉，伦敦之外的城市如曼切斯特等也涌现大量金融科技企业与孵化器，区域市场逐步崛起。政府的监管科技发达也为金融科技行业提供了良好有序的监管环境。

4. 英国金融科技发展的政策环境：监管沙盒

2011 年，为了更好地监管金融科技类企业，英国政府发布白皮书《金融监管新方法：改革蓝图》，“监管沙盒”政策开始启动。“监管沙盒”是指在确保金融消费者权益的前提下，从事内容创新的机构按照英国金融行为监管局（FCA）特定地审批程序，提交申请并取得有限授权后，进行金融产品创新测试，FCA 监控测试过程并评估，最终判定是否给予正式授权进行推广。“监管沙盒”政策有力地推动了英国新兴金融科技行业的发展。

除此之外，英国政府还通过一系列利好政策支持金融科技行业创新发展，例如发起大量创新项目、成立创新中心、搭建“金融科技桥”实现国际联动、实行税收优惠政策等，英国金融科技的政策环境在实现行业有序发展的前提下为初创企业的创新留足空间。

（三）新加坡

新加坡通过税收优惠、法律激励等措施，成功将新加坡塑造成离岸财富管理中心。整体而言，新加坡为金融科技发展营造出了一个较为宽松的金融生态环境。

1. 新加坡金融科技发展的人才环境：重视人才培养

作为一个仅有 560 万人口的城市型国家，新加坡面临着严重的人才短缺问题。根据新加坡金融科技协会（Singapore FinTech Association）介绍，新加坡政府估算该国的大学和理工学院每年能培养出 400 名具备适当资质的毕业生，而这一数据远低于每年新增的 1000 个金融科技岗位计划。除了积极引进海外人才外，新加坡还通过鼓励本国的对口项目来尽量补齐人才空缺。早在 2013 年，新加坡管理大学（SMU）就成立了金融 IT 学院 FITA，旨在培养金融科技人才。新加坡政府把人才作为“第一资源”，大力发展人力资源的开发和管理，政府协助高校设计开发金融科技课程，进行金融科技项目合作研究。

2. 新加坡金融科技发展的资本环境：金融科技中心搭建起步

新加坡监管当局与金融界合作，推动搭建私人市场融资平台，吸引全球投资者，旨在建成亚洲基础设施融资中心、亚洲固定收益领先中心以及亚洲保险与风险转移中心。同时，新加坡亦在着手建设全球性金融科技中心。2016 年，新加坡在中央商务区简称金融科技中心 Lattice 80，该中心靠近新加坡证券交易所、主要金融机构和监管机构，帮助金融科技企业建立新型商业模式，进行发展规划与服务创新，还帮助金融科技企业发展与监管部门的互动关系等，是新加坡搭建优良的金融科技资本环境的重要一步。

3. 新加坡金融科技发展的供求环境：企业需求多，个人需求不足

新加坡银行业发达，但贷款审查严格，因此中小企业难以从银行处获得融资，而新加坡拥有超过 60 万家中小企业。为了迎合中小企业的融资需求，金融科技企业如 New Union、Silver Bullion、Funding Societies 等都积极大力开展相关业务来满足中小企业旺盛的融资需求。

但为了防止民众过度借贷引发债务危机，从 2013 年开始新加坡政府陆续推出了多项控制借贷的政策，例如收紧信用卡和无担保贷款，规范金融机构放贷行为等。由于这一系列借贷政策的限制以及新加坡本身人口基数较小，新加坡目前个人消费金融数量很小。

此外，新加坡有着完善的征信系统，线上借贷的风险容易把控，通信行业、IT 行业以及电子政务系统的发展也一直处于全球前列。中小企业旺盛的融资需求辅以完备的征信系统和金融基础设施，新加坡金融科技未来的发展空间巨大。

4. 新加坡金融科技发展的政策环境：政府主导，全方位参与

在政府主导下，新加坡正在金融科技领域推进一系列红利项目，鼓励社会各方积极参与，促进金融科技行业良性发展。

在人才培养方面，新加坡实施“加快培训专才计划”（The Tech Skills Accelerator，TeSA），旨在培养金融科技应用人才和产品创新人才，通过提供培训环境和职业生涯建议来提升 IT 技能。在公司主导的培训项目 CLT（Company-Led Training Program）中，政府鼓励金融科技企业加入科技专才培养计划，培训期最长可达一年。

在国际金融科技项目合作方面，新加坡积极与其他国家签订双边合作协

议，如伦敦的 Level 39、澳大利亚的 Stone & Chalk 和以色列的 The Floor 项目等，开展相关领域的合作。同时，新加坡也与许多金融科技企业开展项目合作。

在政府投资金融科技项目方面，新加坡金融管理局（MAS）宣布计划投资 164.2 亿美元用来推动金融科技领域的创新（如移动支付技术、身份验证和识别技术、区块链技术、云计算、大数据、网络安全、高级传感器等）。新加坡咨询通信发展管理局（IDA）也引导企业聚焦颠覆性新技术，例如推出加速器项目，为金融科技初创企业提供管理服务与人力资源。

在金融科技基础设施方面，为了培育一个数字化社会，新加坡推行 5G 基础设施部署计划，建设物联网、虚拟现实应用系统、高功耗系统等。为了防止日益复杂的网络攻击，新加坡政府制定了国家网络安全总体规划。

此外，新加坡政府还利用智能经济推动金融科技的发展，将金融科技纳入“监管沙盒”，引导新技术在金融领域的正确使用。整体而言，新加坡政府对金融企业采取宽松的准入政策，设立手续和过程较为便捷，且新加坡政府对境外公司资本和利润的进出不做管制，这使企业更容易获得资本市场的融资。政府同时实行双重税收豁免，采取属地征税政策和内外企业统一税率等税收优惠政策，为行业发展减轻负担。

二　金融科技发展环境的共同特点

在金融科技的发展过程中，诸多子环境的优良条件缺一不可，最终在全球竞争中胜出的是综合要素齐全的国家。作为新兴的产业领域，各国在金融科技的发展中表现出一定的共性特点。

第一，金融科技能有效提高金融效率，促进经济增长。无论是传统金融强国美国与英国，还是金融新秀新加坡，都无一例外地对金融科技的发展表现出强烈的关注。各国政府都争相出台相关政策，试图将本国建成金融科技中心，引领行业发展。

第二，金融科技以技术为驱动力，人才是行业发展的关键。因此，各国都开始重视金融科技人才的争夺，但由于先天基础条件、地理位置和商业环境、人才政策的不同，世界范围内人才资源的分布较为失衡。

第三，金融科技产业需要政府监管政策与发展政策的支持。全球各国都采取相应的政策来监管与发展金融科技行业，目前根据其发展的特点，受到广泛认同且较为适合行业发展的政策是“监管沙盒”政策。

三　对我国金融科技发展的启示

美国是全球金融科技领域的创新者与先行者，其金融科技处于非常成熟的金融市场环境中。英国是全球金融科技监管的示范者，在人才储备、资本市场的成熟方面具有传统的优势，并在金融科技发展制度设计上，创造性地运用“监管沙盒”，受到世界各国的争相模仿。新加坡政府则作为新兴国家的代表，在传统金融方面具有很大的优势。新加坡政府为建成金融科技中心，全方位参与金融科技产业的发展，在很多经济事务中以不同角色积极参与。

总体而言，中国是非成熟市场，以高速发展状态进入一个全新的金融科技领域，风险与机遇并存。从金融服务需求看，中国传统金融服务成本高，民众的基本金融需求受到极大的抑制，在金融科技的背景下，基本金融服务需求得到极大的释放。从金融科技人才看，中国经过多年的高速发展，已经积累了相当的人才储备，传统金融行业、互联网行业都为金融科技领域输出了大量的人才。从资本投入看，中国的资本市场已经逐渐可以支持金融科技初创企业的发展。从政府政策看，中国政府以《关于促进互联网金融健康发展的指导意见》为纲领，在行业发展要求、发展措施与监管原则方面做出合适的政策支持，目前已经取得较为良好的效果。实践证明，遵循稳定与创新平衡的政策原则，中国的金融科技行业是能够得到稳健发展的。

不同国家有不同的历史背景和金融科技发展环境，但仍有相互借鉴的意义。下面将先从人才环境、资本环境、供求环境和政策环境四个角度分析中国金融科技发展环境改进的思路，为我国金融科技生态体系的建立指明方向。

在人才环境的改进方面，应从多元化、复合化、高增长三方面顺应现状，进一步发展。其一，金融科技人才来源多元化。目前金融科技人才补充大多来自其他行业，主要从金融、互联网及高科技行业流入。金融科技行业发展历史比较短，行业内人才聚集尚未形成，对高科技行业、互联网行业和金融行业的人才吸引力最大是有理可循的，应进一步扩大行业人才来源的多样性。其二，金融科技人才需求复合化。金融科技既涉及金融领域，也涉及科技领域，对人才的需求表现为复合型、专业化和综合化三大趋势，这与传统金融行业存在较大差异，可以从教育出发加强培养复合型技术人才。其三，因为金融科技行业正处于发展的快车道，人才需求量巨大，薪资报酬相应地也会更高，这些可以交由市场完成调节。

资本环境的未来发展趋势是融资规模将不断扩大，行业集中度也在逐渐变高。近年来中国融资额最大的三家金融科技公司分别是蚂蚁金服、京东金融与陆金所。目前市场仍处在发展阶段，较为宽松的资本环境更有利于企业的蓬勃发展。

对于供求环境而言，我国金融消费者基数巨大、信息基础设施全、场景丰富，金融科技需求将呈现爆发式增长。根据中国信息通信研究院的报告，截至2017年第三季度，中国移动互联网用户规模已达12.3亿人，大量网民使用互联网金融产品。且中国受惠于国家的提速降费行动，成为全球高速宽带用户增长最快的国家，光纤网络覆盖率大幅提升。因此，未来我国需要解决的是如何让金融科技服务满足人民日益增长的金融投资需求，并持续不断地改善产品和服务。

中国现有的政策环境是宽严并济的。2015年3月，中央政府提出“互联网+”行动计划。2015年7月，我国十部门联合发布了《关于促进互联网金融健康发展的指导意见》，这是我国政府颁布的第一份综合性金融科技法规，为中国金融科技市场创造了有利的政策环境。一系列行业协会、扶植计划与创业孵化器等都在同步支持着金融科技公司的发展，为初创公司寻找资本和人才提供了帮助。在未来，中国更应该联合社会各方的力量，为金融科技公司提供更为全面多样的帮扶。

就整体中国金融科技生态建设而言，可在以下方面有所改进发展，坚持稳定创新、统一协调、统一征信等主要思路，为金融科技的发展创造良好的环境。

明确金融科技的主监管机构。我国金融实行分业监管，而金融科技基本上是混业监管，二者并不能相对应。金融科技并未颠覆金融市场格局，也未改变金融的本质属性、风险属性和基本法律关系，金融科技监管应在现行的法律制度和监管框架下明确主负责的监管机构。对于金融科技领域存在的立法滞后、监管缺位等问题需要及时解决。金融科技市场参与者和平台众多，应根据其业务属性开展统一的市场准入和监管管理。金融科技公司也应纳入现行金融监管框架，并尽快确定主管机构。具体而言，主要应考虑：第一，政策统一，即监管标准应当全国统一，避免政策套利；第二，监管统一，即在“国务院金融稳定发展委员会”的框架内建立金融科技政策协调机制，保证“一行两会”和地方政府一致行动，相互协调；第三，牌照统一，即除非由特殊的区域限制，金融科技牌照应当是全国性的，避免重复申请而降低效率。

加强监管合作和保持市场沟通。金融科技目前还处于发展初级阶段，其内涵和外延还在不断发展更新的过程中。监管机构应加强市场沟通，完善统计监测和风险监控体系，密切关注金融技术严谨、业务创新、风险变化以及未来趋势，开展前瞻性研究和创新式监管。各监管机构应增强沟通协作，加强政策协调和部门间合作，避免监管空白和监管套利。具体可以从两方面入手：加强协会参与，行业协会可作为沟通监管者与从业者的桥梁，有效传递信息的同时也可使政策落地更为平缓；利用监管科技对金融科技企业进行监管，降低合规的复杂性和合规成本。

平衡好鼓励创新与风险控制。金融科技领域蕴含金融和技术双重风险，监管部门应平衡好金融效率和金融安全，正确处理鼓励创新与风险控制之间的关系。对于发展历史较短的金融科技，政府监管应当体现包容、开放的监管理念，避免过于严苛和僵化的监管手段扼杀了金融科技的创新积极性，学会利用新技术改进监管方法、优化监管流程、丰富监管手段、积极采用监管沙盒、监管科技等新方法，提高监管效能。另外，必须守住金融安全底线，避免一味追求效率导致金融科技无序发展。具体而言，在创新方面可以借鉴英国、新加坡的“监管沙盒”制度，在不损害金融消费者权益的前提下给金融科技企业发放有限牌照进行创新，成功后推广至全行业，失败则取消牌照。第三方支付政策就是目前较为成功的“监管沙盒”案例。此外，还应鼓励加强技术创新，金融科技主要是利用大数据等技术解决金融交易信息不对称的问题，在这一领域，技术处于核心位置。中国金融科技发展面临的一大挑战就是信任问题，而要建立一个被信任的金融体系，需要通过高端的技术如人工智能、大数据、区块链等来实现。因此，推动金融行业向技术驱动模式转型也是必要的。而在风险控制方面，主要有如下策略：一是实施牌照制度，对金融科技企业进行基本的资质审查和日常监督；二是实施投资者适当性制度，对金融科技消费者按照风险的识别和承受能力分级，低级消费者不可投资于风险等级更高的产品；三是建立信息披露制度，对于复杂、隐秘的金融科技流程，考虑实施穿透式监管，尽可能保证合规透明，例如运用监管科技实现信息的实时监测等。

完善全国范围内的统一征信系统。征信体系是公共基础设施，应向金融科技企业开放，采取官方与民间企业相结合的模式逐步建立完善我国的征信系统，解决“信息孤岛”问题。具体而言，征信体系的建立有两方面作用：一是帮助金融科技企业获取客户信息，降低获客成本；二是征信体系的标准化数据，可以有效支撑金融资产标准化，带动行业发展。

B.20 各国金融科技创新模式对比

中国人民大学国发院金融科技与互联网安全研究中心

摘　要： 目前全球金融科技创新呈现中国、美国、欧盟、日本等主要经济体强强竞争的格局，不同主体在不同领域都形成了各具特色的竞争优势。本文分析了美国、欧盟、日本、新加坡等国家和国际组织的金融科技创新模式，并在此基础上总结其对我国金融科技发展模式的启示。总体而言，各国金融科技创新模式都离不开政府与企业两个层面的努力。一方面，政府通过制定法律法规、政策措施等方式为金融科技创新提供了良好的外部环境；另一方面，金融科技公司、金融机构等被监管者在合规的前提下不断采用新科技来革新业务模式。对我国的启示包括：持续优化政策环境，支持科技创新；完善金融监管与治理体系；完善金融基础设施；加强金融消费者权益保护；等等。

关键词： 金融科技　创新模式　金融监管

在移动互联网普及和信息技术创新的背景下，应用新技术逐渐成为金融发展的最根本动力之一，并在很大程度上重塑着传统金融业务模式与竞争格局。作为科技驱动型金融模式变迁的代名词，金融科技正成为金融领域的关注热点，主要经济体纷纷加大对金融科技创新的扶持力度。目前全球金融科技创新呈现中国、美国、欧盟、日本等主要经济体强强竞争的格局，不同主体在不同领域都形成了各具特色的竞争优势。与国外相比，中国金融科技创新的竞争优势主要体现在制度优势、市场规模优势以及后发优势。在激烈的全球金融科技竞争中，中国更应广泛学习域外先进的金融科技创新模式，因地制宜地总结出适合中国国情的金融科技发展方向，从而在新一轮国际金融格局演变中占据主动，引领世界金融科技发展。

本文先分别介绍美国、欧盟、日本、新加坡等国家和国际组织的金融科技创新模式，再总体分析这些发展经验对我国金融科技发展模式的启示。

一 主要国家金融科技创新模式分析

（一）美国金融科技创新模式分析

美国在传统产业升级转型和商业模式创新方面始终走在世界前列，在金融科技创新领域也同样如此。截至目前，最前沿的金融科技技术、最富活力的金融科技创业企业以及几乎全部的金融科技商业模式创新都源自美国。

1. 非银行金融通过创新提高竞争力

美国政府在促进金融服务业负责任的创新方面保持着积极姿态。各部门、机构和独立监管机构已使用各种工具促进金融科技创新，包括证券和交易委员会（SEC）的金融科技工作组、消费者金融保护局（CFPB）的项目催化剂、商务部的创新活动开放、通货审计官办公室（OCC）的负责任创新倡议、财政部和美国国际开发署的金融包容论坛。美国财政部还于2014年设立了金融授权创新基金，以支持制定和评估新战略，扩大获得金融服务的机会，提高金融决策能力。这些例子代表了美国联邦机构为理解、促进和利用金融科技的潜力以惠及消费者、保护金融系统和加强经济所采取的多种方式中的一些。

通过向覆盖零售和商业资产类别的经济提供各种信贷，非银行金融公司在向美国消费者和企业提供金融服务方面发挥着重要作用。非银行金融公司被很好地整合到美国的支付系统中，并发挥关键作用，如促进后端支票处理，支持发卡、处理和网络活动，以及提供面向客户的数字支付软件。非银行金融公司在资本市场以及向散户投资者提供金融咨询和执行服务等一系列服务方面也发挥着重要作用。银行与非银行金融公司的金融服务竞争环境在金融危机中发生了改变。具体来说，许多传统的金融公司，如银行、信用合作社和保险公司，在危机期间都经历了严重的困境。这种困境导致许多现有金融公司破产或重组，特别是那些资金来源不稳定、资产负债表集中的金融公司。政府对这一困境做出了回应，并通过制定影响深远的法律，强制通过数百项新法规，引发了前所未有的纳税人支持。在某些情况下，这些政策变化使某些产品部门在银行无利可图，从而推动银行部门以外的活动，并为新兴的非银行金融公司创造机会，以满足未满足的市场需求。

与此同时，作为长期趋势的一部分，金融科技的快速发展使金融服务公司能够提高运营效率，降低随着监管加码而不断增加的合规成本。自金融危机以来，在成本效益和速度不断提高的情况下，技术能力和流程不断增加。数据的使用、通信的速度、移动设备和应用程序的激增以及信息流的扩展都打破了许多初创企业和其他技术型企业进入市场的障碍，这些企业现在正在与传统的供应商在金融服务业的几乎各个方面竞争或合作。

由于上述因素，美国金融服务业出现了如下重要趋势：

（1）非银行部门已经对服务业的回落和传统金融机构面临的监管挑战做出了反应，包括推出了许多创业平台；

（2）其中许多平台在启动阶段之后迅速发展，采用技术支持的方法来获取客户并为其服务提供流程支持；

（3）在某些情况下，非银行金融部门的创新性新平台是独立的金融服务提供者，而其他平台则侧重于通过伙伴关系、合资企业或其他方式为传统金融机构提供支持或与传统金融机构互联；

（4）能够访问大量消费者数据的大型科技公司同时进入了金融服务行业，主要是支付和信贷供应领域；

（5）技术推动型竞争对手的规模不断扩大，以及相应的不断威胁加大了现有企业更快速创新、追求动态性和适应性战略的风险。因此，成熟的公司已经推出了旨在通过替代交付系统重新获得市场份额的平台，其成本比以前能够提供的要低；

（6）消费者越来越青睐于便捷、高效的服务。新技术使规模有限的公司能够在与大型企业相当的水平上获得计算能力。美国网络接入的相对普遍性，加上这些新技术，使得新公司能够更容易地扩展其业务运营。

2. 调整监管框架以促进金融科技创新

美国许多涉及金融部门的法律法规可以追溯到几十年前。因此，金融监管框架并不总是最适合处理金融服务领域不断发展的新业务模式和产品。这就有了限制创新的潜在负面后果，而这些创新可能有益于消费者和小企业。金融监管应当现代化，以更好地应对当今和未来金融服务的不断变化的特点。

美国各州监管机构在努力实现更大程度的协调，包括考虑起草统一适用于目前受到各州不同许可要求挑战的金融服务公司的示范法。美国财政部鼓励提高效率与协调检查，并在可能的情况下鼓励监管者对个别公司进行联合检查。美国财政部支持“Vision 2020”（《2020 年远景规划》），这是国家银行监管者会议的一项努力，包括建立一个金融科技行业咨询小组，以帮助改善国家监管，协调多州监管流程，并重新设计成功的全国性多州许可制度。

在联邦层面，美国财政部鼓励货币审计署进一步制定其于 2016 年 12 月宣布的特别用途国家银行章程。通过支持有益的商业模式，前瞻性的联邦章程方法可以有效地减少监管的分散和规范不断增长的市场。

（二）欧盟金融科技创新模式分析

1. 推出旨在鼓励金融科技模式创新的行动计划

2018 年 3 月，欧盟委员会通过了一项关于金融科技的行动计划（FinTech Action Plan），以培育一个更具竞争力和创新性的欧洲金融部门。行动计划列出了欧盟委员会打算采取的 19 个步骤以实现如下目标：第一，使创新的商业模式能够在欧盟层面上扩大规模；第二，支持金融领域对区块链、人工智能和云服务等新技术的吸收；第三，提高网络安全与完善金融体系。这些举措的主要目的是加强对技术创新的监管融合，为欧盟金融部门更好地接受新技术带来的机遇做好准备。这将使创新的金融科技解决方案能够在整个欧盟迅速推广，并从单一市场的规模经济中受益，同时保持金融稳定并保护消费者权益。该行动计划是欧盟委员会努力建立资本市场联盟和消费金融服务真正单一市场的一部分。它也是推动数字单一市场发展的一部分。

欧盟金融服务领域的技术创新近年来得到了显著发展，并正在影响金融服务的生产和交付方式。金融部门是数字技术的最大用户，是经济和社会数字化转型的主要推动者。欧盟委员会的数字单一市场战略、欧盟的网络安全战略、eIDAS 条例（electronic IDentification and Authentication Services）和金融服务举措［例如消费者金融服务行动计划和资本市场联盟（CMU）中期审查］之间存在着重要的协同作用。金融科技对资本市场联盟很重要，它可以通过数字化以数据驱动的解决方案（例如资产管理、投资中介和产品分销）改变商业模式，帮助深化和扩大欧盟资本市场。

2. 以高标准的安全壁垒保障金融科技创新

面对美国强大的技术优势以及中国等竞争对手的迅速发展，欧盟在以金融科技创新为代表的新兴数字技术产业领域确立了建立高标准的个人数据安全壁垒这一“以守为攻”的竞争策略，从而在统一成员国个人数据保护标准和建立统一的欧洲数据市场的前提下，提高欧盟在参与全球数据治理和金融科技创新进程中的话语权和影响力。

金融科技提出了网络相关风险、数据、消费者和投资者保护问题以及市场完整性问题等挑战。《通用数据保护条例》（*General Data Protection Regulation*）和《反洗钱指令》（*Anti-Money Laundering Directive*）为保护个人数据和欧盟金融系统的完整性、防止洗钱和恐怖主义融资提供了基本保障。技术支持的欧盟金融市场需要完全遵守这些基本保障措施。网络风险会破坏信心，并威胁金融体系的稳定。欧盟对此类攻击采取果断的方式，以防止和减轻金融部门、客户及其客户的任何负面后果，使金融部门具有更强的网络弹性，对于确保其得到充分保护、在整个欧盟范围内有效顺利地提供金融服务以及保持消费者和市场的信任和信心至关重要。

技术创新塑造了加密资产等新类型的金融资产，这类加密资产和基础区块链技术对金融市场和基础设施具有应用前景，但它们的使用也带来了风险，正如加密资产的剧烈波动、欺诈和运营弱点以及加密资产交易所的脆弱性所证明的那样。在欧盟一级，已经采取行动应对某些特定的风险。在欧盟委员会关于洗钱和恐怖主义融资风险评估的报告中，虚拟货币、洗钱和恐怖主义融资的威胁和交易场所的脆弱性被评估为具有高度重要性。2017 年 12 月，欧洲立法者同意将《反洗钱指令》的范围扩大到虚拟货币交易所和钱包提供商。欧洲监管当局（ESA）对虚拟货币的投机市场环境以及与加密资产相关的其他风险发出了警告。所有警告都表明加密资产投资是高风险的，投资者可能因其波动性而遭受重大损失，但也可能由于缺乏市场透明度和完整性、运营弱点以及加密资产服务和交易场所的脆弱性而遭受重大损失。

（三）日本金融科技创新模式分析

考虑到日本传统商业文化根深蒂固的性质，日本加入全球金融科技革命的步伐缓慢或许并不奇怪。尽管最近金融科技蓬勃发展，但公众仍然倾向于用现金支付而不是用信用卡支付的风险规避心态，可能是金融科技创新在日本蔓延的一大阻碍。另外，日本有着只要普通消费者对 IT 有强烈需求，就可以快速开发和引入各种基于 IT 服务的悠久历史，这从无现金预付 IC 卡系统在日本的广泛部署中可以清楚地看到。该系统不仅允许用户使用火车、公共汽车或轻轨交通进行电子支付，而且还允许用户在售货亭和数千家会员商店购买商品。事实上，自 21 世纪初以来，日本已有二十多家火车和公共汽车运营商发行了自己的 IC 卡版本。这些 IC 卡在消费者中的日益普及推动了这些卡的统一。现在只要使用其中一种卡，就可以使用几乎所有的火车、地铁和公共汽车，也可以在大量卡成员商店中购买商品。同时，日本民众对 IC 卡的强烈需求也推动了 IC 卡系统在手机特别是 Android 智能手机中的引入。从 2016 年 10 月起，作为第一个市场的日本 iPhone 7 用户可以使用 Apple Pay 在任何接受 Suica 的地方支付交通和购物。

上述例子表明，面向金融科技的服务可能具有在日本广泛传播的巨大潜力，但是要适当地捕捉到消费者这方面的实际需求。事实上，日本在寻求摆脱经济困境之际，在过去两年中见证了一个欣欣向荣的金融科技领域的出现，因为初创企业、行业参与者、监管机构和政府合作，为创新创造了有利环境。

东京尤其是充满活力的金融科技生态系统所在地。德勤在《44 个城市的故事：连接全球金融科技：2017 年中期中心审查报告》中将该市列为全球 12 大金融科技中心之一。2017 年 11 月，东京都政府制定了《全球金融城：东京愿景》，旨在使东京成为无与伦比的全球金融中心。该政策概述了该市应采取的形式、应采取的具体措施以及实现这一愿景所需的结构。

1. 监管机构推动金融科技创新

日本监管机构一直在推动金融科技创新，采取围绕区块链、加密货币和 API 等领域制定多项法律，以及支持新的金融科技初创企业等举措。日本的监管立场旨在有效地将金融科技纳入日本的经济格局。

《银行法》的变化使金融机构和金融科技公司更容易使用 API 提供服务，并形成一个 API 生态系统，以扩大保护使用这些服务的客户的安排。《支付服务法》修正案首次澄清了虚拟货币的法律地位，属全球首例，并通过了该行业公司的回应。此外还开发了保护消费者的框架，并促进了虚拟货币交易。

随着监管的进一步加强，如果再建立一个解决加密货币问题的新框架，金融科技有望进一步创新。

2. 金融机构加快发展金融科技

在过去的几年里，随着新的监管规定将带来新一波的竞争对手，日本银行一直在潜入金融科技。例如，三菱 UFJ 金融集团（MUFG）于 2015 年成立了数字创新部门，并于 2016 年启动了 MUFG 数字加速器项目。瑞穗金融集团计划在未来十年内裁员数千人，以利用人工智能（AI）和机器人技术提高效率和利润。一些银行也在试验包括区块链和二维码在内的技术，以提高数字支付的效率。MUFG 与美国科技公司 Akamai 合作开发了一个基于区块链的支付系统。这项新服务将使用自己的代币 MUFG Coin，并将于 2019

年进行测试。这些公司希望在 2020 年初推出。

同时，福冈银行、横滨银行和理索纳银行开发了一个直接从账户中提取的二维码结算系统。

日本的金融科技公司是自组织的，由代表日本 100 多家金融科技公司的日本金融科技协会（FAJ）、134 家公司参与的区块链协作联盟（BCCC）和日本区块链协会等协会所代表。这些协会定期组织商业网络和技术讨论活动。在金融厅（FSA）和金融科技协会（FAJ）的支持下，日经集团在夏季末期组织了规模最大的年度金融科技活动——金融科技峰会（FinSum）。

日本已成为领导者的一些金融科技领域包括分布式账本技术（DLT）和区块链、机器人顾问、个人理财（PFM）和贷款。例如，MoneyTree 是日本第一大金融数据聚合平台，提供金融数据 API 服务和个人金融应用程序。Freee 是日本资金最雄厚的金融科技公司之一，它提供了一个自动化的在线会计软件，可与银行账户同步，并自动分类条目以创建财务报告。Folio 提供在线证券经纪服务，允许用户通过机器人顾问来管理自己的资产，从而编制多样化的投资组合。Quoine 是日本金融厅（FSA）首次正式授权的全球加密货币交易所，提供区块链技术相关的交易服务。

（四）新加坡金融科技创新模式分析

50 多年前，由于资源匮乏，刚刚独立的新加坡几乎没有生存的机会。如今，由于新加坡金融科技行业的崛起，新加坡已经成为亚洲的经济中心，并与纽约、香港和东京等金融中心齐名。据统计，虽然亚洲金融科技领域的投资总体呈下降趋势，但对新加坡的投资在 2018 年却创下 3.65 亿美元的历史新高。相比之下，新加坡 2014 年的投资为 2080 万美元，2017 年则为 2.2910 亿美元。这种快速增长尤其得益于新加坡为金融科技行业提供的外部环境。除了高人均收入和良好的基础设施，该国还提供极速光纤网络，新加坡的网络下载速度高达 185.25 Mbps，在 2019 年全球最快宽带连接比较中排名第一。此外，各种政策措施、税收优惠和良好的监管环境也促进了金融科技行业的增长。

1. 良好的监管环境

虽然新加坡对金融科技行业没有直接的相关监管规定，但金融科技公司提供的金融服务属于银行业现有体系范围内。因此，计划投资于该行业的公司应查看《银行法》、《保险法》或《金融机构法》以验证是否符合现行的监管制度。新加坡金融管理局（Singapore Monetary Authority）负责监管本国金融科技公司，近年来该机构已帮助市场上的很多金融科技公司测试了技术。

所谓的“监管沙盒”（Regulatory Sandbox）是一种工具，可以让金融科技公司在一定时间内和可控的环境下，试验创新的金融产品和服务。其主要优点是在沙盒试验期内，对公司放宽法律和监管条件，并在其受到干扰或实验失败时进行保护。申请沙盒的公司必须使用新兴技术或创新性地使用现有技术，并通过新加坡金融管理局的评估。在“沙盒阶段”完成时，放宽的法律和监管要求都将被取消，公司必须完全遵守所有的监管要求。

2. 支持性政策措施

新加坡央行早在2017年就开始推出支持金融科技公司的举措。除了与麻省理工学院（MIT）以及美国、南美、韩国、澳大利亚和中国香港的其他机构签订合作协议以及利用区块链技术开发商业融资的跨境平台外，新加坡金融管理局还为开发金融科技项目提供了2.25亿美元资金支持。与此同时，新加坡的“金融科技创新的温床”，如“80RR金融科技中心SG”加速建造，并于2017年在新加坡商业区的中心地带开业，自此一直是当地和国际的金融科技公司和初创企业的所在地。除了上面的例子，新加坡还有很多其他的项目和机会为金融科技公司和初创企业打造了极具吸引力的投资目的地。

二　对我国金融科技发展模式的启示

展望未来，我国金融科技产业将面临经济、社会、技术、金融等宏观条件的变化。经济的新常态和数字经济的发展将进一步复杂化金融科技企业的经营环境，社会网络空间的形成和人民财富的持续积累将为行业提供坚实的客户基础，深信息化的深化和持续的技术进步将为金融业创造高效的信息基础设施和技术条件，现代金融体系的建设将为金融科技培育更加健全的金融市场和监管环境。总的来说，未来中国金融科技行业的机遇和利处大于挑战和弊处，迎来了行业发展的有利时期。

在分析各国金融科技创新模式的基础上，可以总结出其对我国金融科技发展模式的启示。目前金融科技已呈全球化态势，我国应从以下几方面进一步提升金融科技创新力与竞争力。

持续优化政策环境，支持科技创新。应制定鼓励、支持、引导金融科技创新的法律与政策，坚持市场准入公平、竞争公平等规则公平，努力打破不合理的政策约束和制度瓶颈，增强金融科技发展的内在动力。为金融科技发展营造一个有利的政策环境，协调和综合货币、信贷、财政和税收政策以及相应的政策，每种政策均有各自的优势。鼓励传统金融机构和新兴金融科技企公司在法律法规的范围内发挥自身优势，在市场需求驱动和新技术支持下，创新多元化、量身定制、精准的金融科技产品和服务。提高金融科技产业竞争力，培育具有全球优势的领先金融科技公司。

完善金融监管与治理体系。建立健全金融科技行为监管、审慎监管和市场准入制度，并在传统双峰监管体系外加以科技维度，构建科技驱动型监管体系，以监管科技与合规科技应对金融科技创新带来的风险与挑战。同时，通过制定信息披露、信息安全、业务操作等行业标准，充分发挥行业自律在降低行业整体风险概率方面的作用，督促行业机构增强风险控制能力。同时中国领先的金融科技公司和金融机构应走向国际化，输出自身金融科技能力，努力提升中国影响力，在金融科技国际标准和规范的制定中竞争话语权，占据主动地位。

完善金融基础设施。增加公私部门的多元化投资，进一步完善支付、清算、通讯等金融基础设施，使金融科技服务以安全、可信、经济的方式向更广泛的领域传播。建立和完善统计、风险监测和信用信息系统等基础设施，夯实金融科技可持续发展的基础。

加强金融消费者权益保护。践行负责任金融服务的理念，提升投资者适当性管理。妥善解决“数字鸿沟”问题，防止新的金融不平等。探索数字、可视信息披露、产品注册和风险警报等措施，以提高金融科技服务整个流程的透明度。利用传统媒体、数字媒体等多种渠道，系统地开展金融知识教育，提高消费者在金融科技方面的能力和素养。

B.21
中美金融科技市场发展比较

中国人民大学国发院金融科技与互联网安全研究中心

摘　要： 美国的金融科技发展是典型的以资本主义市场为主导的模式，在全球范围内，拥有发达的资本市场，并且实现了对金融科技领域融资渠道的多样化。我国金融科技市场则起步较晚，自2013年兴起至今不过6年时间，但我国金融科技凭借独特优势发展迅猛，在几年之内便已取得优异成绩。可以说中美两国在金融科技市场发展上对全球有着重要影响，因此有必要对两国金融科技市场发展进行比较分析。本文从发展背景、吸引融资表现、监管政策等角度对中美金融科技整体状况进行了比较，以第三方支付、征信、区块链、网贷、保险科技等金融科技主要业态为例对中美金融科技市场细分业态进行了比较；从市场主体、技术应用、监管等角度对中美金融科技发展趋势进行了比较，并在比较分析的基础上总结了对我国金融科技市场发展的启示。

关键词： 美国　金融科技市场　细分业态

一　美国金融科技市场发展状况与特点

美国的金融科技发展是典型的以资本主义市场为主导的模式，在全球范围内，拥有发达的资本市场，并且实现了对金融科技领域融资渠道的多样化。政府制定相关法律政策进行引导，设立部分辅助机构，如中小企业管理局，进行科技金融相关活动，有效实现了科技金融发展的规范和推动。正因如此，风险投资市场、风险贷款市场和资本市场为资本进入高科技行业提供途径，有效促进了科技创新。即通过以政府政策引导为主，商业银行信贷支持服务为辅，实现了多元主体与分散股权结构。

（一）完善的政策法规体系

美国政府通过完善的政策法规体系的制定，从而引导和支持金融科技市场。从 20 世纪 60 年代开始，美国制定了一系列政策法规，1953 年，为解决中小企业融资问题，美国政府就出台了《小企业融资法》，致力于为中小企业提供相应担保制度；1958 年，《小企业投资法案》通过，成立小企业投资公司，让成立不到三年的企业有机会获得充足资金，进行企业的发展与科技的创新；1982 年，颁布的《小企业技术创新法》规定，每年各州都应提前预留出 2.5% 的经费，为研究经费超过 1 亿美元的科技企业进行研发工作的展开提供相应支持，同时对科研相关的税收进行减免；1992 年，出台《小企业研发加强法》，让小企业的科研成果能够有效流通，为政府、企业、科研创新机构三方的对话与协同提供平台。

为促进中小高科技企业进行创新，美国实行了“小企业技术创新研究计划”，将其列入政府职能。大力支持小企业创新，减少高科技企业受到的来自于外部的融资约束，拓宽融资途径，从而激励中小高科技企业创新，并更好地发挥资本和市场对科技发展的支持。同时，政府通过《Gramm-Leach-Billy 法案》将直接与间接的融资市场相联结，如风险投资基金领域，银行持股比例甚至可高达 100%。并且降低投资银行参与风投的门槛，能够有效激发投资银行进行投资的活力。此后的《JOBS 法案》更是助力有发展潜力的企业创造价值，减少了其进行 IPO 和开放信息的相关要求和标准，并对私企融资的规则限制进行调整，在众筹方面，提出新思路，以便高科技公司能够凭借更为便利的条件，获得公开市场中的支持。

（二）专门的政策性金融机构

1953 年，美国政府建立中小企业管理局（SBA）作为政策性管理机构，该管理局设有 100 多个遍布全美的办事处，相关职责包括：通过相关政策的制定，提供适合于中小企业发展的土壤；设立中小企业可直接获得的贷款或担保企业从商业银行的贷款、协助企业获得联邦部门的研发项目等。同时，该管理局也提供对企业进行高效的咨询与管理的服务。中小企业管理局在解决美国中小企业研发资金问题，支持中小企业创新发展等方面起了重要的作用。

（三）健全的融资市场

美国健全的融资市场为金融科技市场的发展，提供了不竭的动力，对于金融科技市场融资，其采取以直接融资为主导、以间接融资为辅的模式。根据毕马威 KPMG 最新发布的报告《金融科技脉搏——2018 年下半年》（*The Pulse of FinTech – H2 2018*），截至 2018 年，美国境内的金融科技风投资金从 2017 年的 70 亿美元大幅增加到 114 亿美元。金融科技市场能吸引如此数量的投资，这离不开美国完善的融资市场。

第一，美国的股票市场主要包括三方面，分别为全国性、区域性两个领域的股票市场和场外交易所，具有层次多样、功能齐备的特点，这些不同层次的股票市场可以满足不同企业多样化的融资需求。第二，美国科技型中小企业通过发达的市场，获得了另外一种直接进行融资的方式。只要与证券公司协商一致，达成发行各个条件的共识，企业便可以进行债券的发行。第三，作为风投起源地的美国，科技型中小企业依托本国发达的市场，获得了重要的资金来源渠道。不同类型的风险投资供给主体，如政府、企业、养老保险基金等，每年获得新项目与投资金额都实现了全球首位的稳定保持。不同来源的资金彼此补充，使金融机构和科技型中小企业间的资金与技术得以更为自由畅通地交流，为企业发展提供充足的资金支持。

间接的融资市场也不容小觑，拥有其特有的作用，以作为典型代表之一的硅谷银行为例。在间接融资市场中，坐落于硅谷的高新企业往往具备一项突出特征，那就是“轻资产”，正因为这一特征，在对高新企业进行信贷风险评定时，原有的商业银行的资本定价模型无法发挥它应有的作用，因而硅谷银行开创先河，提出了“科技银行”的新模式，对风险投资机构、天使投资人和科技型中小企业等提供账户托管、资产管理等一系列服务，并且在交易全流程中，运用“财务顾问 + 托管”的新型服务模式，包括建立双方拥有对等信息交换的平台进行服务的最优化提升、托管风投机构企业的资金投入、对企业上市前后的资金情况提供协助监管等。

二 中美金融科技整体比较

美国金融科技的发展已经相对成熟，我国则起步较晚，自 2013 年兴起至今不过 6 年时间，但我国金融科技凭借独特优势发展迅猛，在几年之内便已取得优异成绩。例如金融科技的应用率，在 2015 年，纽约是全球金融科技应用率最高的城市（33.1%），香港次之（29.1%），而两年后，我国金融科技的应用率稳步提升，已近七成，超过了应用率不足三成的美国。可以说中美两国在金融科技发展上对全球有着重要影响，因此有必要对两国发展态势进行整体对比分析。

（一）发展背景比较

中美两国金融科技发展的一个共同背景是传统金融服务不足，且在此方面我国更加落后于美国，尤其是基础设施方面的建设。在传统金融服务的典型业态——银行服务方面，美国的私人银行占据主流，通过银行间的良性竞争，能够为客户更优质、更精准服务。相比而言，我国以国有银行为主，受国家严密监管，市场化程度低，银行间缺乏有效竞争，不仅缺乏对客户更好服务的动力，甚至还有部分人群尚未被商业银行纳入服务范畴。在征信方面，1860 年，美国第一家个人信用局成立，时至今日，美国的征信业已经有百余年的发展历史，具有较为完备的征信监管体系，形成“三大个人征信机构、一大企业征信机构”的格局，相关法律规范超过 17 部，如《公平信用报告法》《信用修复机构法》等，构成了严谨的体系，用以对市场参与者的行为进行规制。相比之下，我国征信体系仍处于构建阶段，直到2013年3月《征信业管理条例》实施后，我国征信业才得以迅速发展，而目前并未出台专门的征信法或个人信息保护法，尚不能对市场参与者进行有效而全面的引导规制。

（二）吸引融资表现比较

美国政府的政策支持与健全的资本市场，使得该国金融科技一直处于世界领先地位，同时也是全球金融科技的投资热点。2018年，全球金融科技投资总额为1118亿美元，其中针对美国金融科技的投资高达525亿美元，占比超过50%，其成交量亦创下1061宗的新纪录。而我国作为金融科技起步较晚的国家，近几年也吸引了大量投资者的目光，在亚洲地区的金融科技投资方面，我国独占鳌头，实现80余宗交易，交易总额高达182亿美元，其中最大的亮点归属于蚂蚁金服，它在第二季度中以140亿美元的交易占据交易总额的绝大部分。尽管数据抢眼，但相较美国仍存在一定差距。

（三）监管政策比较

金融科技的发展离不开必要的监管。由于国情与发展程度不同，我国对于金融科技的监管态度经历了一个由松转严的过程，而美国金融科技的监管趋于及时，即自金融科技市场勃兴之初便频频进行干预以稳定市场预期，降低企业政策风险。我国对互联网经济的监管态度是“先试水，后监管”，对金融科技的监管起初包容性亦较强，这是我国互联网金融迅速发展的重要推动力量。前期监管宽松、标准与要求较少，金融科技公司能够掌握众多进行风险控制和营销的替代数据（非信用数据），这是我国金融科技发展的必然要求。但随着监管趋于完善，市场参与者使用用户数据的“灰色操作空间”将大大缩减。再以网贷为例，美国只有少数网贷平台（如规模较大的Lending Club和Prosper）可以向合格投资者开放投资入口，防止没有风险承受能力的投资者面临过大风险敞口，我国则在网贷平台方面建立投资者适当性管理体系方面有些许欠缺，这在某种程度上仍使我国理财市场承担刚性兑付的重压。

三　中美金融科技细分业态比较

（一）第三方支付

1. 中国移动支付更加发达

2016 年，中国手机支付的规模是约为美国的 70 倍，与消费相关的约为美国的 8 倍。由于动力不足，美国第三方支付不及中国发达，这导致美国的实时支付系统发展程度不够，尤其是小额实时支付系统。美国各州的实时支付系统也都有差异，突出的特征表现为碎片化。

2. 主导支付技术不同

中国第三方支付二维码应用较多，因为其比 POS 终端便捷性高、成本低。美国则以近场通信（Near Field Communication/NFC）技术为主，苹果和谷歌公司推出的移动支付服务都是基于 NFC 技术。

3. 监管方式不同

2017 年央行指导成立了网联清算有限公司（NetsUnion Clearing Corporation，NUCC)，作为非银行支付机构网络支付清算平台的运营机构，并发文要求第三方支付机构将其网络支付业务迁移至网联平台。这种直接介入的监管方式旨在打破大型第三方支付机构对交易数据的垄断。美国则秉持功能监管原则，将第三方支付机构账户中的沉淀资金界定为用户对其享有的债权，将第三方支付机构的界定为货币转移服务商，并将银行业的货币服务业务监管制度适当延伸至第三方支付企业的货币转移业务，从而避免监管空白。

（二）征信

1. 市场格局不同

中国征信体系以央行征信中心为主导、其他征信机构为补充。目前只有百行征信有限公司的个人征信业务申请获得央行许可。而美国征信市场早已形成个人征信三足鼎立、企业征信一枝独秀的竞争格局，市场上新的征信机构不多见，但涌现出一些信用评分和报告聚合服务商。

2. 对应用大数据技术的态度不同

由于中国在相当长的一段时间对个人信息的监管较为宽松，中国征信业较多地运用了大数据技术。在大数据中，又有相当一部分是替代数据（征信信息之外的数据）。不过，随着各类保护个人信息的法律法规出台，中国征信业对大数据的应用必然会受到其影响，公民个人信息会得到更好的保护。而直到 2017 年 2 月，美国消费者金融保护局（CFPB）才开始公开征求应用替代数据和模型技术的相关意见和建议。

（三）区块链

1. 中国区块链应用场景更加广泛和理性

在应用场景方面，中国对区块链的应用集中在金融领域。2017 年，基于区块链的 ICO 大热，在某种程度上充满了投机氛围。相较于中国，美国区块链应用的参与主体和应用场景都更为广泛。美国部分交易所和州政府对区块链技术进行了积极探索。例如，特拉华州在尝试利用区块链记录公司股权，早在 2015 年 12 月，纳斯达克即推出了基于区块链技术的产品 Nasdaq Linq 来完成和记录私人证券交易。在区块链方面，美国对投资者的教育相较之也更为理性与成熟。美国区块链目前并无大规模的商用案例，以机构间对区块链的非商业测试为主。

2. 美国区块链应用落地更多

中国方面，区块链的落地案例较少，大多数对这一新技术的应用还处于初级阶段，并且集中的行业为金融相关。相比之下，美国技术的创新性更强，原创程度也更高，以联盟链为代表，拥有较强话语权。金融机构间区块链联盟 R3、Linux 基金会领导的开源跨行业区块链组织——超级账本项目（Hyperledger）、企业以太坊联盟等的发起者都是美国。

3. 监管层均重视区块链市场风险

2013 年，中国人民银行等五部门认定比特币是虚拟商品；2017 年，监管层将 ICO 认定为非法公开融资，直接要求暂停 ICO，但对区块链仍持开放态度。美国对区块链的监管更为持续，2017 年以来，美国监管层也频频提示区块链相关市场的风险。SEC 强调 ICO 代币和虚拟货币具备证券属性时受其监管，并认定 DAO 代币为证券。另外，美国在联邦政府和州政府层面都已经有向虚拟货币服务商发放牌照的实践。

（四）网贷

1. 中国网贷市场规模更大

目前中国 P2P 网贷历史累计交易额已经达到 4.648 万亿元，其中 2017 年上半年约 1.286 万亿元。而美国网贷平台数量较少，规模也较小。美国财政部援引市场分析师的话称美国到 2020 年的贷款发行规模经过相关机构估计能达 900 亿美元，依旧远低于中国网贷平台的规模。

2. 业务模式不同

就中国而言，如果网贷平台上线了银行存管系统，则直接将出资人在本平台银行账户中的认购资金转移给借款人；如果未上线银行存管系统，出资人则直接将出借资金置入了平台账户中，平台道德风险相当大。而美国则类似于发行债权。以美国代表性网贷平台 Lending Club 的放贷流程为例：借款人在平台提交借款请求—平台审核通过后公布该借款请求—出资人认购—在出资人足额认购后，由商业银行向借款人出借款项—平台购买该银行发放贷款之后的债权—平台向认购人出售以该债权为支付根据的票券，获得认购人的资金，用于支付向银行购买贷款债权的资金，平台是票券的发行人，每一笔借款都是平台的一次证券公开发行。

3. 在技术应用方面均取得成果

中美两国网贷公司对大数据风控技术进行了积极探索，例如，利用生物识别技术反欺诈，利用机器学习技术识别欺诈关系图谱等。在技术应用方面，中美两国已有多个平台致力于输出自有技术、赋能同行。例如，2017年3月，宜人贷发布平台，主要用于对各个技术的科研能力共享化，提升向同行输出金融数据能力、反欺诈和线上获客能力。美国网贷平台Upstart正在开展借贷即服务（Lending as a Service）业务，其理念是使“借贷业务”成为非金融企业的一项基本能力。

4. 监管机构不同

中国P2P网贷归属于银监会监管；面向公众的美国P2P网贷公开发售平台上的贷款资产则被视为公开发行证券，归属证券交易委员会和各州政府监管，仅面向合格投资者的P2P网贷并不被视为公开发行证券，受各州政府监管。

（五）保险科技

1. 均重视互联网保险渠道

中国传统保险服务的发达程度不及美国，但科技的发展给中国保险提供了一次可以进行“弯道超车”的机会。这体现在保险的销售渠道上，尤其是对相对标准化的财险和车险产品而言。2013年到2015年间，中国车险通过互联网销售出的份额翻了3倍，它占中国国内保险市场的10%。美国互联网直销车险也在迅速攫取市场份额。根据Gallup 2014年的一项调查，美国千禧一代网购保险的概率是通过本地中介购买保险的2倍。

2. 技术侧重点不同

中国部分保险科技企业应用了区块链。例如，众安保险成立了科技子公司众安科技，输出人工智能和区块链等技术。相较之下，美国公司更加重视对UBI的探索。另外，大数据营销日益受到中国传统机构的重视。例如，针对相同特征的人群，精准设计保险，并且进行针对营销。相比之下，美国传统保险公司对大数据的重视已保持较长时间，美国三大个人征信机构有相当可观的营业收入来自保险公司的精准营销。

3. 中国重视牌照监管

在中国，牌照对于部分互联网保险业务的开展不可或缺。相较之下，美国专门针对保险科技推出的监管政策较少，这在某种程度上意味着美国保险科技业创业公司的机会较多。

四　中美金融科技发展趋势比较

在市场主体方面，中美两国均致力于金融科技公司与互联网公司以及传统金融机构的融合加速。融合是金融科技发展显而易见的趋势，互联网公司试图变现已有流量，传统金融机构不希望被管道化，互联网公司自行开展金融业务，金融机构自建互联网平台提供非金融服务。“谁拥有数据，谁就拥有未来”渐渐成为金融科技业界共识，在这种形势下，传统金融机构不断提升与优化线上的服务能力，尤其是直接触达客户的能力，因此要么将金融产品差异化，要么提高渠道建设和精细化运营能力，毕竟在产品趋于同质化时，渠道显得尤为重要。而金融科技本身也在跨业态平台化发展，“支付 + 网贷 + 理财 + 保险”这方面的中国公司不胜枚举。近年来，美国金融科技也出现从应用重视向平台化发展的趋势。

在技术应用方面，两国人工智能技术竞争趋于白热化。在金融科技应用的几个新技术（区块链、人工智能、云计算等）中，未来应用广泛且竞争最为激烈的典型是人工智能。其他技术在金融中的应用也还将继续深化和探索，尤其是在业内备受期待也备受争议的区块链。资本投入方面，美国仍有领先优势，但总体看来，我国人工智能技术已达到全球第一，且不论是在业界实践还是在监管方面也愈发重视人工智能。

在监管方面，功能监管和行为监管逐渐成共识，美国金融科技的监管实践充分体现出功能监管和行为监管等原则，注重将金融科技纳入到现有金融监管体系中来。我国监管趋严，且始终致力于给当前分业监管体制填补漏洞。同时，不管是在监管层面还是在业内实践方面，两国之间的合作都将持续深化，并不断增加在对方地区开展业务的力度。

五 对我国金融科技市场发展的启示

（一）加强我国金融科技人才培养

科技创新的根本是人，因而培养和储备人才势在必行。将各个领域的深入研究者、相对的成熟资本市场中大量专业人才聚集，是美国金融科技领域的显著特色。如果想要实现金融科技领域专业化的服务，就离不开具备创新精神和专业知识的人才，他们的复合型特征能够有效提供精准服务和科学管理。金融科技的高端人才要求在金融科技发展过程中能适应变化的趋势，跟随时代潮流。我国金融科技采用专业化教育，导致掌握金融科技领域的复合型人才十分匮乏。资本的专业化和视野的全球化对人才的能力提出要求，培养更多复合型人才，并且为金融科技市场服务是当务之急。

（二）企业与政府齐发力促进创新

从企业角度而言，美国的创新主体是初创企业，近年来大量金融科技公司成立，主要特征为体量相对较小、自身定位准确、技术前沿、运营规范。主要依托技术为区块链、大数据等，通过对优先数据的评估，从而提供精准服务。而中国由于市场空白大、技术发展快和监管适度等原因，创新的主力军为互联网企业巨头，如阿里巴巴、百度和腾讯。这几家公司凭借自己的人才、技术、数据、资金等优势在金融科技领域一直处于领先状态。然而欲使中国的金融科技得到进一步的发展，仅靠这三巨头的创新引领是远远不够的，各中小型金融科技企业也应提高自主创新能力。提升创新能力对这些企业自身也有很大裨益。通过创新，企业自身能提高实力，吸引更多融资，降低未来风险。

从政府角度而言，美国政府采取了系列措施大力鼓励引导金融科技领域的创新。如美国金融消费者保护局（CFPB）于2012年启动了项目催化计划（Project Catalyst），该计划将与金融科技创新者、资本市场监管者以及其他相关方的沟通与配合作为重点，并且在金融科技驱动下，对金融市场变化的动态进行充分了解与监测，并且出台各类政策方案、在各地进行试点活动、进行各类合作研究，共同促进金融行业领域的创新。我国政府也需要相关机制激励企业创新，确保企业的科研成果得到切实保障增加企业创新的主动性。另外，政府应加强金融科技基础设施建设力度，为底层科技创新提供良好环境。

（三）完善相关法律法规

金融科技的持续良性发展有赖于完善的法律法规的支撑。虽然我国政府已经提升与优化科技领域的资金投入，在科技资本市场等方面进行探索，都取得了有效成果，但仍未建立完善的法规体系。建议国家进一步完善金融科技发展的相关法律法规，建立多层次全方面的政策法规体系，规范引领金融市场参与者的行为，确保有章可循，有法可依。并且在风险可控的前提下，给予初创企业税收与投资方面的适当优惠，鼓励传统机构积极参与，支持初创企业发展。金融科技的立法需首先实现金融的稳定和风险的防范，其次致力于该领域的兼容并包，以便确保我国金融科技整体发展快速与稳健的有机统一。

（四）建立多层次融资市场

美国的融资市场层次多样，功能完备，有助于满足不同规模、不同发展阶段的科技型企业的融资需求。我国境内的资本融资市场尚不成规模，科技型公司的融资相当部分来自于政府的财政拨款，然而政府的大部分科技财政资金集中在我国发达区域。且专项拨款的门槛普遍较高，种子期中小企业作为科技创新的主力军反而会面临资金匮乏的问题，而大型企业在缺乏同行竞争压力的前提下，也缺乏对资金高效利用的能力，从而导致资源无法得到充分转化，最终溢出或被浪费。建立多层次完备的融资市场能有效解决各公司的融资难题，并促进企业竞争。我国应积极推进融资市场的发展，秉承“政府引导、市场运作、社会参与”的原则，进行资本市场中融资体系的建设与完善。例如政府应提升在创业风险领域的投资比例，加强与金融市场的配合协同，在一定程度上敞开国内市场的大门，在科技金融领域积极引入国外资金对业务进行投资，充分利用基金的杠杆功能，有效管理资金的导向。

（五）构建成熟的金融监管体系

金融科技所从事的业务在本质上为金融，金融需要严格的监管。而金融科技跨区域、跨行业的特性决定了对其的监管更为复杂。具体而言，一项成熟的金融科技监管体系应包括以下几个要求：一是建立准入制度，进一步提出具体的准入要求，制定与完善准入机制；二是充分利用金融科技的特性，实现外部加强监管与内部行业自律的紧密配合，让金融科技受到合理稳定的协同监管；三是在重视保护消费者权益的基础上，着重把控金融风险、加强防范，持续优化监管体系，在当前分业进行监管的基础上，增加对功能和行为的监管，而最终目的，就是达成金融风险监管全覆盖。

附　录

Appendix

B.22
2018年金融科技大事记

北京中科金财科技股份有限公司

1月9日　中国保监会发布《关于太平科技保险股份有限公司开业的批复》，同意太平科技保险股份有限公司开业，太平科技保险股份有限公司成为国内首家专业科技保险公司。

1月10日　恒生银行在香港率先为零售银行服务引入人工智能技术。

1月11日　就手机应用软件存在侵犯用户个人隐私的问题，工业和信息化部信息通信管理局约谈了北京百度网讯科技有限公司、蚂蚁金服集团公司、北京字节跳动科技有限公司。

1月11日　日本金融信息提供商Fisco推出价值超过3亿日元（266万美元）的加密货币基金，该基金专注于比特币和其他加密货币投资。

1月11日　中国人民银行印发《银行业金融机构反洗钱现场检查数据接口规范（试行）》，要求自2018年3月1日起，中国人民银行及其分支机构组织实施反洗钱现场检查项目，被查非银行支付机构应按接口规范提供现场检查所需数据。

1月12日 百度公司正式推出区块链开放平台 BaaS，将应用于资产证券化、资产交易所等业务。

1月12日 中国互联网金融协会发布关于防范变相 ICO 活动的风险提示，指出“以矿机为核心发行虚拟数字资产”（IMO）的模式值得警惕，存在风险隐患。

1月17日 中国人民银行发布《关于优化企业开户服务的指导意见》，鼓励银行积极运用技术手段提升账户审核水平，包括鼓励银行将人脸识别、光学字符识别（OCR）、二维码等技术手段嵌入开户业务流程，作为读取、收集以及核验客户身份信息和开户业务处理的辅助手段。

1月18日 兴业银行与科大讯飞、京东金融宣布三方联手成立“AI 家庭智慧银行联合实验室”，建立“金融智能语音硬件产业联盟”，并推出“兴业银行智能金融叮咚音箱”。

1月22日 国际证监会组织（IOSCO）对 ICO 融资发出警告，认为这种代币证券不够规范、投机性强、风险明显、投资者整体资本面临风险。

1月22日 蚂蚁金服上线首家无人体验店“WithAnt”，“WithAnt”主要售卖蚂蚁金服周边衍生产品。

1月22日 中国互联网协会成立个人信息保护工作委员会。

1月25日 中信银行在京召开发布会，推出智能投顾产品“信智投”。

1月29日 中国银联正式宣布新一代银联无卡业务转接清算平台经过近半年的运营检验，正式向各类成员机构全面开展大规模的各类业务承载服务。

2月1日 商务部召开例行发布会，新闻发言人宣布，中英将在雄安建设金融科技城。

2月8日 CPChain 物信链将首发于全球首个人工智能交易平台 Bibox。

3月4日 中国证监会信息中心主任张野受访时表示，证监会鼓励证券期货行业将金融科技作为推动行业实现跨越式发展的重要突破口，积极拥抱人工智能、大数据、云计算和区块链等现代信息技术。

3月6日 上海市委副书记、市长应勇表示，将组建上海市大数据中心，对包括政务信息在内的各类信息数据汇集互联、共享应用。

3月6日 中国证监会副主席阎庆民表示，鼓励金融科技企业在国内上市，包括从海外回归。

3月7日 微软推出 Windows 人工智能平台 Windows ML；该平台支持开发人员在 Windows 10 平台上开发智能的应用程序。

3月12日 工信部信息化和软件服务业司研究筹建全国区块链和分布式记账技术标准化技术委员会，推动形成完备的区块链标准体系。

3月12日 最高人民法院和中国银监会下发《关于进一步推进网络执行查控工作的通知》，决定进一步推进人民法院和银行业金融机构的网络执行查控及联合信用惩戒。

3月12日 国内首只互联网保险产业投资基金——中互保（宁波）产业基金落户宁波，是目前国内资金募集规模最大、专业化程度最高的互联网保险专项产业基金。

3月14日 曙光全新一代自主研发的双路机架服务器 I620－G30 服务器集群性能和性价比双破世界纪录。

3月26日 美国亚利桑那州正式推出了该国首个“监管沙盒”计划，将为创新企业进行产品测试提供相关的监管扶持。

3月26日 中国人民银行旗下中钞信用卡产业发展有限公司杭州区块链技术研究院发布了中钞络谱区块链登记开放平台。这是央行旗下核心技术企业首度发布的区块链技术平台。

3月30日 日本外汇管理局（JPX－R）和东京证券交易所（TSE）宣布将人工智能（AI）应用于市场监督业务，以检测市场操纵等不当行为。

4月4日 华为公司推出了新一代人工智能引擎 HiAI，集成了多种 AI 功能，使应用程序更加智能和强大。

4月9日 中国建设银行上海九江路支行推出国内首家“无人银行”网点。

4月10日 国务院办公厅印发《关于全面推进金融业综合统计工作的

意见》。

4 月 11 日 欧盟委员会宣布，22 个欧盟国家签署了一份建立欧洲区块链联盟的协议。

5 月 3 日 中国人民银行发布《关于进一步加强征信信息安全管理的通知》，将建立接入机构征信合规与信息安全年度考核评级制度，结果作为现场检查、内部评级、费用优惠、查询权限等的重要依据。

5 月 21 日 中国银保监会发布《银行业金融机构数据治理指引》，明确了数据治理架构。

5 月 22 日 上海银行与中国建设银行签署了区块链合作协议，并开立中国首单基于区块链技术的国内信用证。

5 月 24 日 国务院印发《进一步深化中国（广东）自由贸易试验区改革开放方案》《进一步深化中国（天津）自由贸易试验区改革开放方案》《进一步深化中国（福建）自由贸易试验区改革开放方案》。在上述方案中，都明确提到推动金融科技、大数据、区块链等内容。

6 月 5 日 中国互联网金融协会互联网金融统一身份核验平台启动试运行。

6 月 13 日 巴林央行（CBB）已授予当地数字货币交易所 Palmex“监管沙盒许可证”，为当地涉及数字货币业务的监管机构、银行以及外汇交易所做好准备工作。

6 月 25 日 蚂蚁金服在香港宣布，联合 GCash 推出了应用支付宝区块链技术的跨境汇款功能。

7 月 12 日 苏宁金融区块链黑名单共享平台存储的数据已突破百万，覆盖失信、逾期、疑似套现、疑似欺诈、羊毛党、黄牛等 20 种数据类型。

7 月 16 日 招商银行发布国内首个托管大数据平台，该平台由托管经营分析决策系统、全新风险管理系统及新一代风险绩效评估系统等组成，将分布式计算方式、实时处理技术、大数据分析以及机器深度学习等金融科技运用其中。

7 月 19 日 蚂蚁金服表示，保险领域首笔无人工干预的“全流程 AI 快赔”近期在支付宝内完成。

7月19日 上海市互联网金融行业协会发布了国内第一部省级网贷“合规参考书”《上海地区网络借贷信息中介业务合规专家解读与释义》，旨在为网贷机构的合规经营提供有效参考。

7月24日 中国人民银行发布《关于加强跨境金融网络与信息服务管理的通知》。

7月30日 IBM面向大型金融服务机构推出“Ledger Connect”区块链平台，并联合巴克莱银行和花旗集团等9家金融服务机构进行测试。

8月6日 众安科技与擎亿科技成立合资公司——上海鼎钻信息科技有限公司，联手推出全球首个区块链钻石溯源及交易平台。

8月6日 纽交所母公司洲际交易所（ICE）宣布，与星巴克、微软、波士顿咨询集团（BCG）等机构共同成立一家新公司Bakkt，将利用微软云解决方案打造一个受监管、开放的数字资产全球生态系统。

8月8日 上海保交所国际再保险平台正式上线。

8月14日 蚂蚁财富宣布，将利用开放+AI技术推出用户养老服务。

8月16日 美国保险服务协会（AAIS）宣布与IBM Blockchain平台合作开发新型自动化保险报告工具。

8月17日 京东自主研发的区块链服务平台——智臻链正式发布，向全社会全面开放京东区块链技术和应用。

9月5日 中国人民银行数字货币研究所已在深圳成立“深圳金融科技有限公司”，该公司参与了贸易金融区块链等项目的开发。

9月26日 国家发改委等19部门联合发布《关于发展数字经济稳定并扩大就业的指导意见》。

9月27日 高盛在英国推出在线零售银行产品Marcus。

9月29日 加拿大政府设立了一个开放银行问题咨询委员会，探讨让消费者与第三方机构共享金融数据机制的潜力和挑战。

10月8日 国际货币基金组织（IMF）和世界银行秋季年会在印度尼西亚巴厘岛举行。IMF表示，金融危机十年以来，全球金融监管在规则改革上取得了长足进展，但同时也应关注金融体系演变中出现的新威胁，重点关注金融科技和网络安全等领域。

10 月 10 日 中国银联与京东金融共同发起的“互联网金融支付安全联盟风险信息共享（分布式查询）平台”正式上线，成为行业内首个基于区块链的跨机构数据分布式存储及查询平台。

10 月 10 日 中国人民银行、中国银保监会、中国证监会联合发布《互联网金融从业机构反洗钱和反恐怖融资管理办法（试行)》。

10 月 16 日 深圳证券交易所着手建设了新一代监察系统、新一代网站以及企业画像等分析型应用系统。

10 月 31 日 由无锡物联网产业研究院、无锡物联网金融研究院联合中国电子技术标准化研究院主导，面向动产质押物监管的物联网金融服务系统国际标准提案顺利通过国际标准组织投票，标志着全球首个物联网金融标准正式立项。

11 月 1 日 招商银行深圳分行在为客户办理贵金属购买业务后，通过系统直联深圳市税务局区块链平台，成功为客户开出了首张区块链电子发票。

11 月 1 日 蚂蚁金服正式推出技术风险防控平台 TRaaS。

11 月 8 日 在第五届世界互联网大会上，中国人民银行副行长范一飞强调，金融科技挑战与机遇并存、效率与风险相伴，要坚持正本清源、守正创新，规范引导金融科技健康有序发展。

11 月 15 日 北京市金融工作局联合中关村科技园区管理委员会、北京市科学技术委员会发布《北京市促进金融科技发展规划（2018 ~ 2022 年)》，明确指出推动以云计算、区块链为代表的分布式技术发展。

11 月 22 日 腾讯云公司宣布新一代自研云原生数据库 CynosDB 正式发布。

12 月 8 日 中国人民银行副行长、国家外汇管理局局长潘功胜在第二届中国互联网金融论坛表示，不能以技术之名掩盖金融活动的本质，任何金融活动都不能脱离监管体系，要严格遵守法律法规。

12月17日 IEEE正式立项《供应链金融中的区块链标准》，这是IEEE首个评审通过的金融业区块链标准，这一标准将定义基于区块链的供应链金融通用框架、角色模型、典型业务流程、技术要求、安全要求等。

12月18日 中国移动子公司中移动金融科技有限公司正式揭牌，落户北京金融科技与专业服务创新示范区。

12月25日 广州市出台《广州市关于促进金融科技创新发展的实施意见》，明确广州金融科技发展重点，并提出加大对金融科技的扶持力度，利用金融科技加强金融风险防控等内容。

Abstract

The "China Financial Technology Development Report" series is a well-known blue book series from Social Science Academic Press (China). It is also one of the most influential professional works in the field of financial technology. It has been published for seven consecutive years since 2013. "China Financial Technology Development Report (2019)" was prepared by the Financial Science Committee of China Finance Association (special committee). The Director of the Science and Technology Department of the People's Bank of China Li Wei is the editor-in-chief, inviting financial institutions, technology companies, research institutions, experts and scholars in the financial science and technology field to co-edit. The report aims to systematically analyze the development of financial technology and applications at home and abroad, fully grasp the financial technology development trends at home and abroad, and constantly solidify the theoretical foundations, improve practical cases and research methods related to financial technology.

The report mainly consists of five parts. The first is the General Report, which Outlines the overall development of fintech in China. Second, "Core Technology Applications", focusing on the new generation of information technologies such as big data, cloud computing, artificial intelligence and block chain, analyzes typical cases of financial technologies from the perspective of industrial development and financial applications, and looks forward to the future development prospects. Third, "Industrial Development and Business Innovation", starts from the traditional financial industry combined technology, reviews the development history of fintech in banking, securities industry, insurance industry and other financial technologies and from the perspective of financial technology innovation industry, introduce the application direction of fintech in different financial segments. Fourth, "Risk and Compliance", in-depth analysis of the new characteristics of financial risks under the background of fintech, systematic study of the challenges faced by fintech supervision, explore the innovation management mechanism of fintech and the application path of supervision technology. Fifth, "Market Development and International Comparison", adopts comparative research method to analyze the development trend of global fintech, systematically expound the theories, policies and practices of fintech development in various countries, and learn international experience to promote the healthy development of fintech in China.

As a comprehensive research platform crossing finance, science and technology covering banking, securities, and new financial formats, the Financial Science and Technology Committee organized and published this report to help financial technology-related regulatory authorities, enterprises and practitioners to further understand finance technology development, contributing to the healthy development of financial technology.

Keywords: Financial Technology; Regulatory Technology; Cloud Computing; AI; Blockchain

Contents

I General Report

Abstract: In recent years, the rapid development of fintech, such as big data, artificial intelligence, cloud computing, the Internet and other new generation of information technology which has been applied in the financial industry and has comprehensive penetrated into many financial segments, is changing the financial ecological pattern. The 19th Communist Party of China National Congress is aim to build a well-off society, build a modernization country, realizing the great rejuvenation of the Chinese nation, making a strategic plan for the construction of power network, digital China, wisdom China. Fintech is entering historical opportunity, promote the development of financial technology to a higher level has become the inevitable requirement of the new era.

Keywords: Fintech; Big Data; AI; Cloud Computing; Internet of Things

II Core Technology Applications

Abstract: Big data is a new stage of informatization development. With the

Keywords: Finance Business; Cloud Computing; Public Cloud; Private Cloud

Abstract: With the breakthrough of algorithms, the improvement of computing power and the support of massive data, artificial intelligence has ushered in the era of rapid development and has become the focus of global attention. Artificial intelligence has penetrated into all walks of life, and it has a far-reaching impact on the financial industry, and gradually shows a situation of mutual integration. At the same time, artificial intelligence technology is complex and has high application threshold. In the process of financial application, the standard system and regulatory rules are imperfect, and information and application security are at risk. This paper systematically combs the main progress and key technologies of artificial intelligence, explores the main applications in the financial field, analyzes the key challenges it faces, and looks forward to the development trend of artificial intelligence in the financial industry.

Keywords: Finance Business; AI; Key Technology

Abstract: As a basic technology protocol and a computational paradigm for building trust relationships, blockchain has great potential for innovation and is highly concerned by the financial sector and industry. Under the joint promotion of many parties, the blockchain technology has been evolving and developing. A number of financial blockchain application projects have begun to fall, and the application scenarios have continued to expand. Based on the advantages of decentralization, transparency, traceability, and smart contracts, the financial growth has been gradually realized. Letters, efficiency gains, cost reductions and even process optimization. At the same time, because the blockchain technology itself is still immature, facing the challenges of performance, privacy protection, business model, etc. , it is currently mainly in some non-core, non-real-time transaction areas for experimental exploration, and it will take time for a wide range of commercial applications. Looking into the future, blockchain technology will be further developed, industry applications will continue to expand, and relevant regulations will continue to follow up, and it is expected to reconstruct production relations and reshape the financial industry ecology.

Keywords: Financial Business; Blockchain; Distributed Accounts

Ⅲ Industrial Development and Business Innovation

Abstract: Information technology plays an increasingly important role in the reform and development of different stages of the banking industry. Especially in the current stage of financial technology development, the banking business and technology are deeply integrated, and the banking products, services and business models are constantly innovating, the banking industry is experiencing rapid iterative upgrade, and the digital, intelligent, and diversified transformations have continued to deepen, gradually creating a more open banking ecosystem.

Keywords: Banking; Financial Technology; Transformation and Upgrading

B.7 Financial Technology Promotes the Rapid Development of the Securities Industry / 247

Abstract: Information technology has always played an indispensable role in the development of China's capital market. In the different developing stages of financial technology, the securities industry leverages technology to help enterprises continue to provide services with better intelligence, data, precision and professionalism. In particular, financial technology based on the Internet, big data, cloud computing, artificial intelligence, and blockchain continues to promote business innovation and change, and the development of capital market supervision technology. At present, securities industry development driven by financial technology has become the common consensus and the general trend.

Keywords: Capital Market; Financial Technology; Regulatory Technology

B.8 Financial Technology Reshapes Insurance Industry / 256

Abstract: Financial technology reshapes the insurance industry's value chain, and carries out traditional business upgrades, scene customization, and business innovation in terms of products, channels, operations, and risk control to promote the rapid development of the insurance industry. In particular, the intensive application of emerging technologies such as big data, blockchain, artificial intelligence, and internet in the insurance industry, deep integration of business and technology, digital transformation drive the industrial upgrading of the insurance industry, creating a new insurance operation ecosystem, and promote insurance supervision technology. Development.

Keywords: Insurance; Financial Technology; Technology Application

Abstract: Since the beginning of 21st century, with the in-depth development of the socialist market economy, China's payment system has achieved leap-forward development, and has been at the forefront of the world in terms of industry scale, service level, inclusiveness and advanced application of payment technology. At the same time, with the rapid development of technologies such as big data, cloud computing, artificial intelligence, blockchain, and internet in recent years, changes in the traditional payment industry are being promoted. This article explores the in-depth integration of financial technology and payment and clearing industry, enumerates typical industry cases, analyzes the application of distributed architecture, cloud computing and other technologies and payment services, and proposes a series of recommendations and prospects, hoping to enhance business support and optimize user experience, promote the development of regulatory technology, improve intelligent risk prevention and control, at the same time, echoing China's going-out strategy and promote the internationalization of payment services.

Keywords: Payment Clearing; Financial Technology; Regulatory Technology

Abstract: This paper briefly reviews the development history of supply chain finance at home and abroad, and analyzes the development trend, problems and challenges of supply chain finance business in the recent macroeconomic downturn. It also analyze how Minsheng Bank is deeply involved in pharmaceutical circulation industry, considering the different characteristics of enterprises, using scientific and technological means, and innovating the case of Ruikang Pharmaceutical, a customized service provider for online supply chain products—"Receivable E". It also explores the future of industrial Internet and supply chain finance based on the history of Minsheng Bank in the pharmaceutical industry.

Keywords: Industry Internet; New Supply Chain Finance; "Receivable E"

Abstract: Since the reform and opening up, China's rapid economic growth and rapid accumulation of residents' wealth have stimulated a large number of investment management needs. The domestic asset management structure has been gradually improved. The domestic investment management industry has experienced vigorous development. In recent years, technological innovation has injected vitality into the industry. The continuous development of big data, cloud computing, artificial intelligence and other technologies has led investment management services to the 3.0 era, and smart investment has become a typical application of financial technology in the investment management industry. At present, there are three types of smart investment players in China. One is the intelligent investment and flat service provided by independent third-party organizations. The second is the intelligent investment platform built by Internet companies and financial IT companies based on business innovation. The third is smart investment services provided by banks, brokers and other traditional financial institutions. However, the intelligent exploration of domestic investment management is still in its infancy. In the future, the deep integration of technology and investment management will promote the intelligentization and digitization of investment management industry development.

Keywords: Investment Management; Financial Technology; Intelligent Investment

Abstract: With the rise of big data, the credit information industry has undergone tremendous changes. Big data has made the data sources of credit information more diversified, and the data storage and processing methods have also become diversified. The rich credit information products have made credit information services. More extensive. Based on the development history of big data and credit information business, this paper systematically sorts out relevant policies and regulations, discusses the opportunities and challenges faced by the development of credit information industry in the era of big data, promotes the integration of big data and credit information, and promotes the establishment of credit information security system to ensure information security and improve management efficiency. At the same time, it studies the industry development status and trend outlook by typical cases of institutions at home and abroad, so that big data credit can better serve the credit information market, promote the standardized construction of Internet financial credit reporting, and ensure the security of data information.

Keywords: Big Data Credit; Data Sharing; Information Security

Ⅳ Risk and Compliance

Abstract: The advancement of science and technology has brought great convenience to payment industry development, while at the same time, it provides a soil for the breeding of financial crimes. Financial crimes and financial risks' Characteristics of non-static, non-singular, non-fragmented, nonseparated. At the same time, the inherent risks of technology and engineering application risks bring greater risk management challenges to financial technology supervision. While the development of financial technology promotes the prevention and control of financial risks, it also contains new risks. This paper puts forward three suggestions on how to prevent financial risks and technical risks: by strengthening financial security crime control and consumer rights protection, big data risk monitoring industry platform construction, risk control technology enterprises and talent capacity building, financial technology can escort for industrial development.

Keywords: Financial Technology; Cyber Crime; Intelligent Risk Control

Abstract: As an independent developing financial information technology, financial technology has gradually formed a model different from traditional financial institutions and financial systems, breaking away from the past financial business, making the boundaries of the original financial business blurred, making financial supervision more difficult to conduct. This report analyzes the specific manifestations of the challenges brought about by the traditional financial supervision mode under the background of financial technology, and takes the "regulatory sandbox" and "compliance technology" as the application direction, enumerates the ant financial service as a typical case, and deeply analyzes the financial technology's impact on the regulatory model, and finally put forward specific development proposals for China's regulatory model, in the area of constructing "technology - driven" financial supervision system and strengthening the legalization of financial data standards.

Keywords: Financial Technology; Regulatory Sandbox; Compliance Technology

Abstract: The financial technology is changing, and innovations are emerging one after another. On the one hand, the government attaches great importance to innovation, and the major economies headed by the United Kingdom are also making new moves in innovation management mechanisms. On the other hand, traditional management mechanisms face unprecedented challenges, from top-level design to innovative supervision. At the market and institutional level, it is urgent to explore innovative ideas to meet this challenge in order to achieve financial technology innovation under risk control. Based on this, we propose to strengthen the strategic planning and implementation in the top-level design, build a systematic, high-level innovation organization, decentralize the research institutions and researchers, build a platform for innovation and resource sharing, and carry out multi-ministerial cooperation mechanisms; To establish an inclusive innovation management mechanism, develop regulatory technology, and strengthen data protection; at the institutional and market level, we propose to strengthen industry self-discipline, strengthen the ability to use new technologies, target user needs and technological development frontier innovation, train and motivate talents.

Keywords: Financial Technology; Innovation Management Mechanism; Regulatory Technology

Abstract: In recent years, with the rapid development of financial technology, financial risks are changing, financial supervision is becoming stricter, and compliance pressures of financial institutions continues to increase. Regulators are also faced with an urgent need to improve the quality of supervision. In this context, regulatory technology, as a product of organic integration of technology and financial supervision, emerged as the times require, providing strong technical support for improving financial supervision, reducing financial institution compliance costs, and preventing financial risks. This paper focuses on the development of regulatory technology, systematically interprets the rise of regulatory technology, the birth and development of regulatory technology, and the main technical means and application areas of regulatory technology, and analyzes the application of regulatory technology in China in 2018, and comprehensively proposes countermeasures and suggestions to promote China's regulatory science and technology innovation and development.

Keywords: Regulatory Technology; Financial Technology; Financial Regulation; Financial Risk

V Market Development and International Comparison

Abstract: In recent years, China's financial science and technology investment and financing develop rapidly, the industry's overall financing events, trading volume, investment volume, stage and other conditions have performed well, has become the world's largest financial technology investment market, and further promoted the development of technologies and industries such as blockchain, big data, cloud computing, and smart investment. At present, the domestic and foreign investment and financing markets have matured, and financial technology investment and financing has shown a positive state of continuous optimization. The overall industrial structure is more reasonable, and the growing transaction scale, higher-level M&A activities and geographical diversity of transactions. It shows that the financial technology sector has matured on a global scale. Fintech start-ups continue to attract larger and later financing rounds in markets around the world such as Germany and Brazil; while mature financial technology companies in the US and UK and Asian markets are close to adopting their own Investment, acquisition and other means to expand product increments and expand market size.

Keywords: Financial Technology; Investment and Financing; Structural Market

Abstract: The rapid growth of investment amount, the globalization of investment areas, and the strong development of segments are the main achievements of global financial technology development in recent years. In the existing practice, the United States relies on national strategy of big data to form a comprehensive competitive advantage. UK has a forward -looking concept and a flexible regulatory system to strengthen the innovation advantage. Singapore is accelerating its growth and welcoming its partners with a positive and open attitude. While conducting regional comparisons on global financial technology development, the paper analyzes the future development trend of the financial technology industry from the aspects of scenario application, technology -driven, rule protection and awareness. The future development trend of the financial technology industry is the strengthening of financial services and the cross -border integration of the real economy. In the new digital era, the financial industry has vigorously developed financial technology. Extensive data collection has injected vitality into the industry and promoted more new business models and cross -industry applications. It has improved the marketing and risk control of financial institutions and accurately matched the demand for corporate and individual financial services requirement based on cross industry data fusion, thus promote the closer integration of financial services and the real economy.

Keywords: Global Situation; Data Economy; Regional Development

Abstract: The financial technology development environment includes many sub – environments such as financial technology human resources environment, capital environment, supply and demand environment, and policy environment. Financial technology has the potential to subvert traditional industries and grow rapidly due to large capital, talented people and an encouraging policy environment. This chapter introduces the basic situation of the financial technology development environment of major countries, and summarizes their commonalities, including the ability to effectively improve financial efficiency, promote economic growth, technology – driven, talent – oriented development, and request for government regulatory policies support, n order to provide reference for the development of China's financial technology. Finally, combined with China's current capital environment, talent environment, demand environment and policy environment, in the overall Chinese financial science and technology ecological construction, adhere to the main ideas of stable innovation, unified coordination, unified credit, and create a good environment for the development of financial technology.

Keywords: Financial Technology; Development Environment; Contrastive Analysis

Abstract: At present, global financial technology innovation presents a pattern of strong competition among major economies such as China, the United

States, the European Union, and Japan. Different entities have formed unique competitive advantages in different fields. This section analyzes the financial technology innovation models of the United States, the European Union, Japan, Singapore and other countries/international organizations, and on this basis summarizes its implications for China's financial technology development model. In general, the financial technology innovation models of all countries are inseparable from the efforts of the government and enterprises. On the one hand, the government has provided a good environment for financial technology innovation through the formulation of laws, regulations, policies and measures; on the other hand, financial technology companies, financial institutions continue to adopt new technologies for business model innovation under the premise of compliance. The enlightenment to China includes: continuously optimizing the policy environment, supporting scientific and technological innovation; improving financial supervision and governance systems; improving financial infrastructure; and strengthening financial consumer protection.

Keywords: Financial Technology; Innovation Model; Financial Supervision

Abstract: The development of financial technology in the United States is a typical capitalist market-led model. It has a developed capital market on a global scale and has diversified its financing channels in the financial technology sector. China's financial technology market started late, only six years since its rise in 2013. However, China's financial technology has developed rapidly due to its unique advantages and has achieved excellent results in a few years. Both China and the United States have an important impact on the global financial technology market development. Therefore, it is necessary to conduct a comparative analysis of financial technology market development in the two countries. This part compares the overall situation of Chinese and American financial technology from the perspectives of development background, attracting financing performance, and regulatory policies. The main business forms of financial technology such as third-party payment, credit reporting, blockchain, online lending, and insurance technology are taken as examples. The Chinese and American financial technology market segmentation formats were compared; the development trends of Chinese and American financial technology were compared from the perspectives of market entities, technology application and supervision, based on the comparison, it also enlight the implications for China's financial technology market development.

Keywords: US; Financial Technology Market; Segmentation Formats

Ⅵ Appendix

权威报告·一手数据·特色资源

皮书数据库

ANNUAL REPORT(YEARBOOK) DATABASE

当代中国经济与社会发展高端智库平台

所获荣誉

- 2016年，入选“‘十三五’国家重点电子出版物出版规划骨干工程”
- 2015年，荣获“搜索中国正能量 点赞2015”“创新中国科技创新奖”
- 2013年，荣获“中国出版政府奖·网络出版物奖”提名奖
- 连续多年荣获中国数字出版博览会“数字出版·优秀品牌”奖

成为会员

通过网址www.pishu.com.cn访问皮书数据库网站或下载皮书数据库APP，进行手机号码验证或邮箱验证即可成为皮书数据库会员。

会员福利

● 已注册用户购书后可免费获赠100元皮书数据库充值卡。刮开充值卡涂层获取充值密码，登录并进入“会员中心”—“在线充值”—“充值卡充值”，充值成功即可购买和查看数据库内容。

● 会员福利最终解释权归社会科学文献出版社所有。

数据库服务热线：400-008-6695
数据库服务QQ：2475522410
数据库服务邮箱：database@ssap.cn
图书销售热线：010-59367070/7028
图书服务QQ：1265056568
图书服务邮箱：duzhe@ssap.cn

社会科学文献出版社 SOCIAL SCIENCES ACADEMIC PRESS (CHINA) 皮书系列
卡号：344649964166
密码：

S 基本子库
UB DATABASE

中国社会发展数据库（下设 12 个子库）

全面整合国内外中国社会发展研究成果，汇聚独家统计数据、深度分析报告，涉及社会、人口、政治、教育、法律等 12 个领域，为了解中国社会发展动态、跟踪社会核心热点、分析社会发展趋势提供一站式资源搜索和数据分析与挖掘服务。

中国经济发展数据库（下设 12 个子库）

基于“皮书系列”中涉及中国经济发展的研究资料构建，内容涵盖宏观经济、农业经济、工业经济、产业经济等 12 个重点经济领域，为实时掌控经济运行态势、把握经济发展规律、洞察经济形势、进行经济决策提供参考和依据。

中国行业发展数据库（下设 17 个子库）

以中国国民经济行业分类为依据，覆盖金融业、旅游、医疗卫生、交通运输、能源矿产等 100 多个行业，跟踪分析国民经济相关行业市场运行状况和政策导向，汇集行业发展前沿资讯，为投资、从业及各种经济决策提供理论基础和实践指导。

中国区域发展数据库（下设 6 个子库）

对中国特定区域内的经济、社会、文化等领域现状与发展情况进行深度分析和预测，研究层级至县及县以下行政区，涉及地区、区域经济体、城市、农村等不同维度。为地方经济社会宏观态势研究、发展经验研究、案例分析提供数据服务。

中国文化传媒数据库（下设 18 个子库）

汇聚文化传媒领域专家观点、热点资讯，梳理国内外中国文化发展相关学术研究成果、一手统计数据，涵盖文化产业、新闻传播、电影娱乐、文学艺术、群众文化等 18 个重点研究领域。为文化传媒研究提供相关数据、研究报告和综合分析服务。

世界经济与国际关系数据库（下设 6 个子库）

立足“皮书系列”世界经济、国际关系相关学术资源，整合世界经济、国际政治、世界文化与科技、全球性问题、国际组织与国际法、区域研究 6 大领域研究成果，为世界经济与国际关系研究提供全方位数据分析，为决策和形势研判提供参考。

法律声明

“皮书系列”（含蓝皮书、绿皮书、黄皮书）之品牌由社会科学文献出版社最早使用并持续至今，现已被中国图书市场所熟知。“皮书系列”的相关商标已在中华人民共和国国家工商行政管理总局商标局注册，如LOGO（ ）、皮书、Pishu、经济蓝皮书、社会蓝皮书等。“皮书系列”图书的注册商标专用权及封面设计、版式设计的著作权均为社会科学文献出版社所有。未经社会科学文献出版社书面授权许可，任何使用与“皮书系列”图书注册商标、封面设计、版式设计相同或者近似的文字、图形或其组合的行为均系侵权行为。

经作者授权，本书的专有出版权及信息网络传播权等为社会科学文献出版社享有。未经社会科学文献出版社书面授权许可，任何就本书内容的复制、发行或以数字形式进行网络传播的行为均系侵权行为。

社会科学文献出版社将通过法律途径追究上述侵权行为的法律责任，维护自身合法权益。

欢迎社会各界人士对侵犯社会科学文献出版社上述权利的侵权行为进行举报。电话：010-59367121，电子邮箱：fawubu@ssap.cn。

社会科学文献出版社

BLUE BOOK

BLUE BOOK